Human Resource Development

人力资源发展

从粉笔到数字鼠标

现代工商管理经典教材

简建忠 ‖ 著

经济管理出版社

ECONOMY & MANAGEMENT PUBLISHING HOUSE

本书中文简体版由前程文化事业有限公司授权经济管理出版社独家出版发行。未经书面许可，不得以任何方式复制或抄袭本书内容。

北京市版权局著作权合同登记：图字：01－2014－4238号

图书在版编目（CIP）数据

人力资源发展：从粉笔到数字鼠标/简建忠著 . —北京：经济管理出版社，2017.1

ISBN 978－7－5096－4802－5

Ⅰ. ①人…　Ⅱ. ①简…　Ⅲ. ①人力资源管理　Ⅳ. ①F243

中国版本图书馆 CIP 数据核字（2016）第 312248 号

组稿编辑：陈　力

责任编辑：王格格

责任印制：黄章平

责任校对：超　凡

出版发行：经济管理出版社

（北京市海淀区北蜂窝 8 号中雅大厦 A 座 11 层 100038）

网　　　址：www. E－mp. com. cn

电　　　话：（010）51915602

印　　　刷：北京银祥印刷有限公司

经　　　销：新华书店

开　　　本：787mm×1092mm/16

印　　　张：26

字　　　数：413 千字

版　　　次：2017 年 3 月第 1 版　　2017 年 3 月第 1 次印刷

书　　　号：ISBN 978－7－5096－4802－5

定　　　价：72.00 元

自序
忠实呈现 HRD 理论与实务的容貌

完成此书时，才惊觉上一次出版《人力资源发展》已是 1995 年的事了，除有"十年磨一剑"的感慨外，不禁觉得自己真的没长进。但在此世纪交替之际，HRD 领域不仅有重大的变革，"学习"也引起了更多企业和个人的关注。

后工业时代降临、知识经济的崛起、知识工作的兴起和汇聚，凸显了"学习"对企业和个人在建构竞争优势中的重要性，而诸多组织学习和知识管理的研究更证明学习是组织和成员进化的重要动能。本书从人类的简要历程与沿革开始，通过重要活动和重要事件的介绍，协助读者了解学习的本质，而通过解析 HRD 的定义、HRD 在企业中的定位与角色，呈现 HRD 的功能和使命。

第二篇"学习与竞争优势"主要联结人力资本和竞争优势的关系，并阐述组织学习和知识管理这两股近年来驱动 HRD 质变的重要动力。第三篇以 HRD 传统的实务为主体，但作者竭力涵盖 HRD 各层面的实务并增补相对应的理论，整合 know what、know how 与 know why。第四篇介绍 HRD 过去的重要基础研究、近来趋势与未来可能动向，期望能抓住 HRD 的进化动向。

作者在写作与校对的过程中，发现本书与一般讨论教育训练或 HRD 书籍最大的差异可能是平衡理论与实务的比例，作者尽力以精简、平实的文字叙述相关理论的精义，呈现实务背后的概念。这绝非作者要卖弄学识，而是希望 HRD 专业能摆脱"知其然但不知其所以然"的批判，让

HRD 实务在精实理论的加持下有更确实、精彩的表现。

本书的构思时间虽早，但写作时间超过三年，资料收集、阅读与省思固然是借口，但作者的能力有限，思绪常卡在键盘上，才是逾期交稿的主因。当然，再不完成本书，"从粉笔到数字鼠标"的副标题可能要改为"从粉笔到手指"（触控面板）了！

能顺利完成本书，除了要感谢同事、HRM 与 HRD 专业朋友的鼓励、（专班）同学的提问与回馈，以及编辑群体的协助之外，家人的支持更是重要的动力来源。最后，要感谢引领作者进入 HRD 领域的恩师 Dr. Gary D. Geroy，感谢他的指导与启发！愿处于知识洪流的人，都能凭借学习方舟不断精进，找到安身立命之所！

2009 年 11 月

目　　录

第三篇　融合理论与实务

第四篇　HRD 水晶球

第一篇　学习——死生之大事

原储存于动态随机存取内存（DRAM）的任何数据，在计算机关机之后就消失，即使再度开机仍找不回失去的数据。若我们大脑的功能也像DRAM一般，一觉醒来发现前一天所累积的记忆全被消除，连自己是谁都想不起来，这将是一场可怕的噩梦！可怕的不只是"忘了我是谁"、"无尽且白费功夫的学习"，而是"性命不保"。庆幸的是大脑能储存长期记忆，被保留的学习成果能在必要时刻发挥效用，协助我们趋吉避凶，人类的文明亦得以流传。

母象首领要记得水源，狼要记得埋藏在冰雪下的食物，远古人类要记得哪些动植物可以吃（哪些会要命）、如何生火/制造工具等生存大事，动物也将学习的成果传给下一代，以延续种族的生命。现代人类亦学习前人所流传的诸多知识技能，以获得工作、适应生活需求、维持生存、繁衍后代。企业则是结合成员的学习能力，不断地探索环境变迁、调整内部运作、学习/创造/运用知识，以立足于激烈的竞争环境。

当个人或企业丧失学习的动机或能力时，就如同没有活水注入的水坑，在烈日暴晒下很快就干涸，个人和企业的竞争力也慢慢地流失，无须对手出击，自己举双手投降、被判出局。致力于学习的个人或企业虽不能保证成功，但欠缺学习力/动机者很快就会被逐出竞争行列。《孙子兵法》计篇"孙子曰：兵者，国之大事，死生之地，存亡之道，不可不察也。故经之以五，校之以计，而索其情：一曰道，二曰天，三曰地，四曰将，五曰法"中，对企业而言，竞争即是"兵"，而若高级主管（将领）未能理解关键的"五事"（道天地将法）、吸取教训（学习），败亡是迟早的事。

第1章　人力资源发展导论

1.1　训练/发展简要历程与沿革

1.2　HRD 的内涵与特质

1.3　HRD 的架构——定位与范畴

人是个复杂又有趣的有机体，基因科学家虽已完成人体基因排序，但人体机能的运作仍存在许多难解的谜团，尤其是人的大脑。大脑为人最重要的生命中枢，掌管思考、情绪与学习等功能已是不争的事实，无数的解剖与实验虽让科学家了解大脑控制生理机能的机制，但即使在精密仪器的协助下，科学家对大脑在思考与学习方面的了解仍相当有限。唯有完全了解大脑的运作细节，才能协助个人超越极限，创造人的最大价值。

基因科学家发现人与部分物种的基因差异有限（如黑猩猩），但人能在演化过程中超越其他物种，应得力于人的学习能力。学习能力不仅增加个人的存活机会，也强化了后代的延续和发展空间，甚至有科学家宣称人的学习能力和大脑的进化是人在演化过程中为对抗野兽的尖牙利爪而被"逼出来"的结果。

虽然 Nadler 在 1970 年才创造出"人力资源发展"（human resource development，HRD）一词，不过当远古人类时时为生存奋战时，学习（HRD 最重要的特质）已是人类超越其他物种的最关键要素；人类发展的历史，可以说是人类学习的历史，亦是人力资源发展的历史。在人类发展的历程中，学习以不同的形貌与名词出现，在各世代中发挥不同的

3

功能。本章主要阐述人类从最原型的学习转变为训练、教育、发展等历程，以及各历程的重要概念与事件，以对于 HRD 有更深入的了解。

▶▶ 1.1 训练/发展简要历程与沿革

1.1.1 远古时期

求生存一直是促使人类持续发展的重要驱动力，远古人类亦不例外。当远古人类对火与金属的应用仍一无所知时，他/她们即需要牢记如何从木、石制造简单的工具，并将这些赖以生存的技能传给下一代，以提升种族繁衍的机会。最原型的教育（primitive education）发源于家庭或家族中，年青一代通过对家长或族长无意识的模仿，片段而混乱地获得一些生存知能，也可以说是上下世代之间生存经验的传承。

而当远古人类能较有效地制造不同的简单工具，且能在手工艺、纺织、农牧各方面有所突破时，人类也开始以技能作为分工（division of labor）的基础。有趣的是，远古人类的分工除促使技能的有效传承外，也促进人与人之间的互信和合作，以增进生存的机会与空间。因此，生存经验的传承逐渐由无意识的模仿，转变为刻意的模仿，以熟练特定技能[1]。不过，刻意的模仿常仅是重复某些动作或程序，以获得类似的结果，模仿虽是随机、粗糙的，但仍是人类缓慢发展历程中的重要阶段。

1.1.2 希腊与罗马的影响：公元前 100～公元 300 年

希腊哲学家在人类学习上所开发的多元思考与教学方法，被许多学科视为重要的学习机制，而罗马人则在四处征战、扩建帝国之时，将其政治/社会思想与教育体系传播至各征服地；希腊与罗马的发展，极大地影响了西方甚至世界的发展。

希腊人可能是最早将教育视为个人发展契机的民族[2]，而希腊哲人对教育与个人发展的概念，现今仍颇受重视。希腊哲人将人对万物的探究

4

（human inquiry）视为教育的核心，也是追求知识与真理的主要动力。希腊人除强调一般与道德教育外，更将美育和教育本身视为文化教养与公民培育的重要基础。希腊人坚信，一个人通过教育才能获得、运用其能力，并得利于受开发的才能；教育是个人追求成长与成就的重要工具。

不过，希腊人虽重视教育，却鄙视如农牧、制鞋、冶铁、工具制造等职业和其相关的训练[1]。苏格拉底（Socrates）甚至宣称从事这些职业的人只是单纯肢体劳动、身处恶劣且令人沮丧的工作环境、几乎没有休闲时间、对个人心灵的成长无任何帮助[2]。以苏格拉底的态度而论，难怪在希腊上流阶层青年教育中，手艺训练根本无立足之地。不过，手艺训练并非全遭排斥，希腊底层人民与奴隶反而通过长期的学徒制（apprenticeship）体系，获得了建筑、制造、农业和其他支撑希腊文明的技艺。

有别于希腊人对教育所坚持的追求卓越与平衡发展，罗马人则以实用性与有效性为本，建构法律与政治体系，以追求社会、经济与文化的长期发展。此外，罗马人在道路、供水渠道、其他公共建筑方面也有相当成就，但并无明确数据显示罗马人重视相关的手艺技术。不过，当时手艺技术的传授是通过家庭学徒制（family apprenticeship），即身为人父的匠人，负有将该职类的实用技能与相关规范传授予其子女的责任。

1.1.3　中世纪：公元 300～1300 年

Barlow[3]认为中世纪（Middle Ages）约是公元 300～1300 年，而当时基督教信仰的影响几乎遍及西方世界。由于罗马皇权的衰败和蛮族入侵，教会开始掌握政治势力、重拾平民对道德规范的期望、更获得了长期受忽略的底层人民的拥戴，基督教义、宗教仪式与心灵觉醒的训练替代希腊式的美学与知性典范，而严谨的道德训练与规范，也取代罗马式的唯物主义（materialism）。

重视个人劳动的心灵价值，是基督教义训练中相当重要的一环，早期基督教狂热、虔诚的修道生活正是典型的写照。由于中世纪时欠缺智能教育的管道，基督教修道院一肩扛起学术传授与保存重要典籍的责任，也促成重视身体劳动、手艺/实用技能的训练。基督教修道院刻意远离世俗世界但又要能自给自足，修道士们必须维持小规模的农业、建筑、制造/生产功能。因此，精通相关实用技艺的修道士与高级神职人员主导修道院相关生产功能，并负责实用技能的训练；对当时的修道士而言，实用技能训练是宗教生活的一部分[1]。此外，所有被允许参与修道生活者，均接受基本阅读与写作的教育，修道士除参与生产工作外，更努力地抄写宗教典籍、编著/保存书籍，并积极学习绘画、音乐、雕塑等艺术技能。

而在世俗世界中，成为拥有技能的劳工、提供专业服务，则为一般人学习新技艺、改善经济地位的主要途径。由于各项技艺和职业逐渐呈现专业化，不论"父母→子女"或"技师→学徒"学徒制（非学校）的训练模式，仍维持传授实用/专业技能的主导地位。即使在 19 世纪时，较进步国家大多数的人民仍缺乏接受正规教育的机会，学徒制也成为他/她们接受教育或专业技艺的重要渠道，法律和医疗专业亦是如此[1]。

Davis[4]视学徒制为培养年轻人成为专业技术者的体系，而学徒制中学徒（apprentice）、职工（journeyman）和技师（master）等主体除代表不同的训练过程/角色外，也彰显其经济/专业地位。在学徒制中，唯有具备高度专业技能的技师能教授学徒，学徒则在约七年之间，接受技师在专业技能、宗教、道德规范等方面的训练。当完成基本训练并获得技师的认可之后，学徒可成为职工，职工通常为技师工作、赚取工资，并努力提升其专业知能。经过数年的磨炼，并在技师或同业公会（guild）的认可之下，职工可晋升为技师，开创其专业事业、独当一面、教授学徒。

以目前发现的书面史料而论，最早的专业同业公会当属公元 1061 年巴黎的蜡烛同业公会。同业公会由特殊职类技师和工匠组成，通过规范服务/产品的质量与价格，严格订定工时与工资，甚至于明订会员的工具与工作方法，以保障会员的权益。14 世纪之前，同业公会除继续推动学徒制之外，也针对其会员提供部分教育活动。同业公会的教育活动包括由修道士主持且仅限于会员子女的基础教育，即以职工之（儿）子为主的学徒训练，以强化会员的向心力，提升公会的影响力；中世纪的专业同业公会可视为现代专业工会（craft union）的先驱。

1.1.4　文艺复兴时期：公元 1400~1800 年

文艺复兴开启科学与哲学新思维，在西方近代文明中扮演重要的角色。奥古斯丁修会的修士兼 Wittenburg 大学神学教授的 Martin Luther（马丁·路德，1483~1546）曾公开斥责、扬弃教会教条式严厉的教育，并呼

6

吁宗教和教会不应继续主导教育，而应通过国家的力量进行教育改革，使教育同时涵盖宗教和世俗层面。Martin Luther 同时认为教育的对象应广及一般民众、男女不分，除超越单纯的宗教训练外，并应涵盖传统典籍、数学、逻辑思考、音乐、历史与科学等领域。

而英国哲学家 John Locke（1632～1704）则倡导结合智能、道德和实用技能训练的教育理论。Locke 在其 Essay Concerning Human Understanding 一书中，强调经验与知觉感受对建构知识根基的重要性，Locke 的教育理念亦被后世称为经验主义（empiricism）。Locke 坚信教育应注重逻辑思考的发展以及对未来现实生活的准备，因此，每个人应学习一种以上的手艺技能，以实际的经验弥补单纯阅读书本知识的不足。

多才多艺的法国思想家鲁索 Jean – Jacques Rousseau（1712～1778）除对现代民主政治有重大影响外，在教育方面他则认为经验是最好的导师，教育的核心也应自严谨的书本研读转化为以学生自然、动态的经验为重心。Rousseau 强调学生学习手工技艺/技术过程中经验的重要性，并肯定手工技艺学习在教育中的价值，而 Rousseau 的理念对技艺训练的发展也有直接的贡献。

瑞士教育家 Johan – Heinrich Pestalozzi（1746～1827）认为教育不该只是知识的获得，应转化为培育学生具备有机发展的能力。Pestalozzi 对教育和训练的想法深受鲁索的影响，其概念主要包括改善瑞士贫困者与儿童的处境、教育为改善的动力与途径、学校教育应引导个人回归家庭生活、将劳作（manual labor）带进学校教育等[1]。Pestalozzi 坚信"实体→抽象"教学程序，因此其劳作训练强调整体思维，详细分析训练内容组成单元教学、课程安排由简而繁、采取引导式教学法，以协助学生完整地熟练一项技能。

1.1.5　北美殖民时期之学徒制

北美殖民时期的移民绝大多数来自欧洲，因此，他们也将文艺复兴与宗教改革的思维和学徒制带至北美。不过，由于北美殖民地并未建立技师或同业公会体系，学徒制的范围虽有扩张，却落入城镇行政当局的掌控中，学徒制则成为当时一般教养和技艺训练的主要途径[5]。当时英国法律规定贫穷儿童需接受学徒训练，以保障其安全与权益，北美殖民行政当局亦强调学徒制对所有儿童的教育功能和目的。认为"勤劳是美德、懒惰为罪恶"的清教徒式信仰，也使行政当局认为学徒训练可使年轻人习得一技之长，而专业职业的发展对小区也有所帮助。1647 年时，马萨诸塞州一般法庭（General Court of Massachusetts）下令，超过 50 个家庭的城镇必须集资，并自其小区中雇用一位教师，以提供小区中所有儿童的基础教育；此为美国免费公办教育的滥觞。

麻州教育委员会召集人（之后成为国会议员）Horace Mann（1796 ~ 1859）对早期美国教育的发展有重大影响力，他认为教育不只是追求知识、学术或耀人的成就，而是应为个人家庭、经济、社会的生活（生命）发展奠基，因此，教育必须涵盖实用/专业技能的训练。Mann 于 1843 年访欧归美之后，更提出教育改革的看法（Seventh Annual Report），并倡导将实用/职业技能训练整合于一般教育体系中。

1.1.6 工业革命时期 ~20 世纪初期

当欧洲国家开始进入工业革命时，美国也缓慢地跟随欧洲国家的发展脚步，但当欧洲国家传统的学徒制仍受重视且维持一定的发展时，学徒训练在美国却开始走下坡路，且未曾恢复以往的重要性。远在大量工厂出现、工厂制度成形之前，当技师的重心转向经营，而将训练学徒的责任转交给一名职工时，传统上一对一、紧密的传承关系已开始转变，而一名职工肩负训练数名学徒时，学习质量与技术专精程度逐渐也低落。对许多技师而言，学徒制在教育上的功能，远不如经济上的价值，学徒制更沦为剥削劳力的幌子。

不过，当工厂日益增加、机器的数量直线上升时，工厂对技术劳工的需求暴增，传统的学徒制更无法快速地训练来自农村的劳动力，学徒制在美国逐渐凋零，而其功能也被提供工作相关训练的公立与民营机构所取代。工业革命除彻底地改变企业经营与工作形态外，也引发了对"技术劳动力培育"相关议题的重视。殖民时期的美国虽开始建立免费的公立小学教育，但中学教育体系的建构，以及将技术学习/训练融入一般教育课程的做法，则迟至 19 世纪初才逐渐受到重视。尽管当时技术训练无法并入教育课程，部分私立技艺训练学校的兴起，已实际地提供训练技术劳工的服务。此外，1820 年时纽约市开始成立技工专校（Mechanics Institute 源于中世纪欧洲专业同业公会），提供技工与其子女正式的技术训练与一般教育课程；数年后，宾州的费城（Philadelphia in Pennsylvania State）与俄亥俄州的辛辛那提（Cincinnati in Ohio State）也陆续成立技工专校。

麻省理工学院（Massachusetts Institute of Technology）于 1876 年成立了机械工艺学院（School of Mechanical Arts），而圣路易技艺训练学校（Manual Training School）的成功运作，也使芝加哥许多学校竞相采用其课程。自此，要求政府针对相关训练课程投入经费的呼声日益高涨。第一个由政府全额资助的劳作训练高中于 1884 年在弗吉尼亚州的 Baltimore 成立，Philadelphia 和 Toledo 也在 1885 年相继成立劳作训练高中。劳作训练学校的数量自然无法与一般公办高中相比，但自 1884 年之后许多公办高中开始将劳作训练课程并入一般教学课程，劳作训练正式成为公办教育的一部分；美国政府在"培养技术人力"方面的角色则愈加重要。

除教育界的变革之外，美国政府也通过立法，推动全国性的工业技术教育（industrial and technical education），其中最重要的当属由林肯总统（Abraham Lincoln）于 1862 年签署的 Morrill Act。Morrill Act 又称为 Land Grant Act，该法案对各州政府通过土地的赠予（各州每一名参众议员分别获得 30000 英亩的额度）、在重要大学中开设农业教育/工业职业教育/家政等课程，不仅使一般民众得以享受高等教育的好处，也改变了一般人对于技术/技艺训练的看法。另一重要的法案则为 1917 年颁布的 Smith - Hugh Act，该永久性法案每年拨款资助公办教育体系中各种工业/农业/家政/教师训练课程，也成功整合了企业与劳工、关心教育民众和职业教育支持者的利益与想法。

1.1.7　20 世纪初期重大事件与发展

泰勒（Frederic Taylor）的科学管理（scientific management）和福特（Henry Ford）开创的大量生产体系，在 20 世纪初期几乎改变了美国与全世界的生产机制，而大量生产的体系也需要众多的人力资源参与生产、维修、设计、监督管理等功能。

职业训练与技艺训练学校在 20 世纪初期同时发展，而企业对技术人力的大量需求更引发职业教育的重要性。因此，"工业教育全国促进会"〔National Society for the Promotion of Industrial Education；成立于 1906 年，后更名为"全国职业教育协会"（National Society for Vocational Education）〕等团体争相倡导职业教育的理念。Alvin E. Dodd 更于 1913 年结合来自企业且理念契合的人士，共同成立"厂场学校全国协会"（National Association of Corporation Schools）鼓吹关注企业经营议题和训练的需求。该协会于1920 年合并为"全美工业关系协会"（Industrial Relations Association of America）后，日益重视企业管理者的需求，复于 1923 年更名为"全美管理协会"（American Management Association，AMA）。从上述的发展读者可以看出训练已成为企业提供生产和管理动能的关键机制，以下则兵分两路介绍生产（者）技术训练和管理（者）训练的发展。

1.1.7.1　生产（者）技术训练

一家位于纽约市的印刷机制造商（R. Hoe and Company）首先于夜间为自家技工开办训练；之后，铁路工业为提升维修人员的绩效与效能，于1905 年时开设技工训练课程[1]。由于产业强烈感受欠缺技术劳工的"瓶颈"，开始有大企业尝试设立厂场学校（corporation or factory schools），并依据企业需求针对所雇用的员工提供数学、绘图、专业技术训练。一开始设立厂场学校的企业虽不多，但很快形成一股风潮，当时的大企业也群起效法（如 Westinghouse，General Electric，Goodyear，National Cash Register等）。

1917 年时（第一次世界大战期间），Channing R. Dooley（Dodd 好友）被任命为"战时教育与专业训练委员会"主席，负责为大专学校开发百种职业专业训练教材，以满足部队的专业人力需求。Charles A. Allen 亦于1917 年时被任命为"美国运输部紧急造舰处"的主管，负责迅速培训造船厂技术领班、扩张十倍造舰产能。Allen 遂与 Michael J. Kane 领先开发出著名的"示范（show）→说明（tell）→实做（do）→检验（check）"四步骤训练法（four – step method of training）。

20 世纪 30 年代美国经济萧条期间，企业内部的训练几乎停摆，工业教育也仅能为失业者增进有限的个人福祉，但第二次世界大战的爆发，训练再度被证明是动员和战备生产的必要基础。当"战争动员委员会"（War Manpower Commission）设置"产业内部训练部门"（Training Within Industry Service，TWI），并任命 Dooley 为负责人时，Dooley、Allen、Kane 和部分专业人士努力通过 TWI 所开创的训练工具〔如工作教导（job instruc-

tion）、工作方法（job method）、工作关系（job relations）、课程开发（program development）等〕，不论在大战期间或战后兵员回归产业时，均能有效地降低训练成本且培训出大量质优的专业技术劳工。Dooley 也在 1945 年出版完整的《TWI 报告》，Swanson[6] 更将 TWI 的贡献视为现代 HRD 的起源。生产与技术训练对企业与产业虽仍有贡献，但其重要性似乎减弱，而企业所投注的资源也逐渐转向管理与领导训练。

1.1.7.2　管理与领导训练

1900 年之前，北美企业的规模不大，企业运作也不复杂，因此，当时有关经营或管理的学习仍是通过学徒制的模式。1881 年时，Joseph Warton 捐款宾州大学（University of Pennsylvania）成立第一个商业学校，加州大学（University of California）、纽约大学（New York University）与威斯康辛大学（University of Wisconsin）也分别于 1989 年与 1900 年成立商业学校。这些商业学校的创办者深信，在经营与管理的学习上，系统性的正式训练比传统的学徒制更有效，仅有技能训练是不足的，且应以广泛的角度发展此一专业训练。

Taylor 的科学管理除开创大量生产的契机外，他的 "The Principle Scientific Management" 一书使他获得了 "美国管理之父" 的荣衔，也激发了许多优秀的管理者公开分享重要观念与心得。前述的 "厂场学校全国协会" 在多次兼并不同的专业协会后，成为最重要的 "全美管理协会"（AMA），标榜 "增进对现代管理与经营的了解，且推动企业采纳相关的原理/原则、方针与实务措施" 为协会的主要宗旨。1926 年时，AMA 更成立了 "管理学院"（Institute of Management）以鼓吹科学化管理，并提供一个交流管理信息的处所[7]。

此外，经过近 20 年的推动，商业学校日渐增加且受到重视，于 1916 年时更成立全美商业大学联合会（American Assembly of Collegiate Schools in Business），并以提供学校认证和设置课程标准为其宗旨。商业学校至 1925 年时已成长至 182 所，以适应第一次世界大战战后返乡兵员的就业与训练需求。在此时期，人力管理开始从科学管理进入人际关系时期[8]，许多研究也指出单纯的专业技能仍需搭配对个人行为的了解与人际关系技能，方能创造生产和人力管理的综效[9]。

20 世纪 30 年代美国经济萧条期间，管理与领导训练乏善可陈，唯一值得记录的是当时奇异公司（General Motors Corporation）总裁 A. P. Sloan

赞助 MIT 成立 Sloan School，该（商）学院甄选企业高级主管（至少具备 8~10 年经验）加以培训（至学院研修 1 年）；这是大学设置商学院的滥觞。之后，部分大学也开始提供此类无学位的管理课程。

第二次世界大战给予"生产与技术训练"和"管理与领导训练"相同的助力，企业负责人深刻认识到管理与领导训练对培育管理干部的重要性。但大战期间主管部不可能离开生产岗位参与长期训练，因此，美国战争部（U. S. War Office）于 1934 年要求哈佛（Harvard University）和史丹福（Stanford University）两所大学为国防军需业主管开办为期 15 周的短期训练（War Production Retraining Course）。1950 年时（战后），MIT、Harvard、芝加哥大学（University of Chicago）与匹兹堡（Pittsburgh）仍开设此类短期课程。此外，企业自行开设管理与领导训练的风气也日渐风行，而可能正在此种风潮之下，管理学会（Academy of Management）于 1941 年正式运作，全美训练主管协会（American Society of Training Directors）则于 1943 年成立〔后更名为全美训练发展协会（American Society for Training and Development，ASTD）〕；管理与领导训练进入新的时代[10]。

当管理与领导训练对企业发展日益密切时，企业界与教育界人士却发现商学院的运作与课程令人忧心。福特基金会（Ford Foundation）自 20 世纪 50 年代开始赞助一系列针对商学教育的研究，强烈建议商学教育应脱离传统的职业教育，蜕变为强调专业取向的教育思维。福特基金会的研究报告引发大学改革商学教育，也促成了现代企业管理理念与人才培育的重大变革。

1.1.8 20 世纪 50~80 年代 HRD 的发展风潮

回顾过去 HRD 的发展历程，在不同的阶段可看出 HRD 于观念和内涵的转变，这除反映经济结构更迭和企业需求变迁的影响之外，也凸显科技所带来的逐渐扩张、深化的冲击。下列所介绍的四大风潮之间的变化并非十分明显，时间上也有重叠之处，值得注意的是各风潮间的关系与促成风潮转换的因由，也提供我们思考 HRD 在新世纪的动向[11],[12]：

（1）工作技能训练（job-skill training）：第二次世界大战造成大批技术劳工被抽调上战场，逼使企业与国防工业借由训练以迅速培养大量新进劳工的技能，而战后又必须通过技能训练协助兵员重返劳动市场，提供技术劳动力、稳定经济发展；从历史角度而言，工作技能训练风潮的盛行际实得利于第二次世界大战。源自心理学实验的程序化教学（programmed instruction），在教授适用于特殊工作或环境的知能方面成效显著，于 20 世纪 60 年代时被企业广泛应用于技能训练。20 世纪 70 年代后，饱受批判的程序化教学虽遭企业逐渐舍弃，但在一般教育方面程序化教学却转变为自我学习课程，基础知能的训练仍广受欢迎，而在相当层面也为 20 世纪 80 年代逐渐风行的计算机化训练（computer – based training）打下基础。此外，20 世纪 50 ~ 60 年代众多"生产力顾问"大力游说企业通过调整工作结构、流程和技能训练以提高生产力，也间接地推动技能训练风潮。

（2）管理监督训练（management & supervision training）：20 世纪 70 年代初期，许多训练专论的主题已逐渐从工作技能训练转向和管理训练相关的议题，另外企业机械化/自动化、劳动市场宽松、婴儿潮劳工的特质、管理理论/学科的发展和人性化管理理念的兴起等因素，则使企业日渐重视管理知能对绩效和营运的效益。而"一般管理技能"思维的支持者认为"若管理者能精通相关的管理技巧和理论，将能促进绩效"，此概念除成为 20 世纪 70 年管理思维的主流外，也是推动管理者知能训练的重要动力[13]。在此风潮之下，企业内部人才培育功能开始成型，也逐渐设立训练单位辅助管理功能的发挥。为适应企业在管理知能训练方面的需求，专业训练机构、专业人员和企管顾问也大幅成长，"训练产业"的雏形逐渐呈现。不过，工作技能训练和管理监督训练并未如企业所预期的"提升生产力/绩效"，反而造成了反效应，这让企业和 HRD 专业深切反省"为何要训练？"（Why training?）这一直接且深切的议题，也促使 HRD 的重心转向组织发展与绩效科技。

（3）组织发展与绩效科技（organization development & performance technology）：工作技能训练和管理监督训练的支持者"直觉地相信"训练的效益，但却忽略了组织本身和内部生态对训练的影响，因此要通过组织发展以深入了解组织生态和动能，借由绩效科技自个人层面解析绩效的本质，以找出训练的有效着力点，提升个人与组织绩效。组织发展的根源可溯自霍桑研究，且与工业心理学密切相关，范围横跨"个人—团队—组织"体系，其内涵则是当组织面对内外部变革时，结合组织文化、架构和学习/训练的调整，以下达（top – down）而全方位的作为确保组织的永续

13

发展[14],[15]。绩效科技则是从解析与改进个人绩效开始，以自下而上（bottom - up）的方向逐步提升组织效益和绩效的学门[16]。组织发展与绩效科技理念的风潮造就了一批以解决组织疑难为业的专业顾问，但由于两者采取相对的取向，常使组织中间层级产生遭忽视的感觉。20世纪80年代兴起的组织发展和绩效科技除引发管理者全面检讨企业文化、组织架构、环境互动的复杂影响外，迅速发展的信息科技和20世纪90年代开始出现的组织改造（reengineering）、学习型组织、知识管理等重要思维的强力冲击，更将HRD带入一个崭新的时代！

（4）信息、知识与智能的运用（information, knowledge and wisdom）：科学和信息科技的跃进使企业竞争和个人组织/学习进入崭新的时代，信息科技相关议题不仅成为训练的重点项目，信息科技也创造了新训练科技、改变了训练形态。从20世纪80年代开始的计算机化教学和CD ROM，发展到90年代之后的DVD ROM、同步视频教学至现今的网络学习，不仅降低了训练的时空限制，更能落实以学习者为主体和因材施教的理念，也有机会将训练结合知识管理，创造更高的效能。信息传递和知识分享本是训练/HRD最基本的功能，但所有的学习经验/体验无非是让我们能在关键时刻做出智慧的决策，这或许是学习的"终极挑战"。

我们现在仍身处信息、知识与智能运用的风潮中，不论未来科技的突破、知识的倍量成长或HRD的演变如何，我们所接收的信息或学习知识的数量可能不再那么重要，成败关键可能是拥有学习的热诚、具备有效学习的知能、将所学知能转化为智慧的决策。学习/HRD对个人职涯和企业竞争将继续扮演关键性的角色！

▶▶ 1.2　HRD 的内涵与特质

自第1章第1.1节的叙述中，读者可发现训练/发展对个人的生存、生命的质量与延续具有重大贡献，而训练/发展与个人关系的演变则为"个人→家庭→家族→小区→国家→企业"。长期以来，学术界与企业界人士对于 HRD 的内涵各有自己的定义与看法，这也连带影响他/她们在研究和实务上采取不同的取向。因此，Weinberger[17] 采取文献分析法，完整地收集与分析 1970～1995 年 HRD 重要定义的关键内涵与理论思维（参阅表 1-1），读者可参照下列详尽说明（依时间序列），再对照第 1 章第 1.1 节叙述，将更能全面地体认 HRD 的意涵与特质。

表 1-1　HRD 定义整理[8]，[17]

定义者	关键内涵	理论/思维
Nadler（1970）	行为改变、成人学习	心理的
Craig（1976）	人力绩效	哲学的、心理的
Jones（1981）	绩效、组织与个人目标	哲学的、系统观、心理的、经济的
McLagan（1983）	训练与发展	心理的
Chalofsky 和 Lincoln（1983）	成人学习	心理的
Nadler（1983）	行为改变、绩效、组织与个人目标	心理的、系统观
Nadler 和 Wiggs（1986）	正式/非正式成人学习、绩效	系统观、心理的、经济的
Swanson（1987）	组织绩效	经济的、心理的、哲学的、系统观
R. Smith（1988）	训练与发展、组织绩效	经济的、系统观、心理的
McLagan（1989）ASTD 之官方定义	训练与发展、职涯发展组织发展	心理的、系统观、经济的
Watkins（1989）	学习能力开发、职涯发展组织发展	心理的、系统观、经济的、绩效
Gilley 和 Eggland（1989）	学习活动、绩效改善	心理的、系统观、经济的、绩效
Nadler 和 Nadler（1990）	行为改变、绩效、组织目标	心理的、系统观
D. Smith（1990）	绩效改善	绩效系统、心理的、经济的
Chalofsky（1992）	学习能力、绩效改善	系统、心理的、人力绩效
Marquardt 和 Engel（1993）	学习气氛、绩效改善	心理的、人力绩效

续表

定义者	关键内涵	理论/思维
Marsick 和 Watkins（1994）	训练与发展、职涯发展组织发展、学习型组织策略性定位	人力绩效、组织绩效、系统观、心理的、经济的
Swanson（1995）	训练与发展、组织发展、组织/工作流程/个人的绩效改善	系统观、心理的、经济的
简建忠（2006）	学习、绩效、策略	系统观、组织绩效、策略

Nadler[18]创造了 human resource development（HRD）一词，原指于特定时间内所进行一系列有目的、有组织的活动，借以创造行为的改变，Craig[19]认为"HRD 的核心目标是在终身学习的各层面均能开发个人的潜能"，而 Jones[20]则认为，"HRD 是系统性地扩展个人工作相关知能的措施，从而达成组织和个人的目标"。McLagan[21]表示"HRD ≈ 训练与发展"，且"HRD 亦是通过确认、评析与经策划的学习活动，协助个人获得成功执行目前与未来职务的关键职能"，Chalofsky & Lincoln[22]则视 HRD 为"探讨个人与团体在组织中通过学习而达到变革的专业活动"，而 Nadler[23]将 HRD 的定义修改为"员工在特定的时间内完成由雇主所提供有组织的学习经验，以求得组织整体绩效的（可能）提升，或（可能的）个人成长"。Nadler 对 HRD 的想法中隐含"学习/训练移转"与"通过学习可提升绩效"两项重要假设。

Nadler 和 Wiggs[24]从组织存活的角度，视 HRD 为"能协助组织开发人力潜能的完整学习体系（涵盖关系组织存活的多种学习/工作经验与尝试）"，Swanson[25]认为"HRD 是整合组织中与工作设计、才能、专长与动机有关的活动，以提升成员能力、增进组织绩效的程序"，R. Smith[26]则称 HRD 是"能正面提升个人能力、增进组织生产力和利润的措施与活动（间接或直接、教学或个人引导）"。McLagan[27]表示"HRD 是整合训练与发展、职业生涯发展、组织发展，以增进个人和组织效率的作为"，而这也是 ASTD 的官方定义。Watkins[28]指出"HRD 是负责长期培育组织各阶层成员与工作相关能力的专业领域"，Gilley 和 Eggland[29]则认为"HRD 是组织所安排有计划的内部学习活动，并借由提升绩效与个人成长，以改善工作内容、增强个人/企业的优势"。

Nadler 和 Nadler[30]除去定义中"个人成长"的部分，再度将 HRD 的定义修正为"员工在一特定的时间内所完成由雇主所提供有组织的学习经验，以求得组织整体绩效的（可能）提升"，D. Smith[31]称"HRD 是将组织人力资源优化的程序，并通过员工教育、训练、发展与领导，系统地提升员工绩效与生产力，以达成个人和组织的共同目标"，而 Chalofsky[32]则表示"HRD 此专业领域是借由开发与运用学习为本的处遇措施，以增进个人团队、群体与组织学习能力，进而提升个人与组织的成长和效能"。Marquardt 和 Engel[33]从微观角度认为，"HRD 专业技能包括营造学习气氛、训练课程设计、传递信息与经验、评量学习成果、提供职业生涯咨询、创造组织变革、编撰学习教材等"，Marsick 和 Watkins[34]（1994）除定义"HRD 是整合训练与发展、职涯发展、组织发展，作为形塑学习型组织的基础"外，亦强调"HRD 策略性的定位"，Swanson[35]则修改 1987 年的定义为"HRD 是通过组织发展、个人训练与发展，以开发和激发个人专业职能、改善组织绩效的程序"。作者则未能免俗地将 HRD 定义为"企业内有计划的学习活动"，其短程绩效取向为求取员工个人和企业整体绩效的提升，而长程策略取向则以结合员工职涯规划、谋求企业长期发展为重心[8]。

比较上述诸多定义与表 1-1，可抽离出下列 HRD 的重要特质：

（1）目的/目标：组织实施 HRD 存在多元目的/目标：

1）依层次划分：HRD 最高阶目标为组织的存活与发展，次要目标为组织绩效的提升，再次为组织与团队学习能力的建构，最末则为成员的个人成长，这也显现出"组织的永续发展"是 HRD 最重要的价值与贡献。

2）依类别划分：成员的行为/职能/潜能的改变与提升是 HRD 的基础目标，个人/团队/组织绩效的强化是 HRD 的务实目标，竞争优势的建构则是 HRD 的策略目标，这也显现出 HRD 的功能性。

3）依时程划分：成员行为的改变是检视 HRD 效应最快速的指标，个人与团队绩效的提升是短程/中程成效，而策略的达成与组织的存续则需要更长时间的观察与验证（中程/长程）。

（2）对象：个别成员是组织实施 HRD 最基本的单位，团队与部门是实施课程或执行任务的编组，企业整体（所有成员）则是基于策略需要或

17

适应紧急状态时的实施对象。

（3）运作场域：组织是实施 HRD 的运作场域，向内可逐渐扩及至部门、团队与个人，但并不以组织疆界为限，政府部门、教育机构、顾客/客户、网站等外部组织亦是组织获取或提供 HRD 资源的重要来源；严格区分 HRD 的场域将局限其效能的发挥。

（4）本质与实施形态：训练、教育、发展、职涯发展、组织发展或成人学习是 HRD 基于不同目的/目标所衍生的形态，但 HRD 的本质仍是"有组织的学习"，方能确保实施成效。

（5）HRD 的效应：依实施 HRD 的目标与对象，HRD 也创造多元效应：

1）个人效应：如行为的改变、强化/扩展工作知能、成长/潜能开发、学习能力、绩效的提升等。

2）团队/组织效应：如目标/策略的达成、生产力/绩效/利润的提升、竞争优势的强化等。

（6）效应之途径：成员个人是组织实施 HRD 最基本的单位，也是发挥 HRD 效应的原始单元！通过个人在心态/行为/职能/潜能/绩效等方面的正面提升，转而激发其他成员、团队、部门至组织整体的转变，发挥 HRD 整体效能、达成组织目标。

（7）理论/思维：HRD 各定义源于多元的理论/思维，如心理、哲学、经济、系统观、人力绩效、组织绩效、策略等，多元理论思维除呈现 HRD 的核心价值外，也影响 HRD 实务的推动。

（8）基本信念：专业人员于规划与实施 HRD 时所秉持的想法[10]：

1）组织是由"人"组成的综合体，借由成员的投入与职能的发挥，建构与达成组织目标。因此，"人"才是组织的主体，组织的兴衰系于"人"，而 HRD 则是决定成员素质的关键。

2）HRD 奠基于组织和成员长短期的共同利益，且需在组织的投资和成员的投入之下，方能有效扩展/精练/发挥成员的职能与专长。

作者自 HRD 的根源与发展历程谈起，再解析 HRD 的内涵与特质，主要是希望能建构出 HRD 的基础形貌，协助读者了解 HRD 在现代企业组织中的定位与范畴。

HRD 知识库

中国台湾地区教育训练发展简史

从国民政府迁台至今，中国台湾地区的教育训练得力于工业/职业教育、公办职业训练、企业自办训练与训练服务机构四个层面的投入，这四大层面之间亦有相当多的交集与影响。

工业/职业教育

自 20 世纪 50 年代中期以后，中国台湾地区政府开始在人力政策方面有较好的规划，其中九年国民义务教育、职业教育和职业技术训练是重点项目之一，而李国鼎先生担任经济部长时，更强调人力资源素质对中国台湾地区的经济发展具有关键性的影响。在当时的美援方案中（工业职业教育合作计划），由宾州州立大学 Dr. S. L. Land 带领的顾问团于 1952 年到中国台湾地区考察当时的职业教育，并协助改进课程、训练师资、挑选 8 所职业学校实施新课程，以培训具备单一职业基础技术能力的毕业生。1953 年时在国际合作处的财务支持和宾州州立大学的协助下，于师范大学成立工业教育和家政系，正式开启中国台湾地区职业教育的教师培训，工业/职业教育（含建教合作模式）为中国台湾地区的经济发展培训了无数的技术人力。

实施九年国教、调整一般高中与高职的招生比例（3:2→2:3）、筹设台湾科技学院（中国台湾地区科大之前身）等均为 1966～1974 年的人力发展计划中与职业教育相关的大事。中国台湾地区的工业/职业教育至 20 世纪 80 年代中期的发展仍相当顺畅，但由于文凭/升学主义、高等教育急速扩充的影响，使得一般学生优先选择进入高中，工业/职业沦为"次等"教育；再加上教改政策的扭曲，除更进一步减少了职业教育学生人数和比例外，更大幅删减了实习课程的时数，严重打击了学生技术的养成。直至 2008 年金融海啸造成严重失业，失业率反转为"大学毕业生＞平均值＞技职生"，青年学生和社会大众方察觉职业教育的就业价值，也迫使教育部重新调整职业教育和一般高等教育的落差。

公办职业训练

基本上，1964 年之前中国台湾地区在人力培训和运用方面的施政欠缺明确的方向。1964 年时，美国劳工部官员 Harry Weiss（应国际经济发展委员会邀请）针对中国台湾地区当时的状况提出人口成长、严重失业、低薪就业、政府机构欠缺规划与协调、教育体系失衡、欠缺学徒制和其他有效训练技术劳工的机制等重大缺失，并强烈建议中国台湾地区应发展中长期的人力政策。之后，政府提出第一、二期人力发展计划（1966～1969 年 7 月）以为施政依据，并积极设立公共职训中心期望纾解技术劳动力的不足；至 1975 年，政府机关与民间团体共增设 10 所公共职训中心。

1965 年之后，中国台湾地区经济呈快速发展趋势，吸纳大量劳工进入纺织、塑料、加工和电气制品产业。1966 年召开的第一届"国家人力研讨会"，在五天的会议中除其他共识外，亦提出人力资源规划、设立职业训练中心、办理技术证照、职业训练金条例的立法等与人力培训密切相关的建议。1966 年时，仅有 39 家民营企业（占 24.4%）提供 311 个班次的训练（占 18.4%），参训员工达 7015 人次（占 31.0%），泛公营机构（包括学校）仍是提供职业训练的主力，但 1966～1975 年，民营企业的训练能量逐渐增加，每年平均训练达 48516 人次（占 24%），1975 年时更达87218 训练人次（占 37.3%）。

1972 年通过的"职业训练金条例"因 1974 年的第一次石油危机而遭废止，因此由政府逐年编列预算，责成各公共训练机构办理技工养成训练，以适应基层技术人力的需求。此外，又积极办理师资养成训练和进修训练，强化职业训练、就业辅导和技能鉴定之间的配合，进行职业训练需求调查，研修职业训练课程标准，实施职业训练成效评量等措施。另外，为配合"六年经建计划"的人力需求，于 1977 年 7 月制订颁布"推行职业训练五年计划"（1977～1981 年），作为建立职训制度及实行配合措施的依据。

内政部职业训练局成立于 1981 年 3 月，以强化职业训练行政体系，而1983 年起施行职业训练法，让中国台湾地区的职业训练进入法制化阶段。内政部职业训练局后于 1987 年 7 月改隶属行政院劳工委员会（仍称职业训练局），负责全国职业训练、就业服务及技能鉴定的规划及推动业务，并获有关职业训练经费的筹措、核议及绩效评估的授权。为衔接已完成实施的"五年职训计划"，行政院先后又订定"第一、二、三期加强推动职业训练工作方案"及1998年的"加强推动职业训练工作纲领"等全国性的职业训练推动方案，以适应经建计划技术人力的需要；其间又整并部分职训中心，以集中事权、避免资源重复浪费。

职训局为提升公训机构的绩效，自2001年起进行所属职业训练中心转型为"区域职业训练运筹中心"及重建工作，以发挥公共职业训练中心的功能，协助失业者学习就业所需的技能，促进国民就业；相关成效仍有待评估。

企业自办职业训练

20世纪60年代时，大多数企业欠缺长期培训员工的概念和资源，政府故于1972年制定"职业训练金条例"，规定相关产业雇用员工达40人以上者，需按月提缴员工薪资总额的1.5%作为训练金，以鼓励企业培训技术人力（东元电机和裕隆汽车可能是最大的获益者）。企业需向"全国职业训练金监理委员会"提出训练计划，但程序烦人、计划金额多受删减（最多可领回提缴金额的80%），故"领回训练金"常是许多企业办理训练的主因，训练成效则因企业而异。1974年第一次石油危机时，政府为降低企业负担，废止"职业训练金条例"，但立即产生的效应是训练课程和参训人数均急剧下降，不过，实施至废止的时段中，也产生了一批专门替各企业规划训练、编列训练经费和提供训练服务的企管顾问公司。1974年时，实施训练的民营机构有133家（约占28%），其余429家则属"公营"与"泛公营"机构。

对企业而言，人力培训可通过自行训练或借助于公营职训中心，而从1972年的"职业训练金条例"→1983年的"职业训练法"→1990年的"促进产业升级条例"（费用可抵税），除逐渐增强企业自行办理训练的诱因外，不少企业也累积了办理训练的经验和实力。1990年时已有337家民营机构自行办理训练（占所有训练机构之57.5%），1999年时民营企业的训练也达163100人次（占24.36%），相较于过去均有大幅的增长，而大型企业也越来越重视员工训练。作者在1993年针对一千大企业（回收率36.0%）的研究发现，有93%的企业实施训练，59%的企业设置训练单

21

位，训练经费为营业额 0.1% 者占 48%、为 0.3% ~ 0.6% 者占 34%，也反映了当时的成长趋势。此外，声宝公司于 1989 年设立声宝企业大学（中国台湾地区第一所，1990 年时更名为声宝大学）培养内部优秀人才，并结合内部接班人计划，开创台湾 HRD 新页；宏碁则于 1999 年设立渴望学院，以培育该公司主管和跨国经营人才。除此之外，产业（跨企业）的合作训练也逐渐风行，让合作企业得到互相交流、共享训练资源。

至于中小企业方面，作者在 1993 年的研究中也发现办理训练者仅占 21.3%，年度训练经费 10 万元以上者占 50%，最大的困难为"不知如何办理训练"和"员工流失率高"；中小企业常落入"需要培训员工"、"怕员工被挖"的矛盾心理，深怕"员工训练投资"的浪费反造成过度保守的心态。

训练服务机构

严格而论，在 1965 年之前只有国营事业实施较有制度的内部职业训练（如台电、台铁、台糖、公卖局等，其中包含技术、管理和政治课程），仅有较大型的民营企业进行简单、非正式的训练。而成立于 1955 年的财团法人中国生产力中心（CPC；1959 年时更名为财团法人中国生产力及贸易中心、1970 年时恢复旧名）是中国台湾地区成立最早、规模最大的经营管理顾问公司，至 1964 年时已提供不同技术领域 397 个训练班次、12996 人次的训练服务；CPC 也曾选派 246 名人员至外国受训，学习更先进的领域和训练专业技能。由政府、联合国特别基金和国际劳工局合力于 1963 年成立的金属工业研究发展中心（MIRDC）则在金属与机械工业方面提供专技人员和管理阶层相当重要的技术训练、研发和经营辅导的协助。成立于 1973 年的"中华民国管理科学会"也在整合政府和企业资源、研究、办理训练、管理顾问等方面有重要的贡献。

训练服务机构的成长固然与"职业训练金条例"和"促进产业升级条例"有密切的关系，而发展至今，在任何领域几乎都可以相关机构提供训练服务，以满足各类企业和工业的需求，共同撑起中国台湾地区的训练/学习产业！

回顾中国台湾地区教育训练发展历史，早期是以职业教育结合公办职业训练扮演"引导"的角色，近期则是企业自办训练（反映策略需求）和

训练服务机构（响应顾客需求）的合作互惠，更进一步反映了市场趋势和
HRD 的内涵。未来当中国台湾地区的产业结构持续走向服务业、知识产业
时，也将创造更大、更多元的训练/学习产业。

资料来源：

1. 简建忠. 台湾企业人力资源发展. 劳资关系论丛，1994（1），109－130.

2. Kuo，M. C.（2002）. The history of human resource development in Taiwan：19502－
1990s. Unpublished doctoral dissertation，University of Minnesota，Twin City.

1.3　HRD 的架构——定位与范畴

专业分工是现代企业的特色之一，管理功能也不例外。从管理功能和
组织架构而言，HRD 是人力资源管理（HRM）的一环（参阅图 1－1），
HRD 同时秉承 HRM 对组织的使命和 HRM 其他功能的发挥。在大型企业
中，HRD 或为独立的部门，但其功能绝非是"独立的"，与 HRM 的横向
联结将更有助于 HRD 的发挥。学习是 HRD 的本质，提供学习服务则是
HRD 的关键作为，HRD 对组织的主要成果/贡献如下（参阅图 1－2）：

（1）建构优质人力资本：此为 HRD 最直接（短程）的成果，通过职
前讲习/协助新人尽速适应环境、提供在职训练协助全体员工逐渐习获组
织/部门核心职能、提供管理课程培育有潜力的干部，让组织拥有优质、
坚强的竞争要素（人）。

（2）维系组织竞争优势：此为 HRD 中程的成果，通过职业生涯发展
协助员工各得其所、提供在职训练传承/开发核心职能、配合策略培育优
秀各级接班人，让组织巩固与延续竞争优势。

（3）创造组织价值：为 HRD 最重要（远程）的贡献，提供各类学习
服务以支持组织策略的执行、形塑必要的组织文化、巩固/开发顾客关系，
使组织能够持续地创造高价值。

图 1 - 1   HRD 内含于 HRM 之下的组织架构策略管理与环境外力模式[8],[37]

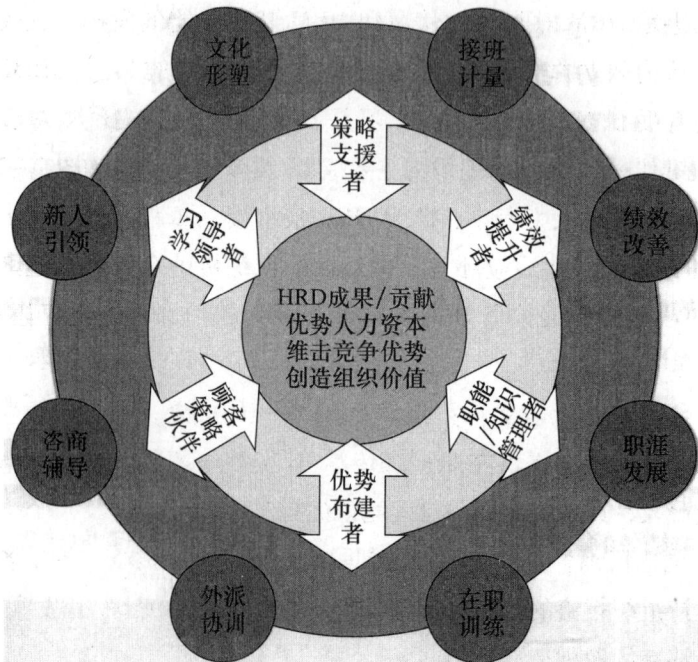

图 1 - 2   HRD 完整架构

以上述成果/贡献为主轴，将有助于厘清 HRD 在组织与 HRM 中的定位（角色），以及实务的推动。

1.3.1　HRD 的定位

定位（positioning）的概念来自于营销，主要是要厘清谁是顾客、顾客对产品的需求、顾客如何看待产品等议题，以协助企业推出适当的商品、制定出最佳营销策略、获取最大利润[8]；缺乏正确/明确的定位，再好的产品终究是曲高和寡的库存品罢了！HRD 也是如此，若未能时时检视自身定位、深刻认识企业策略、扮演正确角色、有效响应部门和个人的需求，HRD 单位终将遭企业成员离弃。

HRD 最基本的定位是在组织总体策略之下创造最大的价值/贡献[36]，因此 HRD 的完整定位应涵盖（参阅图 1 - 2）：

（1）策略支持者：策略是组织运作的最高指导方针，因此 HRD 应是：

1）组织策略支持者：HRD 主管需透彻地了解组织各阶段的策略、人力职能/质能的需求，专注于支持组织策略的执行/达成，成为企业使命/目标的贡献者。

2）部门策略支持者：部门策略是组织策略的延伸与落实，部门策略的执行成果也直接影响组织策略的成败。因此，HRD 主管需走访、探询各部门策略中对 HRD 的需求，并整合、平衡对各部门的 HRD 措施，避免干扰、延滞部门策略的达成。

（2）绩效提升者："个人→部门→组织"提升绩效，是建立 HRD 地位与贡献的重要定位：

1）个人绩效提升者：绩效是个人自信的基础，也是争取他人认同的起点，HRD 部门要能运用绩效科技，协助企业成员了解自我、检视绩效、排除障碍，并提供改善个人绩效的相关资源，成为强化个人绩效的充电站；这也是提升部门和组织绩效的基础。

2）部门绩效提升者：HR 主管要有"各部门绩效的提升即是 HRD 部门的绩效"的胸怀，因此，HR 主管要能主动地协助各部门检视绩效、提升部门成员绩效、清除绩效的障碍、避免部门绩效互相冲撞/抵消，营造共荣、良性竞争的机制与环境。

3）组织绩效提升者：HRD 主管需熟悉组织发展和绩效评析，协助探

25

索企业绩效问题的成因，提供变革与解决方案，使 HRD 成为提升企业绩效的发动机。

（3）职能建构/知识管理者：形塑与改善组织成员职能、管理组织的关键知识，从而布建组织的竞争优势，是 HRD 在知识经济体系下日渐重要的定位：

1）建构核心职能：核心职能是企业竞争力的来源，HRD 部门必须能正确解读组织竞争策略、深入了解重要部门与组织的核心职能，并通过一系列的训练课程使成员能习获当前必要的职能，且依策略需求逐步扩充未来所需职能，维持/延续组织竞争力于不坠。

2）活化人力素质："通过有组织的学习，可改善人的职能/质能"是 HRD 非常重要的信念（也是 HRD 的重要贡献）！而在信息爆炸、知识技能迅速落伍的"十倍数时代"，能协助成员放弃陈腐的知能与心态，学习弹性与变革、适时习获宽广新知能、活化人力素质、重建人力价值的重任，则非 HRD 莫属！

3）知识传递与管理：在知识经济体系下，组织的竞争力固然与其创新能力有密切关系，但创新的基础则来自于旧有知识/技能的妥善保存、传递与运用。在其发展历程中，HRD 已证明知识/技能的传递与运用的贡献，HRD 更应从现在开始完整地收集与保存组织的重要知识，也要能更进一步成为组织知识的管理者，让组织知识不断创新、创造组织关键知识更高的价值。

（4）竞争优势布建者：组织竞争优势是经过长期试验、累积而成的，其中更以核心知能和人才的积蓄为要务，这亦是 HRD 的强项：

1）界定核心知能：能存活的企业组织必定具备某些重要知能，而关键知能则常分散于部门和成员之中。通过绩效考核可厘清组织绩效与特定知能的关系，实施职能盘点则有利于标定成员知能的含量与质量，整合两者的信息有助于界定组织当前与未来的关键知能，以及知能的特定载体（人）的所在。

2）联结核心知能与竞争优势：关键知能和成员（人）固然是组织核心竞争力之所在，但若欠缺竞争概念、策略和其他资源的整合能力，竞争优势的维系将出现落差。通过个案和项目研习，有助于成员探索竞争要素消长和竞争力兴衰的密切关系，掌握竞争优势的关键内涵。

26

（5）顾客关系策略伙伴：HRD 效能的发挥并不局限于企业内部，HRD 可配合组织竞合策略，成为顾客的策略伙伴角色，强化顾客与组织的关系：

1）顾客学习资源提供者：中小企业常较欠缺 HRD 资源（或舍不得投资），较大型企业组织的 HRD 部门可于安排训练课程时，主动邀请中下游伙伴厂商派员参与（配合组织策略与顾客需求），除可扩大训练的成本效益外，也能了解顾客的营运与学习需求，亦有助于未来竞合策略的规划！中小企业亦可采用类似模式，以联合训练模式，扩展学习资源、降低训练成本。

2）顾客绩效提升者：外部顾客的经营绩效常能造成企业组织运作不同程度的影响（如质量、企业形象等），从策略伙伴的角度而论，协助顾客解决绩效问题，也是预先清除企业营运的可能风险。因此，Intel 早期协助台积电改善制程、Dell 协助华硕提升质量、Toyota 帮助协力厂建构品管体系、Walmart 协助供货厂商处理库存控管等，均是顾客与自己"双赢"的案例。

3）顾客关系强化者：提供顾客学习资源，及早认识/结交其优秀人才（未来晋升机会看好），提升顾客绩效更加强顾客与企业组织实质的合作关系；整体而言，都是以 HRD 的各种措施，创造/强化顾客与组织在现阶段与未来的合作关系。让 HRD 满足顾客重要需求（加深顾客的依赖），也反映 HRD 在组织策略上的价值！

（6）学习领导者：学习是 HRD 的核心，而 HRD 又在组织学习和知识管理中扮演关键性的角色，不论组织成立知识管理部门还是设立知识长的职务，HRD 至少要有领导组织学习的意识与信心：

1）学习资源提供者：远自早期军队的运作、中古世纪的修道院，至 20 世纪初企业的厂场学校、近代的训练单位，HRD 部门最基本的职责即是提供组织成员学习资源，协助成员习获必要的职能，达成工作目标。

2）成为学习标杆：企业组织常在成功之后逐渐步入衰退，人则是危机意识降低、呈现懈怠心态。因此，HRD 部门要协助组织成员了解竞争和学习的关系、建立积极的学习态度、让学习成为个人习惯和本能，使所有成员为追求卓越而致力于学习、成为学习的标杆/典范。

上述 HRD 的六大定位（角色）界定，除有助于组织策略的执行、

HRD 成果的达成之外，也利于 HRD 实务的推动、强化成员对学习和 HRD 部门的信心。

1.3.2　HRD 的专业范畴

"学习"是 HRD 的核心，亦是 HRD 基础的功能，但 HRD 的专业范畴并不仅限于学习。在策略层面 HRD 可发挥于组织文化形塑、接班（人）计划、外派协训等方面，在绩效层面 HRD 可致力于绩效改善方案、在职训练，在员工发展/协助方面 HRD 可投注于新进人员引领、员工职涯发展与员工咨询辅导等方面（参阅图 1-2）；HRD 专业范畴是多层次、多方位的！其实，一般企业组织对 HRD 功能常设定于信息告知、知能学习、心态调整、绩效提升、策略配合等层面的效能：

（1）信息告知：以倡导与满足组织成员"知"的需求为重点：

1）法令与组织规范：从新进人员职前讲习起，HRD 开始发挥"告知"的功能，组织/部门/工作相关规范多通过训练传递给组织成员。此外，相关法令的实施与变更（如劳退新制、防灾演练等）亦借由训练告知成员，善尽组织"中介性"的角色。

2）组织政策与活动：企业组织的政策虽可通过布告栏、内部网络等形式告知成员，但高级主管常偏好借用训练/讲习机会，面对面的说明、与成员直接沟通，争取成员的支持。此外，组织重要活动的规划与举办，亦常通过训练发布信息、凝聚共识。

（2）知能学习：以知能学习与个人成长为重点：

1）维持旧有知能：多数人习获新知识技能后，短期间内常能维持清晰的记忆、熟练的动作。但若缺乏实践、练习的机会，记忆将逐渐淡化、技能生疏、分析错误，难以执行任务；员工能借由训练重拾纯熟技能与信心，圆满达成任务。如戴姆勒—克赖斯勒（Daimler Chrysler）、福特和通用汽车要求其品管稽查员每隔数年必须参加两天的训练课程，并经笔试、作业与讲师评估通过之后，再发给新证照，以确保品管稽查员能有效运用品管工具、执行品管业务。

2）获得新知能：当员工新入企业/转换工作、企业引进技术、销售新产品、采用新设备、面对新顾客群时，通过训练使员工获得全新的知识与技能，以适应新工作情境与需求。如中华汽车为打响 2004 年底上市国产豪华轿车 Galant Grunder 的声势，力邀名师为上千位业务代表开设"人文素养课程"，以提升第一线销售人员品位，增进他/她们顾客的互动质量，提高新车成交机会。

3）增进对组织/产业之了解：多数组织成员对各自的专业均具备专精的知能，但对于企业组织愿景/使命/主要产品、经营运作、部门功能与协调、企业在产业中的地位、产业的发展趋势等重要议题，则欠缺正确、充分的了解。某些企业召集研发、生产与行销人员共同参与"顾客满意"课程，并通过混合编组、实地参访、项目竞赛等做法，协助成员了解公司/产业趋势、各部门的优势/限制、顾客需求等议题，以便发挥团队最大战力。

4）传承核心职能：企业组织必有一套独特的专业职能，使其能于竞争中存活，而为能延续竞争优势，则必须通过系统化的机制，传承核心职能。台积电内部有各类"教战手册"，如完成建厂与设备安装后，教导新进技术员很快能上机生产、提醒技术员可能遭遇哪些困难、应如何解决问题。通过记录与传承重要经验/职能，避免重要功能因关键人员离职而停摆。

5）激发个人潜能：每个人都具备多元性向与知能，但常仅显现较特殊的能力，过去企业常强调"专业分工"，但现今企业反而优先雇用具备不同专长、能处理多种专业的"多职能工"，以降低企业人事成本、作业时间。因此，企业不仅自行办理第二专长训练，更鼓励员工参与外界训练（补助部分学费、加薪等），开发多种潜能。

（3）心态调整：如尝试"过火"以克服内心恐惧；"蒙眼后倒"以建立对伙伴的信心；"生存战术游戏"以培养服从、团结的态度；"攀登玉山/马拉松"以磨炼刻苦、坚毅的心性；"游学/参与国际会议"以拓展眼界、开阔心胸；"担任志工"以了解为人服务的价值等。企业常挑选优秀干才，通过各种正式与非正式的训练/试练，以培养出"坚强心理/意志"的人才。

（4）绩效提升：企业组织常要求员工参与"新产品介绍"与"营销技能训练"以提升销售业绩，学习"顾客关系管理"以强化顾客关系/满意度。而惠普（HP）对于"需要改进"的员工，由直属主管明确指出原因及改善方案，并提供必要的训练，协助员工在六个月内改善个人绩效达到标准（否则员工需离开原工作岗位）。

（5）策略配合：过去，企业组织与 HRD 部门常仅注重训练在知能学习方面的效能，而忽略 HRD 的策略性效能：

1）储训干部人选：优秀人才的掌握是企业成长的关键，而通过教育训练机制储训干部更是企业营运与发展的命脉。如我国台湾地区高铁在运务、行控、维修方面，均事先进行干部储训；嘉裕公司（成衣业）则储训生产管理和派驻海外干部；教育部与县市政府经甄试后，开设主任与校长候用储训班，遇有缺额可立即派任至学校；更多企业则以"储备干部"的职称招考新人，通过专人带领、国内外培训，从根本上储备企业干才。

2）奖励：企业组织常挑选表现优异的成员进修，如省政府时代的"菁英一百"专案，选拔绩优公务人员赴美短期进修；高科技业则计划甄选优秀"国防科技役男"出国攻读博士学位；企业也常遴选优秀人才担任"种子讲师"，外送受训后担任讲师；或择取年轻成员参加干部培训、绩优者则获升迁资格。基本上，获选参训则是一种"荣誉"（鼓励），结训后又获得较好的资历与晋升机会，以双重奖励激励员工表现。成德建设曾于2004 年时再度花费 200 万元选送部属赴国外顶级精品旅馆考察兼进修，每一位员工可选择一个国家，每晚都住在一夜房价 1 万元的房间，体验豪宅生活，未来规划推案时，可将住宿体验融入个案；元大建设则是资助员工前往欧美旅行考察，回国后进行心得分享。

3）惩罚：对某些成员而言，训练代表不便或惩处，如军中行为偏差的官兵赴"管训班"接受"矫正"；战技测验不合格者，假日留营加强"训练"。组织成员常需于下班或周休期间参与训练，但无法获得休息；或长期赴外地训练，需离开家人、两地分隔；或上班时间参训，但无代理人协助业务，结训后工作量大增，需利用个人时间完成工作等。上述状况中，训练有意或无意间成为惩罚性的工具！

4）牵制成员动向：绝大多数组织/雇主固然了解培育人才的重要性，但更担心人才流失，故常要求员工签订契约，保证结训后继续服务（忠诚度）。如公务人员训练进修法第十六条规范未履行义务的赔偿措施；航空公司向未履约满足服务年数的驾驶与空服员索赔违约金与训练费用；法务部长陈定南也曾因留职停薪、自费留学归国后即提出辞呈的检察官震怒，扬言拒批辞呈、兴讼留人。企业以契约规范员工受训后的义务自无可厚非，但有些恶劣的企业则以"培训"为幌子（如少数演艺或模特儿公司），以契约和违约索赔"绑住"优秀人才，又未能善加运用，是为最下等的策略！

5）凝聚/形塑成员价值观：成功的企业组织有其特殊的文化与创办人独特的价值观，或组织在转型中必须创造新的价值体系，此时常通过训练、故事的形态形塑成员的价值观。如于 2006 年 5 月逝世的大同公司董事长林挺生，近 60 年间每周为大同、华映的中高级干部讲述经营理念，中风之前即使年逾 80，仍然坚持站着上课，数十年如一日；治军严谨、军事化管理的鸿海集团总裁，员工熟读郭（台铭）语录，如"三局"（格局、布局、步局）、"三合"（集合、整合、融合）、"三理"（人、事、物的道理）等；玉山银行中级干部晋升前必须至"希望工程师班"参训三周，随时要抽背董事长黄永仁发想出来的"黄语录—顾客真谛"，连新进员工也要熟读；衣蝶员工每天晨会都要念颂经理王令楣制定的"王氏语录"（员工守则）；大叶高岛屋日籍总经理亲自写下"管理监督职心得十条"，与员工分享（员工要背）。不过，通过训练"强制"形塑成员价值观除可能造成员工反感、出走之外，也有违专业道德的疑虑（与升迁晋用密切相关），值得深思！

6）企业形象：许多大企业规划完整的训练课程，发挥培育人才的功能并对外展现"企业重视学习"、"员工有成长机会"的形象，吸引顾客与求职者，面子与里子双赢。如 104 人力银行于 2004 年 6 月的一项调查发现，科技人才择业时最想自公司"学习更高的专业技术"（占 32.2%），促使科技公司必须强调企业的发展前景、教育训练[38]；大学生求职最爱的台积电认为最好的员工福利是"不断的教育训练"，公司聘请内外部讲师教导各项专业技能、语言、时间管理、谈判、沟通等课程，只要单位主管同意，选修没有上限（新人在第一年规定必须修满 8 门课）[39]；大学生求职最爱之二的宏碁强调自我学习、外派训练与在职训练的员工训练，除由标杆学院负责员工训练外，并辅以"师徒制"落实训练[40]。

整体而言，HRD 在企业组织中的定位，应以"创造价值"为使命，主动扮演"策略支持者"、"绩效提升者"、"职能建构/知识管理者"、"竞争优势布建者"、"顾客关系策略伙伴"与"学习领导者"的多重角色，除使企业成为具备"自我改善能力"的学习有机体，也可走出组织疆界，协助伙伴/顾客、创造更高的学习效益。

关键字词

人力资源发展（HRD）　　工作技能训练

学习　　　　　　　　　　管理监督训练

学徒制　　　　　　　　　组织发展

经验主义　　　　　　　　绩效科技

技艺训练　　　　　　　　HRD 定位

四步骤训练法

观念提要

人类发展的历史，可以说是人类"学习"的历史，而学习亦是 HRD 最重要的特质。技艺训练的历史虽久远，但直到20世纪初期、两次世界大战时才朝向系统化的方向发展，而在 20 世纪 50 年代之后，则逐渐引发工作技能训练、管理监督训练、组织发展与绩效科技以及信息、知识与智慧的运用等风潮；企业则在日益激烈竞争中体会 HRD 的重要性。

Nadler 将 HRD 的定义修改为"员工在一特定的时间内完成由雇主所提供的有组织的学习经验，以求得组织整体绩效的（可能）提升，或（可能的）个人成长"，其中隐含"学习/训练移转"与"通过学习可提升绩效"两大重要内涵。此外，HRD 的效能在短程绩效取向方面主要求取员工个人和企业整体绩效的提升，长程策略取向方面则以结合员工职涯规划、谋求企业长期发展为重心。

对企业组织而言，HRD 的主要成果为建构优质人力资本、维系组织竞争优势与创造组织价值，为达成上述效益，HRD 必须善尽如策略支持者、绩效提升者、职能建构/知识管理者、竞争优势布建者、顾客关系策略伙伴和学习领导者等多元角色，并在接班计划、绩效改善、职涯发展、在职训练、外派协训、咨商辅导、新人引领和文化形塑等领域发挥实务面的效能。

基础测试

1.20 世纪之后，在生产（者）技术训练和管理与领导训练领域各发生了哪些重要事件？这些事件对于 HRD 的发展又有何影响？

2.20 世纪 50～80 年代 HRD 有哪些重要的风潮？各个风潮主要的内涵又为何？

3. Nadler 对 HRD 的定义为何？其定义中又有哪些重要的意涵？

4. HRD 对企业组织的主要贡献为何？

5. HRD 在企业组织中应扮演哪些重要角色？各个角色牵涉哪些专业实务？

进阶思考

1. 你自己对 HRD 的定义为何？

2. 你认为 HRD 对企业组织有哪些重要使命？

3. 你对于"把 HRD 当作策略性工具"有何看法？

第二篇　学习与竞争优势

2006 年 6 月开始，许多国家弥漫着"世界杯足球赛"的狂热，尤其是参赛的 32 个国家。不过，这 32 支队伍的参赛权却是得来不易的，都是在各洲强敌环伺之下脱颖而出，即使是曾经夺得"雷米金杯"（Jules Rimet Cup）的巴西、阿根廷队也不能"保送"进 32 强；西德更需证明她的实力，非借举办国之名义而"溜进"世界杯。从会外赛开始至冠军决赛，每一支国家代表队均遭遇一连串强大的竞争，失败者打包回家、面对无情批判，获胜者则晋级、享受荣耀与喜悦；竞争过程是残酷的，唯适者与胜者生存！

企业经营亦如运动竞赛一般，想要参赛、生存、壮大、夺冠，必须具备竞争的实力、培养出超越他人的竞争优势、持续地精练与提升竞争力和竞争优势，方有机会立足竞争洪流、永续生存！解析企业竞争力来源，不外乎传统的"生产要素"（土地、资金、劳动力等）、E世代的经营要素（如信息、知识、科技等）、适当的组织架构与竞争策略，而更重要的是存在能统合上述竞争力要素、体察环境变迁、创造出竞争优势的"人"，亦即"人"是竞争的关键！

本篇各章解析"人"与企业竞争力、竞争优势、人力资本、核心职能、企业变革、学习型组织、知识管理的重要关系，特别是HRD在上述各项的关键角色与功能，协助读者了解精练企业成员知能/职能，对企业在激烈竞争中的价值与贡献！

第2章 企业竞争力、竞争优势与 HRD

2.1 竞争简论

2.2 企业竞争力与竞争优势

"不要让孩子输在起跑线",是句让父母心动又心急的广告口号!心急的是"怕输",心动的则是"时间还早"、"若能及早处理,不见得会'输'";父母的感受完全呈现竞争时的心理状态。竞争(competition)是物种演化和现代社会发展的重要机制之一!我们发现频道(Discovery)或国家地理杂志(National Geographic)的节目中,不时看到刚孵化/出生的幼小动物"本能地争先抢夺"食物/母乳,摄取的食物越多、长得越壮、就能抢得更多食物(不管兄弟姐妹死活),生存的机会也较高。动物成长、独立之后,争取活动/狩猎地盘、觅食、交配等,均需面对同类/异类不等的竞争;赢家获得继续生存/繁衍的机会与资源,输家若无法翻身,只有败亡一途。对物种而言,竞争是生死存亡之大事,自诩万物之灵的"人"亦不例外!

婴儿初出生之后,在家庭中开始与兄弟姐妹争夺父母的爱与照护,与其他婴儿争夺"谁比较可爱"、"婴儿爬行比赛冠军",与同龄者争夺进入"好幼儿园"、"好小学",竞相争取受教于好老师、进入好学校,参加联招争取进入好高中、好大学、好研究所,争取好女生/男生、好亲家,争取进入好企业、获得前景好的工作、晋升位高权重的职务、担任最高负责人、压倒对手,争取名位、金钱……你不想主动与他人竞争,他人仍将你视为重要对手，想不参与竞争行列都身不由己。人一生的历程似乎与"竞争"密切相关，而企业呢？

绝大多数创业家成立企业的目的在于追求最大的（合法）利润，而企业要立足/生存首先要能争取到顾客认同、一定的市场规模，不论是在新兴还是成熟的市场，企业都得面对同业争夺商机、原物料、资金、人才、顾客/市场、利润，面对中下游第三方转型、异业厂商跨足抢占市场与利润。企业抢到订单后，还要想办法抢到后续的订单、设立障碍摆脱竞争对手、留下弱小的对手以激发竞争意识。企业在内部设置竞争机制，磨炼人才和竞争力，使其能和当地、本国企业互相竞争，跨越地区与其他国家企业竞争，企业就是一个竞争有机体！

▶▶ 2.1 竞争简论

Adam Smith（亚当·斯密）于工业革命启动约100年之后的1776年出版"The Wealth of Nations"（国富论）一书，他认为社会的利益是基于"不受政府的干预/限制，允许个人追求其所向往利益的私有企业（private enterprise）"的体系。在此体系之下，企业家必须以最有效率/经济的方式生产最好的产品，并以最低的价格出售，以获得最大利益；而企业家创造利润、实现个人理想的途径则隐藏在"无形的竞争之手"（the invisible hand of competition）的概念/法则之中。亚当·斯密"私有企业"的理论阐明现代市场经济（market economy）和资本主义（capitalism）的基本运作机制，而"私有企业"则涵盖下列四大要素：

（1）私有财产权（private property rights）：个人有权购买、拥有、使用与处分各种财产（动产与不动产）。

（2）自由抉择（freedom of choices）：个人得凭其自由意志提供劳务、经营企业、生产商品、提供服务。

（3）利润：个人得在私有财产权与自由抉择的机制下，追求并享有其努力的成果（金钱/获利）。

（4）竞争：因创造产品和服务的资源有限，顾客与其购买力亦有限，个人/企业很自然地争夺生产资源、以低价质优商品获得顾客青睐，压倒其他对手。

由上述的分析可知，私有财产权与自由抉择是现代市场经济的基础，追求利润是主要动机，竞争则成为"必要之恶"的宿命；企业成功得力于竞争，企业败亡亦失利于竞争。

要明确地定义"竞争"有一定难度，且极易引起争议，造成诸多义理与学科的争端。不过，"竞争"的概念中至少应涵盖下列要项：

（1）竞争的主体：小自个人，逐渐扩大至团体/团队、企业组织、地区、种族、政党、国家，均可为竞争的主体。

（2）竞争的对手（rivalry）：竞争主体的范围亦是竞争对手的范围，如围棋棋士的对垒、F1 车队的对抗、半导体产业中台积电与联电的订单争夺、省县市地区招商大战、早期漳州泉州先民的械斗、蓝天拼绿地、国家间的血腥战争等。但许多个人与企业均强调，"自己"才是最大的"对手"，唯有先战胜自己才能击败其他对手。不过，早期的社会心理学家 Triplett[1] 的研究显示，明确的外在竞争对手常较"内在的自己"更能激发高层次的努力与投入。

（3）竞争的意念/动机：即"为何而战/争"！一般而言，人想要过得更好、活得更久、得到更多应是引发竞争的主要动机，因此，动机理论中的认知理论（cognitive theories）、期望理论（expetancy theory）或可解释竞争的动机。但生物学家 Darwin（达尔文）认为竞争是出于本能以求生存、在自然淘汰中胜出，心理学家 Freud（弗洛伊德）将竞争视为"出于内在、本能特质的侵略倾向（tendency to aggression）"[1]，而民族学家 Lorenz[2]（1966）则认为竞争是"人与动物对抗同类的战斗本能"。社会生物学家 Wilson[3] 解析"侵略性行为可增进基因的繁衍概率"，社会学习理论（social – learning theories）除同意竞争出于本能的看法外，还强调"当人得利于竞争时，人将调整其行为以适应未来的竞争"。由上述分析可知，人的竞争除出于本能（潜意识）外，亦是具目标导向性的复杂行为。

（4）竞争标的物：即"争什么"！一般而言，获得难以分割的财物、特殊的成就（如声誉、地位）、信仰/信念、权益等均是竞争的重要标的物，而俗语"人争一口气，佛争一炷香"则点明"竞争者对标的物的主观价值"与竞争动机的强弱、持续努力的程度有密切的关系。此外，亦有许多竞争者重视的是竞争过程中与获得胜利时所感受到"精神层面的快感",反将财物性的战利品视如敝屣;对有强烈竞争欲望者,什么都值得争!

(5)竞争的资源:"所有可用于竞争行为之有形与无形的事物"!如掠食动物的尖牙利爪、草食动物的急速奔跑、白蚁/蚂蚁的惊人数量、人的智力与团队合作、企业的知名度与地理位置等,均是重要的竞争资源。此部分于第2章第2.2节有更深入的说明。

(6)竞争的规则:若将竞争视为一种游戏,则进行游戏之前必须先制定游戏规则,以规范结果的认定(输或赢)、程序(开始→结束)、参与者(资格、数量)、可使用资源、行为(合法或违规)等事项,以利于游戏的进行。在盛行运动与竞赛的现代社会,读者只要稍回顾自己常参与运动的规则,应可体会"竞争的规则"的内涵。不过,竞争规则并非一成不变,在竞争/进行发展过程中,赢家可能会修改规则以确保胜利(如修订选举办法),输家则可能集结力量(如示威、革命)推翻赢家、重建规则,监督者/利益相关人则可能压制赢家(如制定反拖拉斯法、公平交易法)、建构公平竞争环境(如惩罚违规行为),以维护社会大众的利益。

(7)竞争的策略:即在规则所容许的范围之内(甚至超出范围),有效运用各种资源、击败竞争对手、获得胜利的所有方法。如2006年世界杯足球赛冠军战,意大利队马特拉吉以言语刺激法国队长席丹,虽遭席丹头锤倒地,但席丹亦被判出场,最后意大利队以PK战胜法国夺得雷米金杯。尽管马特拉吉遭国际足总罚款、为许多球迷所不齿,但马特拉吉的策略"奏效"了,且助意大利赢得冠军,这对马特拉吉和意大利球迷而言,可能是最重要的!此部分亦于第2.2节有更深入的说明。

(8)竞争的场域:即竞争的"战场"在哪里!若以企业组织而论,竞争战场多在外部环境,且随着自由化和国际化的趋势,竞争战场也自邻近的地区扩展至世界各地,而外部竞争的结果也密切影响企业的经营〔如明基赴德国并购西门子手机部门、捷安特自行车(巨大机械)赞助西班牙ONCE车队参加环法赛等〕。不过,也有许多企业强调"内部竞争"的机制,期望能培育具有高度竞争意识与能力的员工、塑造企业竞争文化与实力。

竞争虽是人的生命与职业生涯历程中的"必然",但除竞争之外,人/企业也可选择"合作",以避免不愉快的竞争过程或结果。不过,个人的自由意志在竞争之中有较大的发挥空间,合作时个人则需捐弃自我以创造单一的"集体意志"。但合作并非是"反竞争",极可能是另一场竞争的序曲！如 2006 年 8 月时华硕与技嘉在主板产业的"合作",主要是想提高对市场的主导力量,期望能有效地对抗鸿海的进逼。若华硕与技嘉能将鸿海逐出主板产业,可想而知在"大者恒大"、"一山不容二虎"的情况下,华硕与技嘉也将重新面临"相互竞争"的局面。

在信息与网络科技的"加持"之下,世界已经变成平的,所有的竞争者（个人/企业/国家）无不致力于争夺重要资源、建构竞争力、厚植竞争优势,期望能在新的竞争场域和规则之下,占据有利位置、获得重大利益、永续生存。不过,竞争虽必有成功者与失败者、获利者与遭殃者,重要的是竞争者（不论志愿/被迫）在不失控的竞争过程中常需不断地检视/反思自我、提升知能与心智层次、追求更接近完美境界的精神,使参与竞争的个人/团体与社会均能享受竞争所创造的良善成果（如物美价廉、优质服务等）,这才是竞争的"本质"！

2.2 企业竞争力与竞争优势

竞争小至个人,大至企业组织、地区、种族、国家,且个人一生历程均与竞争密切相关,因此,自古典学派（如亚当·斯密、达尔文、弗洛伊德等）,至新古典经济学派、奥地利经济学派（Austrian Economics School）、产业经济学派（Industrial Economics School）等,均有相当多的理论与典籍探讨竞争相关议题。作者不深谈上述的经济理论,而是期望整合资源本位（resource - based）与知能本位（competence - based）对竞争的观点,探讨企业竞争力与竞争优势的根源,并阐述"人"在企业竞争中的关键地位,以有助于建构以"人"为核心的竞争优势。

2.2.1 Wernerfelt 的模式

对于竞争的研究,一直都是企业经营策略的重要议题,而首先明确地将"资源"界定为竞争优势者当属 Briger Wernerfelt。Wernerfelt[4]认为资源泛指"企业于一特定时空所掌控有形与无形的资财（生产要素）"，若资源的生产或掌控不当、拥有的独特资源突然冒出替代品时，将严重侵蚀企业获利。因此，企业竞逐高利润时，必须[4]（参阅图 2 - 1）：

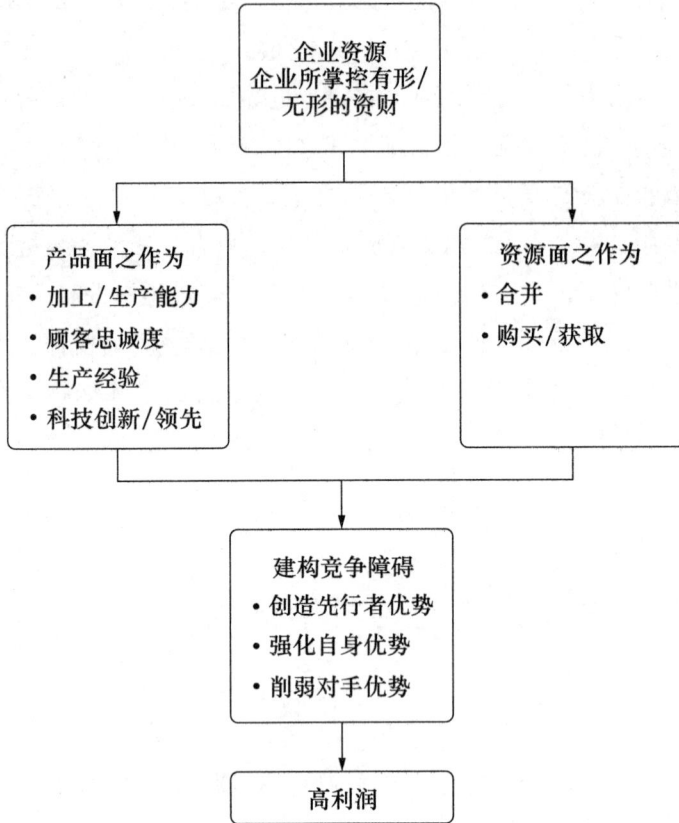

```
            ┌─────────────────┐
            │   企业资源        │
            │ 企业所掌控有形/    │
            │  无形的资财       │
            └─────────────────┘
              │             │
    ┌─────────────────┐   ┌─────────────────┐
    │  产品面之作为      │   │  资源面之作为      │
    │ • 加工/生产能力    │   │ • 合并           │
    │ • 顾客忠诚度      │   │ • 购买/获取       │
    │ • 生产经验       │   └─────────────────┘
    │ • 科技创新/领先    │
    └─────────────────┘
              │             │
            ┌─────────────────┐
            │  建构竞争障碍      │
            │ • 创造先行者优势   │
            │ • 强化自身优势     │
            │ • 削弱对手优势     │
            └─────────────────┘
                    │
              ┌───────────┐
              │   高利润    │
              └───────────┘
```

图 2 - 1　源导向竞争策略[4]

（1）发挥"资源→产品"的特色：此部分包括加工/生产能力与规模、及早建立顾客忠诚度、生产/管理经验、科技创新与投资等，以提升资源在生产面上的价值。

（2）获取重要资源：特别是以合并（merger）和并购（acquisition）两种手段，取得在公开市场上无法购得的资源。如 2004 年底联想并入 IBM 个人计算机事业部门，统宝与飞利浦的合并案中（飞利浦要对方的产能，统宝要技术专利与客户，合并案在 2006 年中完成），分析师甚至建议微软（Microsoft）应并购 eBay（取得 Paypal 在线付款系统）或 Yahoo（扩充在亚洲势力）以对抗 Google。

42

（3）构筑竞争障碍：通过上述两方面的努力，先形成资源卡位障碍（resource position barrier），以强化自身优势、削弱对手力量，创造先行者优势（first mover advantage），并建构广泛的竞争优势，抛开竞争者。

有趣的是 Wernerfelt 在 1984 年发表的论文并未获得重视，三年内仅被引用三次，直到 Prahalad 和 Hamel[5] 发表探讨企业核心知能的论文时（刊于哈佛企业管理 Harvard Business Review），才迅速掳获学术界和企业经理人的注意力，并获得 Strategic Management Journal 于 1994 年颁发的"年度最佳论文奖"[6]。

2.2.2　Barney 的模式

Barney[7] 延伸 Wernerfelt[4] 的思维，并深入探讨、建构企业资源与持久竞争优势（sustained competitive advantage）之间的关系。Porter[8] 与 Daft[9] 均认为，凡是由企业所掌控、有助于建构与实行策略，增进整体效率和效能的资财均属企业资源，其中包括企业能耐、组织流程、特质、知识与信息等；Barney[7] 引用上述两人的看法，并强调"资本"的特质，将资源划分为实体资本、人力资本与企业资本三大类。Barney[7] 先以异质性（heterogeneity；强调资源与企业、策略的特殊关系）与固着性（immobility；强调竞争对手自该企业取得关键资源的难度）检视资源的基本价值，然后通过 SWOT 分析检视企业内部优缺点及外部的机会和威胁，以确认该企业所处环境的竞争本质。Barney[7] 期望借由上述两项程序，了解企业资源形成竞争障碍（资源卡位障碍与先行者优势）的可能性，但强调资源仍需通过下列的检验标准方值得用于建构竞争优势：

（1）价值（value）：资源的价值不仅限于"实体"的价值，更要有助于建构与实行策略、扩展契机、消除威胁（策略价值），且增进企业整体效率和效能（创造利润价值）。

（2）稀缺性（rareness）：若能拥有/先行抢获众多对手争夺的少量/限量资源（如石油、特殊金属、专利权、超优质研发或管理人才等），不仅有助于满足顾客的需求、确保生存契机，且有助于布设竞争障碍、打击对手。美国与中国公司大肆抢夺世界石油，微软因为李开复跳槽 Google 不惜诉诸法律，Bill Gates 亲自争取超优人才加入微软，均证明稀缺性资源的贡献与价值。

43

3. **抗仿效性**（imperfect imitability）：模仿与抄袭是常见竞争手段（回顾"战"后的日本、20 年前的台湾与现在的大陆企业），若能得知对手（特别是领先者）的经营机密，不仅能改善自己的管理/生产流程、提供类似的产品/服务、拉近竞争落差，更能实质地打击对手，这也是产业间谍无法禁绝的基本原因。因此，除法律的保护（知识产权）、投资于研发之外，企业更要深入了解自身资源的抗仿效性的根源[10]：

1）独特历史情境：指企业于特殊时空获得、发挥资源的效用，形成竞争优势，竞争对手则难以复制类似的情境，获得相近的资源。如中华电信（国营转民营）、丰田汽车立足美国（石油危机、讲求质量）、微软壮大（IBM 的轻忽、PC 产业发展）、太阳能光电产业（油价高涨、环保意识抬头）等，均有令其兴盛、对手欠缺的特殊历史时空。

2）模糊/不确定的因果关系：即对手难以参透一个企业的优势与其所拥有资源之间的关系，因此，就算搜索同样的资源也无法复制同等的竞争优势。如苹果公司（Apple）iPod 所创造的销售佳绩，究竟是来自 iPod 本身的设计新颖讨喜、iTune 软件的操作特色、下载歌曲的选择性众多，还是其他因素，许多研究报道仍未能精确剖析真正的原因；竞争者虽推出诸多号称"终结 iPod"的 MP3 机，但仍未能有效撼动 iPod 的整体优势。

企业成员互动复杂度：此部分涵盖企业管理者之间的人际关系[11]、企业文化[12]、企业在合作厂商眼中[13]与顾客心目中的信誉/形象[14]等。企业所使用的器材、流程、科技对手均可购置，但人、人脉、人际关系特质等"推动"企业运作的"隐性动能"则无法被完美地复制。

（4）**低取代性**（low substitutability）：当企业的资源通过上述三项标准，但仍有其他资源可替代时，并不能保证能享有长久的竞争优势。因此，当辉瑞药厂（Pfizer）推出威而钢（Viagra）所享有的优势在礼来药厂（Eli Lilly）犀利士（Cialis）获核准上市后，即遭受重大冲击；传统相机产业遭受数字相机产业痛击，照相手机重创数码相机业、智能型手机则侵蚀 PDA 市场、MP3 手机亦砍倒一批 MP3 制造商；美国 NASA（航天总署）与俄罗斯在欧洲、中国、日本等国家拥有商业火箭发射与酬载后，其竞争力与影响力也下滑了！

但 Barney（1991）认为企业光拥有合乎上述所有条件的资源，竞争优势仍无法持久，真正的关键在于企业需有坚实的策略管理体系进行策略性规划、统合信息体系，以支持策略制定、营造良善的企业形象/声誉，并获得企业成员的全力投入与支持，方能建构/维系持久竞争优势（sustained competitive advantage，SCA），创造最大利润与价值（参阅图 2-2）。

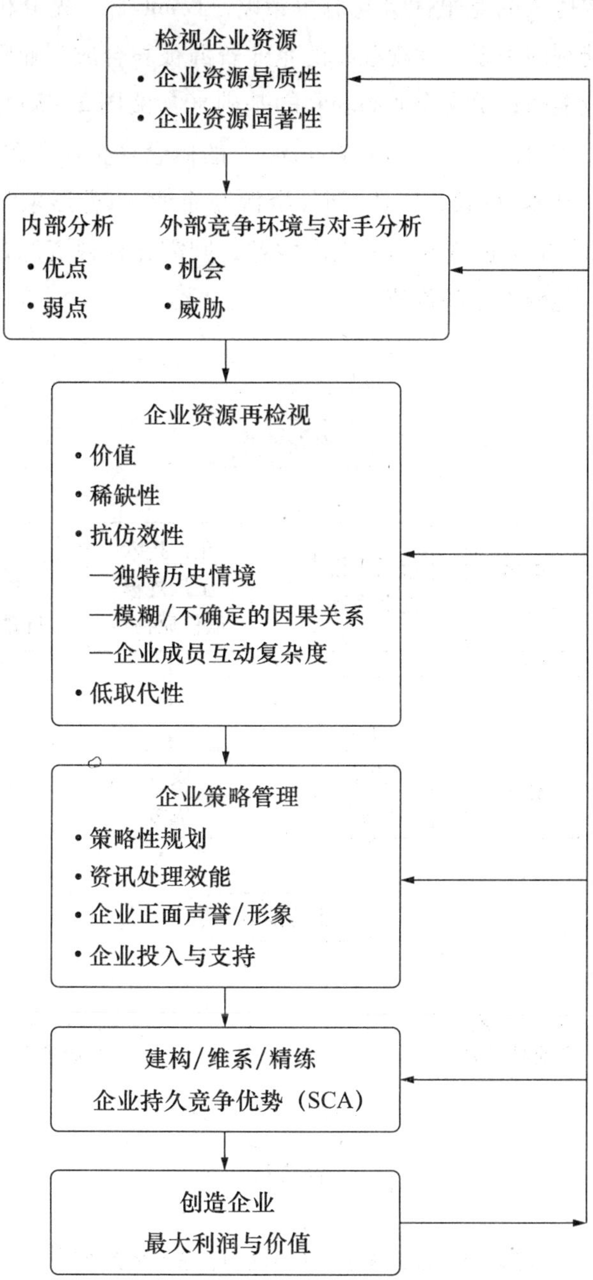

图 2-2 企业资源与持久竞争优势的关系[7]

2.2.3　Grant 的模式

Grant[15]（1991）引用 Wernerfelt[4] 的观点于检视企业能耐（capabilities），以建构持久的竞争优势与竞争策略。Grant[15] 首先分析了一般企业资源与企业能耐的关系，发现独特的企业资源被整合成产业吸引力与竞争优势两大企业能耐，奠定企业高获利的基础（参阅图 2-3）。在自己的模式中 Grant[15],[16] 引用 Snow 和 Hrebiniak[17] 的概念将企业资源区分为财务、人力、组织、技术/科技、实体/硬件资源与企业/声誉形象六大类（参阅图 2-4），而为能创造资源的最大净效益，则需先检视资源在支持竞争策略与建构企业能耐方面的价值：

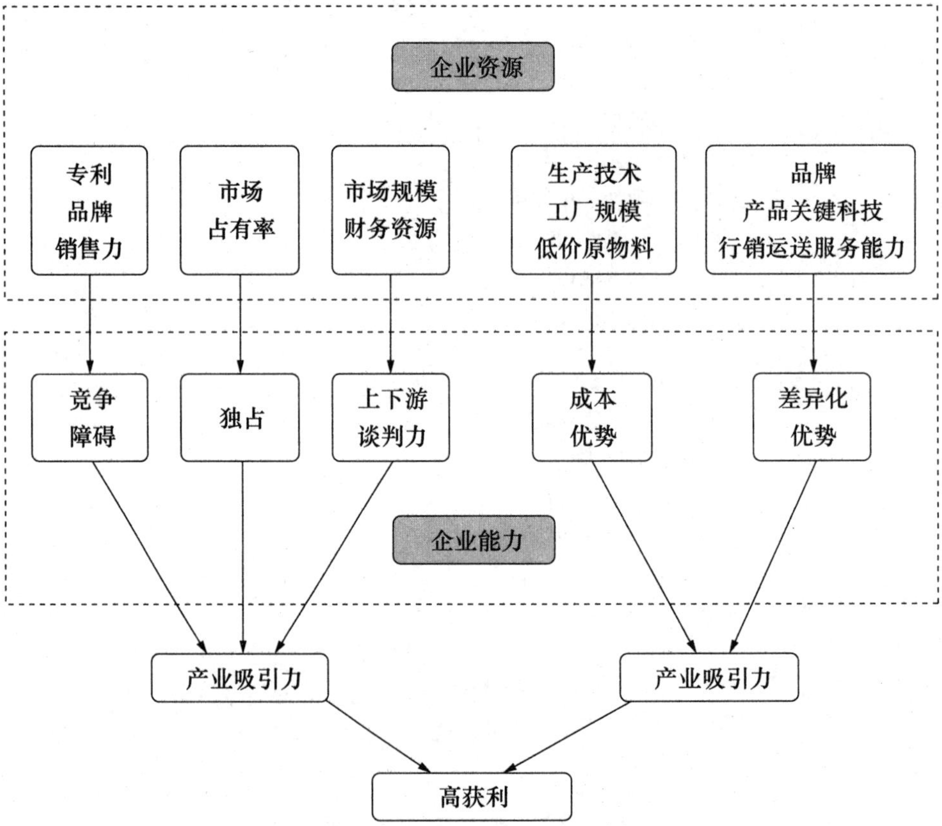

图 2-3　企业资源与企业能耐、获利的关系[15]

46

```
┌─────────────────────────────────┐   ┌─────────────────────────────────┐
│           企业资源              │   │        资源→企业能耐            │
│  • 财务资源  • 技术/科技资源     │◄─►│  • 探索资源运用最高经济效益的机会 │
│  • 人力资源  • 实体/硬体资源     │   │  • 探索资产运作最佳化、创造大价值 │
│  • 组织资源  • 企业/声誉形象     │   │    的模式                        │
└─────────────────────────────────┘   └─────────────────────────────────┘
```

```
┌──────────────────────────────────────────────┐
│        检视企业资源与能耐→竞争优势            │
│  • 建构准则：稀缺性、相关性                    │
│  • 持续准则：耐久/持久性、移转性、可复制度      │
│  • 专属准则：智慧财产权、相对议价力、镶嵌度     │
└──────────────────────────────────────────────┘
```

```
┌────────────┐      ┌──────────────────────────┐      ┌────────────┐
│  确保/扩充  │      │       建构/维系/精练       │      │  利润再投资/ │
│  /创造资源  │      │  • 企业持久竞争优势 (SCA)   │      │    分配     │
└────────────┘      └──────────────────────────┘      └────────────┘
                    ┌──────────────────────────┐
                    │    建构与执行企业竞争策略    │
                    │  • 企业资源运用最佳化        │
                    │  • 企业能耐发挥极大化        │
                    └──────────────────────────┘
                    ┌──────────────────────────┐
                    │         创造企业           │
                    │      最大利润与价值         │
                    └──────────────────────────┘
```

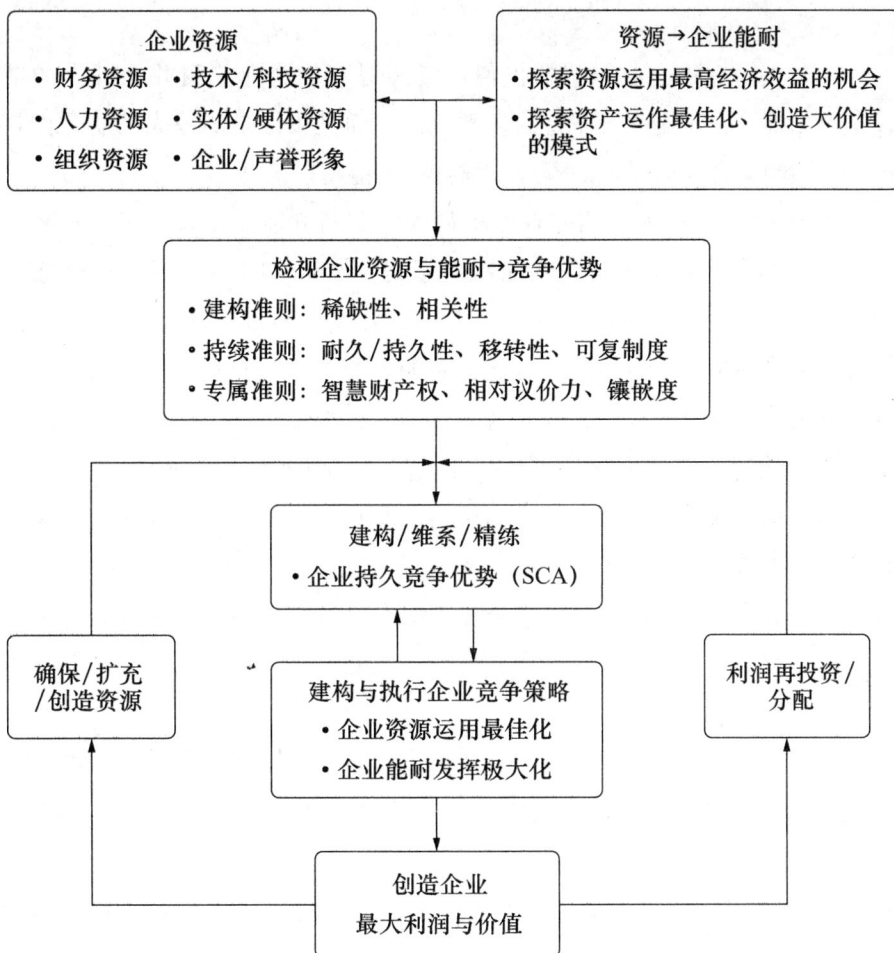

图 2-4　企业竞争能耐、持久竞争优势与竞争策略关系模式[15],[16]

（1）资源支持竞争策略的价值：即企业要提升资源的单纯效益，找出：

1）最经济/有效使用资源的方法：既是"寻求最低成本的生产机制"，也是台湾企业的管理专长之一，如汽车厂尽量使用规格相同的螺丝，以增加采购规模与议价空间、降低组装错误率；使用较低廉材质/材料/替代品、人力（如派遣劳工）、外包等。

2）创造最佳效益的资源操作方法：资源的使用应无固定模式，而以创造效益为出发点，如多余产能代工（如晶元厂、酒厂）、开发副产品（如提炼酒粕制造化妆品、面膜）、重新包装产品（如老歌新唱、精华专辑、新造型/外形等）。

（2）资源建构企业能耐的价值：资源对建构企业能耐并无固定的模式，应先确认企业能耐所需要的各类资源，而其关键是确保成员的合作与投入，顺利整合有形与无形资源，发挥企业能耐。

Snow 和 Hrebiniak[17] 将企业能耐视为"独特知能"（distinctive competencies），且与企业十大运作功能密切相关，Prahalad & Hamel[5] 则称之为"核心知能"（core competencies）并强调其在集体学习、有效的协调整合、位阶与策略的角色。Grant[15],[16] 认为企业能耐是企业独特/卓越/核心的知能，亦是持久竞争优势最关键的内涵，并以下列两个观点检视企业能耐：

（1）能耐应融入企业日常运作中（organizational routines）：企业日常运作是一系列成员纯熟配合的行动所构成有规律、稳定的互动模式，企业整体则是无数日常运作的总和。企业任一现行的日常运作无不经过学习、熟练、价值检视的程序而存留，企业能耐则是其中做得最好、最具经济效益与策略价值的日常运作；企业能耐绝非突然从天而降，而是长久累积的实力。

（2）以资源本位角度检视企业资源与能耐转化成竞争优势的基准：作者认为这是 Grant[15],[16] 的模式中最有意思的部分（隐含 Wernerfelt 与 Barney 的概念）：

1）基本建构准则：能成为竞争优势的企业能耐，至少需符合下列两项标准：

一是稀缺性（scarcity）：如同 Barney[7] 的概念，即要拥有其他对手所不具备的能耐，才能参与竞争，在竞争中生存、脱颖而出。如林义杰靠"极坚忍的心理特质"荣获超级马拉松世界冠军；Toyota 汽车厂巨细靡遗的质量管理能力；台湾宝城鞋厂凭借设计能力与弹性生产力掳获 Nike 订单；台塑靠总管理处的全面督导极有效地降低生产与作业成本等，均是"稀缺的"能耐。

二是相关性（relevance）：不同的产业或市场，有独特的竞争或成功要素，而企业能耐必须与成功要素"高度相关"，方能有发挥余地、立足竞争；非相关能耐的发挥反而可能耗费资源或模糊竞争焦点。如投手的球速、变化球种类、控球精准度；药厂的研发与营销能力；Google 吸引、筛选、运用、诱留人才的做法；Apple 整合异业、设计能力等均是引领成功、

48

高度相关的能耐。

2）优势持续准则：竞争并非一时，而是长久的，如何维持/提升竞争优势成为企业永续发展的关键：

一是耐久/持久性（durability）：在科技、企业信誉、顾客忠诚/品位、对手追赶的任一情况之下，企业能耐可能逐渐脱节、贬值或丧失策略价值。因此，企业除应选择耐久性高的能耐外，亦需通过新产品/市场开发、知识管理与引进优秀人才，投资于提升/更新/重建重要的企业能耐[12]。如康宁玻璃（Owens Corning）自玻璃锅具、玻璃纤维、光纤发展至液晶面板；Sony 的颜色管理技术自真空管电视延续至液晶电视；杜邦公司靠在化学与化工所累积的成就得以不断推出新材料/产品等，均显现了耐久性企业能耐的价值。中钢则以导入知识管理体系、大举招募研发精英，企图延续钢铁相关能耐的价值。

二是移动/移转性（transferability）：当能耐与资源存在地域与特定企业关系、信息屏障、人员或能耐不可分割性时，企业能耐较不易被移转至对手企业，即使是挖掘整个团队，对手也无法复制企业文化与支持体系，发挥"挖来的"能耐。如台塑的总管理处的成效来自于王永庆的全力支持、特别助理（被戏称为红卫兵）毫不徇私地督导与积极改善的企业文化；花旗银行人才培训的成效（将陈圣德出走之伤害降到最低）则来自集团的传统、公平的制度与主管的支持。许多企业虽欣羡台塑与花旗银行的企业能耐，却无法顺利移转、推动与生根。

三是仿效/复制度（replicability）：Grant[15] 称之为"透明度"（transparency），即当企业能耐相关的信息、流程、运作机制与策略越封闭、隐晦、复杂时，将形成半透明状态或防窥探效果（如屏幕防窥片的效果）。亦如 Lippman 和 Rumelt[18] 所称的防拷性（uncertain imitability，与 Barney 的 imperfect imitablity 意义相近），越能隐藏能耐机密的企业，越有机会抗拒对手的抄袭与模仿、维持竞争优势并获利。如许多企业严厉监控作业流程与信息网络，拒绝参访（特别是生产与研发部门），拆解/独立作业流程（除关键主管外一般员工无法窥全貌），不申请专利（以免竞争者察觉，但仍拥有知识产权），严格控管员工兼差行为（以防泄露技术）或控告竞争对手（如台积电数度控告中芯侵权、友讯控告威盛商业间谍案、鸿海富士康控告比亚迪公司吸收两名离职员工、侵害商业技术秘密）等，均是降低

49

竞争对手复制重要能耐的机会与伤害的做法。

3）专属准则：指能耐的归属权及企业与能耐发挥者（成员）之间的互动关系，上述状况影响企业得利于其能耐的程度：

一是财产权（property rights）：知识产权（intellectual property rights）应是更精确的说法，特别是企业关键能耐中有关专利、技术、诀窍（know how）等部分的所有权归属于企业或成员，抑或与企业或成员共享。若企业拥有所有权，则企业可全权处分、享有所有的价值与利润；反之，则需与特殊成员共享。因此，许多企业要求员工签署"工作期间著作权（智财权）归公司所有"的声明书（以独占智财权），较有气度的企业则与员工签订"智财权分享"契约，以实质奖励员工发明创作。中村秀二为蓝色LED发明人，但他认为其雇主日亚公司每年从蓝色LED获利超过4亿美元，但中村仅获得年薪与160美元的研发奖金，故向日亚公司求偿。2002年9月，东京地方法院虽将蓝色LED专利权判给日亚公司，但认为中村对其发明拥有50%的贡献度，故日亚公司应支付中村600亿元日币（最后仅支付中村所求偿的200亿元日币）。上例说明知识产权的归属，密切影响企业能耐的发挥与获利。

二是相对议价力（relative bargaining power）：即个别员工在企业关键能耐的结构或其影响力的比重，比重越高、企业需支付较高酬偿以留住员工避免竞争对手挖掘（企业议价力与获利降低）；反之，企业则享有较高的议价力并获利。如职业球团中的超级巨星较易获得丰厚的长期合约，超级业务员或极优秀研发人员（如领先业界开发出高效能锂电池与燃料电池）亦享巨额奖金，但行政人员或内勤人员即使以离职要挟，球团或企业则常不予理会（认为影响极低）。

三是镶嵌度（embeddedness）：指员工流失所造成的对企业能耐的冲击，冲击越小，表示镶嵌度越高（能耐的发挥与企业的关系越高），冲击越大，表示镶嵌度越低（能耐的发挥与员工个人的关系越高）。镶嵌度同时也反映企业能耐的移动性、复制度、议价力，以及策略价值与获利。

许多企业开始建构知识管理体系，以及时"储存"个别员工与团队的知识和诀窍，降低员工离职对企业能耐的冲击。企业竞争优势的形成有其特殊情境，Grant[16]认为来自企业内外部的各类变革契机，引发企业将其能耐转化为竞争优势：

（1）内部变革契机：来自企业内部的创新（innovation），不仅引发企业的竞争优势，也能在短时间内推翻竞争对手的优势，Schumpeter（熊彼特）即称此为"创造性破坏的风暴"（a gale of creative destruction）。企业内部的创新主要包括价值链重建、重整相抵触的管理功能、导入电子商务体系（如 ERP）与不断地开发新经营模式；台塑总管理处的设置、长庚医院引进制造业经营体系等，均属内部变革。

（2）外部变革契机：顾客需求丕变、价格波动、科技突破等为常见的外部变革因素与商机，而能迅速判断与正确回应变革者，则易抢得商机与竞争优势。Bill Gates 提供 IBM PC 的作业软件、Yahoo 满足大量数据搜寻的需求、eBay 提供买卖双方的平台、Amazon 打破购物时空的限制等，均是迅速与正确响应外部变革的事例。

Grant[15]，[16]虽提出建构企业竞争优势的原则，却未解析企业能耐转化为竞争优势的细节。一般而言，成效特别好且不断改进的内部日常运作较易成为企业能耐，而在竞争中被证明有价值的企业能耐则构成基本的竞争优势；我们可以自许多企业发迹、壮大的数据中找到例证。Grant[16]认为可采取下列行动协助企业持续保有竞争优势：

（1）内部研发：研发新材料、制程、科技等，并运用于产品与服务；如 7 - Eleven 与全家争相研发新口味的食品、台积电开发出更精细的浸润式曝影技术、3M 与 Google 积极鼓励员工投入个人及团队创新研发等，以求领先竞争对手。

（2）获取智慧财产：自行研发需要时间，且仍有失败的风险，采用银弹攻势购买专利、并购拥有关键智慧财产的企业，为许多大企业常用的手段；如雅虎、Google 借并购为网站增添新功能、新服务，培养顾客忠诚度；微软、IBM 采用合作与并购双管齐下以取得新营利模式；明基并购西门子手机部门等，均是自外部获取智慧财产、再创竞争优势的实例。

（3）竞争策略的运用：即通过各种策略延续竞争优势，市场/产业的先行者通常享有执行此类策略的优势：

1）吓阻策略（deterrence）：通过暗示/明示手法，提醒/警告潜在对手在未来的竞争将面临强大抵抗、全面激烈的价格战，迫使对手在评估无利可图的情况下放弃竞争。如晶元代工、液晶与电浆电视、主板业或食品业均常实施吓阻策略的价格战。

2）利基卡位策略（preemption）：即先大举抢占现存与潜在的策略性利基，大幅提高对手的竞争投资，企业常用的方式如抢占重要资源（如石油公司抢油田、建设公司与超商抢地）；扩增产品种类、填补竞争空隙（如汽车业、计算机业）；预先大幅提高产能、不留机会给对手（如面板业、主板业或一般代工业，但风险很高）；祭出专利权或侵权诉讼（如鸿海、日本夏普、日本松下电器）；收取权利金（如飞利浦、日本 Sony、日本太阳诱电公司）等。

除上述的行动与策略外，Grant[16]更极力主张必须将持久竞争优势整合入企业整体的竞争策略，使其能优化地运用资源，将企业能耐发挥至极致。而为避免企业能耐与竞争优势的衰退，Grant 强调通过资源与利润再分配/投资的程序，方能精练/维系企业竞争优势于不坠。

HRD 知识库

人才战争

封神榜是一部相当吸引人的神幻小说，描写商纣与周文王/武王两大阵营的斗法，其中固然撷取大量的民间传说，但最精彩的部分应是每回合双方阵营神佛道魔尽出、逞勇斗智的紧张情节。周朝末期天子权力式微、诸侯并起，春秋五霸、战国七雄交相征战，企图一统天下，其间能人异士希望投靠明主、发挥抱负，各国君侯则争相网罗名士、压倒敌国，最后虽由秦国统一天下，但却创造中国历史上思想最创新、人才交流最活络的时代。

东汉末年皇权旁落、盗贼四起，魏蜀吴三国争雄、天下名士亦择良木而栖，刘备三顾茅庐、曹操礼遇关羽、孙权拔擢吕蒙等均是脍炙人口的故事，官渡、赤壁大军对战固然气势磅礴，而背后的人才争夺更是扣人心弦！

遥想上述场面，时局纷乱、群雄并起、典范与价值崩解等正是共同的特点，而想在浑沌尘世有所作为，靠的就是网罗、善用各类人才；不论是现代、回溯 1800 年前或更早，"人才"在竞争中的关键角色依然没变。企业组织积极、不择手段地网罗人才，常因为人才能带进新策略/观念（如将 IBM 转化为服务业的饼干怪兽 Louis V. Gerstner, Jr.、为 Apple 开创销售在线音乐的 Steven Jobs)、开创新知识/技能（如为台积电开发浸润式微影技术的林本坚)、凝聚/引发新动能（如 La New 熊的陈金锋、兄弟象的曹锦辉)、开发新产品/服务（看看层出不穷的新 3C 产品和新软件）和吸引其他优秀人才（想想多少人争相进入 Google 和 Microsoft 和那些天才共事)，亦即创造更新、更强劲的竞争优势！

因此，企业一方面抢人才（如大陆航空公司抢台籍机师、Facebook 抢 Google 网路营销副总裁 Sandberg、新加坡科技厂抢台湾高科技人才、大陆金融业趁机抢华尔街高手、宏碁亮出"acer 菁英募才计划"大抢华硕手机研发人员、Google 抢 Microsoft 李开复等)，另一方面则是要固桩（如智能型手机大厂慷慨发红包留才、Intel 和 Google 让员工重订选择权价格以弥补员工损失/提振士气，中国台湾地区卫生署以月薪新台币 47 万元延揽国家卫生研究院长、Google 研发特殊演算程序以评估员工对职务的满意度及出走的可能性等)，期望能拥有好人才、激励优秀人才追求杰出表现。

有趣的是，美国司法部已开始调查 Google、Genentech、Yahoo、Apple 等硅谷最知名科技企业，在招募人才时是否涉及协议不主动互挖员工，而有触犯反托拉斯法之嫌（以不公平手段维持劳动市场的买方优势)。不知是大企业已厌倦人才战争，还是不愿意再撒下大笔银两掘？即使如此，拥有好人才不见得就高枕无忧（不然世界冠军就是洋基或红袜的囊中物了)，磨炼人才、整合/运用人才、让人才真正发挥其价值，则又是另一个阶段的故事！

2.2.4　其他模式

研究竞争优势的学者多同意企业的竞争资源应不受其形态的限制，因此，Bogaret、Martens 和 Van Cauwenbergh[19] 引用 Hall[20] 的想法，将企业资源区分为所拥有/掌控的资源或资财，以及所具备/可执行的能耐或技能（参阅图 2-5)。Bogaret 等人[19] 并采用 Dierickx 和 Cool[21] 的概念，以稀缺性、价值性、不易获取与变异性等特质为基础，再将资源归类为全面性策略资财（all - purposes strategic assets）与特殊策略资财（situation - bound strategic assets)，以强调策略性资源在竞争上的价值。

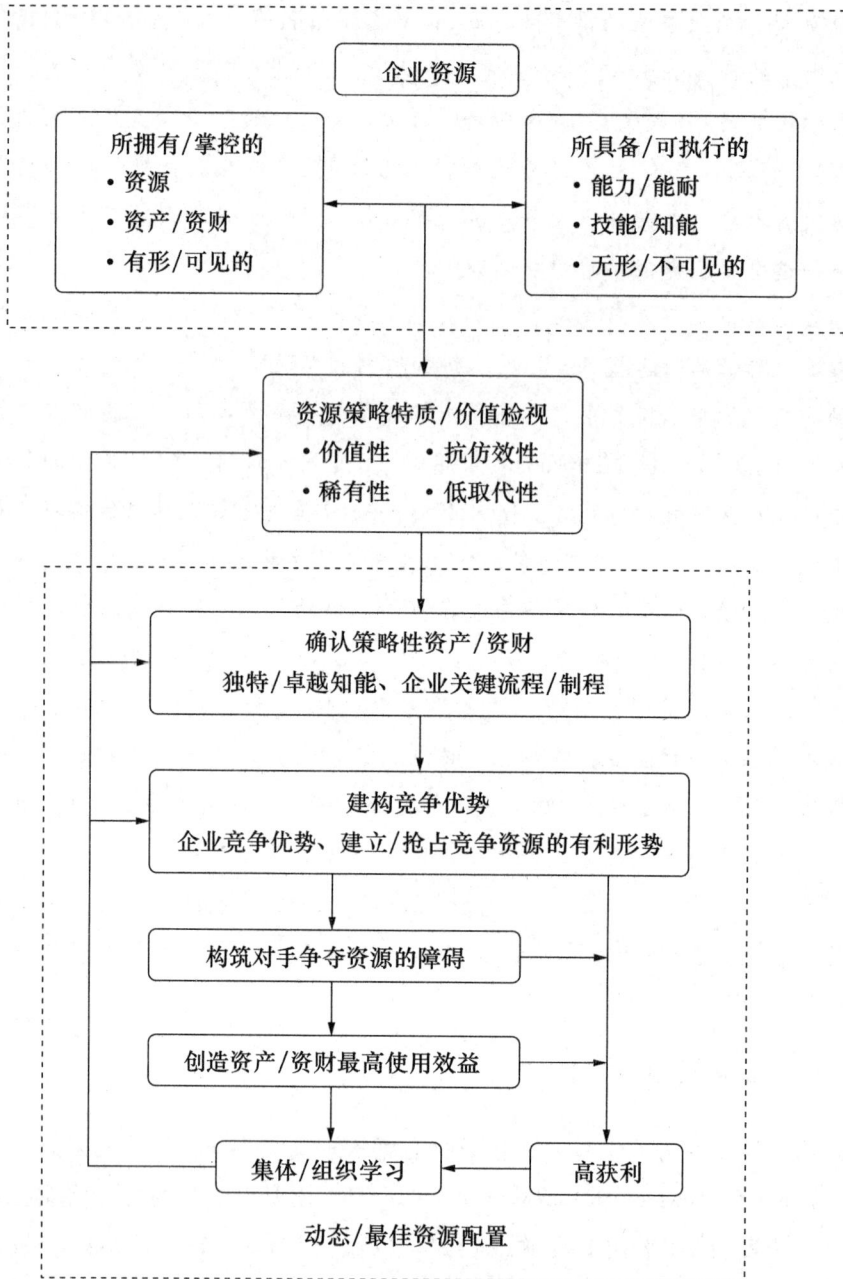

图 2-5 资源与策略结构模式[19]

Bogaret 等[19]认为竞争犹如一场解谜的竞赛，而策略则是解开特殊谜题的关键，故结合策略性资源和企业独特知能提出"策略资财情境配适"

的概念（situational fit of strategic assets）。因此，自确认企业独特/卓越知能与企业关键流程/制程开始，就应制定以抢占竞争资财有利形势、布设对手争夺资源的障碍、创造资财最高使用效益等目标的策略，建构整体竞争优势，以追求高获利。Bogaret 等[19]的另一重要概念是通过集体或组织学习（collective/organization learning）与获利回馈的机制，寻求资源与策略的最佳配适，以期有效累积与传递企业关键知能、深耕企业能耐，确保长期竞争优势。

Bogner 和 Thomas[22]则认为企业竞争优势源于其核心知能（参阅图 2-6），并呈现于企业相关产品的销售或市场占有率。Bogner 和 Thomas[22]指出核心知能为企业特殊/卓越的技能，其中包含两大特质：

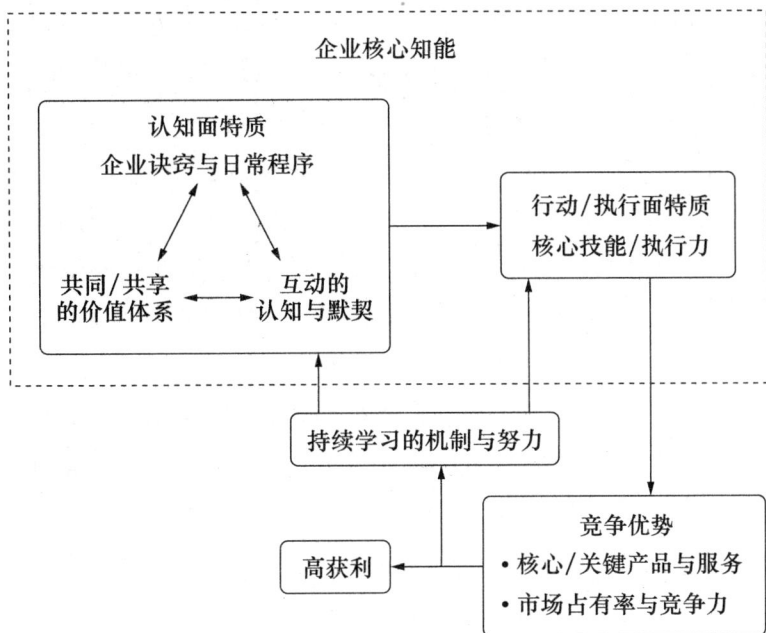

图 2-6　企业核心知能与竞争优势[22]

（1）认知面特质（cognitive traits）：此特质为核心知能的根源，且引导企业于竞争中，确保顾客享有最高满意度，又可细分为下列三大部分：

1）企业诀窍与日常作业程序：企业的任何能力来自于长久的精练与累积，通过落实于日常作业程序，使之内化（internalization）为独特的方

55

法与能力。

2）共同/共享的价值体系：企业成员（特别是决策者们）对于核心技能的构成、展现、更新与传递必须基于共同的价值体系，方能有效整合成员力量、发挥策略与竞争综效。

3）互动的认知与默契：核心知能的展现有赖于企业成员之间的默契，于团队行动时能以达成目标为依归，主动、适时地调整各自的行为。

（2）行动/执行面特质（action traits）：仅具备认知特质恐流于"纸上谈兵"或"眼高手低"，真正的核心技能要能实践、化为行动，转化为能创造关键商品与服务、开拓市场占有率、厚植实力的竞争优势，即以成败论定核心知能与执行策略的价值。

"持续学习"（特别是组织学习）是 Bogner 和 Thomas[22] 模式中的特点，他们认为企业应通过实作与实验的程序，引进并习获新近与特殊的知识，以转化为核心技能与竞争优势；Senge[23] 也曾强调"实验与改善的学习程序是企业获致成功的关键"。

自上述的分析中，我们可以发现维系企业的竞争力与优势的关键要素包括下列四项：

（1）人的角色：在企业日常运作中，"人"是进行生产与提供服务的原动力，而在检视资源的价值、内外环境分析、建构核心知能、拟定与执行竞争策略等方面，人更占据"枢纽"的位置。虽然许多作者未解析人在竞争中的重要性与贡献，但分析企业争夺人才的实例（如 Google 挖掘李开复、中信挖掘花旗陈圣德等）可理解，优秀人才与其所展现的人力资本在竞争中的价值"毋庸置疑"！

（2）核心知能：企业间的竞争不是空口说白话，而是要凭借实力，靠比对手更扎实、更好、更有创意、更坚持的能耐与知能。人则是企业核心知能的起点，而通过不断的尝试与试练可以找出有竞争力、有价值的知能，通过学习与训练以传递重要的知能，借由研发与并购以创新知能，企业运用知识管理以赋予核心知能新的生命与价值。

（3）组织学习：企业组织是个奇特的集合体（collective），而个别成员则是最基本的单位。有趣的是成员（人）是有生命的但寿命有限，企业则是无生命、受人操控的，其寿命却有不断延续的契机。同样地，组织并不会学习，而是借由人的学习、知识管理功能的运作，使成员的知能/经

56

验与组织记忆得以存留和发挥，响应组织内外部的变革与需求。企业想力争上游、免予败亡，通过成员让本身成为"学习的有机体"是必要的措施。

（4）竞争策略：好的竞争策略如同找到一支杠杆和有利的支点，能让企业以最少的资源获取最大的利益与成就，现今国内外知名大企业都得力于过去某些成功的竞争策略。但竞争环境多变、对手也在不断地挑战，策略一有延迟、误失，企业立尝苦果，如惠普（HP）与康柏（Compaq）的合并案、Intel 产品策略的失败（2006 年 9 月初裁掉 16000 名员工）、灿坤在大陆快速展店、Sony 过慢进入液晶电视等，仅是数件引人注意的案件（也会很快地被淡忘）。有趣的是，策略是由"人"拟定与执行的，一旦发生状况就要调整与改进，在竞争过程中人和企业均不断地学习、成长，寻求策略、资源与环境的最佳动态配适。

为能协助读者较完整地了解竞争要素与 HRD 的关系，本篇将继续介绍人力资本、核心知能、变革、学习型组织与知识管理。

关键字词

竞争	低取代性
自由抉择	持久竞争优势
竞争策略	企业能耐
资源本位	独特知能
知能本位	核心知能
企业资源	知识产权
企业资本	内部创新
竞争障碍	吓阻策略
抗仿效性	利基卡位策略

观念提要

私有财产和竞争似乎是资本主义经济体系的核心，而在全球化的趋势之下，国家与国家、企业与企业之间的竞争也越来越激烈，输赢的筹码也越叠越高。而面对竞争时，企业组织必须先确定竞争的主体、对手、目的、标的物、投入的资源、规则、策略和场域等项目，才能集中全力、创造竞争优势。

早期的研究者多持资源本位论，强调资源的价值、稀缺性、抗仿效性和低取代性，并期望通过构筑资源卡位障碍与先行者优势，以形成竞争障碍、阻绝追随者。另一群的研究者则支持知能本位论，强调通过整合各类资源、建构企业的独特能耐，以创造持久的竞争优势，而人则是竞争的关键要素。争夺人才、协助人才发挥战力、留住好人才的结果，决定企业竞争的成败！

基础测试

1. 私有企业的理论阐明现代市场经济和资本主义的基本运作机制，而私有企业涵盖哪些要素？

2. 竞争时，应先辨明哪些与竞争密切相关的事项？

3. 资源本位论者认为合乎哪些标准的资源，才值得用于建构竞争优势？

4. 从资源本位的角度检视企业资源与能耐转化成竞争优势时，应注意哪些重要的准则？各准则之下又有哪些重要细节？

进阶思考

1. 你对竞争和合作的看法为何？在企业经营上，你比较倾向于采取竞争还是合作？为什么？

2. 对于竞争，你比较支持资源本位论还是知能本位论？为什么？

3. 你对于"知能本位论其实含有资源本位论的色彩"的论述有何看法？

第3章 人力资本、核心技能、绩效与 HRD

3.1 人力资本与 HRD

3.2 专家、专业技能与 HRD

企业的成立需要"资"本,运作需要"资"金,生产与服务需要"资"源,拟定策略与竞争需要"资"讯,企业的价值则是计算其有形与无形"资"产。在个人方面,则讲求其"资"质天分、过去所累积的"资"历、拥有的任用"资"格,而管理者则需具备一定的"资"望。这真是一个走"资"派的时代!

几乎每一本企业概论或经济学的教科书均将"人"或"劳动力"列为企业三大生产要素(资源)之一,许多企业家也公开宣称员工是企业重要的"资产",强调员工对企业的价值。不过,亦有深谋远虑之士担忧部分员工将沦为企业的"负债"、拖垮企业;企业员工似乎成为"能载舟、亦能覆舟"的关键。上述的说法除引起管理者广泛的重视外,如人财(能生财、聚财,为企业带入现金)、人才(具备重要知能与企图心)、人材(具备基本知能,但能力与企图心有待进一步开发)、人杆(毫无企图心、不思作为、耗损企业资源)、人豺(人格重大缺陷、反噬企业)等"标签"纷纷出现,重新定义员工价值;部分名词或嫌过分,但亦贴切描述员工贡献与企业的关系。HR 与相关管理者最重要的职责应是避免引进"人豺"、防止"人杆"的产生、开发"人材"使其转化为"人才",协助"人才"进化为"人财",以为企业创造最高价值。这也是企业转化、累积与善用人力资本，建构持久竞争优势的心法！

3.1 人力资市与 HRD

3.1.1 人力资本概要

Lin[1],[2]认为资本的概念可追溯自马克思（Karl Heinrich Marx），且为布尔乔亚阶级（bourgeoisie 即资本家 capitalists）在生产和消费过程中获利于劳工努力的剩余价值（surplus value）的一部分，而马克思的理论中，亦凸显了"资本与商品在生产和交换的密切关系"、"资本强调其投资的过程"和"资本可为附加价值或负债"等与资本相关的特质。Lin[1],[2]另称马克思所提出的资本概念为"古典资本理论"（classic theory of capital），而视人力资本论为"新资本理论"（neo – capital theory）。

亚当·斯密于"国富论"中，视一国家人民所具备与可运用的能力为国家资本的一部分，而此概念被延伸为"资本能归因于个别劳工"，这亦是人力资本论的重要思维[3]。20 世纪 50 年代之前，一般学者与企业仍将硬设备、劳动力、土地与管理视为主要的生产要素[4],[5]，但 20 世纪 60 年代时经济与会计学家却遭遇"不易以传统生产要素圆满解释美国经济成长"的难题[6],[7]。

Schultz[7]于 1960 年美国经济学会（American Economic Association）年会发表"人力资本投资"（Investment in human capital）的主席演讲，强烈宣示"若无法明确地将人力资源（human resources）视为某种资本，除将助长古典经济学仅重视人的体力劳动的（偏差）概念外，也将忽视个别劳工知识技能的价值和差异"。之后，Becker[8]也以教育和其他因素解析人力资本。

Schultz 和 Becker 将"实际经济成长部分"与"传统生产要素所能解释的部分"之间的差异归功于"人力资本"（镶嵌于个别劳工本身的特质和附加价值），并尝试通过经济模式加以解释、验证。基本上，人力资本论（human capital theory）的基本思维是"人的学习能力所创造出的价值不亚于其他的生产要素"，且个人、企业与社会均能获利于人和相关资源的有效运用[7],[8]。因此，Schultz 与 Becker 等经济学家除致力于以人力资本论解释"教育和训练在人力资源的投资创造个人和国家财富的增加"外，并建议"将人（能力）的开发视为重要的资本投资"[7],[8],[9],[10]，人力资本相关论述与研究也逐渐受到重视。由于在诸多经济学与人力资源论的重要研究中，Schultz 于 1979 年（与 Lewis W. A. 共享）、Becker 于 1992 年分别荣获诺贝尔经济学奖。

今天，"资本"已成为被广泛使用的通俗名词[11]，人力资本、企业资本（organizational capital）、智能资本（intellectual capital）、结构资本（structural capital）、社会资本（social capital）等概念也广为接受，但名词使用濒临泛滥之时，审慎体认"（人力）资本对企业的内涵"反而是重要的省思。基本上，资本与其所衍生的重要内涵包括：

（1）资本是生产要素：古典经济学家常将资本视为生产要素之一，特别是用于生产或制造商品，且于生产过程中不会消耗殆尽的人造物品（如机器设备）[49]。不过，对现代企业而言，天然资源（如矿产、原物料等）、生产设施（建物、器材、软件等）、资金（现金、股票、债券等）、智慧财产、企业/个人声誉等资本，均被广泛地使用于生产和经营过程。

（2）资本是财富或价值的表征：几乎任何形态的资本都可以金钱显示其价值，即资本是金钱、财物或其他有价物品的综合，亦代表个人或企业所拥有的财富。个人或企业可使用资本或转投资其他企业，以创造更多金钱收益，增加其资本或财富[50]。

（3）资本具有循环性、移转性与累积性：此为资本最有趣的特质。

1）资本的循环性：除直接用于生产的天然资源外，资本在每一次的生产过程之中虽有耗损、折旧，但并不至于完全罄尽，仍可继续使用。许多生财设施甚至于破败不堪时，亦能再变卖、取回剩余价值（如飞机、船舶、汽车的转售），再加以利用。

2）资本的移转性：企业常见的资本中，厂房可以转手、购置，机器设备可租售，资金可借贷、流动，技术或专利可买卖、授权，人员可随时异动，企业甚至在一夕之间遭并购/转让；几乎企业的所有资本都具有移转性。

3）资本的变异性：在企业运作与投资策略中，资本可能损耗（减少或折旧）、贬值（币值或价值降低），也可能累积（数量或类别的增添）、增值（币值或价值的提升）或转换形态（更新或衍生新形态）；此为可预期/估算的变异性。但投资的过程中亦充满许多突发因素（如天灾、战争），造成资本增损的风险，此则为难预期的变异性。

（4）追求预期利益是投资/运用资本的最主要目的：创造（金钱）利益是资本投资的使命，个人或企业则以预期财务利益的多寡，作为资本的投资/运用的决策基础。没有相当利益/报酬的投资，徒增资本的空转、损耗而已。

若以上述的分析为检视基础，可发现"人"在企业运作中的确合乎"资本"的基本内涵，此时我们很自然地将焦点转向"人力资本的内涵为何"、"如何创造或增进人力资本"、"人力资本所衍生的其他资本为何"与"人力资本的价值为何"等议题。

基本上，Shultz[7]（1961）、Denison[12] 和 Becker[8] 认为"个人的人力资本主要为通过教育与训练而获得的知识和技能"，Romer[13]（1990）与 Fitz – Enz[14] 则认为应是"个人所拥有的持久特质（如智能、知识、技术、活力、态度/价值观、可信度、创造力、经历/经验等）"。此外，根据 Lin[1],[2] 对社会组织和网络的研究，认为社会资本（通过社会关系的经营而获得的资本）亦与个人表现有密切的关系。因此，以广义的面向而言，人力资本应是个人的质能（competence）、职能（competency）[15] 及其社会资本的综合，而找出个人人力资本中具有正向变异性、高投资报酬的项目，通过适当的学习措施加以活化/提升，则是 HRD 对企业和个人的重要贡献。有关 HRD 对知能提升、特质调整的做法，读者于阅读本书之后，应有更好的掌握，接下来将说明近年来被视为人力资本一环的"社会资本"。

Lin[1],[2] 简明地将社会资本定义为"企求市场预期效益而对社会关系的投资"（investment in social relations with expected returns in the market-place），对个人而言即是"投注/参与人际互动和社交网络以创造利益"，但社会资本的本质应是"镶嵌与蕴藏在个人/团体组织网络中能动用的所有资源"，也许有些咬文嚼字，但几乎是一般通称的"人脉"（参阅图 3 - 1）！因此，完整的社会资本应涵盖个人/团体，与人相链接所衍生出的关系、信息、财物、权势，以及个人/团体能直接/间接发挥影响力等。

　　Lin 认为社会资本能创造投资利益的原因包括：

　　（1）促使网络中的信息流动：网络中居于特定策略位阶的社会联结（social ties），有助于个人在混沌的情境下获得重要的决策信息，以降低交易成本、找到更好的组织与社会链接、发挥资本影响力、获取适当的报酬。在人际网络中，各种信息会被释放出来，对"需要特殊信息"的信息也会流传，个人和组织会搜寻重要/有价值的资讯，也促成信息的流动。

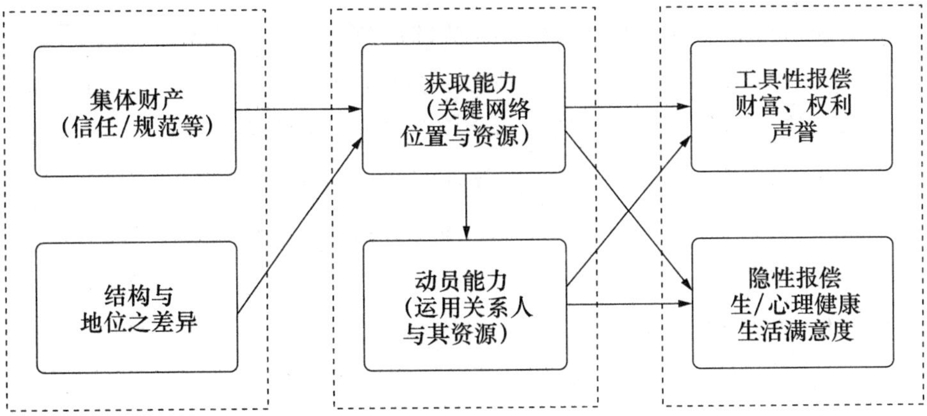

图 3-1　社会资本理论架构[1]

　　（2）社会联结能影响重要决策者：部分具策略位置或特殊价值的社会联结，能让关键决策者重视其潜藏资源的效益，而协助拥有该社会联结的个人。如旧时帮派首脑的"闲话一句"，或现代企业特别看重/录取世家子弟，均反映出特殊社会联结的潜在影响力。

　　（3）社会联结被视为反映个人的社会凭证（social credential）：社会凭证是一个标签或表征，显现个人本身或（隐藏于）其背后的组织和其他人的社会联结与资源，以及相对的关键影响力。因此，担任高级将领的侍从官、总经理特助、高级主管秘书者，其职务所显现的是"有价值的"社会凭证，以及通往相对应社会联结的管道。

　　（4）社会关系有助于强化成员对组织的认同与认知：只要成为团体组织的一分子，就能同时拥有不等的社会凭证和联结，也能"享受"相对应

63

的权势和利益；此种增强作用会促使个人调整个人认知、强化对组织的认同（即使是错误的、有违道德的）。历史上各朝代的朋党之争、现代政党的倾轧、地方政治势力的结盟，无不反映社会关系和成员的认同与认知之间的互动效应。

综合上述的分析，企业的人力资本除包括个别员工的知识、技能、特质与其社会资本外，亦涵盖企业所统整的知识、技能、文化资本和社会资本，而人力资本的质量和运用成果也决定企业的未来。

3.1.2　HRD 与人力资本效益的促进

分析企业竞争力的来源或竞争优势的结构，一企业所能掌控/运用的人力资本深刻影响整体经营成效，即人力资本效益的变动亦将反映至企业经营成效中。而在"组织总体策略之下创造最大的价值/贡献"[16]的基本定位之下，HRD（其本质为学习）促进人力资本效益的作用约可分为下列区块：人力资本的增进、人力资本的移转（共享）、人力资本的创新、人力资本的运用。

3.1.2.1　人力资本的增进

（1）新知能的习获：科技发展与新知识创造的速度远超过一般人的想象（如 DNA、半导体、纳米科技等），而企业也惯于将最新科技和知识融入生产流程（以提高生产力）、整合为新产品（以增进竞争力），学习新知能的成果不仅关系个人职业生涯的发展，也影响企业竞争力。企业希望招募具备新知能的员工（以降低培训成本）、拥有高学习力与动机的员工（降低知能贬值的风险）、协助员工保有积极的学习动力，而结合 HRM（甄选与激励措施）和 HRD 能有效地营造学习新知能的情境，增进新知能在人力资本中的含量与价值。（注：学习能力也是一项极其重要的人力资本）

（2）旧有知能的固着：学习新知能很重要，但吊诡的是"新知能很快变成旧知能"，而经过验证所存留的旧有知能常是个人和企业的核心能力。因此，可以通过 HRD 活动协助员工精练/善用旧有知能，可融合新旧知能、保持人力资本价值。此外，旧有知能的精练也常是创建新知能的基础，许多新科技的发明实源于基础理论与科技（如超导体、通信、应用材料等），而台湾企业生产管理上的成就也来自于持续、精准地控制流程与成本，均是延伸人力资本价值的实例。

（3）个人潜质的了解与发挥：个人潜质与其所表现的职能有密切的关系，因此，所以借由心理测验协助个人了解自我潜质、通过 HRD 活动掌握"潜质→职能"的途径，以开拓人力资本的价值。许多企管顾问公司推出如 EQ/情绪管理、人际关系管理、压力管理、沟通与表达等课程，多属"理解→体验→改善"的行为塑造过程，将个人潜质转化为具有实际正面效益人力资本。

（4）社会资本的了解、管理与经营：社会资本既是"镶嵌与蕴藏在个人/团体组织网络中能动用的所有资源"，因此通过 HRD 活动可协助个人了解并整理出"私人的"社会资本，学习/熟练经营社会资本的各种技能（如建立/维持/扩展/动用人际关系等），更可借由社会资本的助力扩展相关人力资本的层面与价值。如日本过去曾风行一时的"地狱训练营"（hell camp），可以去除管理干部羞怯/保守心理，改善他/她们在问候、公开讲话、喝酒应对甚至于是唱歌/KTV 等方面的心态和能力，增进其对社会资本的掌控。

3.1.2.2　人力资本的移转（共享）

（1）知能的传递：自第 1 章第 1.1 节"HRD 的发展历程"中，可了解人类文化与文明发展的基础即是"知能的传递"，而通过教育训练/学习活动，将个人/组织知能传递给相关成员，则是 HRD 最基本的使命与功能。当成员习获来自他人/组织的知能时，也连带承接知能所反映的资本与价值；企业内部知能的传递同时形成人力资本的移转、累积与扩展。

（2）社会资本的递延：成员与组织本身均有其独特的社会资本，通过 HRD 活动成员能了解其他人/组织社会资本的特质、分享经营和管理社会资本的心得，甚至于相互交换部分的社会资本，扩展社会资本的多元性和价值。

数年前，台湾 IBM 公司成员于企业内部架设的网页，除主动分享成员个人的工作经验和客户信息外，亦邀请其他成员的加入，扩大相关知能和社会资本的层面与价值。

3.1.2.3　人力资本的创新

（1）学习创新、建立创新机制：一般人常认为要能创新需先有创意，而创意则是天生的、不易借由学习而获得。但一些广告创意主管却认为可通过相关机制（如建议/奖励制度）鼓励创意的提出、参与创意产生的活动（如脑力激荡），再通过一定程序检视和落实创意，而成为创新。即"学习"有助于创意的产生和创新的实践！"二战"后日本厂商大量抄袭欧美产品、中国台湾地区厂商也曾模仿美日产品，现在大陆车厂也直接拷贝欧美车款，"仿冒"虽然严重侵犯知识产权，亦应予以谴责，但在"仿"的"学习"过程中，企业除建立基本知能外，也能从相关细节发现值得精练的处所，找出超越原创者的利基（如日本企业的质量管理、丰田汽车的实时生产管理、中国台湾的半导体代工等）。

（2）社会资本的创新与扩展：受到经济和环境因素的影响，企业的实体资本会随之产生量变和质变（特别是衰变），企业和其成员所拥有的社会资本亦不例外！因此，企业应通过 HRD 活动，协助成员学习趋势观察、掌握社会资本的变动／流动趋势、找出社会资本的新区块，并以创新的手法建立与经营新旧社会资本。如 Sony 公司特别为儿童设计 3C 产品，提早拉拢新一代的社会资本（客户）；日本派遣业者善用手机简讯，扩大潜在的派遣人力（招募）；更有许多企业和个人（特别是设计与营销人员）通过专业网站和部落格，以创建、凝聚潜在的客户，并借由活动与聚会经营其社会资本。

（3）人力资本运用的创新：企业对其人力资本的运用常局限于传统上的功能／效能，但当解除保守的应用心态后，常能获得惊喜的成果。如企业专利（研发成果）除能应用于制程／产品外，也可出售、收取授权金、与第三方交换使用、扩大利基，亦能加深与对手间的竞争障碍。企业的专精职能亦可跨出本业，如保时捷（Porsche）工程师为部分车厂调教引擎、解决废气排放、震动与噪声困扰，甚至挟其工业设计的实力跨界专业运动与时尚产品，创造令人欣羡的成果。许多中国台湾地区 3C 厂商近年来也致力于强化工业设计实力，并将和文化的特色整合于产品之中，利用设计和文化创造更高的产品价值。通过相关的 HRD 活动，企业成员对于各类人力资本的运用将保持更开放的心态，也能领会其他企业的成功案例、找出适当的方向，创新人力资本运用的新契机。

3.1.2.4　人力资本的运用

（1）企业策略与人力资本：策略是企业经营的指导方针，人力资本则是达成策略的关键能源；明智的企业负责人了解自策略的制定到执行的各个阶段所需要的（各种）人力资本，而有企图心的成员也知道必须成为企业策略的一部分，才有机会被肯定/重用。企业应通过 HRD 活动，协助成员深刻了解人力资本对于企业策略的关键价值，让每个人清楚认知自己在策略中该扮演的角色，在不会被误用与滥用的情境下也愿意扮演分内的角色，努力实现自我、成就企业。

（2）人力资本的运用和发挥：中国历代开国君主都明白抢天下要靠武将和谋士，治天下则需思虑周详的文臣；润泰集团总裁尹衍梁则将员工分为镇山虎（内部统筹）、保护伞（企业门神）、叼肉狼（业务与经营）和看门狗等（管理与稽核）四大类，强调在适当的时机让不同的员工（人力资本）发挥所扮演的角色。当然，企业负责人最重要的职责就是学习如何寻获、辨识、运用及笼络（留住）好人才（人力资本），创造最高的实体价值。

人力资本的质量攸关个人与企业的成败，借由 HRD 活动除能精练与创新人力资本外，亦能传递和扩展人力资本；"学习"是保存与创造资本价值的必要活动。

▶▶ 3.2　专家、专业技能与 HRD

空军维修厂中，在嘈杂的飞机引擎声下一资深士官长正大声斥责一群维修人员，为何引擎完成维修后，工具没有归定位；紧急搜索后，果然发现引擎排气管内留有一支螺丝起子。某一大汽车维修厂，在顾客数次抱怨未能解决汽车行驶中产生的怪异声响下，由学徒出身的老师傅接手；在短暂外出试车后，找出怪异声响来源，锁紧几个螺丝后，解决顾客长久的抱怨。某些名医则在望闻问切、检视 X 光片后，能准确地说出病患的症状和病灶，拟出有效的治疗方法。日本及大陆风行古董鉴定节目，当事人捧着家传古董到摄影棚，接受古物专家的鉴定，一旦发现是仿制品，古董立即遭大铁槌砸碎，当事人则常当场飙泪，古物专家为何能一眼立辨真假（当然也有看走眼的）？

类似的故事多有流传，而这些故事的共同核心都是专家出马、顺利解决一般专业人员不易处理的"难题"。不过，在神奇的成果和亮丽的光环之下，"出色专家"的养成/培育过程则常遭忽视，直到专家突然短缺、专业服务不复存在时，我们才会关注"生手→专家"的议题，但为时已晚！现代是个讲求"质量"的时代，唯有具备专业能耐的专家，才是"服务质量"的保障，而严谨的学习和竞争环境则是孕育专家的基础。

3.2.1 顶尖专家（达人）的机密

2003 年中国台湾留日棋士张栩在日本获得本因坊和王座两项荣衔，2007 年另一台湾棋士"红面棋王"周俊勋则勇夺韩国于首尔举办的"第十一届 LG 杯世界棋王赛"冠军！这两件棋坛盛事不仅激起了中国台湾围棋界的信心，也掀起了一股儿童学习围棋的风潮。不过，社会大众看到的是光鲜亮丽的棋王颁奖场面，很难想象到张栩曾遭遇挫折、想打退堂鼓，周俊勋在父亲严厉的管教之下苦背棋谱、跑步、赴大陆学棋的磨炼，两人都是经过长期的淬炼，方能立足于棋坛；两人的奋斗过程也是从"生手"转变为"专家→达人→大师"的历程。

16 世纪时西方的人类学者认为，唯有极少数天赋异禀的幸运儿，才能成为杰出的艺术家和科学家[17]。19 世纪时的生物学和基因学则提供解释天赋和遗传的机制，如 Francis Galton[51] 就主张个人的杰出表现与来自遗传的头脑容量和神经系统密不可分。但 20 世纪后当科学家从心智思考速度、基本记忆容量和智力等方面持续研究杰出专家时，却发现杰出专家仅局限于特殊的领域，而非"全方位杰出"（general superiority）。如超强记忆有助于西洋棋高手在棋步的攻防，但不见得能将记忆用于所有的事务上，就如同 IQ 高低虽有助于了解常人的一般学习成就，但却无助于区分优秀棋士手的战绩，也无法用于辨别科学家或艺术家的成就[18]。

在 De Groot[19] 于 1946 年时针对西洋棋士的研究中（要求一般与顶尖棋士于面对大师摆下的棋局时大声说出原本存在脑中的思绪），发现两者在思考的速度和记忆容量方面并无显著差异，但先前与西洋棋相关的知识（特别是过去重要的棋谱）和广博/厚实的学习及对战经验则决定棋士的成就；De Groot 的研究发现也建构了第一个专家理论（theory of expertise）。Simon 和 Chase[20] 则引用 Newell 和 Simon[21] 的信息处理理论（human - information processing theory），并提出顶尖棋士（专家）除需不断地学习/记忆更新、更复杂的棋路与盘势外，也要能顺利地抽取所累积的记忆区块（chunks）应用于未来的实战。Simon 和 Chase[20]也预估，有潜力的西洋棋棋士至少要扎实地投注 10 年以上的心力在对战与学习上（10000~20000小时），方有机会赢得世界级棋赛头衔。

有趣的是 Simon 和 Chase[20]的研究也发现，顶尖棋士在面对"随便摆设"的棋谱时，过去所累积的棋路记忆并不见得能使他/她们迅速地占有优势（因记忆中无相对应的棋路）[22]。因此，除过人的记忆之外，顶尖棋士更需要能善用长期记忆（long-term working memory），且发展出预判、计划、评估、推理等可有效运用记忆容量的统整能力[23]。也就是说，想要成为顶尖专家、维持/超越绩效，个人必须长期努力参与/投注于解决实际问题且能获得回馈的专业活动[24]！而不少有关专业运动员[25],[26]和音乐家[27]的研究也证实，除不断的努力之外，采取回溯式分析（retrospective analysis）在关键技艺的学习上，确实有助于协助个人迈向顶尖表现。

心理学对于"顶尖专家"的研究相当投入，早期的研究虽较关注于专家知识的存取，但也证实通过专家有系统的教学与指导，绝对胜过个人的自我摸索。近期的研究则指出，除拥有扎实的基本专业知识、不间断地练习技艺之外，教学训练体系更要协助顶尖专家建构自我激励、规划、推理和评估个人表现的能力，才能维持超高绩效表现于不坠[28]！

3.2.2　从生手到顶尖专家（达人）的历程

俗语说："台上一分钟，台下十年功"，任何领域的专业表现都不可能一蹴而就，而在事事讲求质量的现代，协助与确保员工的工作/服务质量已成为企业经营的重要目标。在研究计算机的专家系统（expert system）和人工智能（artificial intelligence）时，Dreyfus[29]、Dreyfus 和 Dreyfus[30]在20 世纪 80 年代初期通过针对飞机驾驶、西洋棋棋士、汽车驾驶和学习第二外国语成人的深入研究，提出习获技能的五阶段模式（five-stage model of skill acquisition）[31]，详细解析个人从生手成长为顶尖专家的历程。

（1）生手（novice）：刚进入新的领域，几乎完全没有经验，无法判断工作内容，预期的绩效贡献极低。此阶段的重点在于学习相关规则/规范、工作概念与技能，在严密的督导之下进行固定程序、标准明确、结果清楚、简单的工作事项。Dreyfus 和 Dreyfus[30]认为生手学习的重点在于遵守

69

"明确标准"的规范（context – free facts andrules），如驾驶手排车辆时，起步用一挡、再依固定时速换挡，根据时速和前车保持安全距离（每10公里一个车身距离）；生手驾驶不因交通拥挤度或行车状况而调整行车规范，类似年轻父母"照书养"（by the book）第一胎婴儿。生手虽有心做好工作，但缺乏对工作完整的概念，而其对相关规范记忆和遵守程度，则常列为绩效的考核重点。

（2）新手（advanced beginner）：一般的生手在经历相当的实际情况后，技术和绩效将提升至可接受的程度，也晋升为新手层次。新手除需考虑更多的明确标准、更复杂的规范外，更要能从各种工作实况中辨识出具有重要意义的关键"情境因素"（situational elements），并做出适当的响应。如汽车驾驶要能观察路况、周围车辆的特殊行驶状况、天气状况、相关信号讯息，调整其车速与周边车辆的关系，以维护行车安全。新手阶段所累积的实际经验可能比单纯的上课或教导更重要。

（3）胜任者（competent）：面对逐渐增多的明确规范和情境因素，累积日渐丰富的经验后，新手很容易迷失在信息超载的真实环境中，不自觉地忽略或漏失真正重要的关键因素。新手必须学习"作决策"（decision – making），而从整理现况信息、选定计划、确认相关情境和计划的契合度方面，新手能简化工作、提升绩效，成为胜任者。一位胜任的驾驶，在不危及安全、尽早抵达目的地的需求下，会优先考虑交通状况、选择一条最适合的路线，不在意周边景色、不再死守僵化的行车规范、缩短安全距离、变换车道更频繁、行车更接近最高速限，必要时甚至于超速；焦急的旅客会感谢在登机时限前，能将他/她平安又迅速地送达机场的胜任（出租车）驾驶。胜任者思考的重点在于"如何解决问题"，而在其收集信息、分析现况、选定计划后，胜任者常会负责地积极参与投入，完成任务。成功的任务将会激励胜任者，且对于所实行的计划和成果留下深刻的记忆，即使任务失败，胜任者的记忆可能更深切！

（4）精熟者（proficient）：在经历许多次的面对问题、分析、规划、投入、解决问题之后，胜任者逐渐地能轻易抓住问题的核心和关键因素，下决策和工作执行日渐顺畅，过去的经历似乎让胜任者能很自然、正确、轻松地完成任务，成为精熟者！Dreyfus 和 Dreyfus[30] 对于精熟者能掌握全貌、直觉似地响应任务需求的能力称之为"全面辨识与联想"（holistic discrimination and association）。精熟者看似轻松地响应任务需求，但在整个过程当中，仍很自然地不断分析、思考所有的关键因素，调整相关作为。精熟的汽车驾驶在面对不同的路况和周边车阵时，能自然地加速、减速、变换车道，即使需要调整音响、冷气也不会造成任何压力与安全顾虑。Dreyfus 和 Dreyfus（1986）也强调直觉并非胡乱猜测或突发灵感，而是从每天不断面对、执行的例行工作中所培养出基于过去经验的"特定能力"。

（5）专家（expert）：专家是此模式的最高境界，他/她已融合专业知识和技能、具备成熟的认知与丰富的经历；专家自己不觉得在分析、解决问题，但相关事项总是朝向目标、维持正常运作。专家见树也见林，在执行专业时将人、技、器合一，所有的心思和行为都是极自然的回应；Dreyfus 和 Dreyfus（1986）也以专家驾驶的"人车合一"、大师级棋士对弈时散发的争锋和杀气为例说明专家的境界。Dreyfus 和 Dreyfus[30] 的五阶段模式虽是他们建构计算机专家系统的基础，但 Benner[32],[33] 对专业护理人员、Spalding[34] 对职业治疗师、Batalden 等人[35] 对进阶医疗教育的研究中，发现专业人员成长与五阶段模式相当吻合。不过，专家对其能力的维持也必须付出相当心力，疏于练习或怠惰也会让一名曾极为出色的专家难堪地落入新手的层次[30]。

3.2.3　专家（达人）的内涵要素

从上述的说明中可了解到，专家绝非突然出现，专业能力是在一系列长久的练习和经验中淬炼而成[17]，偶尔一两次的好表现也不足以让个人一夕之间就成为专家。更重要的是专家必须能在其特定领域中持续地表现卓越的绩效[36],[37]，不断地证明自己的能力与贡献！了解专业能力的根源和绩效的关系，则有助于创造与培养专家，而 Tan[38] 认为特殊领域的专家至少需具备下列内涵：

（1）广泛且深入的专业知识（extensive knowledge base and domain specificity）：经验的累积对专业能力的培养极为重要，但仅有经验却无法构筑坚实的专业能力[39]。广泛且深入的专业知识是专业能力的基础[40]，奠基于此专家才能验证经验中的各种遭遇、淬取出学理和经验的精华、凝聚向上提升的能量。过去的经验在面对极特殊的状况时可能失效，而扎实的专业知识至少提供较踏实、有依据的预测（educational guess）。医学、法律、建筑、工程等历史悠久的领域各拥有一套专精的知识，随着各领域从业专家的成长和努力，这些专业知识也汰芜存菁、不断地扩充/更新。

（2）有效率的知识存取体系（hierarchical organization of knowledge）：庞大繁杂的专业知识与经验是专家的重要资产，专家必须为自己建构一套能链接知识、观念和现况的记忆结构，以及信息搜寻技巧，使其能迅速地辨识和运用关键知识与经验[41],[42]。专业知识和经验的记忆结构犹如计算机化之后的知识库，只要接收到特殊的讯息/指令，就能自动地连接一串相对应的知识与经验，使专家能迅速地响应工作需求。

（3）敏锐的感知能力（acute perceptual capacity）：如名侦探柯南，专家必须拥有敏锐的感知和观察力，能自相关情境中过滤、发掘一般人可能忽略的关键线索[43]，并比对知识体系中的相关信息，迅速地找出相对应的对策。摄影专家能不靠亮度计而正确地感知模特儿身上的亮度，资深的旗袍师傅几乎可凭目测准确地判断顾客的身材，资深的老刑警也常能从一些肢体语言预测嫌疑犯，这都是专家敏锐感知能力的展现。

（4）辨识、确认与解决问题的能力（problem representation and solving）：专家的任务就是圆满地解决问题！因此，专家必须先能辨识核心议题、确认问题的本质，甚至于重新诠释问题，以在知识体系中找到相对应的信息；之后，再分析问题根源、规划与评估适当的处理方法，执行方案解决问题[44]。专家最有价值的贡献之一即是正确辨识和分析问题，订下正确的执行路线，避免资源错置和虚功！资深医师看到病患的病症即能判断病因、提供有效的药物与治疗，律师听到委托人的说明就能马上浮现相关法条、未来诉讼的关键和输赢概率，优秀研发工程师也能从研发重点立刻找到相关的专利或研究、解决工作障碍，这也是专家胜出的关键能力。

（5）自然内化的专业行为（automaticity of behavior）：拥有专精的知识与多年的历练之下，专家在熟悉的专业领域中长期从事相关的事务，专业行为与思考已经内化成为个人习惯，而能自然流畅、轻易地展现必要的专业行为，达成任务[45],[46]。在职业运动员、音乐演奏家、资深刑事鉴识人员或特技杂耍人身上，我们经常能见到"看似容易"但一般人却难以展现的行为。

（6）精准的长短期记忆（long - and short - term memory）：一般人的

脑部结构和智力并无太大差异，而专家的成长过程中则将许多的知识和经历先储存于短期记忆区，在重复、熟练和内化的过程中知识和经历逐渐转至长期记忆区，并空出短期记忆区以接受新的知识和经验。配合"有效率的知识存取体系"，专家几乎能跳脱限制地运用、扩充脑部记忆，自然而流畅地做出专业判断和成功的决策[47]。

（7）自我反省与改善（self‑monitoring their skills）：专家并不是万能的，他/她们也可能做出错误的判断和不当的决策，但"真正的"专家会严密观察其行动和问题/任务的发展，一有特殊状况即会了解误判的原因，并调整行动方案、控制损害、解决问题[48]。"真正的"专家明了自身的优点与限制，能客观而诚实地评价自己的能力，遭遇失败时会先自我检讨、记取教训，使自己能避开风险、不断地提升专业知能与绩效！

从上述的分析中，我们会直觉地认为从生手到专家要经历相当艰辛的"学习历程"，以累积他/她们重要的人力资本——专业知识、技能与经验！顶尖专家/达人的确是稀少的，但详细拆解"生手到专家的历程"与"专家的内涵要素"后，会发现每一阶段、每一项要素都与"学习/练习"有密切的关系；从另一角度来看，学习能力和习惯可能才是顶尖专家最宝贵的资产！只要能找到好的教师/指导者，再加上持续的努力学习和投入，每个人都能配合自己的特质在特殊领域中成为一定程度的专家/达人，读者一定要相信自己，不要妄自菲薄！

HRD 知识库

今天，你山寨了吗？

"今天，你山寨了吗？"是大陆目前最流行的"问候语"，而反映的正是大陆最流行的"山寨文化"！"山寨"出自广东话，原指一种由市场小股IT 力量发起的产业现象，主要表现出贴近民众（虚荣）需求的快速仿造力，而其范围早已从 3C 产品扩展至生活中的各种事物（如食品、戏剧、音乐、艺人等）。当大厂/正厂高价产品的空隙成为山寨品的长尾巴时，山寨文化于焉成形、爆出旺盛的生命力。从知识产权的角度而论，"剽窃"是山寨文化的核心，"敢于玩法"再加上大陆政权的"默许"，山寨产品以低价仿品吸引顾客，以市场规模吸引伙伴（如联发科供应手机晶片），以似无纪律的散兵游勇和世界大厂打一场"不对称战争"。

从另一个角度来看，"山寨"也是一场学习的竞争！"山寨商"持续体察消费者的喜好、吸收正厂产品的精华（内涵、功能和外表）、寻找最佳配合的供货商、突破正厂产品的限制和封锁，甚至不断地提高商品质量，创造更高的价值。联发科在大陆几乎来者不拒地满足手机山寨商的需求，也成为山寨手机核心平台的独家供应者，不仅让联发科在景气低迷时仍能维持一定的实力，也让手机山寨商外销巴西、印度等新兴市场，联发科更在传统手机芯片厂中杀出一条血路。威盛则积极拉拢大陆计算机山寨厂，大量供应自家 Nano（凌珑）CPU，期望能运用蓬勃的大陆市场创造华人的平台标准、挣脱 Wintel 和 AMD 世界级厂商牢控的核心关键平台，创造另一个蓝海。此外，郭台铭也体认山寨文化（大量的小众）的力量，将投入手机和小型电器山寨市场，深耕中国市场、扩展鸿海实力。

山寨文化的盛行，将大陆变成一个不容大厂小觑、高度活性的实验室和战场，小山寨厂进入的门槛不高，风险亦低，利润和前景则看好，更在模仿和竞争之中整合自家的人力资本、磨炼核心知能、提升竞争实力，企图以破坏性的低度创新卡位市场利基。当然，国际大厂也不是省油的灯，如 2009 年 3 月初时，Intel 企图联结台积电（将以 Atom 处理器核心为主的相关制程、硅智财、数据库、设计流程等关键机密资讯，移转至台积电开放创新平台）擒杀威盛的 Nano CPU；Microsoft 在北京成立 Windows 7 硬件评测实验室时，也一反常态向山寨制造商放出希望合作的讯息。

显然世界级大厂在这场看似"戴维与葛利亚"的战争中收起轻蔑的心态、审慎应对，而这除证明了"企业竞争没有永远的盟友，也没有永远的敌人，只有永远的利益"外，也凸显了"有竞争实力，才能获得经济实利"的市场真理！

关键字词

人力资本	习获技能五阶段模式
人力资本论	生手
职能	新手

社会资本	胜任者
社会凭证	精熟者
专业能耐	专家

📖 观念提要

　　资本是企业组织的生产要素，通常具有循环性、移转性与累积性等特质，对现代企业而言，人不仅合乎资本的定义，更扮演关键的角色。基本上，人力资本指个人所拥有的各种持久特质（知识技能），而近年来由人所衍生的社会资本则逐渐受到重视。通过 HRD 的作为，有助于增进、移转与创新人力资本，创造个人和组织更高的价值。

　　每个人都有独特的才能，若通过适当的学习与勤练，应能在各自的领域有所发挥。每个领域的达人都经过"生手→新手→胜任者→精熟者→专家"的历程，每一个阶段都涵盖新知能的学习和内化，直到能自然、精准地判断与解决问题。达人或许有独特的天赋，但唯有通过有系统的学习和持续的练习，才能成为真正的专家/达人。

📖 基础测试

　　1. 资本有哪些重要的特质？

　　2. 什么是人力资本？人力资本又有哪些重要的内涵？

　　3. 什么是社会资本？运用社会资本能创造哪些效益？人与社会资本存在什么关系？

　　4. HRD 如何增进、移转、创新人力资本？

　　5. "生手→专家"涵盖哪些重要阶段？每个阶段的特色是什么？

　　6. 一特殊领域的专家至少需要具备哪些内涵？

📖 进阶思考

　　1. 你认为自己拥有哪些重要的人力资本、社会资本？

　　2. 你认为通过 HRD 可以提升自己哪些人力资本、社会资本？

　　3. 你在哪一个领域可以称为专家/达人？回想一下你在这个领域的学习历程。

第4章 组织学习与学习型组织

4.1 组织学习

4.2 学习型组织

人是个极端复杂、拥有学习天性的有机体，而组织（organization）则是人（个别成员）的集合体。自此所衍生是"人会学习，组织会学习吗？"就如同"人是理性的动物，为何人的组织却常做出不理性的行为？"的问题，吸引许多人的兴趣。组织既然是人所创造的，人很自然地将组织"拟人化"，试图探究组织是否也存在人所具备的特质或发生在人身上的各类现象。因此，有与组织相关的研究议题除组织与学习外，其他如组织理论、组织行为、组织结构、组织心理学、组织文化、组织效能、组织再造、组织营销、组织演变/演化/变革、组织社会学、组织兴衰、组织记忆、组织发展、组织传播、组织沟通、组织游戏、组织领导、组织绩效、组织冲突等（仅列举），均有学者从事相关研究，且将成果运用于经营和管理实务，以求对组织有更精微的了解，创造组织更高的运作绩效和价值。

不过，作者认为上述与组织相关的议题中，多多少少均与组织学习（organization learning）有关，而组织也通过个别和集体成员的学习，调整组织硬件架构和文化特质，以适应环境的挑战，追求组织的永续存在。因此，本章将探讨组织学习（定义和本质、目的、学习范围与内容等）和学习型组织（learning organization）（学习层面、如何学习），以期联结个人与组织的学习效益，发挥学习综效。

4.1 组织学习

什么是组织？"它"会学习吗？组织为何需要学习？组织到底学习哪些东西？而组织又如何学习？我们至少要弄清楚上述的问题，才能算是对"组织学习"有基本的认识！

4.1.1 什么是组织？

新古典论者认为组织是"一群怀有共同目标的人"，但组织的复杂度远超过"单纯的"人的组合，组织一方面反映成员的特质，另一方面则在与环境的互动过程中形塑其目标、互动规则，并发展出独特的生命周期与多元的"个性"[1]。组织的发展极早，人类学家认为群集是人的天性，而在史前人类群居遗迹的诸多发现中，亦可看出史前人类已察觉通过整合的集体行动，较单打独斗在共同利益（如觅食、自保等）的追求上更具有优势；人似乎是必然且自然地创造组织。Weick[2]认为"物以类聚"的天性是人建构组织的基础，人喜好与自己特质相近者互动，但人也能察觉自己的独特性，故在追求最大共同利益的目标下，很自然地发展出职权（authority）、组织方针（organizational policy）等敦促节制个人行为、统合集体力量的思维和工具。

组织虽具备"出生"的必然要素，但必须在环境中不断地证明它存在的价值（对人或环境的贡献）、获取维系它存活的资源（人、资讯、财务支援等）！因此，无论多封闭或神秘的教派/团体，均需派出成员和社会及其他组织互动，分享资源、探触环境的脉动，并适当地自我调整以回应环境的变迁。在人类的发展历史中，政府、军队、警察、宗教/教会、合作社，甚至是黑道等组织，均成功地找到了其价值和资源，不断地延续其生命。Stinchcombe[3]（1965）的研究指出，教育/识字率的普及、都市化、货币经济体系、政治改革和较富裕社会等情境存在时，较能孕育新的组织，而资本主义、盈利企业的盛行[1]和科技的创新[4]等因素，也促成了新组织的创建和组织的演变。有关组织演变和生命周期的议题，吸引不少研究者，如 Greiner[5] 曾以类似生物演化的思维，（从组织内部）解析组织成长的原因和危机（参阅图 4－1）：

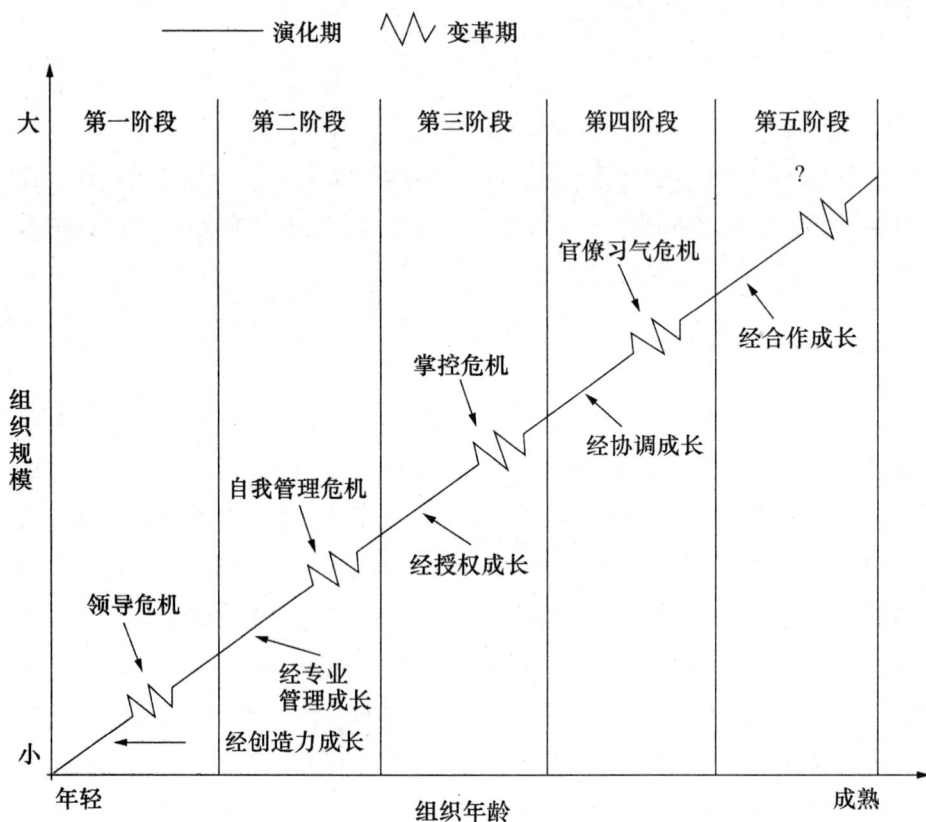

图 4－1　组织成长与演变[5]

（1）第一阶段：创建者发挥创意/创造力（creativity），找到组织存在的价值，并积极试探成员和环境的反应。若组织能立足并逐渐扩大规模，它将因架构日趋复杂、日常沟通管道过载、客户对提升生产效率的压力骤升，组织建构者的技术专长无法妥善处理组织在领导（leadership）层面的危机；建议的处理模式为引进专业经理人，进行组织架构、规章和流程的调整。

（2）第二阶段：组织在新的管理体系下获得成长的机会，但终因业务和规模持续分化、复杂化，高层管理者决策压力渐增、决策质量和效率却渐滑落，组织遭遇要求权力下放、信任成员自我管理（autonomy）的危机；建议的处理模式为高层管理者向下授权、分层负责，满足成员对权责一致的需求。

（3）第三阶段：组织因适当的授权得以继续成长，但中高层与中层管理者因掌握职权而各立山头、相互竞争，组织横向联系也出现落差，高层管理者对组织的掌控（control）出现无力感；建议的处理模式为引进必要的协调（coordination）机制，解决内部竞争和横向联系不足的困扰。

（4）第四阶段：新的协调机制使组织事权统一、获得成长契机，但也造成总部和分支、主线和幕僚单位之间欠缺足够的互信与互谅，组织内部开始形成注重文书和程序的官僚习气（red tape），成员心力折损于这些毫无生产力的回路；建议的处理模式为引进合作（collaboration）的机制，开发更具弹性、问题解决导向的管理思维。

（5）第五阶段：Greiner[5]的论述在此阶段留下许多的想象空间，并未言明组织将遭遇的危机，但显然，组织无法永远扩大规模、持续成长。因此，Greiner 和 Schein[6]提出如并购（merger）、持份/持股（holdings）和组织网络/联盟（networks of organizations）等超组织方案（extra - organizational solutions），以协助组织找寻永续生存的契机。

Greiner[5]、Greiner 和 Schein[6]的看法自然无法涵盖组织所有的发展途径、危机和变量，但至少提供基本的参考架构，让我们能更有效地分析组织发展的细节。

4.1.2　组织学习基础内涵

就个人而言，学习是一个增添/发展记忆和行为的过程，在此过程中或过程之后，个人记忆、认知、感受或行为的质量应高于学习前的状态。不过，我们虽然能确定"人能学习"，但由人所建构的"组织"也会学习吗？Weick[2]认为通过成员制定（enact）组织所必须处理的资讯、选取（select）外界环境中与组织相关的信息和保存（retain）重要信息（并再用于制定和选取）的循环，组织逐渐被建构起来。Jackson 和 Mor gan[1]认为Weick[2]将组织视为一个"信息处理体系"（information processing model），作者则认为在 Weick[2]的概念中，成员同时扮演接口（interface）和大脑的角色,"大脑制定信息标准→接口选取环境信息→大脑比对和保存重要信息",亦即早已隐含"通过人,(成员)组织可拥有学习能力"的想法!

组织发展(organization development,OD)的研究者一向认为"组织能察觉内外部的变革信息,并视情况调整组织运作",即组织是个具有调适力的系统(adaptive system),而"学习"则是组织调适力的核心[7]。Yeung 等人[8]认为"组织是个学习体系"的概念可追溯至 1900 年初的 Federick Taylor(科学管理的先驱),但 20 世纪 50 年代后在各领域的研究使组织学习的定义趋向多元。研究者对于定义虽各有不同的取向(参阅表 4-1),但均支持"组织具备学习能力"的观点,我们亦能从相关定义和延伸研究中对组织学习的细节有更进一步的了解。

表 4-1　组织学习相关定义

作者	组织学习的重要意义
March 和 Olsen(1975)	• 外界环境变动引发"个人信念→个人行动→组织行动"的良性循环 • 学习即发生在追求"更好的信念→更好的行动"的过程中
Argyris(1977)、Argyris 和 Schon(1978)	• 【成员和组织】侦测与改正失误的过程 • 单环学习(single - loop learning,成员/组织依据预期和实际结果的落差修正其行动) • 双环学习(double - loop learning,成员/组织探究单环学习行动的策略和价值再决定必要的行动)
Levitt 和 March(1988)	• 以组织历史为本、具有目标导向、例行性地建构组织记忆,并转化为引导成员/组织行动的日常规范
Senge(1990)	• 组织成员借由学习、集结行动,以适应环境变化、追求愿景、开创渴望的未来
Huber(1991)	• 为"获取知识→传播信息→解读信息→建构组织记忆"的过程 • 学习不见得有特殊目的,学习不一定能提升个人(潜在)效能,学习也不必然造成行为的改变
Kim(1993)	• 增进组织技能以强化行动效能的程序 • 个人学习不必然引发有效的组织学习

作者	组织学习的重要意义
Nevis、DiBella 和 Gould (1995)	• 强调学习发生于生产过程中，因此，基于过去的经验，组织调整其能力或流程以维持/提升（生产）绩效的作为即是组织学习
Sandine（1996）	• 组织学习是一种（成员）沟通的现象，特别是存在于"集体思考←→反省循环"中创造知识和引发行动的过程
Yeung、Ulrich、Nason 和 Von Glinow（1999）	• 组织开发和类化新思维/想法以创造正面效益的能力

4.1.2.1　组织学习的本质（组织学习是什么？）

（1）组织学习是一个循环的过程：学习不是"一次就结束"或"一次就有效"，而是"学然后知不足"或"因学习而得到好处"，不断引发再学习的动力，甚至于组织的失败或衰亡也是自己要去面对的学习过程。因此，正常的组织学习不会停止学习，并将学习内化为一种"习惯"，成为组织的记忆、常规和行为。

（2）组织学习是个体/集体行动的串联：不论是侦测、修正、获取信息/知识、沟通、思考/反省等的学习行为，都涉及成员脑部或肢体活动、学习行为和成果的扩散、影响力的发挥等一系列的行动。因此，学习不太可能是个单独存在的现象或片段的行为/行动，也由于串联/集体的行动才能真正地显现学习的价值，和对未来学习"方向"的定位。

（3）组织学习存在"必然性"与"不必然性"：个人学习涉及知觉感官和脑部活动，而人不太可能关闭所有的知觉和脑部活动，即使外部信息的接受度极弱、脑部的思维极低、学习价值不彰显，个人仍一直保持着学习活动。组织亦然，它无法不受所有外来信息/知识的"入侵"（即使是苏联、中共或北韩等国家），防止个别成员产生学习活动或阻隔成员间的任何交流，组织必然会产生不同类别/层级的学习活动；这是组织学习的必然性。另外，虽有学习活动的产生，但却可能不具任何目的性，不一定有学习成果、造成行为的改变或绩效的提升，而个人学习也可能对组织学习没有任何影响；这则是组织学习的不必然性。组织学习的关键应是努力提升目的/目标、学习成效、"组织←→成员、成员←→成员"等的良性影响因素，增加必然性的比例，且降低其他的不必然性，才能提升组织学习的效益。

（4）组织学习并不局限于个人学习：组织虽然需要通过成员以进行学习，但"成员学习的总和≠组织学习"。Yeung 等人[8]特别强调"g1 × g2"的概念（g1：generation 概念/知识的创造；g2：generalization 概念/知识的推广与普及）当成员能分享大家所创造出的意念和知识，才算具备组织学习的雏形，且在学习的成果转化为组织内部常规、例行流程、科技时，才能避免成员流失所造成的困扰。

（5）组织学习的类型和实效差异极大：个人和组织学习有不同的类型，重点是"认知成果→行为成果"！因此，Argyris 和 Schon[9]倡导双环学习、Levitt 和 March[10]强调理解隐藏在理论和流程背后的知识，Miles 和 Randolph[11]主张前瞻性的学习（proactive learning），Hedberg[12]则强调"发现"（discovery）的学习价值。推动学习时组织应慎选学习形式，以避免学习流于形式、仅产生浅薄的效应。

（6）有效的学习不可能突然产生：成功的学习并非空穴来风，而是有其情境和基本程序，最常见者为"发现→发明→执行/实现→扩散"的程序，Yeung 等人[7]亦将发现和发明归类为 g1、将执行/实现与扩散归类为 g2 的学习类型。这也提醒企业/组织的高级主管，最初期的组织学习也许含有偶然的成分，但真正成功的组织学习需要细心的规划、引导与适当的激励，不要妄想成"天上掉下来的礼物"！

4.1.2.2 组织学习的目的（组织为什么要学习?）

（1）追求组织的永续存活：追溯所有与组织相关活动/行为（不论好坏）的基本目的，几乎都与组织的存活密切相关。如同 Greiner[5]、Greiner 和 Schein[6]对组织的观察，平顺的成长终将遭遇发展上的"瓶颈"，成功的内部调整虽能暂时解决困难/瓶颈，却也埋下了阻挠未来发展的障碍，先前的成功亦不保证日后能享有同样的荣耀。即一不小心就出局，组织必须用尽全力才能在险恶的环境中战战兢兢的存活；许多大企业如 IBM 的积极转型（从主机制造→服务业）、Apple 的沉浮（从计算机→音乐与通信）、Sony 市值的高速掉落（错判液晶电视市场、PS3 的挫败等）、Yahoo 再聘杨致远为执行长（重新聚焦、再战 Google）、微软押宝大中国市场/跨足游戏和娱乐产业（力抗 Google 的崛起）、宏碁/华硕的制造与品牌分家等，几乎都是体察外部竞争环境和对手的变化、分析过去成功/失败的经验、凝聚成员和组织的学习效能，企图让组织拥有存活和发展的最大利基。

（2）追求更好的状态：组织至少必须了解过去和现在的状态、将来的目标，才能掌握预期状态的细节、必要的资源、努力的途径和方式。因此，成员要能以组织历史为本，建构组织记忆，通过沟通凝聚共识/愿景，习获新时代的知能和心态，侦测并改正误失，才有机会突破产业天险，晋升至更高的层级。如联发科虽已名列世界前五大 IC 设计公司，仍深耕在光储存、无线通信领域外，也持续探索新领域、维持成长动能，期望跨越年营业额 10 亿美元的产业天险；王品餐饮集团新品牌则是实施内部创业，不断复制成功经验、走多品牌路线、力推"立刻奖励分红入股制度"，使集团成功突破年营业额 10 亿元台币的重要关卡；鸿海集团对研发专利的重视来自于早年常挨告的痛苦经验，而郭台铭也以清楚定位、效率、纪律的精神贯穿整个集团，使鸿海每每能快速地垂直整合抢占在产业变化的先机。

（3）延续/创新组织价值：组织的最佳状态是相对的（和过去状态与竞争对手的比较），而组织的存续除自身努力之外，其存在的价值更要能满足顾客相关需求、获得外部环境的认同。因此，组织必须不断地侦测目前/潜在顾客的需求、将顾客需求转化于设计/生产/服务流程，甚至于创造/引领顾客的需求，以确保组织价值能贴近时代脉动。台积电主动派遣人员参与客户产品设计、开放特殊管道供客户直接了解生产进度，协助客户推展其策略并加深台积电的服务价值；Walmart 强力邀集大供应厂商推动 RFID（无线射频标签），以实时反映销售与库存状况，减少生产和配送的不确定性，降低供应商和消费者的成本，确立零售霸主的价值和地位；台湾鞋业大厂宝成结合国际品牌客户及 29 家国内供货商，以提早参与及建立型体研发电子化机制，与客户共同建构、订定产品规格，有效掌握产品开发进度，客户可以在协同设计 e 化平台上直接让看到 2D、3D 的新鞋型体，有效降低沟通落差和研发时程，使宝成巩固身为 Nike 全球最大产品供货商的地位和价值。

（4）累积人力资本、塑造组织形象：上述三项是组织学习的最主要目的，但"人"还是达成这些目的的关键资源！因此，组织要通过集体沟通和学习让成员服膺共同愿景、对愿景的追求产生渴望（心态），继而致力于学习、培养更精深的知能，累积达成愿景的能量。另外，学习的作为和努力也有助于塑造组织的优质形象，更有机会吸引优秀人才加入、提高客户接纳组织产品/服务的意愿。如全家便利商店设立"全家企业大学"，每年投资约1500万元培训各阶层主管，以传递企业知识文化、培养进军新事业和海外事业的人才；英商渣打银行于2007年宣布合并新竹商银后，由渣打银行人力资源处组织学习部主导举办海外交流、业务训练计划、员工竞赛活动，希望通过交流、专业课程训练与创意活动，发展员工的潜能、加强专业领域、凝聚竹商银员工的向心力，累积合并后顺利融合的契机，也给予渣打银行目前客户和未来潜在合并银行的更大信心。

（5）成员与组织学习习惯的内化：好习惯的养成不容易，而新习惯又造成改变旧行为的阵痛，特别是人的"惰性"常使人安于现状、不思改变，而个人惰性的扩散也感染组织，降低组织动能、终至衰败。因此，成员与组织要能记取历史教训，培养集体思考和反省能力，使学习成为例行常规/习惯，让学习的"惯性"驱除"惰性"。张忠谋认为，没有经过内化过程的学习只是一种单纯的 input，而缺乏目标和纪律时，也无法养成学习的习惯[32]；许多保险业者固定每季为业务员开设与业务/个人成长相关课程，并邀请高级主管担任讲师，强化成员的学习习惯；读书会也是近年来流行于企业间的非正式学习，刚开始时常由主管带动、轮流导读，引发成员的兴趣、扩大参与层面，期望培养成员固定阅读、思考和分享的习惯；已故大同公司董事长林挺生在长达60余年的时间里，每周为大同、华映的中高级干部讲述经营理念，甚至在大同大学讲授"经营学"，以身作则实践学习。不过学习习惯的内化常经历成员"强迫→排斥→接受"的过程，且需要高级主管的支持、亲身参与、提供奖励措施，方有机会形塑整体学习风尚。

4.1.2.3　组织学习的标的物（组织/成员要学习什么？）

（1）信息/知识：这是静态也是读者最熟悉的学习标的物，常涵盖与组织、工作、个人成长相关的项目，组织部分如历史、愿景与价值观、人（创办者、重要干部）、事（核心专长、结构、规章制度）、物（产品/服务）、顾客（类别、重要性、偏好）、竞争对手（特质、优缺点）等；工作部分如一般与专业知识、人（团队、合作伙伴）、事（流程、法规、权限）、成果（产品/服务）等；个人成长部分如自我认知、职业生涯、专业/第二专长知识、外语、嗜好等。

（2）技能：这多属于动态（心智和肢体）的表现，亦涵盖与组织、工作、个人成长相关的项目，组织部分如核心专业技能、愿景与价值观诉求、管理（沟通、协调、谈判、分析、规划、决策）等；工作部分如一般与专业技能、人/事/经费（沟通、协调、谈判、分析、规划、决策）、团队合作、顾客关系等；个人部分如管理（自我、时间、职涯、学习、健康、情绪、人际关系）、如何学习、家庭/亲子关系、工作—家庭平衡等。

（3）心态调整：此部分结合静态知识与动态技能，一方面要能了解个人心理特质、习惯和优缺点，另一方面则要能辨识/分析内外环境变动所造成的风险和契机，更重要的是要能心存危机感、抛弃成见和安定、挑战异议与风险。如 Intel CEO Andrew Grove 认为在 10 倍速时代"唯偏执狂得以幸存"（only the paranoid survives，即越是成功的时候，越是危机四伏的恐惧），他的偏执狂虽肇因于幼年躲避纳粹追捕和共产红军的迫害，但也带领 Intel 渡过重重险阻，并从摄护腺癌中拯救自己。丰田汽车，花费 30 年时间进行"精实"的意识革命，推展向极致企业挑战的改革基因，而常年的心态调整和贯彻方能在 2007 年跃升为全球最大的汽车厂，获利超越美国三大汽车厂〔通用（General Motor）、福特（Ford）、戴姆勒克赖斯勒（DaimlerChrysler）〕总和！

谈完上述的议题，我们应对组织学习基本概念有更深的了解，而组织学习的层面和组织如何学习则与"学习型组织"的关系较密切。更清楚地说，若组织学习是描述增进组织认知能耐中"人"的动态作为，学习型组织就是实现组织学习效能的体系/机器[13]；即想要有良好的组织学习成效，必须先让组织/成员成为"好的学习体"，了解两者的细微差异，将更有助于推动个人与组织学习。

▶▶ 4.2　学习型组织

每个人都有学习本能，但学习成效和学习成果的运用则有重大差异！

85

从第四章第一节的分析中，我们了解组织具有学习能力，也看到部分成功案例，但造成组织学习成败的关键因素是什么？是组织的结构或是组织的资源？是组织的文化或是组成的基因？掌握"生手→专家"的诀窍，可协助个人有效的学习，而解析学习型组织将有助于我们建构更有效能的个人和组织学习！

4.2.1 学习型组织的本质

学习型组织能迅速掳获企业和专业经理人的注意，应是得利于Senge[14]的《第五项修炼》（The Fifth Discipline）一书，但相关研究应是始于20世纪50年代末期对组织和学习的观察与探讨（可能是学习型组织的结构、人—人、人—组织的关系太过复杂）。March和Simon[15]（1958）检视组织的标准操作程序（standard operating procedures，SOP），并认为SOP的建置和调整是组织适应环境变化的学习过程的证据。

March持续进行对组织和学习的研究，而Ar gyris、Schon、Senge、Huber等人接力似的研究（参阅表4-1），20世纪50~90年代各类管理思维的兴起，固然激发更多研究者的加入，但也使组织学习领域充满各种不够精确的想法和操作，反而造成企业和经理人在认知与决策上的困扰。不过，适应组织架构与流程的调整、专技人员的短缺、知识爆炸速度增快、科技加速突破、竞争日益激烈、利基逐渐流失等状况[13],[16]，再加上20世纪90年代之后学习型组织/组织学习模式逐渐具体、细致化，知识经济、组织弹性化等的趋势，均加深企业发展为学习型组织的动力。

学习型组织是个仍持续发展的领域，相关概念和理论也尚未定型，但自过去相关研究我们可了解学习型组织的重要特质：

（1）持续学习和改善是学习型组织的本质：Watkins和Marsick[17]认为组织与成员需不断地学习、转变与调适，以保持竞争优势、避免灭亡，更重要的是成员意识的觉醒和心态的转变[18]，只有比对手学得更快、更好，变得比对手更强，才能获得生存的空间（就像羚羊和猎豹的生存竞赛）。因此，组织要不断地搜寻市场上任何被忽略的顾客/利基（如Nintendo DS进军女性电玩族）、领先对手尚未进入的领域（如Google领先Microsoft开拓网络服务）、尝试/改良新的科技（如F1赛车厂、Nintendo Wii采用动作感测技术创新互动电玩模式）、榨出更高的能力（如太阳能芯片转换率、6

Sigma 品管），才能真正体会持续学习/进步的空间和价值；当丧失持续学习和改善的动力/心态时，也是（学习型）组织的终点。

（2）学习型组织是工具，也是一项工程：自从创建之后，组织和成员不断地寻找、尝试、运用各种方法和工具以增进存活的机会，而至目前为止几乎没有人会质疑"学习"对组织存续的贡献。组织需要一套工具以确保创造/维持一定的学习效能、学习效能符合组织目的/目标，而最直接有效的方式就是让组织本身成为"有效率的学习工具——学习型组织"！但建构/维持/精进学习型组织更是一项永无止境的工程，如 Senge[14] 所言要持续修炼"心智模式"、"自我超越"与"团队学习"，找出最适当的学习模式和体系，甚至于要舍弃"旧日的我"，以创造"更新、更好的我"[19]！除非组织找到足以取代"学习型组织"的工具，否则这项"自我进化"的工程将持续下去。

（3）学习型组织不仅关注"学习"，更重视组织目标的达成：Argyris 和 Schon[9] 与 Huber[20] 均强调成功的学习有助于组织达成其目标（可能与绩效无关）。因此，学习型组织的"任务"是通过产品/流程的创新和针对环境变革的精准调适，而强化组织的竞争力，使组织达成其目标（存活与精进）；达成组织目标才是学习型组织的终极目标[8]。

（4）组织的系统思考（system thinking/systems logic）是学习型组织的运作依据：Senge[14] 认为系统思考是全面理解/掌握组织内部复杂因果关系的能力，也是最重要的一项修炼！个人和组织的学习并非偶然、零散、想到就做的，而是经过整体考虑（配合组织目标）、环环相扣的，欠缺系统思考的学习不仅浪费学习能量，更易造成不必要的冲突。

（5）小挫败是组织重要的学习资源：Sitkin[21] 认为长期的成功容易使组织陷入战无不胜、自满、过度保守的心态，而一些小挫败则有助于引发成员的积极冒险心态、增进对问题的深层探究、提高奋战的动机、强化学习型组织的效能[7]。不过 Sitkin[21] 也强调详尽规划的行动、结果不确定、规模/影响力不高、快速执行与响应、熟悉领域等状态的小挫败较具有组织学习的效能。

（6）自身与外界的经验是学习型组织的两大学习宝库：学习本身过去的经验就如 Dutton 和 Freedman[22]、Nonaka 和 Takeuchi[23] 所提"尝试错误的实验"（trial – and – error experimentation），以及 Ulrich 和 Greenfield[24] 强

调的 "行动研究" （action research），组织从有计划、真实的经验中学习到如何提升各类知能和竞争力[7]；Toyota 汽车的精实管理、Motorola 的 "6 Sigma" 等均是从累积多年的实战经验中淬炼出的能力。创造自身的经验可能相当昂贵，且常受限于组织的情境与策略，因此组织亦可通过观察同业/竞争对手、并购、招募、购买专业服务等方式，学习其他组织的经验，再努力转化为自己的经验[25]。学习其他组织的经验在环境相对稳定、议题相近时较适用，但当环境变化迅速或无前例可参考时，组织只能学习创造经验的过程和成果。

（7）探索（explore）新领域和精练（exploit）现有竞争力是学习型组织直接/近程的目标[7]：探索主要在开发新的知能、科技和典范方面，以创造 "突破/破坏现有竞争态势" 的优势，如计算机、网络、行动电话、GPS、iPod 等都是组织持续探索的产物。精练则是在现有的产品/流程中，持续创造进步的实绩，如在摩尔定律下，IBM/Intel/AMD 努力持续地增加晶体管数量、提升 CPU 的速度；参与 F1 赛车的众家车厂从引擎、材料、流体动力学等方面努力飙升赛车的性能和速度；中国台湾代工业者在下单厂商每年大砍价格、不得不绞尽脑汁降低生产成本，均是组织精练现有竞争力的实例。

4.2.2 组织的学习模式（组织如何学习）

提升绩效一直是企业的重要目标，但仅单纯地关注绩效和流程而忽略组织体质的调整，难以有效地增进组织绩效。20 世纪 70 年代之后，部分组织理论相关研究开始关注组织学习，以了解复杂经营环境下组织争取存活的努力，March 和 Olsen[26] 提出 "行动循环" 模式，以凸显个人认知和组织行动之间的关系（参阅图 4 - 2）；Argyris[27]、Argyris 和 Schon[9] 则提出 "组织的单/双环学习" 模式，强调学习就发生于组织的侦测与修正误失的过程中（参阅图 4 - 3）。Shrivastava[28] 于整合众多文献后，认为组织学习是存在于组织生态间一种复杂的社会现象，通过目标调整、共识凝聚、知识开发和经验内化的循环程序而发展出学习能力和效能。此外，每个人有不同特质，因此衍生出各自的学习类型和偏好，组织在规划/进行学习时，也呈现出类似的特性。Yeung 等[8] 以学习经验的来源和学习的直接目标为主轴，将组织学习分为四大模式/策略（参阅图 4 - 4）：

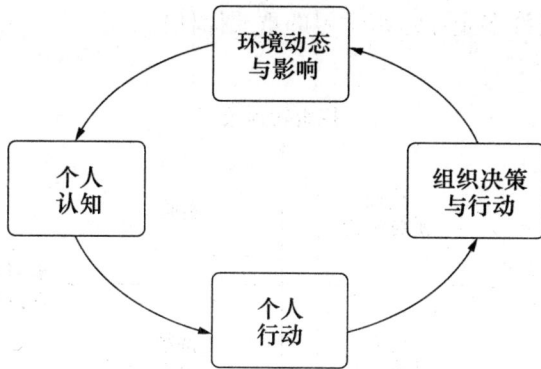

图 4 - 2　**March 和 Olsen 个人与组织行动循环模式**[26]

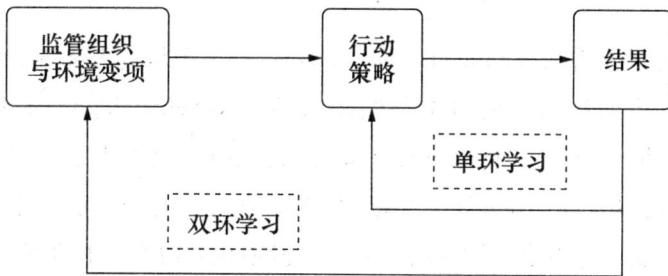

图 4 - 3　**Argyris 和 Schon 的组织单环与双环学习模式**[9]

（1）实验（experimentation）：研发、创新和将研创成果转化为新产品/流程是组织主要的学习方式，3M、Bell Labs（贝尔实验室）、IBM、HP、Sony、Philips（飞利浦）等均是以实验为主要学习策略的著名企业。

（2）获取新竞争力（competency acquisition）：组织常鼓励团队和个人通过招募/挖掘、并购、教育训练、策略联盟等方式，获取新的竞争力并将新竞争力融入/扩散至组织中，以解决研发/创新障碍、加速新产品的质量与上市速度；Motorola、GE、Google、Microsoft、宏碁/明基等均以此学习策略著称。

（3）追求卓越标杆（benchmarking）：组织先搜寻各产业标杆企业、探求它们成功的原因/使用的科技或管理模式，并视情况引进标杆企业的成功诀窍、融入日常工作中；Xerox 美国全录（以日本富士全录为师）、Samsung 韩国三星（以日本 Sony 为师），而 Motorola 所开发的 Six Sigma（六个

89

标准偏差）也是许多企业组织学习的重要标杆！

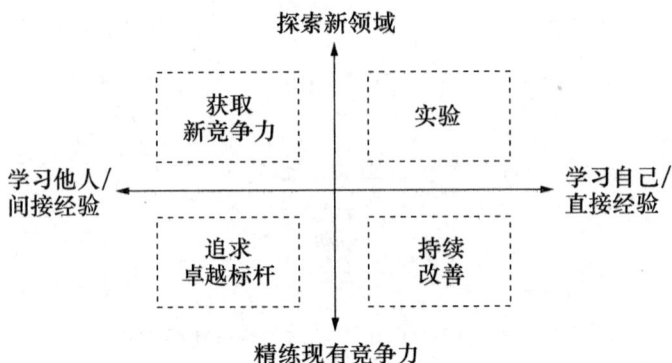

图 4 - 4　组织学习的类型[8]

（4）持续改善（continuous improvement）：组织从过去和现在的流程中找出可以改进的环节，通过类似组织改造（reengineering）/品质管理圈（quality circle）、成员的积极参与（如建议制度），以解决生产问题，提升顾客满意度；Toyota、Honda、台塑、鸿海、奇美光电等企业不论在质量管理和成本控制上都力求持续改善，一点一滴累积学习实力和业绩。

Yeung 等[8]虽将组织学习分为上述模式，但他们的研究中也发现几乎没有企业集中于单一的学习模式，而是依不同的情境和企业状况采取混合的模式。Yeung 等的研究亦发现企业最常采用的是"获取新竞争力"和"持续改善"两种模式，但从组织竞争力、研发力、新产品上市率而言，"实验"是最具实效的模式，"获取新竞争力"则次之；采用"持续改善"模式的企业常在新产品上市方面遭遇困难，而采用"持续改善"者则未发现与绩效有明确关系。即使 Yeung 等的调查研究已经突破以往较单纯的论述，也涵盖相当多的企业，他们自认在组织学习方面仍有待投入更多的努力！

4.2.3　建构学习型组织

虽然组织学习和学习型组织的研究仍持续进行，最好的学习模式或学习型组织的架构或建构程序也没有定论，但借鉴相关研究的成果可让有企图心的组织展开学习型组织的建构和进化之旅。

4.2.3.1　相关理念之沟通/统整

学习型组织建构牵涉组织架构、组织文化/价值观和心态等重要理念的聚焦与调整，妥善凝聚理念/共识将有助于学习型组织的推展[29]（参阅图 4 - 5）：

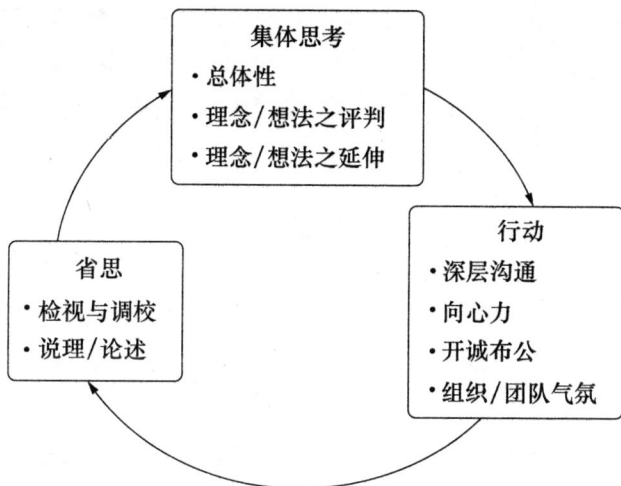

图 4 - 5 Sandine 的组织学习循环模式[29]

（1）持续学习对成员与组织的必要性：包括组织的愿景、组织为何需要学习、学习在企业策略中的角色/地位、组织持续学习的决心、学习融入工作和绩效考核的一环等，以厘清成员的猜疑、激励成员的投入。

（2）成员与组织的互补/搭配：包括成员心态和行为的调整、坦诚的沟通、无私的贡献和合作，组织方面则是领导人以身作则率先投入、提供必要资源/科技、容忍尝试和失败的风险、公平且实时的财务性和非财务性激励等。

（3）学习永无止境：学习的效能在于发现自己的优势并弥补缺失，当自己在进步时竞争对手也在急起直追，为能持续地保有优势，强化危机意识、学习能力和习惯的养成是绝对必要的！

HRD 知识库

质变中的共产主义和资本主义

1992 年初邓小平"南方谈话"后，发表了一些如"改革开放的胆子要大一些，敢于试验"、"改革开放判断的标准，应该主要看是否有利于发展社会主义社会的生产力，是否有利于增强社会主义国家的综合国力，是否有利于提高人民的生活水平"、"有的人认为，多一分外资，就多一分资本主义，三资企业多了，就是资本主义的东西多了，就是发展了资本主义，这些人连基本常识都没有"、"计划经济不等于社会主义，资本主义也有计划；市场经济不等于资本主义，社会主义也有市场，计划和市场都是经济手段"等深远影响大陆经济改革的重要谈话。此后，大陆的领导人莫不将邓小平的谈话奉为党的圭臬、政策纲要以及论述的基础。许多台商、游客和关注大陆发展的台湾同胞也发现，近年来大陆的经济政策、高层党官、企业经营、大学发展、劳工/民众的心态与行为越来越"唯利是图"、"资本主义化"，仿冒、黑心食品、毒奶事件堪称是"资本主义污染社会/共产主义"的重大事件。

基本上，全球化是欧美西方强权所推动的风潮，希望通过国际政治与经济力量的操作，强迫开启全球市场、获取经济利益。但在大陆（世界工厂）兴起、大量工作外移，再加上安能（Enron）、泰科（Tyco）、世界通讯（WorldCom）、全录（Xerox）、默克药厂（Merck）等顶级企业纷传弊案，虚构交易、浮报营收、篡改收支，层出不穷的企业丑闻让美国民众对美国企业丧失信心。而 2008 年由美国华尔街一手造成的二次房贷、引发全球性的金融海啸，更让所有国家、民众大失血（越开放的国家越惨），连带的也怪罪资本主义所暗藏的人性贪婪反噬经济发展的成果。在伦敦召开、史无前例的 G20 会议除呼吁各国政府共体时艰、出钱拯救全球经济之外，各国政府也加强对企业的救助和市场的干预，以维持经济的稳定、照顾民众生活。亦即，原采资本主义的西方国家开始调整政策路线，向社会主义靠拢。

上述现象的共同交集是"向中间靠拢"，大陆共产党政权以开放改革为由，释放经济权力、稳住政治权力，但经济改革也带来人民思想开放，党政官员也学习谨言慎行、体察民意，避免网民的炮轰、丢掉爵禄。中共中央组织部也从 2008 年开始大规模调动县级干部到北京受训，最令人注意的课程则是处理突发事件、疏导民众和适应网络/网民串联等可能撼动一党专政体制的事件。而美政府重要经济官员也调整思维，将对大企业（大车厂、银行）的态度从放任转为较积极的督导、干预，从美国国会斥责大车厂 CEO 搭专机赴听证会争取纾困，到总统 Obama 不断抨击接受纾困又领取超高薪的肥猫 CEO、增加对低收入/失业者的救助，以争取民意、稳住政权。世界两大政权在政经策略上的调整，除反映实际的经济难题外，也在重要成员的折冲和学习过程中逐渐造成核心思维"本质"的改变；夹在资本主义阵营但又深受对岸影响的台湾民众，不得不深思质变中的共产主义和资本主义将带来的冲击。

4.2.3.2 建构学习体系/机制

这是学习型组织的运作主体，通过其运作以创造成员和组织的学习效能。最有效的学习体系/机制是什么，直到目前为止并无定论，作者谨提供下列体系供读者参考：

（1）Kim[30] 的组织学习整合模式：Kim 曾担任 MIT Sloan 管理学院组织学习中心"学习实验室"的主任，他整合 Argyris 和 Schon[9] "组织的单/双环学习"模式和 Senge[14] 的"心智模式"，企图通过"评估→设计→执行→观察"强化个人学习成效，并借由"个人心智模式"和"共同/共享心智模式"创造组织的双环学习，以联结个人和组织的学习（参阅图4-6）。

（2）Marquardt 的学习型组织系统模式：Marquardt[16] 认为"学习体系"是学习型组织的主体，通过融合不同类别、层级的学习并佐以相关的学习技巧，可获得相当的学习效能。但 Marquardt[16] 也强调"学习体系"不可能单独存在、运作，尚需结合组织、人、知识和科技四大体系，方能建构完整而有力的学习型组织（参阅图4-7）。

4.2.3.3 维持学习型组织

持续学习是学习型组织的核心精髓，但学习型组织的推展会遭遇不同的挑战，也需要注入活力，以维持学习型组织的运行：

（1）学习型组织面对的挑战：Senge 等[31] 的研究发现，学习型组织面对的挑战至少包括规划与建构的时间不足、缺乏专业的指导与支援、不适用于当前的组织、组织与成员无法坚持力行、对整个变革心存畏惧/忧虑、学习成效难以衡量、领导人和成员信心不足、整个体系的运作管理不善、心存观望推动不力、整体策略不完整/不够成熟等；Watkins 和 Marsick[17] 则提出未深耕/浅薄的学习、欠缺内在诱因/激励而造成的无力感、成员的短视、弹性劳动力的增加、向心力的浮动、担心既得利益的损失等为推动学习型组织的重大挑战。而上述的挑战当然不易解决，重点还在于破除习惯性防卫（defensive routine）的心态、转换旧日的心智模式、舍弃视为当然但不合时宜的昔日典范、协助/激励成员妥善处理学习时所遭遇的痛苦和威胁，方能带动学习型组织的运作。

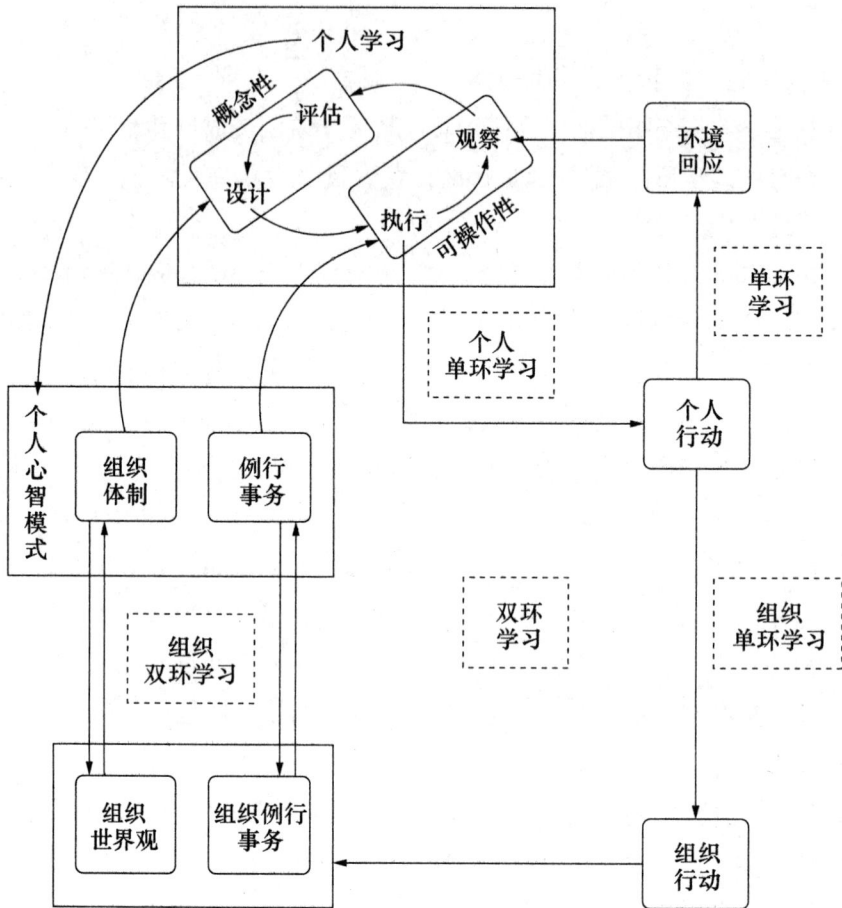

图 4-6　Kim 的组织学习整合模式[30]

（2）增强学习型组织的活力：Watkins 和 Marsick[17]认为建构学习型组织的第一步是盘点（audit）组织现阶段的学习和改变的能力，并设定持续不懈精神（continuous）、密切合作（collaborative）的关系、有聚合力的联结网络（connected）、集体共享的理念（collective）、创新改革（creative）

94

的精神、能激励人性的体制（captured and codified）、继续学习能力的培育（capacity building）7Cs 为盘点的主要项目。从另一角度思考，其实组织只要能落实这7Cs，必能增强成员和组织持续学习的动机和活力，使学习型组织更有效率地运作！

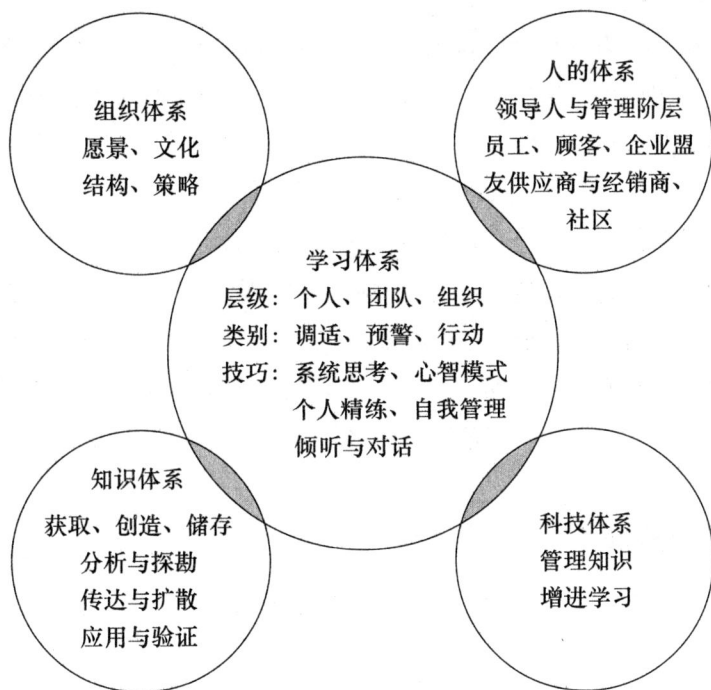

图4-7 Marquardt 的学习型组织系统模式[16]

笔者以相当精简的篇幅介绍"组织学习"与"学习型组织"这两个相当复杂且仍继续发展的领域，期望能凸显学习（HRD）对个人和组织的重要性，借由学习改变我们的学习态度和能力，协助我们更有勇气和能力面对未来！读者们若对"组织学习"与"学习型组织"有兴趣，也可进一步联结多类的网站和讨论社群，阅读相关信息。

关键字词

组织　　　　　　　　　系统思考

组织学习　　　　　　　尝试错误的实验

📖 **人力资源发展**

学习型组织　　　　　　行动研究
组织生命周期　　　　　持续改善
组织发展

📖 **观念提要**

组织是"一群怀有共同目标的人"，但组织的复杂度远超过"单纯的"人的组合，组织同时反映成员的特质、独特的生命周期与多元的个性。组织学习不仅是个体/集体行动的串联，也是一个循环的过程，其目的在于累积人力资本、塑造组织形象、延续/创新组织价值，追求组织的永续存活；组织进化的下一个形式就是成为学习的有机体——学习型组织。

学习型组织是个仍持续发展的领域，而其重要特质包括持续学习和改善、重视组织目标的达成，是一种自我进化的工程，而自身与外界的经验则是学习型组织两大学习宝库。企业组织通常通过实验、获取新竞争力、追求卓越标杆和持续改善等策略，强化学习活力、迈向学习型组织。

📖 **基础测试**

1. 什么是组织？一般组织的生命周期分为哪些阶段？各阶段有哪些特质？

2. 组织学习的本质是什么？组织学习的目的、标的物各为何？

3. 学习型组织有哪些重要的特质？组织的学习模式又有哪些类型？

4. 建构学习型组织时，可采取哪些做法？

📖 **进阶思考**

1. 组织真的会学习吗？

2. 个人和组织的学习有哪些重大的差异？

3. 你所处的组织呈现哪些学习型组织的特质？

第5章 知识管理

5.1 知识——新时代的竞争利器

5.2 知识管理

5.3 知识管理与 HRD

美国的经济在 20 世纪 90 年代呈现出传统经济学理不易解释的现象：
"双高双低"（高成长、高所得、低物价、低失业率），经济学家则将此
经济成就归功于网络和信息科技的跃进，并分别冠以新经济、知识经济、
网络经济或数字经济的名称，以区分"旧"经济时代。OECD[1] 则在
"The Knowledge – based Economy"（《知识经济》）的报告中指出，蕴藏
在人力资本和科技中的"知识"是生产力和经济成长极其重要的动力，
"知识经济"一词则是重新认识知识在现代经济发展的重要性。事实上，
1971 年诺贝尔经济学奖得主 Kuznets[2] 早在 40 年前即强调，科技与知识
不断地创新、累积和运用，是使生产力持续成长的关键因素之一。一时
之间，长期存在但受忽略的知识突然获得国家和企业青睐，对"知识就
是力量"（knowledge is power）产生全新的体验，将知识视为竞争的重要
武器。

管理大师 Drucker[3]（1965）曾预言知识将取代有形资产（如机器
设备、资金、原物料与劳工），成为企业最关键的生产要素。知识既已
逐渐显现其重要性，企业组织一贯的做法就是"积极管理、善加运用"
以创造更高的价值，不过"人"是知识的来源，也是基本的载体
（carrier），知识管理不仅牵涉知识，更重要的在于"人的管理"；让人

"愿意"分享知识、发挥知识的最大效能/价值，才是知识管理的真谛！

▶▶ 5.1 知识——新时代的竞争利器

"知识"（knowledge）是个有趣的事物，我们现今所知道的一切都是前人留下、当代所创造的知识，而我们/当代所创造的一切则又成为下一代的知识。但绕口令式的说明并无助于我们对知识的理解，因此，本节将依序讨论知识的意涵、知识的特质与知识的类别，以为实施知识管理的基础。

5.1.1　知识是什么？

古今许多哲学家尝试给予知识适当的定义，但至今仍未有令人满意的定论，对近代知识管理奠定相当基础的 Polani[4] 则引述柏拉图（Plato）的原始概念将知识定义为"经过验证、真实且被采信/信仰的陈述"（a justified，true and believed statement）。知识偏向哲学的讨论并非本书的重点，有兴趣的读者可参阅与"知识论"（epistemology）相关的资料。

对于知识的定义方面，主观论者将知识视为"具引发行动潜力的事物、程序或心智"[5],[6]、"有效维持群体惯常作息的基础"[7]。客观论者则从较具"实用性"的角度切入，认为知识"是事实、模式、概念、意见和直觉的综合体，以协助个人的决断"[8]，"是兼具结构和动态特性的经验、评价、情境化信息与专家洞见的综合体，以协助个人评断与整合新经验/信息"[9]，或"知识需通过经验、学习和熟练方能获得，以能有效地应用信息"[10]等。客观论者强调知识的物性、效能以及和信息的关系，不过又将定义复杂化，而常令人困扰的则是资料、信息和知识间的复杂关系[11]：

（1）资料（data）：人们在观察众多的原始事件（proto‑facts）之后，自其中排除臆测、找出真正的事实（facts），再通过对诸多事实的汇整（collect），建构成不同类别的数据。例如，洋基球探观察王建民在台湾不同赛事中的表现、所展现的球路/球速、面对失分压力的投球处置等事实，写出一份份的球探报告（资料），作为洋基球团了解王建民的能力和各项特质的基础。

（2）信息（information）：数据经过多重的比较（compare）之后，再整理为独特的信息。如洋基球团收集、整理和分析王建民以及其他投手的练习、比赛数据（投球局数、高飞滚地比例、自责分等），可以更精准地呈现王建民（与打击手对战）的优势和缺失，让球团于安排赛程和实战配球策略时能获得最高效益。近代棒球比赛非常重视选手个人和球队对战记录，更凸显信息和统计对胜败的重要性。

（3）知识：信息经过类化（assimilate）后，形成（个人的）信念、独特观点和概念、期望与判断、诀窍和洞见，协助个人有效评断与掌控特殊情境[12]。绝大多数的总教练常是球员或从基层教练出身，逐渐磨炼出对棒球独特的知识和见解，让他们有效地规划球季战略、球赛时的战术应用、调兵遣将，甚至处理球员的交易。

（4）智慧（wisdom）：个人独特的知识经过"精粹化"（distil）后成为智慧，以协助个人在关键时刻能做出明智的决策，但"知识→智慧"的过程中则存有许多吊诡：

1）以成败论智慧：一般人对于明智的决策的评价标准是"成败"，成功代表有智慧，失败则遭辱骂！但机会常左右成败，成败也常需拉长时间整体观察（盖棺论定）较准确，若仅以比赛胜负而评价总教练的智慧，而忽略他在整场比赛中调度和战术运用的品质，实在有失公允。

2）知识≠智能：拥有大量的知识，并不能确保个人能做出明智的决策。如总教练很清楚抗议时和主审的肢体接触将造成驱逐出场（知识），但却不能克制情绪、过度抗议、遭驱逐以致输掉重要赛事时，总教练和球团要为"没有智慧的抗议"付出惨痛的代价；我们都知道酒后驾车很危险（知识），但许多人不以为意依然喝酒后开车（无智慧的决定），以致输掉性命和家庭幸福。我们要学习的不仅是知识，而是凭借知识做出明智的决策！

3）个人智能→他人知识：我们所学的知识其实都是前人智慧的结晶，前人智慧受到认可、验证之后，成为被我们所采信的知识；如左投手的球路较怪异、犀利，左投手对左打者的压制性较高等。当然，我们的智慧有一天也会成为后代的重要知识。

知识与数据、信息之间除存在上述阶层关系之外（参阅图5-1），个人也利用知识将数据转化为信息,再善用信息提升决策质量与效益,而整个转换过程也是验证知识的重要循环(参阅图 5-2)。就如同美国哲学家 Robert Nozick[13] 认为"知识让我们探索事实"(knowledge tracks the truth),经验证的事实固然成为知识,而我们探索的过程、所使用的工具和各项验证标准,也成为我们重要的知识之一!

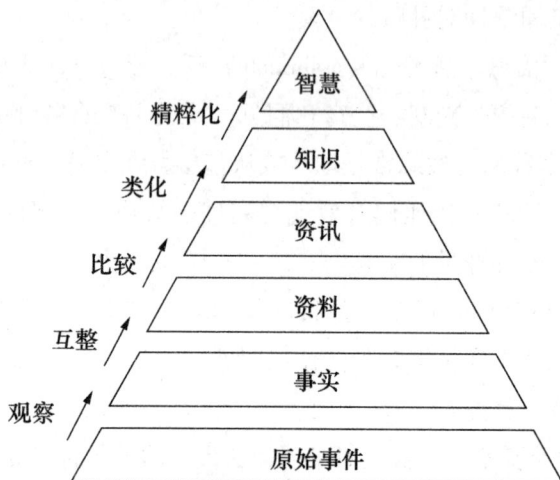

图 5-1 知识的阶层关系[11]

图 5-2 数据、信息与知识的循环关系[23]

100

5.1.2　知识的重要特质

不论我们对知识的定义是什么，知识本身存在些有趣的重要特质，这些特质除有助于辨识知识的类别外，也能更有效地掌握知识的特殊效应、建构知识管理体系、创造知识管理的价值。

(1) 知识不具形体，且需通过载具呈现：分析与知识相关的定义，可发现知识没有"形体"，即个人虽能运用储存在脑中的知识，但其他人"看不到"！人只能通过语言（讲解、说故事等）、文字（文章、书籍等）、声音（音乐、歌曲等）、动作（手势、肢体、技能等）、图形（画作、影片、结构图等）、实物（衣服、商品、建筑等）等单一或混合多种媒介（载具）呈现我们所拥有的知识。因此，传达和接收知识的双方都必须具备理解和运用特定媒介的能力，才能顺利地呈现知识。严格而论，载具也是人所创造出的基础知识，载具除限制呈现知识的方式外，载具的特质、普遍性和接受度也影响知识的储存、移转、扩散、营销和运用等管理功能和策略的发挥。

(2) "运用"决定知识的价值：直到印刷术进步到能便宜且大量的散播书籍之前，知识都掌握在少数的贵族、精英、僧侣手中，拥有知识、限制知识散播已能创造相当价值。但现代社会的信息和知识则是处于泛滥的状态，知识的价值不在于拥有（如一大笔钱放在家中保险箱），而在于有效地整合、运用（如投资、创造效益）。整合植物学、药学、分子生物和化工等知识，制药产业得以每年创造数千亿美元产值；Philips（飞利浦）结合光学和信息科技，创造无处不在的 CD 产业，除坐收无数的权利金外，也设下竞争的屏障；结合数学、天文学、材料学和航天科学，除创造航天产业外，也让人类有能力实现探索其他星球的梦想；整合数学、高速运算和说故事的知识，使计算机动画、电影业者开创全新的娱乐产业。

(3) 知识具有变异性：早期人类的知识应属简单但多与生存密切相关，语言产生后对于知识能有较完整的描述，文字、数学出现之后对知识则有更翔实、深入的陈述与记录（语言、文字和数学都是知识）；知识的数量逐渐增加，而知识的质则从具体延伸至抽象，知识开始产生分化、质变和量变。当代的人们对于知识的价值判断，决定分化的方向，被认为有价值的知识成为主流、显学，追随者投入更多的资源研发、扩散，主流知识的发展变得更活络、深入、广泛；被视为低价值的冷门知识则仅有少数人基于兴趣、种族、传统或远见而坚持，直到发现新价值而再获青睐，或后继无人终至失传！2007 年时全球约有 7000 种语言，但每两星期就有一种语言消失；台铁的老师傅退休之后，欠缺维修知识的传承，蒸汽火车头也濒临报废；反观科技类的知识（如分子生物、纳米科技、生物基因）则因其对于人类生命、生活和产业的价值，将持续火红。

（4）知识不因使用、移转或扩散而损耗：知识是一项很特殊的生产要素，不同的知识不断地被投入生产和服务的过程，但被应用的知识不但没有损耗[14]，反而因为其价值而获得更多的维护和钻研，知识的质量和影响力倍增。另外，知识也往"有需求者"和"能创造价值"的方向流动，知识在移转或扩散的过程中若能避免疏忽或恶意隐藏的状况，拥有特殊知识的人数将以几何速率扩张，知识的量因扩散而增加，更多的知识拥有者也能更投入知识的研发和推广，特殊知识的影响力也能扩散至不同的领域和产业。牛顿（Sir Isaac Newton）在万有引力、光学及微积分的三大研究成果虽分属于天文学、物理学和数学，但现今的所有基础和应用科学几乎都需要用到牛顿发明的理论和知识，牛顿更被誉为"现代科学之父"；爱因斯坦（Albert Einstein）的相对论可归属于光电理论及理论物理学，而当初真正了解相对论的物理学者屈指可数，但经不断的验证、研讨、交流和教学，爱因斯坦的理论也被广泛地运用在光电和材料领域；反观许多"秘方"，拥有者或因怕外人知悉、控制移转途径（如传子不传女）、传授时刻意留一手（怕被超越），最终落得散佚、失传，也毁了重要的知识。

（5）知识是无穷尽的，但发掘和运用知识的能力却是有限的[14]：天地万物所蕴藏、延伸的知识永无穷尽，即使科学家已经发现许多知识，但新知识也证明我们所不知道的部分更多；我们只能靠已知的知识继续探索几乎是无穷的未知领域。例如，科学家原认为建立基因图谱之后，应能顺利解开生命之谜，但又发现细胞中 DNA（脱氧核糖核酸）虽重要，但 RNA（核糖体）、腺粒体和其他物质的互动关系更复杂，需要更深入的研究才能确认这些重要细胞物质的作用；知识的挖掘像是从魔术师帽子中拉出的小旗，越拉越长、越多，几无止境。此外，我们虽拥有部分知识，但运用知识的能力却需靠长时间练习、整合甚至于充分的创意，方能发挥知识的效能（如雷射近视手术、胶囊内视镜、血管扩张剂→威而刚、玻尿酸

→消除脸部皱纹等）。但人的寿命有限，所能"锻炼成"的能力也有限，我们只能将运用知识的能力再转化为新的知识，期望下一代能借助于我们所拥有的知识和能力，再发掘更多的知识和能力，一直循环这个程序。也因为人们的不满足、好奇心和尚未完全开发的能力，支持人们持续追求、探索知识尽头的动力。

知识的特质当然不止上述五项，未来对知识的探索中也将持续发现知识的其他特质，而在众多研究者"滚雪球"式的努力下，人们更能共享知识的成果和学习的乐趣。

5.1.3　知识的类别

对知识的研究项目中，"知识的类别"绝对占有一席之地，以结构论者的观点（structuralist perspective）而论，知识是人/组织所拥有的"一个客观存在、不同类别、主要为认知特质的实体"（a discrete，objective，largely cognitive entity）[15]。因此，不同类别的知识应搭配相对应的管理策略/措施：

（1）叙述性与程序性知识：叙述性知识（descriptive/declarative knowledge）主要焦点在于事实，程序性知识（procedural knowledge）则着重于程序或诀窍（know how）[16],[17]：

1）叙述性知识：主要用于描述一个现象、事件、事物或概念在不同时空之下的状态[18]，如什么是"王建民风潮"、"中华职棒签赌事件"、"伸卡球"或"投手自责分"等；其重点在于呈现"本质或内涵"（know what）。叙述性知识的内涵常与日常环境相关，又被称为环境知识（environment knowledge）[19]。

2）程序性知识：主要强调"如何做"（how to do things）[20]、"事件如何发生"（how something occurs）[21]或"步骤性的程序/细节"（step–by–step procedure/detail）[22]，如"如何投伸卡球"、"如何培训游击手"或"投手应如何暖身"等，其重点在于呈现"行为/行动的诀窍"[23]。

（2）外显与内隐知识（explicit vs. tacit knowledge）：主要以"呈现度"（presentability）、"编纂性"（codifitability）或"沟通性"（communicability）为区分知识的要素[4],[24]：

1）外显知识：此类知识能较容易地以语言、文字、图形或影像等方

103

式呈现/沟通[25]，如"2007球季季后赛预测"、"球探报告"、"2007年球季王建民[19]胜分析"等。

2）内隐知识：拥有直觉（institution）、眼光/洞察力（insights）或预感（hunches）者常觉得其知识"只能意会、难以言传"[26]，如"投手预知打击者的心态"、"强打者看破投手球路"、"教练神来一笔的换上代打"等，当事人"就是知道但不知如何解释"。

（3）一般与特殊知识（general vs. specific knowledge）：主要以知识拥有者的人数或专业程度区分知识[23]：

1）一般知识：相当多的人拥有此类知识，且此类知识亦易于沟通、传递，如"棒球规则"、"明星球员攻守记录"、"主场优势"等。

2）特殊知识：仅有少数人拥有此类知识，且此类知识的传递成本相当高[27]，如"救援投手的训练"、"打跑战术的下达"、"棒球流体动力学"等。此外，特殊知识又可分为"专技性特殊知识"（technically specific knowledge，为针对特殊领域的专精知识，如伸卡球的流体动力学、击球的甜蜜点等）与"情境性特殊知识"（contextually specific knowledge，为针对特殊情境的专精知识，如痛击伸卡球的策略、对抗 A - Rod 的投球策略等）两大类[77]。

除上述较常见的类别外，区分知识的其他要素亦包括领域（subject areas）[28]、用途（usages）[29]、开放性（accessibility）、功能（utility）[30]、有效性（validity）[31]、细致性（resolution）[32]等。

想要有效率/效益地管理任何事物，必须对特定事物有广泛且深入的了解，知识管理亦不例外。通过对知识的内涵、功能、重要特质和相关类别的理解，将有助于设定知识管理在企业策略中的定位、联结其他管理功能，发挥知识管理的价值。

5.2 知识管理

20世纪70年代之前，工业国家中约有50%的劳工从事制造或协助制造的工作，而 1995 年之后上述劳工的比例已降至 20%[33]；在生产过程中虽降低劳动力的需求，但人所具备的知识技能反而承担更高"创造价值"的责任。因此，制造业劳工大幅的降低除反映经济结构的转变、迫使企业调整经营目标和组织架构外，进入知识时代的幸存和新兴企业只能有效地运用所拥有的知能、迅速获取/发挥新知能，以维系企业竞争力[9]。对于知识和知识工作者（knowledge worker）的有效管理成为企业成败的关键！

5.2.1　知识管理的内涵与发展沿革

知识管理（knowledge management，KM）是个新兴也是科际整合的领域（multidisciplinary field），从企业经营的角度而言，KM 是适应企业策略，将智能资本（知识）融入企业的产品、服务和各项管理功能中[34]；从认知科学的角度而言，KM 是将知识转换为专业技能、强化行动/行为效能[32]。Wiig[32]更强调 KM 的贡献在于适当地保存与运用知识资产（knowledge assets），以创造个人和组织的价值，而 KM 亦应通过创造、建构、整合、转换、传播、应用和维护等作为，以发挥 KM 的功能。更务实/精简地说，KM 的使命就是将知识转化为组织的关键竞争优势[35]。

KM 虽然是 20 世纪 80 年代末期才出现的字词，但远古人类的生存、种族的繁衍、军队的征战和国家的运作等，均有实质 KM 的运作，而许多宝贵的知识也通过传说/故事、仪式、典籍和作品而流传。过去，个人是知识储存和管理的主体，而近代 KM 则强调善用新科技以提供知识拥有者更频繁、丰富的互动，创造知识更丰硕的衍生价值[14]。其实，从工业革命到现代的科技发展，即可看出 KM 对人类的重要贡献[36]（参阅图 5 - 3）。

KM 在近代的发展可追溯自 Drucker 创于 1959 年的"知识工作者"一词，之后的重要发展包括：1980 年提出了"专家系统"（expert system），1986 年 Wiig 提倡 KM 的概念，1989 年部分顾问公司开启内部的 KM 企划案，1991 年 Nonaka 刊于《哈佛企管评论》讨论"知识创造"的专文，1993 年 Wiig 所著第一本讨论 KM 的专书，1994 年学术社群第一个针对 KM 的研讨会，1995 年顾问公司开始提供 KM 相关服务，1998 年部分公司开始实施并受益于 KM[10]，而 2000 年之后部分大学则逐渐开设 KM 相关课程。

| 1750 | 1800 | 1850 | 1900 | 1950 | 2000 | 未来 |

工业化　蒸汽动力机→机器人

交通运输　铁路→喷射客机

通　讯　电报→手机

电脑化　主机→微晶片

虚拟世界　网络

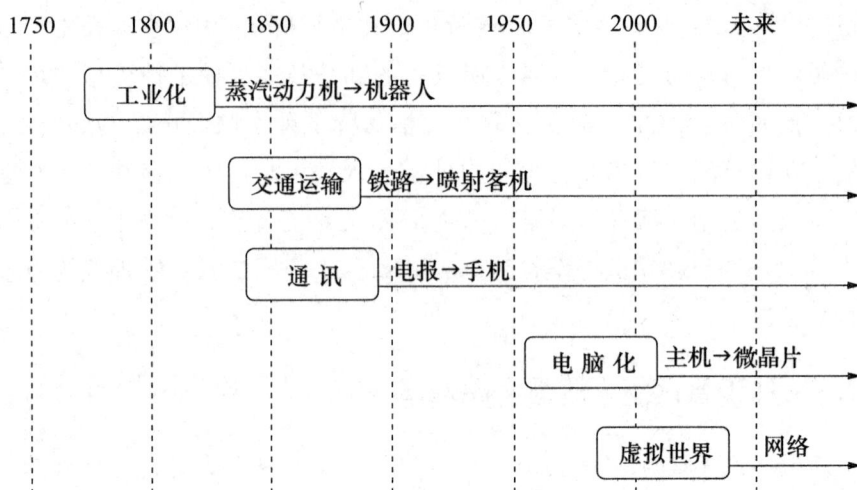

图 5-3　科技的跃进[36]

在 KM 发展的初期，实务界的脚步快过学术界；1996 年"美国生产力与质量中心"（The American Productivity and Quality Center，APQC）已针对 KM 完成跨产业的调查，其中更以 KM 与企业策略、知识扩散、客户端知识、知识的个人责任、智能资产管理和创新/知识研发等议题[37]。此外，学术界接手 KM 的研究与教学的动力来自于 2003 年初第 24 届"智慧资本管理全球总会"的强烈呼吁，要求大学强化对 KM 的研究，并授予相关学位[38]。其实，企业对于 KM 的高度期待，应是建立在知识对企业营运的重要性和潜在的多元价值上：

（1）知识充满所有的企业流程与价值链：超出一般人的想象，知识遍布在企业所有的作业流程与内外的价值链之中，知识的总量相当惊人。以简单的牛肉面为例，不同部位牛肉的肉质、处理方式、口感等，汤头的材料、分量、熬煮时间、口味等，面条的宽窄、厚薄、长短、面粉筋度、盐分、烹煮时间等，再加上搭配的蔬菜、餐具、佐料等，上述任何"牛肉面的构成元素"均含有特殊的知识，厨师若疏漏任何一项元素或程序，都可能砸了面店招牌。同理，企业必须掌握每项原料、加工过程、机器设备、运输配送、顾客需求等知识，方能掌控最佳的生产/服务结果，亦因知识总量庞杂、知识间的交互作用相当多，故需要一套有效的 KM 体系以记录、储存和运用知识，创造最大价值。

106

（2）适应信息与知识爆炸、提高决策质量：这是信息爆炸、知识每隔数年即加倍成长的时代，企业与个人所处环境的复杂度和变异速度也加倍，通过有效的 KM 体系可以提高决策质量、降低错误的风险。如 7 - Eleven 结合销售点管理系统（point on sale，POS）和电子订货系统（electronic order system，EOS）收集、分析、整合顾客购物信息和习惯，可有效掌握不同环境因素下的销售状况，若能将信息和经验转化为销售知识，再搭配实时的配送系统，就能在第一时间满足多数顾客的需求，创造最高利润。企业主管如同身处战斗的指挥官，若拥有正确且实时的敌情信息、己方坚实的战斗知识/技能/战略/战术，战胜的概率自然提高！

（3）实体资源有限，能创造/提升资源价值和竞争力的知识无限：地球上已知的资源都有其极限，且所有的企业/国家均积极争取。近年来成为世界工厂的中国大陆，鲸吞来自全球的能源和原物料，也造成全球相关资源价格的飙涨，削弱了财力不足企业的竞争力。但从另一个角度思考，通过知识和创意增添单纯资源的价值，一直是工业革命之后企业的"蓝海策略"。如早期的福特移动式生产线，近代日本 Sharp 在数字摄影机上加装可旋转液晶银幕、日本 Sony 的"微笑"数字相机（拍摄对象露齿而笑时拍摄键才有作用）、Walmart 运用无线射频标签（RFID）、台积电应用水的折射特性创造浸润式半导体蚀刻技术等，均是企业通过 KM 有效地搜寻、整理、研发、引进和运用知识，为企业开拓出路、创造竞争力的实例。

（4）知识的策略价值：企业除能获利于潜藏在企业流程和价值链的知识外，知识本身亦具有极重要的策略价值；冷战时期美国与苏联凭借各自的国防和科技知识，迫使另一方不敢轻举妄动。企业方面，常通过智慧财产和专利权的布局，收取巨额权利金（如飞利浦、IBM），在对手有威胁性发展时提起侵权诉讼、压迫竞争对手（如 Intel 控告威盛电子、日本 Sharp 控告台湾东元、日本松下控告韩国 LG、Nokia 控告 Vitelcom、东芝控告 Hynix NAND、台积电控告中芯等），与其他企业交叉授权、策略联盟（如东芝与 Hynix 冰释前嫌、日亚化与 Cree 交叉授权白光 LED 专利、ASML 授权 Intel 平面印刷专利技术、韩国三星付费并与微软交叉授权、日本 Sony 与韩国三星在液晶电视的交叉授权等）。国际技术授权主管协会（Licensing Executive Society，LES）世界总会会长 Willy Manfroy 于 2005 年访台时强调，

107

企业 CEO 必须有效管理智财资产，拟定智财策略，并与其他企业进行策略联盟或交叉授权，以提升企业智财价值、强化竞争力[78]。

KM 在近代的发展时间虽不长，但 Snowden[39]与 Gorelick 等[40]认为 KM 的发展至少已经历三个时期：

（1）信息支持决策制定时期（1995 年之前）：此时期的重点在于信息科技或知识的储存，以弥补企业过去对于人才的忽略、知识/经验养成的疏忽。因此，信息业者向企业高层推销各类软硬件设备，强调能储存大量企业内部信息/知识（knowledge is a thing）、提供实时资讯支持、强化决策质量。不过，当时对于知识的界定相当有分歧，即时信息支持也不见得真的能提升决策质量。

（2）内隐—外显知识的转换时期（1995～2002 年）：Nonaka 和 Takeuchi[41]的 SECI 模式（强调知识的类别，内隐与外显知识的转换机制）开启了 KM 第二个时期，也将管理焦点转回"人"的身上，并强调"知识流"（knowledge is a flow）的概念、相关社群的参与互动、知识分享等管理作为。

（3）复杂生态体系时期（2002 年之后）：强调知识兼具"物"与"流"的矛盾特质，知识与环境交织成一个精密、复杂又混乱的生态体系（complex ecology of knowledge）。此时期的挑战在于营造、建构与整合知识的实质内涵，以掳获个别知识用户的注意、引发兴趣，并易于链接/运用知识，创造个人、社群和企业更紧密的互动关系，发挥知识的效应。

KM 是个持续发展的领域，而对 KM 的探索/开发也促进了我们对于知识与知识效应/价值的了解，这也验证了对知识的追求和运用将创造更多的知识和效益！

5.2.2　知识的循环模式与管理

不论从"物"或"流"的角度分析，均可发现企业或个人依着一个循环轨迹处理/管理与知识相关的一系列活动，此知识管理循环中重要的内涵包括知识盘点/审计（knowledge audit）、获得知识（acquisition）、知识建构与维持（build/sustain）、知识扩散、知识运用（utilization）、封存/清除知识（divest）（参阅图 5 - 4）。

108

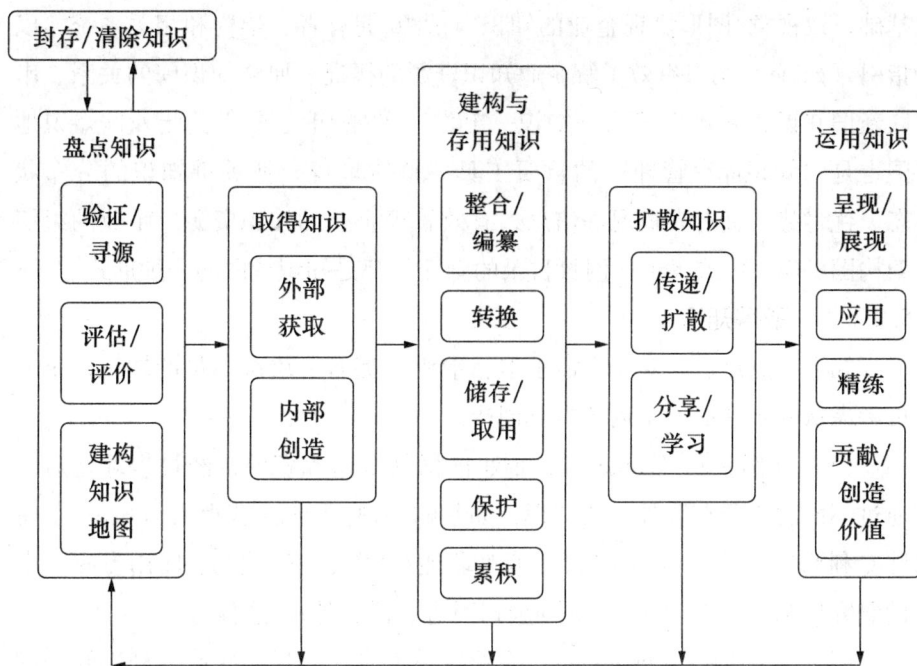

图 5-4 知识与知识管理的循环模式

5.2.2.1 知识盘点/审计

Leibowitz 等[42]认为盘点知识是知识管理极关键的第一个步骤，可协助企业了解其所拥有/需要的知识、知识的质量、知识拥有者/储存库、知识的流动路径等[43]，以确立企业的 KM 策略和架构[44]。Wiig[32]则认为通过访谈、焦点团体、流程分析和问卷等方法/工具，有助于完成下列行动：

（1）验证/寻源（verify/sourcing）：以单一特殊领域为起始点，检视企业拥有的知识、知识的处所（人、单位或知识库）、知识的最初来源、目前仍欠缺的重要知识等，并将检视范围扩展至其他特殊与一般领域。

（2）评估/评价（assess/evaluation）：以前阶段所收集的资料为准，客观评估知识的层次、类别、用途/效能、价值、潜在效用、被取代性、知识间的关系等，及所以欠缺知识的重要性、潜在价值、可能来源、取得代价、机会成本等，用以建构知识档案（knowledge profile）和规划后续的管理行为[45]。

（3）建构知识地图（knowledge map）：以上述两阶段所收集的资料为

109

基础，以视觉/图形呈现企业的知识、来源/拥有者、架构和相关系统，以指引（guide）用户有效了解企业知识资源的概况、厘清知识间的关系、串联新旧知识，并建立"人—知识—工作"的密切关系[46]。此外，知识地图也是"知识库存管理"的重要工具，整体呈现企业关键知识的分布状态、优劣势、拥有者概况等信息，有效管理企业的知识资源。企业的组织架构图、Google 或 Yahoo 网页目录的画面，都是知识地图的一种形式。

5.2.2.2 取得知识

知识盘点之后，对于有需求但目前尚未拥有、层次不足的知识，企业可考虑从外部获取或由内部自行创造：

（1）外部获取（capture）：企业依据其策略和资源，经过搜寻之后可通过不同的途径获取外部的知识，如并购/入驻企业（获得人与知识）、特殊专利购买/授权、交叉授权、策略联盟/合资经营、挖掘/雇用专家、资助研究机构（代为研发）、顾问公司引进、派员外训/进修等。

（2）内部创造（creation）：企业因策略考虑、成本过高、外部知识拥有者无意愿、政治因素/竞争对手的阻挠等因素而一时无法自行获取关键知识时，自行研发/创造知识成为必要的途径。仅有极少数的企业组织有能力创造新知识，而许多自称为"新知识"者常被证实是"基于深厚的旧知识"，不过，创新的知识常带动企业的竞争优势。

5.2.2.3 知识建构与维持

此部分是 KM 核心，除知识创新部分外，还涉及 KM 的构成实体（知识）及后续管理功能和价值的发挥：

（1）转换（transformation/conversion）：不论是外部获取还是内部创造（特别是散布于组织内部）的知识，都需经过"转换"的机制，方能定型、定性而为组织和成员所用。Nonaka 和 Takeuchi[41]认为知识间的转换有下列方式（参阅图 5-5）：

1）社会化（socialization）：组织成员通过面对面沟通/讨论、心智模式分享、脑力激荡、师徒/导师制等社会互动方式，传递或分享内隐知识，这也是最基本、自然的知识转换方式（如洋基投手教练 Ron Guidry 给予王建民的指导）。不过，转换之后知识通常仍维持内隐形态，而转换的时间成本相当高，成果亦受双方互信关系、沟通能力的影响。

内隐知识 → 外显知识

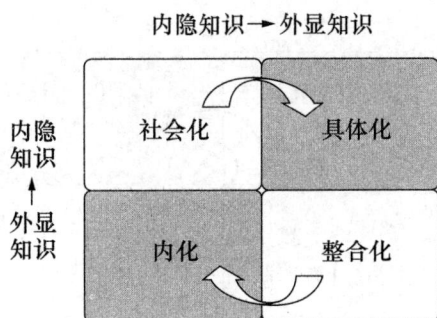

图 5 - 5　Nonaka 和 Takeuchi 的知识转换模式[41]

2）具体化（externalization）：组织成员通过譬喻/隐喻、推论、概念、假设或模式，将内隐知识转化为外显知识，并以文字、声音、图画或其他具体方式记录（codify）（如图书馆内的书籍、影片、画作等）。具体化之后，知识既具有形体，也易于保存、分享与运用，但容易丧失原有的特性（attribution）和根源（authorship）。

3）整合化（combination）：组织成员通过整并、分析、精要摘录、建构数据库等方式，重新形成或以新媒体呈现已存在的外显知识（知识仍维持外显形态），使新形貌的知识能符合使用或存取的目的（如月报表→年报、录像带→DVD、传统训练→数位学习等）。

4）内化（internalization）：组织成员将所获得的外显知识重新整理、转化为自己能接收/理解的模式，并通过验证、实作等方式将新知识"融入"原有的知识体系，成为内隐知识（请参阅第 4 章"生手→专家"部分）。也唯有外显知识内化成内隐知识后，知识拥有者才能顺畅地运用知识，发挥知识的功能与价值。

Nonaka 和 Takeuchi[41]亦认为知识的转化是一个连续且极具动态性的互动机制，这一螺旋化的路径（knowledge spiral）（参阅图 5 - 6）也反映出组织中个别成员和社群之间知识流动、分享和转化的历程。

（2）编纂/整合（compilation/integration）：知识编纂/整合是建构企业知识库前重要的前置动作：

1）编纂知识：企业所获得、经过盘点与转换的知识数量相当庞杂，且牵涉不等的个人与组织架构，因此，组织必须设计一套编纂体系（如图书馆的编目），以使知识的存取、搜寻和运用更有效率[47]。

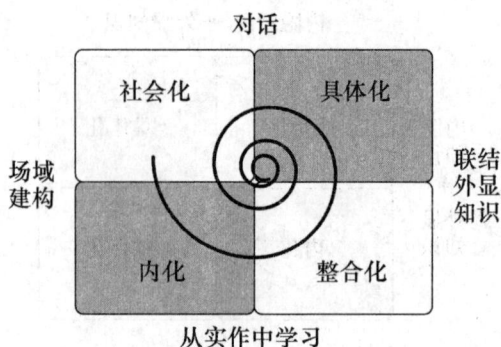

对话

| 社会化 | 具体化 |

场域
建构

联结
外显
知识

| 内化 | 整合化 |

从实作中学习

图 5 - 6　Nonaka 和 Takeuchi 之知识螺旋转换模式[41]

组织知识编纂体系的设计通常涉及信息管理和计算机运算，在计算机多任务架构之下，迅速处理复杂文字搜寻、问题排序、数据转换、数据/知识呈现的需求[48]。

2）整合知识：企业中仅有极少数的知识处于独立存在、与其他知识毫不相关的状态，多数知识之间存有不同层次的关联。通过标示和确认知识的本质、领域、层次和效用，组织得以整合知识、建构知识库，也有助于新旧知识的整合，扩大知识的范围、深耕层次、链接综效，发挥知识的运用效能[49]。企业和个人的知识均需经过整合和内化之后，才能固着、转化为可展现的技能。

（3）储存/取用（storage/retrieve）：此部分涉及知识的安全性、使用的便利性和运用的价值：

1）储存知识：内化或储存于个人的知识相当脆弱，任何意外均可能造成重要知识的流失，因此企业需要将知识具体化、储存于适当/安全的处所。记录知识的模式/媒体同时决定储存知识的方法，如文字、图画、影视或作品的保存需要温湿度控制空间，数字化者则需要光盘、计算机软硬件与安全的空间，而重要的知识储存处亦可能需要保全服务。

2）取用知识：知识储存后并非静止不动，而是能实时取用、存回、添加新知识或进行必要的修正，以保证如使用金融卡至 ATM 领取现金、汇款般的便利、安全。先进的信息科技让多数企业/个人同时安全且便利地储存和取用知识，鼓励员工、顾客和社群加入取用和增添知识的行列（如维基百科），也扩大知识传递的速度和范围，加深知识运用的影响力和价值。

（4）保护（protection）：只要企业视知识为"资产"，很自然地就会产生保护知识的意识：

1）消极保护：消极保护可避免知识遭窃、仿冒、不当流失，因此企业常通过法令（如申请专利、竞业禁止）、保全软硬件、HRM 留才措施、教育/禁止员工知识外流等方式保护企业知识[50]。但消极性的保护行为常将企业推向于"守势"，效果较有限。

2）积极保护：积极保护的主要用意则在于加深/加高竞争优势，因此，企业可借由提升知识的黏着性（stickiness；强化知识的内隐性、复杂性和特殊性）[51]、[52]、加速外部获取和内部研发知识、强化知识的应用、部署专利网/采取法律诉讼等作为，积极地保护知识[53]。积极保护是企业策略性的"攻势"作为，以吓阻竞争对手、拉抬竞争优势、创造更高价值。

（5）累积知识（accumulation）：个人和企业通过上述各项作为取得并累积知识，但知识的累积仅是手段，其目的应在于强调知识的策略价值、深化内部研发的基础、增高对手竞争门槛、强化竞争优势、开发知识的应用价值等[53]。观察企业申请和累积专利的动向，企业累积知识的取向通常为：

1）方向：包括水平累积（扩大知识的横向层面、加强横向联结，主要强调知识的数量）与垂直累积（向下深耕基础知识、向上精练更高层次的知识，主要强调知识的质量与关键度）。

2）用途：包括实务需求（强调产品、制程等方面需要的知识）和策略需求（强调企业策略和竞争优势的布局）。

5.2.2.4　知识扩散

若"知识就是力量"，则知识扩散之后千万人的力量更胜过少数掌控知识的精英，在知识（经济）领域中，规模/数量具有关键的影响力（如 Google 与 Yahoo、Linux 开放软件、维基百科、YouTube 等）：

（1）扩散/传递（dissemination/transfer）：知识若是一种能量，它应会"流向"需要能量的地方；知识若是一种资源/资产，它应会"流向"能为知识拥有者创造更多资源/价值的处所；知识若是一种地位/骄傲的表征，它也应会"流向"能凸显知识拥有者的地位、反映其心态的领域。即不论

113

是利己还是利他的立场，知识一定会自拥有者向外扩散！一般而言，知识的扩散模式有三大类[54]：

1）拉牵（pull）：个人借助于各类搜寻工具，主动地找到/联结/使用数据库或知识库，以满足个人需求；如我们联结 Wikipedia 网站或文献数据库，直接取得数据/知识以完成学期报告。

2）推促（push）：他人主动地将信息/知识送交个人，使个人在无戒心或难以拒绝的情况下接受信息/知识；如常收到保险或理财公司的信件（E - mail），直接告诉我们专业信息和知识，这也是常见的（强迫）营销手法。

3）引导（point）：由有心人士所创设的指标，协助个人顺利地联结/取得所需要的特定知识，但指针本身并未蕴藏/提供知识。如我们上 Google 或 Yahoo 网站，搜寻特定议题并联结至相关网址、取得所需的信息/知识。

此外，知识的扩散也涉及知识的本质，及呈现方式/媒体、链接网络架构、知识库结构等科技资源的配合。除传统工具外，目前较常见的知识扩散工具包括互联网、在线链接（on - line access）、电子邮件、群体/社群软件（groupware）、无线传输、视频会议、智慧型代理人（intelligent agent）等[54]。

（2）分享/学习（sharing/learning）：分享是知识扩散的核心内涵，学习则是知识扩散的落实。所有权/拥有的概念是人性，"享"是人人所要的，但"分"则代表失去，先"分"才能"享"的过程中藏有如学习的投资难以回收[55]、主导/控制权旁落[56]、不劳而获/顺风车效应[57]等风险。因此，知识的分享虽强调涉及分享/传递的网络、科技和效率[58]，但建构分享的机制/文化[59]、提供知识拥有者适当的回馈/保障（享）、增强其"分"的意愿可能是更关键的管理议题。如王品牛排特设奖励制度，以鼓励厨师研发新菜单、提供写出标准作业流程；中国台湾许多地区的 HR 主管会定期聚会，共同分享工作上的难题与解决方案；Google 则鼓励员工将个人创意与他人分享，不过 Google 并不提供任何奖励，分享者获得的是员工社群的认同、更多新点子与个人理想的实现等；网络上也有不少自助旅游、父母经、重型机车等部落格群集/分享的知识，这似乎也强调互信[60]和社群[61]是现代知识分享的重要趋势。

5.2.2.5　知识运用

若知识如同黄金般贵重，则用黄金做成艺术品、首饰、金箔贴片等物品的

114

价值，显然比藏在保险箱的黄金更有价值。即仅单纯储存知识并未能赋予/保持知识任何的价值，唯有通过不同方式的运用，才能开发知识的价值：

（1）呈现/展现（presentation）：知识不具形体，必须通过各种载体呈现知识的内涵，知识的运用亦需通过载体以展现应用的方式、过程、成果与价值，方能说服知识拥有者与决策者。如申请专利（知识）时，需以图解和文字说明解释专利的关键内涵；研发产品时则应说明该专利与材料、产品、制程等的关系；索取权利金时，也应向使用/侵权者展示该专利与侵权部分的关系。又如训练课程的实施，可通过同步视讯、网络、光盘、面授等方式推广知识，凸显出知识的呈现亦受知识的本质、应用的策略、媒介/机制、相关成本及与接受者的关系等因素的影响。

（2）应用（application）：严格而论，知识本身或其内涵并无特殊价值，而是以"应用知识"于解决问题（problem – solving）或订定决策（decision – making）时所创造的价值为准，衡量知识的价值[62]。对于知识的运用通常有下列取向：

1）知识引导应用：即自所拥有的知识中开发知识的实务（商业）用途，我们可轻易地在许多生活商品中找到许多例证，如二进制运算法是现代计算机的运作基础；全球卫星定位系统（global positioning system，GPS）是应用"三角定位原理"、测量无线电信号的传输时间以测量距离，并利用三颗人造卫星计算出接收器所在位置的三维空间坐标值；无线射频（RFID）标签是应用无线电波传递能量和信息的特性，提供对销售、仓储管理、运输、保全或医疗管理等实时监控的功能；Sildenafil 是威而钢（Viagra）的主成分，药厂实验室了解 Sildenafil 有助于细胞松弛、血管扩张，故认为可治疗心绞痛和冠状动脉痉挛，但因参与实验者使用后性生活更美满，不愿退回多余的药剂，而被研究人员发现此特殊副作用，之后制成威而钢以增强男性性功能（威而钢也被用于预防舒缓高山症）。将知识引导至实际的应用需要有敏锐的观察力和创意，其艰辛和重要性可能不亚于知识的创造；读者也可参考科普数据，了解诸多"知识→应用"的实例。

2）需求引导知识：即自关键需求/疑难中寻求或创造适用的知识，如人类早有"声音传输远方"的需求，故古典电话应用"还原振动"和"电流变化"的原理，自动电话应用"声音讯号转换成电流，再经升降频和增强后，变成不同的寻址原理"，数字化电话则是应用"语音压缩、还原和数据传输技术"；医界研发体外授精、胚胎培养和植回母体的知识/技术（试管婴儿），协助不孕夫妇达成养育儿女的愿望；为满足人类"长生不老"的欲望，科学家研究 DNA、细胞老化/再生、蛋白质/荷尔蒙的作用；为有效治疗癌症，科学家致力于探索癌细胞的生长、标示、狙杀；为建造更高的摩天大楼，科学家努力研究更轻/坚硬结构的材料、强风/地震对结构的影响；为制造功能更强大的计算机，科学家则尝试纳米材料、量子力学、DNA 运作模式；Google 寻求天文学在瀚海分析/搜寻星球的知识，转化为数据搜寻的助力；华尔街则雇用物理学家，借助其在复杂分析和流体动力方面的专长。人类永无止境的需求一直是对知识的探索和创造的重要推力，但要找到适用的知识除需具备渊博的学识外，更需要无比的耐心、忍受挫折的毅力和可遇不可求的机运。

（3）精练（refinement）：Meyer 和 Zack[63]虽强调精练是个增添知识价值的程序（参阅图 5−7），但当企业/个人面对竞争和挫折时，则常思考从锻炼基本功和提升知识层次中寻找出路；精练对企业/个人具有更深的含义。

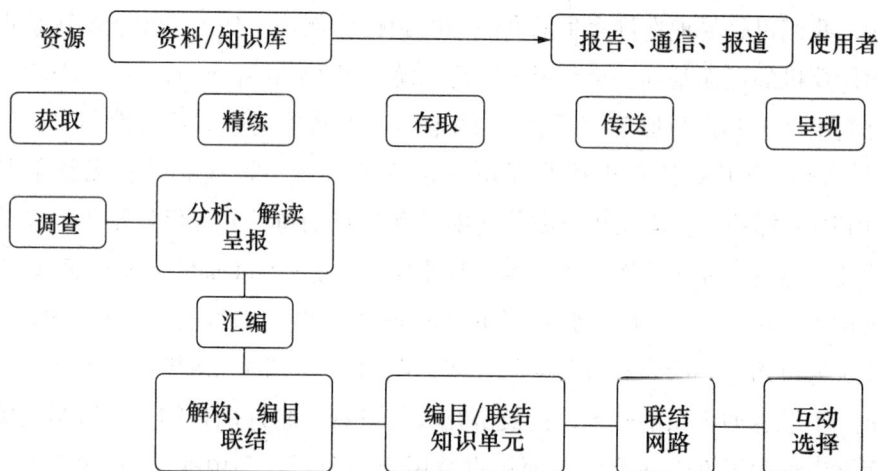

图 5−7　Meyer 和 Zack KM 模式[63]

1）锻炼基本知识：即向下扎根，从知识盘点中检视组织所拥有的最基本的知能，一方面分析/获取更基本的知识，另一方面则通过学习协助员工确实掌握基本知识；有扎实的基本功，才有更大的发挥空间。因此，华硕计算机施崇堂强调基本功的重要性，甚至亲自教授电磁学，协助工程师重新学习、透彻了解基本原理和应用；职业运动员受伤复出、成绩退步时，教练开出的功课常是勤练基本动作；专业证照常于"换证"研习时，除安排新知识与科技课程外，也检视换证者展现的基本知能。

2）粹取与转化（transform）：从知识盘点中找出具有潜力，但目前尚未成熟的知识/技术，投注资源使知识能自单纯理论转化为实际的模式和应用。如 RFID 的解决方案并未成熟，但现在仍投资于技术面和系统整合，以抓住未来商机；多家厂商（如 Konica Minolta、GE、三菱重工等）看好有机电激发光显示（organoelectroluminescence，OEL）成品的"薄、高弹性和亮度"，能与 LED 竞争时更具有优势，持续投资研发以突破大量生产的技术；太阳能发电虽已成为重要产业，但各厂仍持续投资研发以提高"能量转换效率"，以创造更有效率的再生能源。

3）粹取与提升（upgrade）：从知识盘点中找出目前已成熟/广泛使用的知识，投入资源提升知识的层次和应用层面。如厂商将光学技术整合于手机，创造具有照相功能的手机；德州仪器所开发数字光处理（digital light processing，DLP）投影技术已成功用于投影机的大量生产，目前部分厂商已努力研发微型/手机投影机；雷射/激光技术虽源于科幻小说（死光），但 Mainman 与 Javan 在 1960 年创造世上第一部红宝石脉冲雷射后，科学家应用基本理论创造不同的雷射光线，雷射在测量和加工两方面的产品亦不可胜数（更不用提雷射笔和雷射手术刀）；电池的基本原理已被落实于铅酸蓄电池和一般干电池，但科学家仍致力于研发蓄电量更大、使用期更长、更安全方便的燃料电池技术。

（4）贡献/创造附加价值（contribution/value realization）：知识的价值并非局限于产品和服务的应用，在企业运作/价值链中，善用知识亦能创造许多价值[64]。如消费行为的知识有助于强化客户关系与营销，文化的知识有助于拉近和消费者的距离，宗教的知识有助于避免多元劳动力中不必要的误解和冲突，政党的知识有助于企业的政治投资、风险规避，经济/财会的知识有助于企业的成本规划、财务操作，美学的知识有助于贴近人性、提升企业形象，动机与激励的知识则有助于协助企业成员追求理想、创造高度绩效。知识的贡献和价值真的是"无所不在"，我们需要的可能是敏锐的触感、灵活的创意、开阔的心胸、广博的知识和对人性的了解，

117

以掌握每一份知识的价值。

5.2.2.6 封存/清除知识

当知识已经完成其"阶段性任务"之后，知识"暂时"失去其应用的价值，企业/个人应慎重处理知识的"去路"[64]：

（1）封存知识：即将目前已无实用性的知识，依记录知识的方式系统性地保存，作为文物保存、研究之用，或等待进一步的研发/开发。如许多生技公司钻研传统的中药药方，开发治疗癌症、美容和保健食品，大发利市；中国台湾地区铁路管理局虽在 2007 年 8 月在一个无人看管的仓库发现一批超过百年的文史数据，但也暴露中国台湾地区铁路管理局管理阶层严重忽视史料、蒸汽火车头、师傅级退休员工知识传承的缺陷。

（2）清除知识：企业和个人花费诸多心力以累积/记忆无数的知识，这些知识曾经发挥过相当的效能、创造过许多绩效，但当科技突飞猛进、环境迅速变迁后，这些陈旧、无用甚至于错误的知识仍"占据"我们宝贵的记忆空间、扭曲学习心态。几乎所有人都承认学习的重要性，但我们更要学习"弃学"（learn to unlearn），以协助我们能再学习新知能、调整心态（unlearn to relearn）！

从本节的分析中，可以发现知识管理涵盖大量的知识与技能，且与"学习"密切相关。其实，知识管理不仅是"知识"或"知识流"的循环，也呈现了"企业/个人—学习—知识"的复杂关系；对 HRD 的深入了解将有助于我们学习知识、更有效地管理知识！

HRD 知识库

智慧管理

行政院长刘兆玄于 2009 年 6 月 13 日上午在中国台湾地区中山大学毕业典礼致辞时，勉励毕业生要有"5 识 3C"；5 识是"学识、常识、见识、胆识、赏识"，3C 则是"Challenge（挑战）、Change（改变）、Chance（机会）"。刘兆玄亦说，社会上太多人有学识、没常识，包括政府官员（博士 ≠ 博识）。刘院长的谈话自然延伸出众多的讨论，不过他最有智慧的地方是"未指明哪些人没常识"，所以相关人士也无法对号入座；此外，刘院长也隐含了"学识易得"、"该有的常识作为却难见"的含义。

近年来，台湾的行政官员也充斥着"没常识"的言论或作为，如当兵哪有不死人、三只小猪是"成语"、塞车是一种幸福、规划行程让放无薪假的人好好去旅游、国民党四个笨蛋和绿卡事件、可以用退选换董座、法官生活在云端认为"袭胸10秒不足以引发性欲"、16名监察委员坐五节豪华车厢考察台铁的亏损状况、检察官狂言"台湾人就是派来管澎湖人"、少将喊冤不知部属为他们篡改英文成绩、原珠笔戳靶纸提高部队射击训练成绩。真不知道该难过还是高兴，常常听到政府官员/民意代表的冷笑话。

台语俚语"读册读去咖价ㄆㄧ ㄚ"（读书读到背后），意指一个人光有学识/知识，却不知如何正常的待人接物、做正常/对等的决策，简单地说就是"智慧不足"！从过去到现在，国人都很珍惜读书（翻身）的机会、重视读书的成就（学位），却忽略读书/学识是要能协助我们做明确的判断、展现应有的行为，误信"学识可带来智慧"的假设。刘兆玄院长讲得没错，智慧就藏在常识之中，而我们也需要一套防错（mistake proofing）或智慧管理的机制，避免做出愚笨、可笑的决策！

古谚"三思而后行"、核弹控制器需两把钥匙同时启动、发动车辆之前需通过酒测器、裁纸时需以两手同时按住安全钮再由脚启动铡刀、删除或关闭未储存档案时的警告窗口、企业的财务稽核流程、电器上的警告标语等，都是蕴藏智慧的防错机制。知识管理是追求 know how，智慧管理则是追求 know why 和 why not；丰田汽车的"五问"（5 whys）除追根究底找出问题之外，也可强迫员工思考、养成智慧管理的习惯，认识到每个行为的必要性、正当性和适当性。也许我们的官员/民意代表脱口而出之前，不要耍帅/耍酷，而是迅速地启动自己的智慧管理机制，检视言论的必要性、正当性和适当性，才能增长智慧、免遭蔑视（scorn proofing）。

▶▶ 5.3　知识管理与 HRD

早在 KM 的名词出现之前，HRD 就已经存在多时了，两者与"个人/

组织的知识与学习"均都有密切关系[65],[66]。特别是企业实施 HRD 和 KM 所追求的成果几乎一致，而 HRD 的角色也与 KM 效能的发挥密切联结（参阅第 1 章图 1 - 2）。KM 基本上强调"组织全员参与"，故虽有"KM 将取代 HRD"的传言，但企业若因 KM 的崛起而轻忽 HRD 的价值，将尝到苦果；KM 的成功仍有赖 HRD 的推动与多方落实[67]。本节以"知识与知识管理的循环模式"（参阅图 5 - 4）为主，说明 HRD 在 KM 活动的重要作为。

5.3.1　HRD 在知识管理

组织每推行一项新的管理措施之前，应善尽沟通与明确告知的责任，以避免蒙上"黑箱作业"的阴影、降低疑虑/阻力、获得成员支持，KM 亦不例外！因此，在 KM 的推动上 HRD 活动的重心应集中于：

（1）沟通与倡导：相关议题包括 KM 的内涵/重要性、组织的愿景/策略与 KM 的关系、KM 与成员工作/绩效的关系、已实施 KM 的企业和成效、推动流程/时程、搭配的相关措施（如绩效考核）等，提供充分信息并回答成员的问题，以发掘问题、排除可能障碍、凝聚共识。此部分应由最高级主管主持、HRD 主管/KM 负责人陪同，以宣示组织推动 KM 的决心！

（2）提供学习服务：包括 KM 的介绍、KM 相关专业课程（如下列的说明）、问题解答、相关团队与实时支持等。此部分由 HRD 主管/KM 负责人主导，配合现有学习体系安排相关课程与服务。

（3）HRD 在知识盘点上的作用：协助成员了解关键知识的来源、认识知识的价值与贡献、建构/调整个人与企业核心职能等效益：

1）所有成员：主要课程议题包括知识的基本类别与重要性、SWOT（组织优势、缺点、商机与威胁）分析、知识盘点的内涵和流程、知识等级/层次的判断、K profile（知识简历）的建立等。

2）管理阶层：主要课程议题包括知识用途与评价、知识地图的内涵与架构、知识库存管理概念等。

（4）HRD 在知识取得上的作用：协助成员了解重要知识的来源、认识知识/智能财产的价值与贡献、建构/调整个人与企业的核心职能：

1）所有成员：主要课程议题包括专利与知识产权法、专利授权/交叉授权等。

2）管理阶层：主要课程议题包括产业分析、创意/创新管理、项目管理、内部创业等。

（5）HRD 在知识建构和存用上的作用：协助成员安全而有效地整合与使用知识库：

1）所有成员：主要课程议题包括有效沟通/讨论/脑力激荡、简报、社群建构/参与、媒体操作、知识库基本实务、知识/信息安全等。

2）管理阶层：主要课程议题包括沟通引导、知识与竞争优势等。

（6）HRD 在知识扩散上的作用：协助成员增进知识运用能力、强化面对新知识的心理调适、提升分享意愿、创造组织知识扩张效果：

1）所有成员：主要课程议题为基础讲师训练（含课程设计、教材准备、媒体制作、课堂管理等）、简报、社群建构/参与等。

2）管理阶层：主要课程议题为激励管理、知识管理等。

（7）HRD 在知识运用上的作用：协助成员培养掌控/驾驭知识的力量、享受知识的实用与经济价值、扩张知识的外溢效果、激发创新知识的动机：

1）所有成员：主要课程议题包括媒体应用、创意/创新思考、企业价值链、营销管理等。

2）管理阶层：主要课程议题包括激励管理、沟通引导、创意/创新管理、项目管理等。

（8）HRD 在封存/清除知识上的作用：协助成员强化面对变革/新知识的心理调适、提升终身学习的意识：

1）所有成员：主要课程议题包括数据/档案管理、弃学等。

2）管理阶层：主要课程议题为咨商辅导。

知识的重要性当然毋庸置疑，但因知识无所不在、每个人都能拥有/应用知识，几乎让多数人忘记"知识的存在"与"知识管理的重要性"（想想看我们的空气和水资源，人们现在正大声疾呼防止空气污染、降低二氧化碳排放量、节约用水）！上述课程议题只是一份粗浅的想法，重要的是配合 HRD 服务，协助所有组织成员认识 KM 的价值与重要性、共同承担 KM 的任务，并将 KM 内化为日常的工作习惯，KM 才能落实、成功！

5.3.2 KM 的舵手——知识长

Watt[68]认为最早设置知识长（Chief knowledge officer，CKO）或类似职务的先驱应属 20 世纪 90 年代初期的全球六大会计师事务所，而 1998 年底时"财富 500 大企业"（Fortune 500）已设置 CKO 或类似职务的企业约占 20%[69]，当时也仅有两篇针对 CKO 特质和职能的研究[70]。但当知识构成企业竞争优势的比例日增、CKO 的重要性水涨船高时，检视 CKO 的角色、职责、特质与职能更具时代意义。

5.3.2.1 CKO 的角色与职责

Guns[71]针对 52 位美国企业的 CKO 进行研究，发现基于对服务企业深厚了解的需求，CKO 多聘自企业内部。Guns[71]认为对 CKO 需具备远见、变革管理能力、优秀的人际沟通技能，并将设定 KM 策略的顺位、设置工作典范知识库、争取高级主管对学习环境的支持、教导资讯搜寻者更有效地善用智能、设置智能资产管理流程、实时取得顾客满意的信息、推动 KM 全球化列为对 CKO 的七大挑战。Earl 和 Scott[72]（其研究涵盖 20 位来自欧洲和北美的 CKO）则认为对 CKO 必须同时顾及管理和引领两项功能的发挥，其中管理功能涵盖科技人（technologist）和环境论者（environmentalist）的角色，引领功能则涵盖创业家（entrepreneur）和顾问（consultant）的角色（参阅图 5 - 8、图 5 - 9）：

（1）科技人：以掌握何种科技最能发挥 KM 的功能、评估科技的效益/贡献、判断采用新科技的时机、分析新科技可能引发的商机/相关议题等。

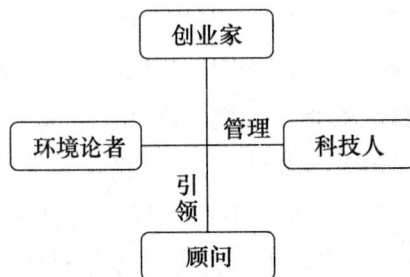

图 5 - 8　Earl 和 Scott 的 CKO 模式[72]

122

图 5 – 9 Ruth 等引申 Earl 和 Scott 的 CKO 模式[76]

（2）环境论者：强调运用软硬件资源，建构积极对话的空间和氛围，以营造积极的知识交流与创造。

（3）创业家：CKO 要能提出愿景和策略，并以身作则带领组织成员尝试新科技、推展新领域、提供新体验，展现主动积极/冒险的精神。

（4）顾问：提供必要的资源/支持，协助成员探索新领域、推动新管理功能，并给予精神上的支持。

McKeen 和 Staples[73]以参加 2001 年 Braintrust 国际研讨会的 KM 管理者为对象（41 人）的调查中，发现 KM 的工作以创设互联网、建构知识库和数据管理为优先，KM 的三大挑战则是改变成员习性、测量知识资产的绩效与价值、善用资源于推动 KM。Bennet 和 Neilson[74]则自公部门的角度研究 CKO，他们认为对 CKO 最重要的职责为营造和维持良善的环境及气氛，协助组织成员善用现存与潜在的知识资源，创造价值和贡献。因此，CKO 要同时扮演领导与策略规划、提供优质 KM 功能、倡导知识分享文化、引导内部社群、强化激励报酬、提供必要科技与设备、提供学习服务、凝聚 KM 共识与创造贡献/价值等项的角色。从"职责→角色"的发挥，Bennet 和 Neilson[74]强调成功的 CKO 应具备领导与管理、沟通、策略性思考、科技专长、广博的知识、聪敏（敏锐的洞察力与智能）等重职能。

Amidon 和 Macnamara[75]则以七个 C 描述 CKO 在 KM 领域应善尽的领导职责：

（1）情境（context）：CKO 要能提出愿景、营造有助于创新的架构、投注热诚,激发组织成员的潜能。

(2)职能(competence):通过职能解析(competence profiles)和学习契约(learning contract)的引导,培养组织成员面对未来挑战的重要职能。

(3)文化(culture):孕育/推广创新、分享、互信、沟通、诚信与负责的企业文化。

(4)社群(communities):协助建立与参企业内外相关社群,以强化成员之间、企业之间的共同联结。

(5)对话与共同用语(conversation and common language):鼓励"同层级"和"跨层级"的对话,整理出共同的语言、思维和远景,培养开放的心态和对多元价值的尊重。

(6)沟通(communications):以创意而简洁的字词传递与KM、文化、价值观和远景相关的管理功能/活动。

(7)教导(coaching):实际规划和参与组织成员的教导,激发优秀人才的潜能、强化他/她们对组织的向心力。

虽然仍有许多企业质疑"CKO的必要性和价值",但从上述分析中可得知CKO同时兼具管理者和知识/科技领航者的角色。管理者的角色主要负责KM的规划与推动,知识/科技领航者的角色则是引领企业抓住知识/科技的浪头,对企业的未来发展具有关键性的影响。Cisco(思科)在1999~2000年并购超过40家的科技公司,维持企业的成长动力;Intel寻找最优秀的人才研究生物芯片和分子计算机,以防企业优势在一夕之间崩盘;IBM与HP通过交叉授权取得实用专利、避免投资浪费;Dell供应链管理系统中的专利群、Gillette刮胡刀所形成的专利屏障,吓阻对手不敢轻举妄动[79];CKO与CEO的合作让企业在竞争中找到最佳的战略立足点。

5.3.2.2 CKO 的个人特质

由于CKO同时兼具管理者和知识/科技领航者的角色,他/她们常呈现管理者和科技人/工程师的特质。如 Guns[71] 发现CKO的背景相当多元,Earl 和 Scott[72] 则发现CKO除背景多元外,亦具有率直、外向、高成就动机、好口才等特质。McKeen 和 Staples[73] 发现CKO教育程度较高、多为组织中资深且成功的管理者、喜欢尝试新科技、热爱学习、勇于挑战新事物、有强烈的利他主义、愿意承担风险,并视KM为创造贡献的机会等特质。Bennet 和 Neilson[74] 除强调成功的CKO应具备的职能之外,亦指出热情/热诚（passion）、耐性（patience）、毅力（persistence）、受挫力[80]是 CKO 重要的人格特质。

在知识经济体系中，CKO 无疑是企业的领航员，在层层迷雾中为企业指出最佳出路、操控最重要的资源（知识），其重要性甚至超过 CEO！当 Bill Gates 于 1999 年 5 月卸下微软 CEO 时，他的新头衔是"软件开发长"（Chief software architect；等同于软件公司的 CKO），而在更换执行长的公告中 Gates 强调在新的职位上，他要竭尽所能地发明与创造；即 Gates 的任务就是确保微软能继续主导科技，他在"软件开发长"的成就也将决定微软未来的成败！

关键字词

知识	知识管理
知识经济	知识工作者
数据	知识盘点/审计
信息	知识地图
智能	知识建构
叙述性知识	知识扩散
程序性知识	知识分享
外显知识	知识封存/清除
内隐知识	知识长（CKO）
一般知识	受挫力
特殊知识	

观念提要

主观论者将知识视为"具引发行动潜力的事物、程序或心智"或"有效维持群体惯常作息的基础"，而客观论者则从较具"实用性"的角度切入，认为知识"是事实、模式、概念、意见和直觉的综合体，以协助个人的决断"或是"兼具结构和动态特性的经验、评价、情境化信息与专家洞见之综合体，以协助个人评断与整合新经验/信息"。基本上，知识存在不具形体、变异性、知识不因使用/移转或扩散而损耗和运用决定知识的价

125

值等特质，而一般多以内涵（如叙述性与程序性知识）、呈现度（如外显与内隐知识）和专业程度（如一般与特殊知识）等要素区分知识的类别。

知识管理（KM）是个新兴的领域，从企业经营的角度而言，KM 是适应企业策略并将智能资本（知识）融入企业的产品、服务和各项管理功能的整体作为。在知识管理循环模式中，包括知识盘点/审计、取得知识、知识建构与维持、知识扩散、知识运用与封存/清除知识等重要活动。在知识经济体系中，CKO 是企业的领航员，他/她必须能扮演科技人、环境论者、创业家和顾问的角色，运用最重要的资源（知识），带领企业看清方向、创造价值。

📖 基础测试

1. 什么是知识？知识又有哪些特质？

2. 数据、信息、知识和智能各有何特质？四者的关系是什么？

3. 知识可分为哪几种类型？每一类型知识的区分要素是什么？

4. 知识管理之目的为何？到目前为止知识管理已经历哪些时期？各时期的特点是什么？

5. 知识管理循环模式涵盖哪些重要活动？HRD 能对 KM 的重要活动提供哪些贡献？

6. 知识长应具备哪些特质？应善尽哪些领导职责？

📖 进阶思考

1. 知识和智能之间的关系是什么？

2. 对个人而言，拥有或分享知识能创造价值吗？

3. 知识经济真的来了吗？适应知识经济的到来，CKO 和 CEO 应如何合作？

第三篇 融合理论与实务

过去，日本被公认为是具有超级模仿力的国家，如仿效唐朝制度、建筑，由汉字创造平假名和片假名，"二战"之后大量仿制欧美国家产品，1957 年日本外务大臣到英国进行外交访问时，更被当面抗议日本仿冒产品的泛滥！而中国台湾地区的厂商为了生存，也采取日本的仿冒策略，以低廉的成本杀进欧美市场，但也落得"MIT→烂货"、仿冒王国（步日本后尘）、列入美国 301 条款名单的窘境。当台湾当局与厂商致力于洗刷仿冒王国的不名誉称号时，大陆厂商则在政府默许之下接下仿冒王国，并发扬光大成为"山寨文化"。

基本上，模仿是从 not knowing how 开始，逐渐培养"知其然"、"做的能力"而成为 knowing how，但即使做得再好仍是 not knowing why（不知所以然），所能提升的层次仍然有限；要想突破则必须是 knowing why（知所以然），方能掌控所有的竞争要素。许多 HRD 从业人员在实务方面有不错的成就，但在新方法、新领域的运用上则常遭遇限制，最大的原因即是欠缺理论的涵养，造成 knowing how but not knowing why 的困境，静下心来研读、省思重要的学习理论或许有助于建构新局。

HRD 领域的发展的确是从实务经验开始，但借由学习理论的验证和引导，能协助从业人员了解各种训练方法和策略的核心意涵，开发更有效能的学习工具和课程。另外，新提出的理论也需经过实务的验证与回馈，才能避免无病呻吟、创造实效。"knowing how knowing why"即是"实务 理论"的循环，任何领域的专业人员必须同时掌握实务和理论，才能避免落入"眼高手低"或"眼低手高"层次。

第6章 HRD 的核心理论

6.1 HRD 的基础理论

6.2 学习理论与 HRD

6.3 成人学习理论与 HRD

人本身就是个复杂的生物，又生活在一个极复杂的环境中，天生的好奇心促使人努力地探索、了解自己和身处的世界。人亦对探索而得的有限数据进行分类，试图发掘其中的关系，寻找天地事物运作的法则（principles），并希望能建立一个模式以全面/圆满地解释观察所得的现象，这就是理论（theory）。即如 Torraco[1] 所言，理论只是说明一个特殊现象（phenomenon），并解释此现象的运作模式。更重要的是我们不仅能应用精确的理论解释过去的特定现象，也能预测未来特定事件的发生。因此，我们的职场和生活中也充满各类型的理论（读者可在 Yhaoo、Google 键入 theory或理论，必定大有斩获）。

HRD 是个仍在持续成长的"年轻"专业领域，发展初期与中期常是实务挂帅，欠缺坚实的理论基础。因此，当过去的经验无法解决所遭遇的难题时，HRD 功能只好停摆，或经历多次的尝试错误，才能找到正确的出路。HRD 实务需要相关理论的引导，而理论则是在 HRD 实务中进行验证，实务结合理论才能相互提升其价值与贡献。从 Nadler[2] 对 HRD 的定义"员工在特定的时间内完成由雇主所提供的有组织的学习经验，以求得组织整体绩效的（可能）提升，或（可能的）个人成长"中，可推论 HRD 主要的理论基础应包括经济学领域（焦点在绩效、成本/效益分析等）、心理学

129

领域（焦点在人的学习）和系统理论（焦点在组织的内外互动）三大类。了解上述领域/理论的内涵，以及理论和 HRD 的关系后，读者更能掌握实务运作相关机制（mechanism）和"背后的原因"（why）！

6.1 HRD 的基础理论

6.1.1 经济学与 HRD

经济学是假设人们需求（wants）无穷与资源有限的前提下，探讨"资源分配优化以满足人们需求"的学科，其中特别强调人的决策行为。因此，规划训练课程时需先分析成本效益比，训练过程中控制资源的使用，结束后则期望组织成员能提升个人和组织绩效；HRD 每个环节都涉及资源的最佳分配与使用，亦合乎经济学的基本内涵。因此，Torraco[3]认为下列经济学理论/法则可列入 HRD 的理论基础：

（1）人力资本论（human capital theory）：经济学家 Alfred Marshall 曾说："人是最有价值的资本（投资）"[4]，而从国家的角度而言，人力资本指"个人通过教育和训练所累积的知识、技能与专长"。Becker[4]除认为教育和训练是对人力资本最重要的投资之外，又将人力资本区分为一般人力资本（general – purpose；其效能不分产业/企业）与企业特殊人力资本（firm – specific；强调企业的独特需求）两大类，连接 HRD 与人力资本的紧密关系（读者可回顾本书第 3 章第 3.1 节对人力资本论的详细说明）。

（2）个体经济学（micro – economic theory）：个体经济学关注个人、家庭和企业的经济行为，从 HRD 角度而言，对人力资本的投资将反映在企业层面的生产力、价格和利润，及员工层面的薪酬福利。这除促使企业更关心对"人的投资"和相对应的投资报酬率外，也促成了"人事/人力资源经济学"（personnel economics）的兴起。

（3）供应与需求法则（supply and demand）：供需法则是经济学和市场经济的核心概念，因此 Wright 等[5]（1994）认为，HRD 应致力于创造稀少、难以仿效、难以取代的人力资本，以提升企业组织的独特竞争优势；Wright 等的概念也呼应了 Becker[4]对于企业特殊人力资本的想法。

（4）机会成本（opportunity costs）：企业的资源有限，若想投资于 HRD 就必须放弃在其他层面的投资（如营销），而损失在其他层面"可能的"投资报酬，这即是机会成本。因此，当景气低迷、营收下降时，企业常删减 HRD 经费，转用于生产或营销等功能，机会成本亦即企业舍弃 HRD 可能创造的效益；评估各类机会成本亦是人力资源经济学的重要议题。

（5）代理人理论（agency theory）：Levinthal[6]认为，一方面，企业主/CEO〔本人（principle）〕借由督导员工〔代理人（agent）〕发挥绩效，并施予各类诱因以激励其优先达成企业目标。另一方面，企业需投资于企业特殊人力资本，协助员工达成任务，且提高员工离职的机会成本（所学技能在其他企业效益低落），留住优秀员工为企业所用。

此外，一般人认为经济分析不适用于人力资源，实际上经济分析在企业主管对于有关 HRM 的任何投资或决策上却扮演着极其重要的角色；认识到这一事实的 Lazear[7]创建了人力资源经济学，引起一股风潮。Lazear[7]将较抽象的主流经济学理论转化为明确而具体的资料，协助专业经理人面对 HRM 中有关雇用甄选、薪资、训练、工作设计等议题时能厘清相关成本与效益，做出最具经济效能的决策。其他如 Swanson[8]与 Philips 和 Stone[9]（2002）也提倡以具体的财务分析评断训练和 HRD 投资的价值及效益。

6.1.2　心理学与 HRD

心理学是探讨人的行为和心智模式的科学，也被部分学者视为 HRD 的核心理论[10],[11]。Swanson[12]认为最贴近 HRD 的心理学理论包括：

（1）完形心理学（gestalt psychology）：源于德文的 gestalt 意指形状（shape）、形式（form）或结构（configuration/organizaiton），完形心理学派视外来刺激为"非单一事件"，而是有意义的总和。因此，完形心理学家认为个人在视觉信息之外更加入了自己的感受，使个人获得了一个完整而有意义的认知[13]；"部分的总和≠整体，故整体不能分割"、"各部分决定整体，整体也由各部分决定"正是完形心理学的核心概念。因此，HRD 强调整体（holistic）的学习和认知需求、全人学习的概念，兼顾组织整体的

131

效益，不使 HRD 的努力偏废于单一方向[14]。

（2）行为心理学（behavioral psychology）：行为心理学以"外显的行为"为研究的起点，企图由个人的行为推论/了解其心理状态，并联结"刺激—反应/行为—增强"之间的重要关系，借由外在诱因调整个人的行为、改变个人的认知。HRD 的本质即是学习，而"行为的调整"也是学习的目标或过程，因此，酬偿、激励和目标设定均是应用行为心理学强化个人学习成效和提升绩效的实例[14]。

（3）认知心理学（cognitive psychology）：认知心理学的焦点在于研究个人行为背后的心智处理模式（如思维、推理、动机和决策等），并强调个人并非仅单纯接受外来的影响因素，个人的感受和思考/认知的结果更是其决策/行为的核心。因此，个人的行为不仅是直接/反射式地回应外界刺激，而且是短暂思考或深思熟虑下的产物，Tolman[15] 所谓的"目的性行为主义"（purposive behaviorism）即阐明个人的多数行为是受潜藏/明确目标导引的结果。在 HRD/学习中，认知心理学是教学设计体系、学习动机和成人学习理论的基础之一。

此外，Holton[14] 认为建构现代 HRD 的重要理论尚包括：

（1）人本心理学（humanistic psychology）：人本心理学派认为"人性是美好的"、"每个人都有可信赖、具建设性的内在天性"、"肯定人的尊严和价值"与"强调自我实现对人/生命的意义"，Maslow 更称人本心理学派为"心理学的第三势力"，以有别于行为学派（第一势力）对人/人性的否定，和 Fredu 心理/精神分析学派（第二势力）对人潜意识的过度重视[16]。人本心理学派的假设除和 HRD 模式中"组织成员拥有成长的内在动机"不谋而合外，也是成人学习理论极重要的内涵[17]。

（2）社会心理学（social psychology）：基本上社会心理学是探讨个人与他人/群体的互动关系，及因互动而造成对个人想法、感受和行为的影响[18]，这也是组织发展（OD）学者所关心的"在适应变革的情境下，组织文化、权力/影响力、团体动力、群体沟通等互动体系的交互影响"[19]。HRD 的场域以企业组织为主，通过个人与群体的学习经验（特别是组织学习）和绩效的发挥，以创造组织整体绩效；借由社会心理学的研究将更有助于学习的推动和 HRD 效益的扩张。

经济学理论关心 HRD 和人的产出/价值，心理学理论则回归以"人"

为主体，通过对个人内在心理的了解以强化学习的动机和成效（心理学中与学习密切相关的理论于第 6.2 节有更深入的介绍）。

6.1.3 系统理论与 HRD

企业组织是 HRD 运作的主要场域，HRD 是 HRM 系统的一部分，HRM 又是组织诸多体系的一环，再加上组织的运作深受内外环境的影响，因此自 1989 年开始 ASTD 与 Gradous[20] 即呼吁关注系统理论对 HRD 的效应。系统理论是个以复杂系统为架构的整合学科，以探讨系统中各类对象协调运作创造产出的机制，系统理论也确保以整体概念看待 HRD 与组织的关系[21]。Swanson[12] 认为系统理论中与 HRD 密切相关者包括：

（1）一般系统理论（general system theory，GST）：von Bertalanffy[22] 提出输入、处理程序、产出，事件的循环性，系统的结构和开放性，系统的分化、协调和统整等是 GST 所强调的核心概念，并以 GST 解释人类社会结构的运作，但动态不平衡及行为预测准确度的限制是 GST 的挑战。就 GST 而论，在组织中 HRD 应关注维持其独立性和其他次系统及组织的联结。

（2）混沌理论（chaos theory）：在牛顿学说的逻辑下，系统的运行应有一定的规范并维持一个稳定的自然状态，但事实并不然；混沌理论反映出自然界中细微的差异可能产生高度的扩大化，它看似无关的事件却可能演变出紧密联结的动荡，它看似违反牛顿的线性物理原则、无迹可寻，却又极为自然地发生[23]。在混沌理论之下，HRD 应掌握组织所坚持的目标/目的，并适时地微调以反映组织与环境必然发生的变动。

（3）期货理论（futures theory）：期货（futures）即是"未来的商品"，其概念源于早期的农产品交易市场，买卖双方为避免价格的大幅波动事先签订契约，约定数量、价格与日期以便进行货物的交易。期货并非真实货物，仅是一份允诺买进或卖出货物的契约，而期货的交割方式可分成实物交割（买方交钱、卖方交货，适用于大宗物质）与现金交割（金融衍生性商品）两种；期货理论则是协助投资者分析未来不确定性、规划投资选择方案，以能在变动的情境中获得最大的实力。在实际中，HRD 需能体察企业未来需求，提出前瞻性的学习服务方案，有效协助企业适应环境的变革。

此外，Ruona[21] 认为对 HRD 应考虑下列两种理论：

（1）操控学（cybernetics）：从 20 世纪 40 年代开始，操控学成为横跨控制系统、电力网络理论、机械工程、逻辑电路、演化生物学和神经科学的科际整合学科，其中特别重视系统整体、系统间和次系统间互动/互补、系统的演化性与反馈性等概念[24]。在企业中，HRD 虽受整体组织和其他部门的影响，但 HRD 也同时塑造了成员的学习能力和价值观，反向地影响整体组织和其他部门，即 HRD 不只是被动地受组织策略操控，也能主动地影响组织策略的形成。

（2）复杂调适性系统（complex adaptive systems，CAS）：任何一个系统的复杂程度和自我调整的能力常远超过人们的想象，而系统也在稳定和混乱的状态中找到/微调至一个微妙的状态[25]。此外，CAS 强调系统具有自我组成（复制与再生）和自我学习能力，运用信息与资源以维持一个动态平衡的体系[26]。在组织中 HRD 除要能建构自己的体系之外，也要能配合组织和环境的变动不断地调整自己的定位与功能，以发挥最适当的贡献，避免遭受组织和其他部门的排斥。

系统理论强调企业在系统/结构层面的特质，特别是系统与环境（其他系统）、系统与次系统之间的动态关系，而生物/有机体的特性更让组织充满可塑性与未来性。HRD 专业人员需深切体察组织中的细微脉动，方能融入组织、创造学习综效。

6.1.4 绩效改善理论与 HRD

绩效改善屡次出现于诸多 HRD 定义中，而其与绩效的联结才能让HRD 跳脱纯学习的思维，创造对企业组织的贡献[27]。

（1）行为工程模式（behavior engineering model）：Gilbert[28] 以个人职能（human competence）为基础开启对绩效有系统的研究，并提出个人职能与有价值的绩效（worthy performance）密切相关、个人职能的高低与所能改善的绩效成反比、绩效不彰源于个人行为的落差等概念。Gilbert 根据其理论设计"行为工程模式"，通过分析"后果、诱因与报酬"、"数据/信息、绩效标准与回馈"、"资源、工具与环境支持"、"个人能力"、"动机与期望"、"个人知识与技能"六大项目，以探究个人绩效问题与可能原因，提出解决方案；Gilbert 还倡导将提升/改善个人绩效的成本视为对人力资本的投资。

134

（2）人力绩效系统（human performance system）：Rummler 和 Brache[27],[29] 参考 Gilbert[28] 的"行为工程模式"，提出适用于个人层面的"人力绩效系统"，通过对系统中"绩效标准"、"工作资源"、"后果/成果"、"工作回馈"、"知识与技能"、"个人能力"六大项目的解析，以判断绩效落差与相关成因。Rummler 和 Brache[27] 也认为绩效的分析应涵盖组织、流程和工作/工作者三个层面，才能完整而有效地解决绩效的议题。Nadler 和 Gerstein[30] 则以"适配"（fit）为核心概念提出"高绩效工作系统"（high perform work system），认为组织的架构与流程应朝向"工作、成员、科技与信息"优化整合，以发挥高度综效、迅速响应顾客和外界环境的需求。

（3）人力绩效科技（human performance technology，HPT）：为确立教育训练（T&D）的专业价值，Jacobs[31] 提出基于系统理论并整合 Gilbert 和系统取向的概念，以确保个人在具备足够的知能、动机与必要的环境支持之下，能有效率地达成工作/任务，此即 HPT 的原始目标。Jacobs 亦从对 HPT 的深入研究中提出"人的绩效和其行为是两回事，深入了解两者的差异有助于达成 HPT 的目标"、"检视个人绩效时不能忽视组织的绩效"、"提升绩效所投入的资源应被视为对人力资本的投资，投资报酬则反映绩效的潜在价值"、"组织和个人目标均应转化为有价值的绩效"、"HPT 内含管理性、发展性和系统性三大功能"、"如何操控人力绩效、影响绩效的情境和产生行为的基本缘由三者同等重要"、"来自个人与其所在的环境因素是造成绩效问题的根源"、"次系统间的互动亦可能影响绩效"和"提升绩效的方案众多，应依据绩效问题的类型和对绩效系统的贡献选择最佳方案"等建议，协助 HRD 专业人员有效提升个人和组织绩效。除上述经济学、心理学、系统理论和绩效改善理论外，Weinberger[32] 认为组织学习、学习型组织和学习理论等亦是 HRD 的重要基本理论。

▶▶ 6.2　学习理论与 HRD

分析 HRD 的发展历程，可发现"学习"是 HRD 的核心，而未来当企业更重视 HRD 的投资报酬时，"学习"依然是 HRD 的核心！HRD 专业人员必须深切了解"人如何学习"的基础理论，才能掌握学习的过程、追求学习的最大成效。基本上，学习理论解释潜藏于学习过程中与"人"及"环境/情境"密切相关的影响机制中，熟悉学习理论让 HRD 专业人员能很快掌握相关研究的精要、整合诸多学习原理，有能力规划/设计促进学习成效的情境/氛围、进行更新、更深入的研究。不过，目前仍未有单一的理论能圆满解释所有的学习现象[33]。因此，HRD 专业人员亦无须全盘接受任一学习理论，反而应采纳相关理论的优点、避免各自的缺失，方能因人（学员）、课程议题与学习情境的变化创造出最适当的学习机制和效益。以下将依序介绍学习理论中较受重视的行为主义（behaviorism）、社会学习理论（social learning theory）、认知主义（cognitivism）与人本主义（humanism）等和心理学密切相关的核心理论/学派。

6.2.1　行为主义

结构主义（structuralism，主要分析个体的意识经验）和功能主义（functionalism，主要研究个体在适应环境时所产生的心理功能）是 20 世纪之前心理学的主流观点，但当探索人的学习时，这两类论述都采内省模式（introspection）要求个体叙述当学习时他/她们"在想什么"；这也暴露出结构和功能主义在学习的研究上欠缺精确且细致的研究方法。行为主义论者则坚持较客观的研究取向，排除不可见的内在心智活动现象，并以个体可观察的现象（observable phenomena）为重点，研究动物和人的学习行为。行为主义论者对于学习所持有的核心假定包括学习理论一体适用于不同的行为和动物/人、当观察重点聚焦于刺激和反应时最能客观地研究学习程序、科学研究应排除（不可见的）内在认知过程、学习涵盖行为的改变、个体出生时心智一片空白（blank slates，意指未来个体行为受环境影响）、环境因素/事件引发个体的学习经验与最好的学习理论应能解释所有的学习行为/现象等[33]。重要的行为主义论者如下：

（1）Ivan Pavlov：俄籍心理学家 Pavlov 在消化（digestion）方面的研究，让他在 1904 年荣获诺贝尔奖，而 Pavlov 在实验过程中发现"当狗看见助理（带着狗食）时即开始分泌唾液（实际喂食之前）"，因此推论（也证实）"狗学习到'助理出现＝狗食来了'"；Pavlov 也提出古典制约理

136

论（classical conditioning）解释"狗的学习行为"（参见图 6 - 1）。古典制约理论在新生婴儿和许多动物（包括低等生物）身上均获证实，而当制约刺激（conditioned stimulus）略早于非制约刺激（unconditioned stimulus）出现时，个体出现古典制约的机会较高。因此，古典制约也被视为讯号学习（signal learning）之一。不过，在古典制约中个体本身均无法控制刺激和反应的出现，任何学习过程/行为亦属于非自愿的状态。

步骤1   铃声（中性刺激NS）————→ 无反应

步骤2   铃声（中性刺激NS）
        狗食（非制约刺激UCS）————→ 狗分泌唾液
                              （非制约反应UCR）

步骤3   铃声（制约刺激CS）————→ 狗分泌唾液
                            （制约反应CR）

图 6 - 1 Pavlov 的古典约制理论

（2）Edward L. Thorndike：美籍心理学家 Thorndike 提出联结论（connectionism）的概念以强调经验在个体学习过程中增强或削弱"刺激—反应"联结关系的重要性，认为行为的学习受到该行为后果（consequence of behavior）的影响。Thorndike 认为学习涵盖许多尝试错误的行为(trial - and - error behavior)，让个体感受到"满意"（得到激励）的行为将更深化（stamping in），而让个体感受到"不满/不快"（受到惩罚）的行为则将被淡化（stamping out），此即解释"个体反应之后的心理状态影响类似反应的再出现"的效果律（law of effect）。此外，Thorndike 亦认为经常出现的特定"刺激—反应"关系将获增强，出现频率低的"刺激—反应"关系将遭削弱，此即练习律（law of exercise），也反映了重复练习（repeated practices）有助于行为的学习（如乐器演奏、体育运动等）。Thorndike 后来舍弃练习律但修正其效果律，认为"惩罚对学习有间接作用（引发其他行为）"，但仍坚持"奖励对深化行为"的作用；Thorndike"奖励促进学习"的概念至今仍是行为学派的重要立论之一。

（3）John B. Watson：Pavlov 与 Thorndike 是行为主义的先行者，但美籍心理学家 Watson 却是创造了"行为主义"一词，且是 20 世纪初期最致

137

力于宣扬行为主义的人。Watson 宣扬研究心理的现象应通过实验并秉持科学研究的客观性，因此，Watson 不仅反对研究难以观察/主观的内在心智历程，甚至拒绝承认心智的存在！Watson 以古典制约理论基础延伸至对人类学习的研究，并提出强调"反复"（repetition）的重要性的频因律（law of frequency），当一种刺激与特定反应共同出现的频率越高，该刺激—反应的关系越紧密，以及强调"时机"（timing）的近因律（law of recency，在某一刺激之后最迅速出现的反应，最易形成特定的刺激—反应关系）。Watson 坚信个体的行为均受过去经验的影响，而环境则是创造个体经验/体验的主因（排除个体潜在资质）。尽管环境主义（environmentalism）使 Watson 遭受批判，但他对科学研究客观性和精确性的提倡，使行为科学研究至 20 世纪 60 年代时仍是心理学领域的主流。

（4）Edwin R. Guthrie：美籍心理学家 Guthrie 持和 Watson 相近的理念，认为"某一刺激后所出现的特定反应，未来该刺激易于再引发相同的反应"，个体因而养成特定的"习惯"。此外，Guthrie 亦认为在学习过程中偶发性（contigency，指刺激和反应同时出现的时机）扮演了相当重要的角色，且主张每一次刺激—反应关系均立即对个体造成独特的经验〔一次学习（one - trial learning）〕，复杂行为的学习则是联结多个一次学习的成果。虽然不少心理学家批判 Guthrie 的理论，但依据 Guthrie 的研究开发"破除习惯"的技巧在教育和临床治疗上仍受重视。

（5）Clark I. Hull：美籍心理学家 Hull 基本上认同 Thorndike 所持观点"奖励在学习过程的重要性"，但 Hull 认为许多独特的个人和情境相关干扰因素（intervening variables）会介入/影响刺激—反应关系，故提出"S—O—R"模式强调干扰因素（O）对行为/反应的效应。Hull 还认为习惯强度（刺激—反应的关系）、个体内在驱力、刺激强度和诱因/奖励等正向的干扰因素会增进某些反应的强度；反之，部分抑制因素（inhibitory factor，如疲惫）则会削弱反应的强度。此外，Hull 亦认为个体对同一刺激可能学习/发展出不等强度且相异的行为反应。Hull 的理论于 1940～1950 年间成为行为学派的主流思维，而激励/诱因的概念也是教育研究的重点之一。

（6）Burrhus F. Skinner：Skinner（美籍）可以说是行为学派最知名的心理学家，因受 Pavlov 和 Watson 理论的吸引，Skinner 从小说作家转投入心理学研究。Skinner 基本上同意 Thorndike 与 Hull 的看法（行为的后果影响行为的学习），但 Skinner 将重心置于"反应的增强"并提出"操作制约作用"原理（principle of operant conditioning），强调运用"增强物"〔reinforcer，用以取代奖励（reward）〕增进反应/行为强度的效用。Skinner 观察老鼠和鸽子的学习行为，提出制约律〔law of conditioning，某反应/行为后若伴随出现增强物，则该反应再出现的机会将增加（以获得增强物）〕和削弱律〔law of extinction，某反应/行为后若未伴随出现增强物，则该反应再出现的机会将降低（得不到增强物）〕。部分心理学家虽认为对 Skinner 的概念聚焦于"描述"而非解释学习行为，但 Skinner 仍应用操作制约作用原理解释许多人类的复杂行为，并提出增进学习成效的教学策略。

心理学在近代的发展虽然由行为主义转向认知的观点，但行为主义仍具有相当的影响力和参考价值！在学习层面的实际运用上，行为主义提供如学员应是主动/积极的个体而非被动地接受信息、以学员行为的改变评量学习成效、重复练习以强化技能固着性和深度的重要性、好习惯可养成而坏习惯也可逐渐被消除，以及应用增强物/奖励以建立或强化（期望的）行为等重要的教学引导策略。

6.2.2　社会学习理论

在笔者成长的年代，许多人会尝试 The Beatles 的发型和唱腔、学 Elvis Presley（猫王）唱歌时双脚抖动，现代的年轻人则是仿效运动/影视明星（偶像）的刺青、装扮、行为谈吐，也有许多漫画迷钟情于书中的角色而购置服装、参与同人志活动。

人和许多动物一样，常通过观察（observation）和模仿（imitation）而发展出新行为（学习），而这也是时尚流行的动力之一。针对模仿而探索学习的研究始于 Hull 的两名学生 Neal Miller 与 John Dollard，不过直到 20 世纪 60 年代之后，模仿和行为塑造（modeling）的相关理论才脱离行为主义而转向观察学习理论（theory of observation learning）[34]。

研究"借由观察、模仿和行为塑造而学习"正是社会学习理论的重心，并将研究焦点锁定于人的学习（排除动物）和互动情境，人能通过观察他人行为和行为的后果而学习（该行为）、行为没改变不代表没有学习、

139

学习时"行为的后果"扮演重要角色、个体对增强物的认知影响其学习等观点则是社会学习理论的核心概念[33]，而社会学习论者也常从环境和认知两大影响因素研究人的学习。

6.2.2.1 社会学习的环境因素

主要是从"操作制约"的观点探讨增强物/惩罚对于模仿行为的影响，相关的类型如观察者获得模仿对象的鼓励（家长或教师鼓励学童仿效他/她们合宜的餐桌礼仪、同人志团体欢迎同角色新人的加入）、观察者获得其他人的鼓励〔教练奖励球员（仿效明星球员）努力练球〕、模仿的行为带来增强的效益（苦练英语发音受到英美人士称赞、苦练伸卡球并获得胜投）、模仿对象行为的后果影响观察者的行为〔建仔站稳美国大联盟薪资破亿，引发有天分的年轻球员争相赴美挑战，又称为替代性增强（vicarious reinforcement）〕等[35]。此外，惩罚亦产生了类似但相对的效果，而当个体察觉他人做出不当行为却未受惩罚时，个体也倾向于产生同样的不当行为（如看到别人闯红灯未遭交警开罚单，会认为自己也可以闯红灯）。

近代的社会学习论者[34],[36]认为"正/负后果"对学习和行为的展现有重要的影响，如个体在适当的诱因或情境之下，才会展现已学会的行为（小朋友在掌声和奖品的诱导之下展现才艺）、期望获得增强物的认知/想法促进专注（attention）和学习（想要获得更多掌声和高额奖金的期望，让专业音乐家更专注/努力地练习）。

6.2.2.2 社会学习的认知因素

认知因素是社会学习理论和行为学派最主要的差异，认知因素影响学习的类型包括[34],[36]：

（1）有学习但未展现行为：行为学派强调"行为改变→学习的存在"，但个体于观察之后在无须实际呈现该行为的情况下却能口语叙述某一行为的细节，或观察某行为后于个体认为适当的情境才展现。

（2）学习中的认知过程：Bandura[34]认为有效的行为塑造涉及个体的专注、记忆（retention，如通过记诵和冥想演练）、行为重现（motor reproduction，如复诵和按一定步骤重现行为）与动机（个体愿意学习）等条件，而上述条件均与认知/心智思维密切相关。

（3）期望：当个体过去对未来设定的"后果"或"情境"（奖励或惩

罚）出现时，个体会展现其行为。

（4）对"反应—结果"关系的察觉：当个体察觉"行为反应—正负结果"的关系，且在意该结果时，个体会努力学习和表现（如"翻滚吧男孩"中，每周练习赛之前教练将所有奖品呈现在小选手面前，并告知名次佳者先选奖品）。

此外，社会学习论者也认为与个体自我意识相关的自我效能（self - efficacy）和自我调整（self - regulation）也是影响学习和行为的关键因素。

（1）自我效能：自我效能类似"自尊"（self - esteem）的概念，指个体认为自己能成功完成工作、达成目标的信念。因此，个体会依据自我效能选择自认会成功的行动、规避会失败的工作，自我效能较高者倾向于投入较多的努力、坚持克服困难、成功机会也较高[37],[38],[39]。个体虽难免"眼高手低"、"过度自信"，但自我效能确实能激发个体较高度的投入。

（2）自我调整：个体在社会环境中学习、互动、受到奖励/惩罚的诸多影响后，也会逐渐发展出一套判断事物和决定行为的"自我想法"，这即是个体自我调整的概念，也是社会学习理论近年来的发展方向之一。Bandura[33]认为一般人多经历"设定标准与目标→自我观察→自我判断→自我反应/激励"的过程而培养其自我调整能力，此外，通过自我教导（self - instruction）[40]、自我督促（self - monitoring）[41]和自我增强（self - reinforcement）[42]方法，也有助于提升个人自我调整能力。自我调整能力的培养即是一个学习历程，而个体也借由自我调整掌控自己的学习和行为。

在 HRD 的实践方面，社会学习理论常被广泛地运用于职前讲习、轮调、工作岗位上的训练（on - the - job training）和师徒制等层面。

HRD 知识库

人才教导

凡被称为"人才"者，多拥有特殊质能、曾有优秀战功/表现、一定的声望等正面特质，但也常出现恃才傲物、刚愎自用、不服从、人际关系不佳等负面特质。因此，正如从粗糙外表辨识内涵、以最佳角度剖开、再精雕细琢才能呈现钻石（八心八箭）最佳光彩一样，企业识才、聚才固然重要，磨才（调教人才）才是能让人才发光发亮、避免自弃/遭排挤的要素。观察力强、沟通/说服力高的教练，绝对是教导人才的关键！

协助人才"了解和坦诚面对自己"，是人才教导的起点。每个人都有缺点，再优秀的人才也有罩门，但多数人常看不到自己的缺点（当局者迷，都有盲点）、选择忽视自己的缺点，更狂妄的是认为自己没有缺点，因此，突破人才的心盲与心防是协助人才成长的第一步。Tiger Woods 身为高尔夫球第一高手，曾承认父亲生病、膝盖受伤、推杆不顺等心理、生理和技术上的困扰造成的低潮，而寻求专业医师和教练的协助；姚明的身高和技术没问题，也乐意接受火箭队所聘请的 Hakeem Olajuwon 和 Patrick Ewing（传奇中锋）协助自己进行动作和心态的调整；刚夺下 300 胜的巨怪 Randy Johnson 年轻时一直苦于无法改善控球的毛病，而于 1992 年时幸获南加大校友 Tom House（得州游骑兵队投手教练）和三振王 Nolan Ryan 的指点，创造出仅次于 Ryan 的三振王。人才承认自己的缺点和限制的同时，也创造了可能的成长空间。

人才通常希望有表现、创造绩效的机会，在适当的时机赋予适当任务（高难度或挫败）、培养信心、增进经验和实力，是相当重要的磨炼过程。在企业中，多数人都想承接重要任务，但新人只能从处理杂务、难堪事（如客户斥责）、副手开始，积累经验、逐渐承接重任，直到独挑大梁。再有天分的棒球选手，都从小联盟出发，磨炼球技和情绪控制、处理球的经验、人际关系、球团/棒球文化，再凭表现逐级晋升至大联盟（有许多选手一辈子上不了大联盟）。初上大联盟者也不太可能稳定先发，多是从替补、无关胜负局面得到出场时机，更要以垃圾事件中的好表现争取受到教练团的青睐，才能得到再度上场的机会。即使站稳大联盟，也会遭遇低潮（投手被打爆、打者长期安打干旱），更要想办法突破、再成长。同样的，企业组织也必须给予人才足够的磨炼和支持，再让他/她们面对严酷的竞争，以免人才早夭。

人才通常为自己设定高成就标准，并想尽办法（甚至不择手段）追求所要的成就，当教练看到爱将依组织和专业规范努力达成目标时，应实时给予赞扬、鼓励其继续奋斗。但当爱将懈怠、违规、耍小手段、忽略团队

142

时，即使达成目标，亦应实时训诫并告知原因与方向，以免自毁前程、赔上组织和自己的投资。湖人队（LA Lakers）球星 Kobe Bryant 在 2000 ~ 2002 年球季三连霸总冠军，Kobe 的天分、球技过人，但目中无人、不能忍受三座总冠军赛 MVP 都落入 Shaq O'Neal 之手。2003 ~ 2008 年球季间，Kobe 想证明能凭一己之力赢得总冠军，用超独、自大的打法夺得高分，但却无法获得队友的信赖。无法理解领袖的角色与责任，切割团队与队友，也打不进决赛。2009 球季 Kobe 除有更大的决心之外，真心体会教练、队友、球团期望并转化成为无私的领袖，他的攻守表现虽然降低，但却率队夺得总冠军并获 MVP，成就自己的愿望！

　　Kobe Bryant 的奋斗历程虽凸显人才的渴望、压力和盲点，但人才也和一般人一样需要指引、辅导、赞扬和训诫，才能找到值得奋斗的方向。对湖人教练禅师 Phil Jackson 而言，第十枚冠军戒可能更弥足珍贵，因为他又带领出 Michael Jordan 之后另一颗 NBA 的巨星！仅有少数人注意到的是，魔术队魔兽 Dwight Howard 在赛后全程观看总冠军颁奖典礼，将所有的渴望和挫折深深刻印在记忆中。有天分的球员唯有珍惜刻骨铭心的胜负经验，将其转化为更强的动力，才有机会再上一层楼。

6.2.3　认知主义

　　强调外显行为但忽视心智的行为主义发展至 20 世纪 50 年代时，逐渐难以说服心理学家采取"无思维"（thoughtless）取向研究人的学习，而 Ulric Neisser[43] 的《认知心理学》一书则正式地宣扬认知理论是研究学习的重要途径[44]；20 世纪 70 年代之后许多重量级的研究者也加入认知主义的行列。有趣的是认知主义的根源萌芽于行为主义风行的世代，多元文化的思维也证明行为主义的诸多贡献中的确有其限制。认知主义者对学习所持的重要假定包括某些人类的学习过程可能异于其他物种、内在认知思维程序是认知主义的研究重心、可从外显行为的客观研究中推论不可见的思维程序、个体积极地参与其学习过程、学习和心智活动密切相关但不一定会呈现行为的改变、人的知识有其结构性（非杂乱无章的）与学习是联结新旧信息/知识的过程[33] 等。奠定认知主义基础的重要研究者/学派的介绍如下。

143

6.2.3.1 Edward C. Tolman

在行为主义的全盛时期时，重视研究的客观性和应用动物进行研究的Tolman（美籍）已是知名的心理学家，但Tolman走出单纯的"刺激—反应"理论，采取较全面的观点并加入内在思维现象用于解释人的学习。Tolman的"心智学习观"（mentalistic view of learning）主要强调以较完整的层次/观点研究外显行为、在没有增强的情况下个体也会学习、学习不见得会造成行为的改变、应考虑个别差异和干扰因素、行为是目标导向的、个体的期望影响其行为、学习之后个体会重新整合新旧的信息/知识等概念。严格而论，Tolman"个体整合知识"的概念受到德国完形心理学的影响。

6.2.3.2 完形心理学

20世纪初期，在美国几乎是一枝独秀的行为心理学并未影响德国完形心理学的发展。基本上，完形心理学家强调结构性程序对于个体知觉、学习和问题解决的重要性，而完形心理学的核心概念包括：

（1）个体的知觉通常异于事实：完形心理学源于Wertheimer对光学/视觉幻觉的研究，认为个体会将所看到的物体给予某种程度的"合理化"，但被合理化的现象与事实不符（如我们看到霓虹灯泡在"流动"，其实灯泡只是依序闪烁）。

（2）总体＞个体的集合：完形心理学家深信若仅探讨个体每单一层面的经验，将无法圆满理解个体的经历，即总体（所有个体的总和）可能呈现和单一个体或小群体不同的行为模式（如一群胆小鬼可能做出平常一个人时不敢做的罪行）。

（3）个体会依状况组织/重整经验：个体在面对外形不完整的对象或资讯缺漏的状况时，会依据过去的经验添加部分素材（补足"看不见"的部分），拼凑出完整的形态（像柯南或CSI重案组犯罪侦查一般）。

（4）个体有特定的模式整合其经验：如接近律〔law of proximity，距离相近的物体易被视为一群（近朱者赤，近墨者黑）〕、相似律〔law of similarity，属性相近的物体易被视为一群（物以类聚）〕、封闭律（law of closure，个体会想办法恢复物体完整的形貌）、精确律（law of praganz，个体会尽量将其经验简单化、精确化、对称化和完整化）等。

（5）个体的学习依循精确律：完形心理学家认为学习和忆痕迹

（memory trace）的形成密切相关，个体倾向于"瞬时比对"也能减轻大脑负担、适应危急情况，但也容易忽视"看似不重要"的信息。

（6）问题解决涵盖信息重整和洞见（insight）：如连续律〔principle of good continuation，指个体会延伸事物未呈现的部分（但属于总体的一部分）〕，解决方案尚未实施、成效当然不明确，但个体会思考问题、延伸状况至解决方案的达成，即个体能看到/预期未来的结果。

完形心理学虽源于对人类视觉的研究，但仍持续地影响认知心理学家建构学习和认知的基础理论[45]。

6.2.3.3　Jean Piaget

对哲学和生物学均有浓厚兴趣，且对于知识的起源/形成特别好奇的瑞士籍心理学家 Piaget，可能是近代认知理论的发展最具影响力的学者。Piaget 的研究虽始于 20 世纪 20 年代，但可能由于 Piaget 强调"心智"的重要性，且应用临床法（clinical method）收集研究资料（均与行为学派大异其趣），再加上 Piaget 的原著为法文（后经转译为英文并获美籍心理学家 John Flavell 的推介），故迟至 20 世纪 60 年代才广受西方世界的认同。Piaget 的研究（多以孩童为主）可谓是"最全面的智能发展理论"，其层面涵盖语言、逻辑推理、道德判断，以及时间、空间和数字观念，尤其是设计一系列明确的情境以呈现孩童思想的本质，均使 Piaget 的研究广受推崇！Piaget 对于人类学习的重要概念包括：

（1）个体主动、积极地处理信息/数据：Piaget 认为人不会"坐以待毙"，而是积极地收集、分析、解读情境信息，尝试调整周边事物、观察调整后的效应，并学习掌控周边情境与自己的关系。

（2）个体持续维持和环境互动的（学习）过程：Piaget 提出基模（scheme，个体和环境互动时所吸收的信息/知识，且随个体年龄增长而改变）的概念，并认为同化（assimilation，指个体以既有基模作为和环境事物互动的基础）和调适（accommodation，指个体调整既有基模或创造新基模，以适应新状况）为个体主要的学习模式。Piaget 认为同化和调适是知识增长的互补过程，同化修正个体对环境事物的知觉，调适则是扩充/重整个体的基模以适应环境，而调适也反映个体的学习/认知的过程。

（3）个体存有将环境事物合理化的内在动机：Piaget 认为当个体能以

既有基模顺利解释新事物时，个体处于平衡（equilibrium）的状态；反之，个体处于不平衡（disequilibrium）或内心不安（mental discomfort）的状态；唯有通过"调适"后的"新基模"协助个体解决困惑、重回平衡状态。

（4）认知的发展依序有不同的阶段：Piaget 认为个体认知的发展依序从感觉动作阶段〔sensorimortor stage，个体（婴儿）通过动作与知觉建立最基本的基模〕→前运思阶段（preoperational stage，个体以所知觉的事物为思考的基础，但实不合乎现况/逻辑）→具体运思阶段（concrete operations stage，个体仅能对具体/可见的事物进行思考，但难以处理抽象或与其认知不同的假设问题性）→形式运思阶段（formal operations stage，个体能对抽象、假设性与矛盾议题进行运思，推论或演绎出结论）。Piaget 认为上述认知发展的速度，除与个体生理成熟度有密切关系外，个体必须能"同化"新信息与既有知识（新经验与旧知识必须有交集）才能创造实际的学习。

6.2.3.4　Lev Vygostsky

至 1934 年俄籍心理学家 Vygostsky 过世时，他在 20 世纪 20 年代研究孩童学习的成果仍未获得应有的重视，直到 Vygostsky 的研究成果被翻译为英文，西方世界才了解 Vygostsky 的贡献（如同 Piaget）。Vygostsky 虽来不及创建完整的理论，但他对人类学习的重要概念如下：

（1）复杂的心智运作与社交互动密切相关：Vygostsky 认为思考源于个体和他人的互动，而将社交互动转化为内在心智思维的过程即是"内化"（internalization）。如个体（孩童）间的争吵，至少有助于个体学习（内化）"凡事总有不同的面相"的观点和"多面相思考"的经验。

（2）个体在更专精人士的协助下能完成超越个体能力的事务：有效的协助能使个体从实际发展层次（actual development level）提升至潜在发展层次（potential development level），这也强调专业教师/教练的价值。

（3）潜在发展区（zone of proximal development，ZPD）的挑战能引发个体最高度的认知成长：Vygostsky 认为个体继续从事在已经会/能完成的事务上时，其学习成就将受限，反而是略超出现有能力范围的挑战更能一次次地提供学习诱因和成长。整合 2 与 3 的概念，即成为学习策略中的

146

"鹰架作用"（scaffolding），协助资浅/年幼的个体持续的成长，直到能独当一面。

6.2.3.5　语言/口语学习（language/verbal learning）

20 世纪 30~60 年代，许多学者依循行为主义的概念（刺激—反应关系）研究人类学习语言的模式和过程，其中对于重要的序列学习〔serial learning，所学习的事物有一定的顺序（如字母、月份、太阳系行星等），如事物 1 为事物 2（反应 1）的刺激、事物 2 又为事物 3（反应 2）的刺激……〕和配对学习〔paired associate learning，所学习的事物成对出现（如纽约—美国、东京—日本、伦敦—英国等首都—国家的配对关系），事物 1 和事物 2 互为特殊的刺激—反应〕均能予以圆满解释。但研究者发现"刺激—反应关系"仍难以解释许多重要的语言学习现象：

（1）序列学习有特殊的模式：个体学习序列前端和后端的事物较中段更快/容易〔序列学习曲线（serial learning curve）〕，"学习前端事物较容易"称为初始效应（primary effect），"学习后端事物较容易"称为时近效应（recency effect）；部分语言学家则认为所学事物的前后端具有联结"刺激—反应关系"的定锚（anchor）效果。

（2）过度学习（overlearning）的数据记忆效果较好：过度学习指个体在精熟某些技能/资料后，再投入相当心力练习/诵读时，于日后仍能有良好表现[46]，这也强调了反复练习的重要性。

（3）学习数据的特质影响个体的学习成效：如有意义的资料或具体的事物较容易学习/记忆[47]，这可能协助个体联结意义或影像和数据之间特殊的"刺激—反应"关系[48]。

（4）此外，语言学家亦发现分布式练习的效果比集中式更好、个体常赋予新信息/数据特殊的意义、个体会整理所学习的信息/数据、个体倾向于理解/记忆整体的含义而非"逐字记诵"等现象，通过认知主义解释这些现象可能比行为主义更贴切。

通过上述认知主义的重要概念，HRD 专业人员要认清学员是学习的核心，他/她们不仅会主动、积极地学习，也想掌控学习程序和步调；HRD 专业人员的任务应是协助而非强势教导。

6.2.4　人本主义

人本主义论者以"人的成长潜力"为基础探究人的学习，而探讨学习

147

在情感和认知层面的发展可追溯 Freud 对人类的心理/精神分析取向（psychoanalytic approach）[49]。Freud 虽从未被归类为学习论者，但他在潜意识、焦虑、压抑、防卫机制等方面的概念则散见于许多与学习相关的研究中，Sahakian[50]甚至宣称精神分析治疗也是学习理论的一种类型。不过，人本主义的核心人物 Maslow[51] 和 Rogers[52] 主张人能掌控自己的命运、人性本善且致力于建构更良善的世界、人的行为是其自由意志的展现和人具有无穷尽的成长/发展潜力等理念，因此，人本主义论者在学习方面强调个体的经验、自由选择和自我承担追求卓越的责任[49]。

Buhler[53]认为人本主义中涵盖如坚持"全人"（the person as a whole）的看法；关心个体人生历程的知识发展；人的存在、存在的意图/目的和人生目标同等重要；人的创造力对其发展有重大影响；以及人本心理学常应用于心理治疗等核心假定。人本主义奠基者的重要思维如下：

（1）Abraham Maslow：Maslow[51]最知名的即是需求层级理论（hierarchy of needs，人的需求为生理需求→安全需求→爱与归属感需求→自尊需求→自我实现需求），而"自我实现"除是重要的内在学习动机，也是个人生涯和学习的目标，学习不仅是心理治疗的一类，对于个体的心理健康也有重大贡献[50]！除"自我实现"外，Maslow 也将个人职业或命运的探索、价值观的培养、认识生命的可贵、超绝经验/成就感的追求、心理需求的满足、对冲动/欲望的克制和对生命关键议题/时刻的把握等项目，列为个体参与学习重要的目标[50]。

（2）Carl Rogers：Rogers[52]则提出"有意义的学习"（significant learning）的概念，强调学习应具备个人的投入（personal involvement，个体应注重情感和认知层面的投入）、自发性（self-initiated，保持主动探索和好奇的心态）、全面性（pervasive，学习能影响个体的行为、态度和性格）、自我判断（evaluate by the learner，个体是学习需求/价值的最佳评判者）、学习的意义（essence is meaning，个体能体验学习的意义）等特质，强调学习者在整个学习过程中应扮演主导性的关键角色（而非施教者）。

将人本主义视为哲学思维或心理学研究的一个取向，或许比当成一个学习理论更适当，不过，基于人本主义而发展出的成人学习理论（andragogy/adult learning theory）则将人本主义的思维落实、发扬光大。对 HRD 专业人员而言，人本主义时时提醒"学员/顾客"在学习过程的主导地位、主动的心态和对成长/成就的需求，而善待学员也能获得学员在学习行为和成果的回馈。

6.2.5　其他相关学习理论

除上述四大重要核心理论/学派外，占有一席之地的学习理论还有建构主义（constructivism）、体验学习模式（experiential learning model）、转型/蜕变式学习（transformational/transformative learn – ing）等。

6.2.5.1　建构主义

近代的许多研究证实，个体学习时对于讲师所呈现的数据并非照单全收，而是有选择性地过滤、赋予其独特的意义，并系统化地统整。因此，许多认知论者形容个体的学习即如"建构自己的知识"，超越单纯的信息处理[52],[53]。建构主义常分为两大类[54],[55],[56]：

（1）个别建构主义（individual constructivism）：主要探讨单一个体学习/知识建构的过程（如在家自学），如 Tolman 的认知地图（cognitive map）、完形心理学的封闭律、Piaget 的认知结构（cognitive structure）等，均是强调个体知识结构的发展以及借由个体知识对环境事物所界定的意义。

（2）社会建构主义（social constructivism）：主要探讨单一个体在群体中通过对话和互动以分享/解决共同议题、学习/知识建构的过程，较有知识/能力的伙伴引导个体了解群体文化、相互讨论，并以群体妥协后的共同认知为基础，界定环境事物的意义（如小组讨论、团队教学）。Vygotsky[57]的"活动理论"（activity theory）即是主张个体通过群体建构的接口，执行/参与某些活动而建构新的知识结构（学习）。

6.2.5.2　经验/体验学习模式

早在 1938 年时 John Dewey 即体会到学习和人生经验的关系，提出"真正的教育得自于经验"的看法，并强调"经验来自过去，而个体在修正后将应用于未来"〔连续法则（principle of continuity）〕与"经验来自个体与环境中人、事、物的互动"〔互动法则（principle of interaction）〕[49]。经验/体验学习的知名人物 David A. Kolb[58]认为"学习是持续地将经验转化为知识的过程"，并参考 Dewey、Piaget 和 Lewin 的概念提出体验学习模式（参阅图 6 – 2）。在学习方面 Kolb[58]提出个体经验/知识的循环发展依次为[101],[102]：

（1）具体的经验（concrete experience）：指个体知觉对当时情境的感受，这也是一个新学习循环的开始，个体进入"观察与省思"阶段前应多思考、反省自己的经验、扮演省思者（reflector）的角色。

（2）观察与省思（observations and reflection）：指个体从不同的层面反省、思考其经验，个体进入"形成与推论"阶段前多从不同角度反复解析、思考经验（包括假设性问题）、扮演理论者（theorist）的角色。

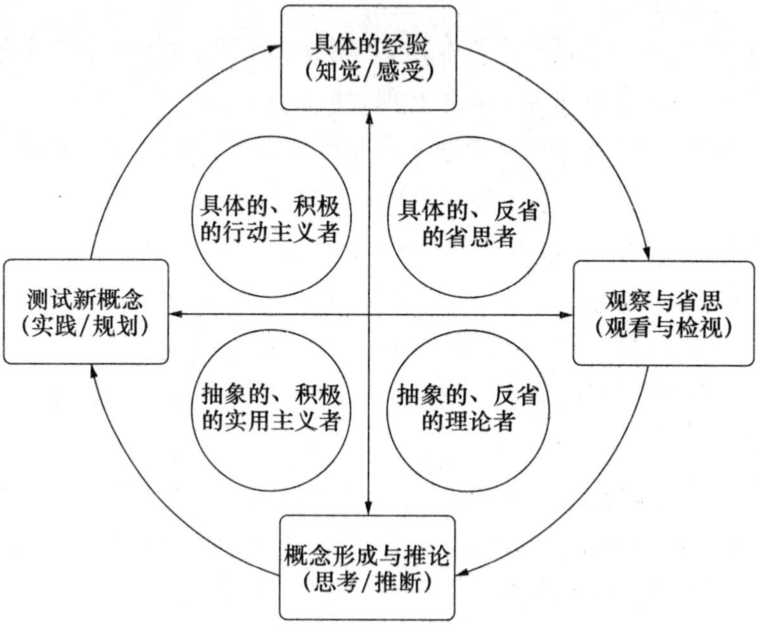

图 6-2　Kolb 的经验学习模式与类型[58],[59]

（3）概念形成与推论（formation of abstract concepts and generalization）：指个体整合其省思与观察的结果并创建（自认）合理的理论/概念，个体进入"测试新概念"阶段前多思考"如何证实自己（抽象）的理论"、"如何修正理论"，扮演实用主义者（pragmatist）的角色。

（4）测试新概念（testing implications of new concepts）：指个体在适当的时机积极地测试其新建的理论/概念，用于实际的问题解决；个体成为行动主义者（activist）并于实践过程中感受具体的新的经验。

Kolb[58]、Kolb 和 Fry[59]以经验/体验学习理论为基础，将学习者区分

150

为"收敛/聚合者"（converger，他/她们喜欢抽象概念的构思和积极实验，并长于落实想法、通过演绎推论问题，兴趣较窄，个性较沉稳、不易情绪化）、"发散/思想者"（diverger，他/她们喜欢参与具体的经验和观察省思，富创造力并长于多层面思考、提出多样想法，对人和文化较有兴趣）、"同化/理解者"（assimilator，他/她们喜欢抽象概念的构思和观察省思，长于建构理论模式、通过归纳推论问题，抽象概念对他/她们的吸引力高）以及"适应/融合者"（accommodator，他/她们喜欢参与具体的经验和积极实验，具有冒险精神、解决问题的直觉，他/她们长于实做、应变能力亦强）四大类型。了解个体的学习特质，有助于讲师因材施教、规划适合他/她们的学习策略，提高学习成效。

6.2.5.3　转型/蜕变学习

"幼虫→蛹→蝴蝶"是蝴蝶生命历程中不同角色的转换，人则是经历子女、夫妻、父母、朋友、部属、老板等不同的角色，再加上环境的变化使人在每个角色中的生理、心理、认知均产生质变与量变；转型式学习的核心概念就是协助个体了解自己、了解变革（change），并从适应变革中获得成长[60]！以下依序介绍转型学习的四个主要取向：

（1）心理批判取向（psychocritical approach）：Jack Mezirow 是此取向最重要的人物，他以因故离开、再度就读大学的女性为研究对象，并于1978 年提出转型式学习理论。Mezirow 认为学习是"个体运用旧经验参透新经验，以引导未来行动的过程"，因此，Mezirow 的理论注重"成人理解其生活/生命经验的意义"，并期望培养自主/自动思考（autonomous thinking）的习惯。Mezirow 认为个体的经验与主观的议理结构（meaning structure）是转型学习的重要主体，并将议理结构细分为参考架构（frame of reference，为涵盖认知、情感意欲等层面的议理观点，个体借此感知经验并赋予意义）、心智习惯（habit of mind，为涵盖个体道德、哲理、心理和审美等特质的概念体系，个体借此赋予经验之意义）和个人观点〔point of view，为涵盖个体目前特殊的想法、感受、态度和价值观的议理基模（meaning schemes）〕三类。

当个体的议理基模（想法或态度）或心智习惯/观点有所转变时，即产生转型学习；更精确地说，"转型学习"是个体将视为当然的议理结构调整为较具包容/开放性、鉴别力、弹性，创造更贴近实情/情理的理念以

151

导引未来行动的过程。个体在转型学习过程中，会触及经验、批判性省思、发展与行动等核心内涵[61]：

1）经验：吸收不同来源和层面的经验是学习的构成要素，但光有经验仍不足，个体必须审慎地检视并了解实际赋予经验特殊意义的议理结构（想法和观点），才能自经验中淬取出有价值的学习素材。

2）批判性省思（critical reflection）：当遭遇现有的议理结构难以包容/理解的经验时，个体要先能进行批判性省思，方能厘清现有议理结构和所遭遇经验间的落差。批判性省思可分为内容省思（content reflection，即思考现实经验本身）、程序省思（process reflection，思考适应经验/问题的对策）与关键/前提省思（premise reflection，检视既有的想法、价值观和规范等），而 Mezirow[61]认为仅有关键/前提省思才有助于转型学习。另外，Brookfield[62]则认为个体通过知觉"触发事件"（trigger event）、状况评判（appraise）、探索（explore）和建构新观点等程序，亦能有效地达成批判性省思的效能。

3）发展："能批判性省思"对个体而言，已是个重要的发展，而个体获得与验证批判性省思的成果（寻找与建构新的议理结构），则为实质的发展。Mezirow[61]认为通过个体之间的对话/议论（dialogue/discourse），有助于协助个体寻求共识、新规范和新想法，形成能解释与适应新经验"进化版的"议理结构。

4）行动：即个体于适当时机测试新的议理结构，就全新/经验议题形成重要决策或采取行为，而个体也将省思/解析行动过程中、行动之后的经验，并赋予其应有的意义（个体满意或接受结果），或再度进行上述的程序，以获得个体能接受的状况，形成新融合的经验。

严格而论，Mezirow[61]的理论中最关键的学习过程在于个体有意识地进行"批判性省思→发展→行动"，理性分析和认知成长可以说是 Mezirow 理论的最佳形容词[63]。

（2）心理发展观（psychodevelopment perpective）：相对于 Mezirow 的理性认知，以回流高等教育的成人为研究对象的 Laurent A. Daloz 采取较全面（holistic）、直觉（intitutive）的观点看待转型学习[64]。基本上，Daloz[65]认同 Mezirow"成人有理解其生活/生命经验的意义之需求"的看法，且更进一步指出"处于转换期者多期望借由高等教育找到生活/生命的新意义"，因此，教育应是能促进个体发展的转型旅程（transformational journey）[66]。此外，Daloz[65]亦认识到对话/议论对转型学习的重要性（同Mezirow），但 Daloz 更强调通过"故事叙述"（storytelling），协助个体在不同的转型历程中培养复杂、相对性的推论能力，而得以扩展其视野。

（3）心理分析取向（psychoanalytic approach）：Robert D. Boyd 将转型定义为"人格的重大改变，其中涵盖个人对困境的解决和意识的觉醒"，并视转型为个体"个性化的内在历程"（inner journey of individuation）[67]。Boyd 虽认同 Mezirow 和 Daloz 的基本理念，但更强调"领悟"（discernment）在转型学习中的重要性[68]。领悟的历程包括接纳（receptivity，个体愿意接受另类的议理）→体认（recognition，个体确认议理的存在）→苦思（grieving，个体觉悟必须放弃旧有思维，以建构出适用的新思维）。Grabov[63]形容 Boyd 的概念含有强烈"直觉、创意、情绪的"的色彩，与Mezirow 的想法各有旨趣。

（4）社会解放论（social–emancipatory）：Paulo Freire 的概念来自 20世纪 50 年代参与巴西乡村农民的识字教育[69]，目睹文盲乡村农民的贫困、遭受压迫/宰制，Freire 认为只有通过个别农民的努力和社会转型才能彻底地改变农民的困境[49]。Freire[70]认为解放（liberation）、自由是教育的目标，但旧有、以教师为中心的填鸭式教育（banking education）只会培养出沉默、受宰制的学生，唯有奠基于解放思维的提问式教育（problem–posing education）才能打破旧体制、重塑学生的学习地位！故 Freire 主张采用对话方式，并借由觉醒（conscientization，相近于 Mezirow 的批判性省思）的过程协助个体察觉/批判专制、不公的外力，促使个体主动提出其所关心的议题，进而引发社会的变革[103]。Freire 的理论虽含有强烈的政治或激进色彩，但其核心概念（特别是觉醒）与转型学习、成人学习不谋而合，而 Freire 的教育理论也成功地在智利、意大利、奥地利、瑞士、坦桑尼亚等国"对抗文盲"的社会运动中得以落实[71]。

回顾本节学习理论的发展，从"人与动物"的行为主义、凸显互动和观察的社会学习主义、关注内心思维的认知主义、强调"人性"的人本主义，至建构主义、体验学习模式、转型学习（理论摘要请参阅表 6–1），读者当可察觉学习理论中人性、人本、认知/省思的内涵越来越浓厚，这也引导了现代 HRD 最受重视的"成人学习理论"。

表 6-1 五大主要学习理论摘要[49]

	行为主义	人本主义	认知主义	社会学习理论	建构主义
主要贡献者	Guthrie、Hull、Pavolv、Skinner、Thorndike、Tomann、Waston	Maslow、Rogers	Ausubel、Bruner、Gangne、Koffka、Kolher、Lwein、Piaget	Bandura、Rotter	Candy、Dewey Lave、Piaget Rogoff、Von Galserfeld、Vygotsky
对学习过程的观点	行为的改变	追求发展的个人行动	信息处理（包括洞见、记忆、知觉和认知）	社会情境中对他人的观察与互动	建构从经验所获得的议理
学习动力/事物的来源	外界环境的刺激	情感与发展之需求	内在认知结构	人、行为与环境的互动	个人与社会所建构的知识
学习的目的	创造所期望的行为/行为转变	使能自我实践、成熟、自我管理	开发能力与技能以更精进	学习新角色与行为	建构知识
讲师的角色	安排能引发所期望反应的环境	协助全人发展	建构学习活动的内涵	形塑与导引新角色/行为	协助个体赋予经验适当的意义
成人学习重要观点	• 行为的目标责任 • 绩效改进 • 技能发展 • HRD与训练	• 成人教育 • 自我导引学习 • 认知发展 • 转型式学习	• 学习如何学习 • 学习与获取社会性角色 • 随年龄而变动的智慧/学习/记忆	• 社会化 • 自我导引学习 • 自我行为的控制 • 教导	• 经验/体验学习 • 转型式学习 • 省思练习 • 学习社群 • 情境学习

6.3　成人学习理论与 HRD

古代中国的老子、孔子，圣经时代的希伯来先知、耶稣，古希腊时期的亚里士多德、苏格拉底、柏拉图，古罗马时期的西赛罗（Cicero）、坤体良（Quintillian）等哲人都被赞誉为"伟大的导师"，而老庄、孔孟与弟子之间隽永的对话，希伯来先知对追随者的点拨，古希腊、罗马导师与师生间针锋相对的议论，均是各文化的精华、学子必读的典籍！在上述时代，知识是宝贵的、掌握在少数人手中，知识的追求者多需拥有一定的资财与知能；无怪乎古代哲人教导的对象几乎都是成人，极少数是孩童。此外，古代哲人常视学习为"心智的探索"，故常采用对话、隐喻、情境/个案讨论、辩论等方式活化弟子的思绪，而非让弟子无条件地全盘接受；成熟的思考能力和个人经验成为重要的学习资产。回顾古代哲人的教导方式即是"成人教学法"！

6.3.1　成人——突然被忽略的学习族群

当中国的科举制度逐渐成形之后，宿儒成为学堂/私塾的教师，孩童成为主要的教导对象，教学方法则转为强调记诵、吟读前人文章、依据格式作文，教学则以协助生徒金榜题名为要务。17 世纪时欧洲则开始设立教会/僧院学校（cathedral/monastic schools），僧侣/神职人员教导男童学习天主教义和相关仪式，以为日后投身教会服务；原以"宗教信仰"为主的教学策略与方法日后被冠以 Pedagogy（教育学）之名称，意指"教导孩童的艺能与学问"（Pedagogy 中的 ped 源于希腊文的 paid，原意为孩童，agogus 原意为领导者）[16]。Pedagogy 的概念与模式从 17 世纪流传至 20 世纪，也成为各国政府各级教育体系的重要思维，但在第一次世界大战之后，探讨成人特殊学习特质的声浪开始在欧洲与美国兴起。

在 1926 年成立的美国成人教育协会（American Association for Adult Education）和卡内基公司（Carnegie Corporation of New York）的推动之下，两股探究成人学习的思潮逐渐形成[16]：

155

（1）科学化思潮（scientific stream）：此思潮强调通过精确的（实验）方法以探索成人学习的新知识，并以 Thorndike 于 1928 年出版的"Adult Learning"一书为开端（主要探索成人的学习能力）。之后，Thorndike 的"Adult Interests"与 Sorenson 的"Adult Abilities"则印证了成人和孩童在学习兴趣和能力上的差异。

（2）艺术或直观/省思思潮（artistic or intuitive/reflective stream）：此思潮较关注"成人如何学习"（how adults learn），并强调通过直观或分析经验以探究成人学习的新知识；此思潮以深受 John Dewey 影响的 Eduard Lindeman 于 1926 年出版的"The Meaning of Adult Education"一书为开端。对于成人学习，Lindeman 认为"教育即是生活"（If education is life, then life is also education），而需求和利益的满足是成人学习的主要动机、成人学习的定位以生活为主（lifecentered）、经验/体验是成人最丰富的学习资源、成人有强烈的自主性（self - directing）和个别差异随年龄增长而扩增理念则是 Lindeman 的五大核心概念。

在 1950 年之后，许多研究逐渐汇聚为人本领域（human science），其中除心理学之外（请参考第 6.2 节），成人教育方面的研究也对成人学习的发展有相当贡献。许多成人教育的学者直言将（孩童）教育学"直接移植"于成人学习者时，将造成重大问题，甚至有人倡议应研究成人与孩童在潜能和心理特质上的差异。如 Houle[72] 发现成人参与学习的目的不一，包括目标导向（goal - oriented，想达成明确的目标）、活动导向（activity - oriented，参与活动和建立人际关系）与学习导向（learning - oriented，追求新知识技能）三大类型；Tough[73] 则发现乐趣与自尊是成人参与学习的主要动机、成人有自己的学习规划、成人期望获得实质的好处/成果等。Knowles[74] 曾戏称成人学习者为"被忽视的族群"（a neglected species），而当成人学习者开始获得应有的重视之后，"成人学习"这一新的研究与实务领域的发展亦步入新境界。

6.3.2　字典查不到的词——Andragogy

Pedagogy 指"孩童教育学"，成人学习/教育专家也希望有个有别于"孩童教育"的专有名词，而当南斯拉夫成人教育家 Dusan Savicevic 的理念于 1967 年被引入美国后，Knowles[75] 也抛出"Androgogy，not pedago-

156

gy!"的呼吁！荷兰成人教育家 Ger van Enckevort 曾致力于探索 Andragogy 的来源，他发现德国大学预科教师 Alexander Kapp 于 1833 年时创造了 "Andragogik"一词以阐述柏拉图的（成人）教育理论，但 Kapp 的想法遭受当时德国著名学者 Johan Friedirch Herbart 严辞驳斥；在声望的严重落差下，Andragogik 被遗忘、消失近 100 年之久。直到 1921 年时，任教于法兰克福劳工学院（Academy of Labor in Frankfort）的德国社会学家 Eugen Rosenstock 在一篇强调"成人教育需要特殊的教师、方法和理念"的报告中再度使用 Andragogik；之后 Rosenstock 曾数次使用 Andragogik，且他的部分同事也借用此名词，但仍未获得广大认同。

至 1962 年之前 Rosenstock 仍认为他创造了"Andragogik"一词，直到 Enckevort 告知他 Kapp 与 Herbart 的论战，而 Enckevort 亦发现自 1950 年起欧洲学术界对 Andragogy 的接受度开始加温。如瑞士心理学家 Heinrich Hanselmann 于 1951 年出版的"Andgragogy：Nature，Possibilities and Boundaries of Adult Education"一书；荷兰的 T. T. ten Have 于 1954 年开始在其课程中使用、讨论 Andgragogy，并在 1959 年出版建构 Andgragogy 的研究大纲；南斯拉夫的 M. Ogrizovic 于 1956 年发表"Penological Andragogoy"论文、1959 年出版"Problems of Andragogy"一书。之后，部分南斯拉夫著名成人教育学者开始倡导 Andragogoy 的理念，并促使南斯拉夫的 Zagreb 和 Belgrade 大学、匈牙利的 Budapest 和 Debrecen 大学设立成人教育课程、颁授博士学位。

1966 年时荷兰 Amsterdam 大学颁授 Andragogues 博士学位，1970 年时更成立 Pedagogical and Andragogical Sciences 学系，推广成人教育。在荷兰的文献资料中，Andragogy 指"针对成人所设计的专业学习活动"，Adnragogics 指"规划和实施成人学习活动基础的理论和方法学"，Andragology 则指"研究成人学习、成人学习方法学和理论的学科"。1970 年之后，Andragogy 的概念在欧洲（英、法等）、北美（美、加）、南美洲（如委内瑞拉）逐渐受重视、推广；Andragogy 在美国则得力于 Malcolm S. Knowles（被尊称为美国 Andragogy 之父，殁于 1997 年 11 月 27 日）的大力推动，广为成人教育和 HRD 领域接受、推广[104]。

目前中国台湾地区设有成人教育/学习的大学包括中正大学成人及继续教育系、高雄师范大学成人教育研究所与暨南国际大学成人与继续教育研究所等，而将成人教育/学习列为重点之一者则有台湾师范大学社会教育系与玄奘大学教育人力资源与发展研究所。当少子化与高龄化成为中国台湾地区极重要的议题时，成人教育/学习将受到更高的重视！

6.3.3 成人学习理论

尽管各文化或法律对于成人的定义各异，成人的生涯多超过个人2/3的生命时间，而目前亦没有单一理论能圆满地解释成人学习的原因和现象！笔者仅介绍 Knowles、McClusky、Illeris 与 Jarvis 四人的理论，协助读者更深入地了解成人学习。

6.3.3.1 Knowles 的 Andragogy 理论

由 Knowles 于 1968 年引入美国的 Andragogy 是知名度最高的成人学习理论，而 Andragogy 的核心则建立在"参与学习前成人已有确认学习目的/原因的需求"、"自我概念的发展使成人产生自我主导的需求"、"经验是成人丰富的学习资产/资源"、"妥善解决生活/工作疑难是成人学习的主要目的"、"确认学习目的和需求促使成人做好学习准备"与"成人有较强烈的内在学习动机"六大假设[76]；亦即 Knowles 的 Andragogy 是以近乎理想/理性的成人（ideal/reasonable adult）为出发点。Knowles[77] 以上述假设为基础要素，设计一系列协助/引导成人学习的架构、流程与活动（参阅表6-2、图6-3）。在 Knowles 的 Andragogy 架构中，主要分成三大部分[17]。

表6-2 学习要素和 Andragogy 做法[17]

学习要素	Pedagogy 做法	Andragogy 做法
学习者的准备	相当少	提供信息、参与的准备、协助建立适当的期望、开始思考相关教材
学习气氛	威权、正式、竞争的	轻松、互信、互相尊重、非正式、温馨、互助合作
规划学习	教师主导	学员与讲师共同规划
分析学习需求	教师主导	学员与讲师共同分析
设定学习目标	教师主导	学员与讲师共同协商
学习计划	教学科目/教材的顺序	学习契约、专题学习、依学习状况而调整
学习活动	传导/灌输式教学法	专题探索、独立研究、体验式学习
学习评量	教师主导	以教学目标为准、学员提供评量数据

1. 学习的目标与目的：此部分指成人参与学习所期望获得的成果，一般成人参与学习活动所追求的成果如表 6 - 3 所示[105]，Knowles 等[17]则归纳为个人成长、组织成长与社会成长三大类。

表 6 - 3　成人教育学习目标/目的的比较[17],[105]

Knowles 等 (2005)	Bryson (1936)	Grattan (1955)	Liveright (1968)	Darkenwald 和 Merriam (1982)	Apps (1985)	Rachal (1988)	Beder (1989)
个人成长	学养/教养	学养/教养	—	修养/教养	—	学养/教养	—
	关系	信息与休闲	自我实现、个人、家庭	个人自我实践	个人发展	自助	促进个人成长
	补救/改善的	—	—	—	补救/改善	补救/报偿	—
组织成长	职业	职业	职业/专业	个人与社会改善	职涯发展	职业	促进/协助变革
社会成长	政治	—	公民与社会责任	社会转型	文化批判与社会行动	社会行动	协助维持良好社会秩序
其他	—	—	—	组织效能	—	—	提高生产力
	—	—	—	—	学术研究		·

（2）个人与境遇的差异：此部分指影响成人学习的变异因子，包括喜好或参与的课程/议题、环境/环境因素（如社会、文化、当地产业等）与个人差异等，其中以个人差异最为复杂。如 Jonassen 和 Grabowski[78]认为个人的认知能力（如一般心智能力、认知类型、学习特质等）、性格（如专注与互动类型、期望与诱因/动机等）和既有知能等均密切影响学习成效，因此教学方法和策略需配合个人的认知能力与学习倾向，而学习目标

和成果规划也应考虑个人的经验和企图心。

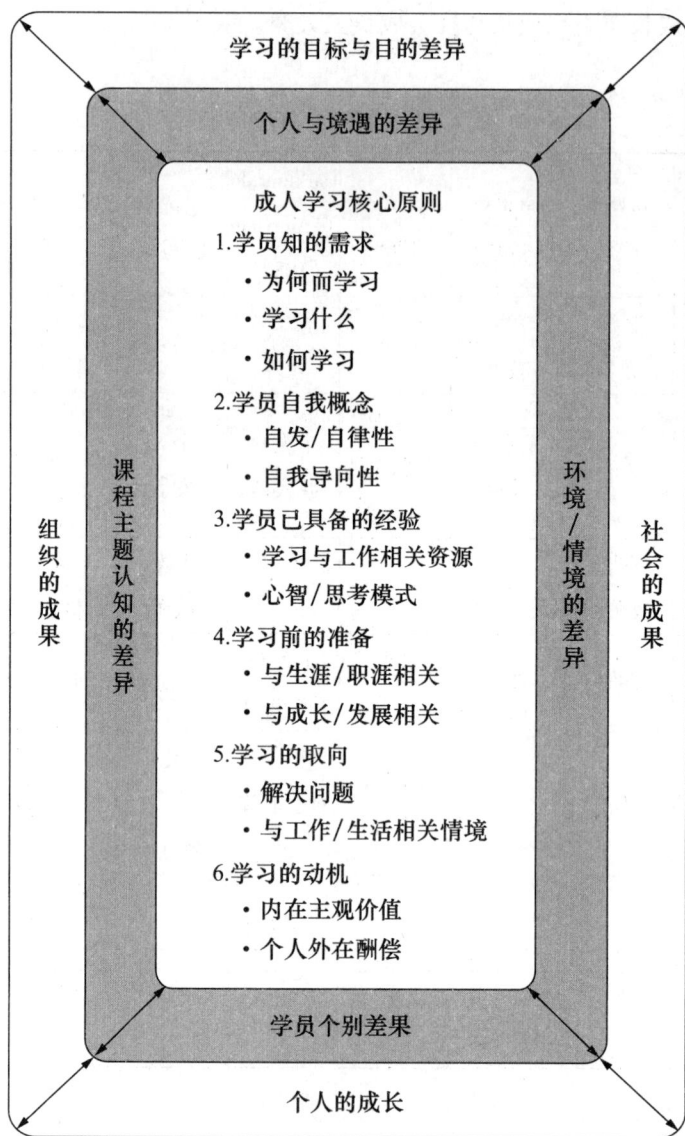

图 6-3　成人学习运作原则与机制[17]

（3）成人学习核心原则：此部分主要逐一反映 Knowles 的六大假设，提供讲师规划成人学习时可采取的教学策略和方法，使能妥善协助成人学习者达成个人目标。追溯 Knowles 所提出的成人学习原则，可发现除人本

160

心理学外，亦整合相当多元的思维[17]：

1）John Dewey：在 Dewey 的概念中，经验是学习的起始点，而民主（democracy）、持续（continuity）和互动（interaction）则是平衡"教—学者"地位、创造有价值学习经验的要素。

2）Carl Rogers：Rogers[79]认为讲师应扮演协助者（facilitator）的角色，其应努力的方向包括建立最初的学习气氛、提示/帮助学员厘清学习目的、善于引导学员学习的热望和动机、致力于整合适当的学习资源（含讲师本身）、审慎地提供自己的想法和感受供学员参考与讲师不是万能的（能力也有限）等。

3）Goodwin Watson：Watson 认为"协助学习"的重要原则包括重复练习而无奖励是无效的、让学员免予产生负面情绪（沮丧、失望、受辱等）、不时提供新奇想法/教材、让学员参与规划、创造开放/自主的学习气氛和重视"即学即用"的学习时机等[16]。

4）Cyril Houle：Houle[80]曾提出相关理念以建构有效的教学体系，其中包括学习均发生于特殊情境且深受该情境的影响、学员的经验和持续的发展是规划学习活动的重要参考、教育是实践的艺能（practical art）、教育是合作而非操作的技法、教学规划者应放空/开放心胸与教育不仅是设计活动的串联而是学习要素的互动等。

5）Jerome Bruner：Bruner[81]提出平衡师生地位、较具合作互动的假设性教学法（hypothetical teaching mode），协助学生通过思考、发现与解决问题，以启发学生的智能、增进内在学习动机。

Knowles 的 Andragogy 理论虽提供划分"孩童—成人教育"的基准点[82]，但也面对着相当多的批判：

（1）Andragogy 是成人学习"理论"吗？Davenport 和 Davenport[83]曾对 Andragogy 归纳出如理论、方法、技法、假设等称呼，甚至 Knowles 也曾自称是"一套假设、概念"；Harrtree[84]认为对 Knowles 并未厘清 Andragogy 究竟是成人"学习或教学"理论，抑或是好的教学原则（principles of good practice）；Brookfield[82]审慎检视 Andragogy 的六大假设，并认为这些假设可被视为"重要的好原则"，但仍欠缺充分的研究证实确为"可信的理论"；Knowles[85]则表示"他个人偏好将 Andragogy 视为能成为（发展中的）成人学习理论基础的一套假设或概念架构"，并期望将此论战画下句点。

（2）真能明确地切分 Pedagogy 与 Andragogy 吗？Knowles 早期有关 Andragogy 的著作中，在教学法方面几乎将 Pedagogy 与 Andragogy 划清界限，但1980 年之后 Knowles 则调整其看法，除表示 Pedagogy 是教师主导、Andragogy 是学生主导外，两种概念在特定情境下均能适用于孩童与成人学习[49]。

（3）Andragogy 过度偏向学习者个人而忽略社会—历史情境：如 Grace[86] 指出 Knowles 几乎未曾审慎思考过组织和社会因素对成人学习的影响，未能提出完整的大架构，放弃高远的理想而屈就于机械性的结构要素。除 Jarvis[87] 从社会学观点认为 Andragogy 忽视学习情境外，Sandilin[88] 亦批判 Andragogy 假设教育不涉及价值观和政治、Andragogy 仅反映中产阶层白人的特质、忽视个体和社会的互动关系、忽视文化对个人成长和其他学习的影响等。

即使遭遇诸多批判，Kellels 和 Poell[89] 认为 Andragogy 恰可结合社会资本论让 HRD 成为组织和个人的学习利器，而 St. Clair[90] 除呼应类似想法外，也认为对 Andragogy 的教学假设适用于各年龄层的学习者（特别是成人），并应将 Andragogy 视为迈向更高远、完整的成人学习理论的中继站。学术的批判本就十分正常，而所有的批判也无损于 Knowles 的贡献和 Andragogy 的价值！

6.3.3.2 McClusky 的边际理论

McClusky[91],[92] 提出边际理论（theory of margin）认为成人期（adulthood）是成长、变革和整合的时期，个体则是不断地平衡生活负担（Load of life，耗费个体精力）和生活动能（Poad of life，适应精力消耗）；生活边际（margin in life）即是负担对动能的比值（$M = L/P$）。生活负担与动能的内涵分别包括[93]：

（1）生活负担：外部因子以正常生活的相关事务为主（如家庭、工作、小区、社会经济等），内部因子则以个体的生活期望为主（如自我概念、目标、渴望/欲望、对未来的期望等）。

（2）生活动能：亦包括内外部资源，如家庭支持、社交能力与经济实力等的外部资源，以及如坚毅、性格和个人智能等内部资源，细部的因子则如生理（如体能、精力/活力、健康等）、社交能力、智力/智能、经济能力（如金钱、职位/地位、影响力等）与技能（专业与一般）等。

McClusky[92] 认为成人期是许多角色与责任的转变、生理与心智的成长历程，学习则协助成人妥善适应/度过各历程的挑战，且当 $M < 1$（负担 <

动能）时，个体才有能力参与学习。不过，McClusky 的理论较偏向于解释"成人参与学习的原因"，而非"成人学习"，而且若个体处于饱受压力的情况（负担 > 动能）亦可能激发他/她的学习动力（许多家庭遭逢巨变者反而更努力、奋发图强）。另外，McClusky 的理论亦被发展为咨商工具，如 Schlossberg[94] 用于评估与协助个体面对关键转换期，Londoner[95]（1993）建议可用于 HRD 与其他方面的咨商，Hanpachern 等[96]（1998）则用于测量员工面对变革的准备状况。

6.3.3.3　Illeris 的三维学习模式

McClusky 的边际理论着重于成人参与学习的成因，Illeris[97],[98] 的三维学习模式（Three dimensions of learning model）则偏重于学习的过程，而其三维则指认知（cognition，包括知识与技能）、情绪（emotion，包括情感/感觉与动机）和社会（society，指外在环境与互动）（参阅图 6 - 4）。Illeris 认为学习程序起始于个体的知觉（perception）、所接收与转换的信息（transmission）、经验、模仿和目的导向的活动五大刺激，并启动三维学习机制。因此，当个体学习/获取知能时，个体的内在认知和情绪同时运作，即大脑/神经系统和心理动能（psychological energy）相互联动、影响。社

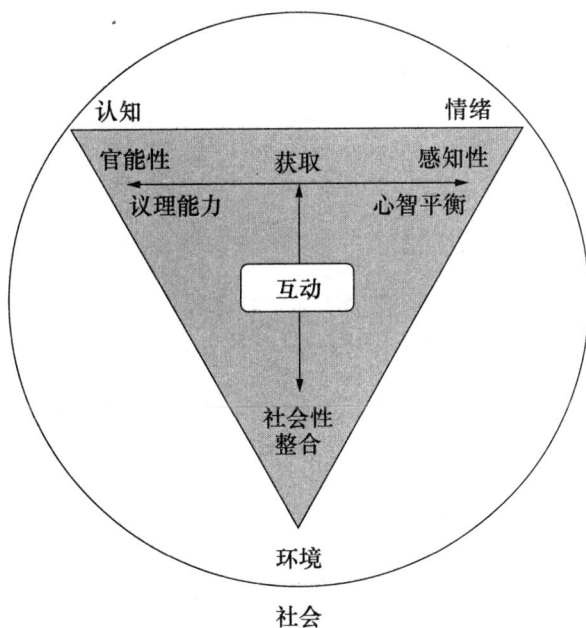

图 6 - 4　Illeris 的三维学习模式[98]

会则指学习的场所，也强调个体在学习、融入社群/社会时与他人的互动（沟通、合作参与），即个体所处的社会不仅提供学习的机会和资源，也形塑个体的学习体系和其成果。Illeris 的三维学习模式虽被批判过于简单，但他纳入了情绪和社会层面，能够展现较高的综合/包容性则是其优点。

6.3.3.4 Jarvis 的经验转换模式

Jarvis 的经验转换模式（transformation through experience）认为人的五大感官功能（听觉、视觉、嗅觉、味觉与触觉）对学习极为重要！人体感官不仅接收外界信息，并将所有的感觉转换为知识、技能、态度、价值观、情绪等内在认知/记忆（想象一下神之雫漫画中，神咲雫和远峰一青用尽所有感官、记忆与想象力尝饮红酒），协助个体随时适应外界的刺激。但当个体现有的经验难以招架突然遭遇的状况，却又不得不想办法突破现况、创造新局时，更是触发学习的契机[100]，即学习需求的引发来自于个体关键经验的不足[99]。

在 Jarvis 的概念中，人是个体认知的机器/有机体（cognitive machine/organism），而个体的学习程序为（参阅图 6-5）：

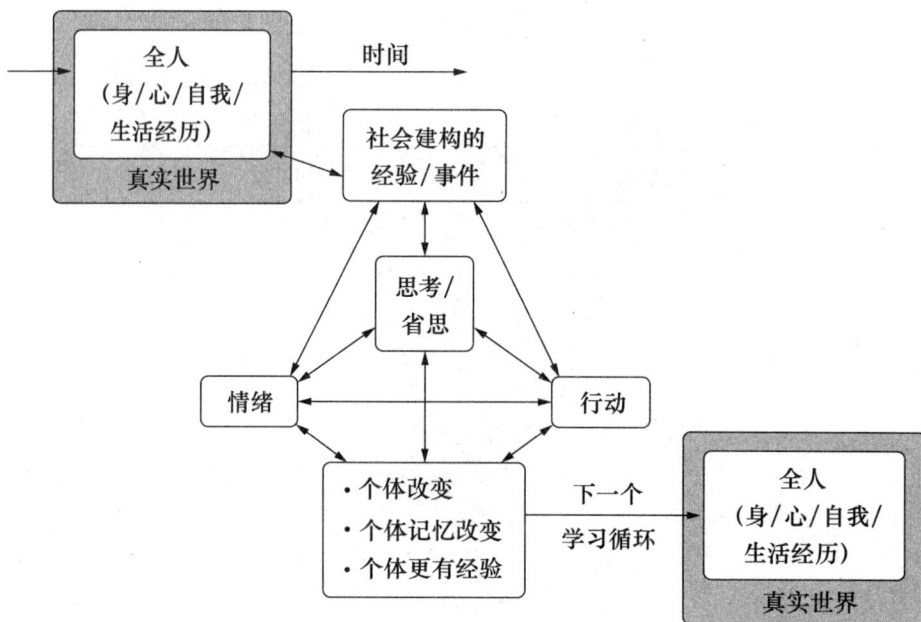

图 6-5　Jarvis 的经验转换模式

（1）接收外界刺激/信息：凭借各种生理功能感知环境信息（新经验）。

（2）经验比对：个体心智/认知体系感受新经验引发的情绪，评比新旧经验的落差，评价落差的影响/弥补落差的价值。当经验落差造成个体生理、心理的不安时，个体可能采取相关行动以消除不安（学习的契机），或选择忍受/忽略不安感觉（未触发学习）。

（3）学习：指个体持续整合情绪感受、省思和行动，以新创造的经验再度解决重要的经验落差，直到生理、心理的不安感消失为止；这个程序可能循环多次，直至成功或放弃消除不安感。

Jarvis[99]认为在上述挑战新经验的过程中，个体获得新技能、知识、感受、心智/思考/议理能力，除有能力处理类似或全新的状况外，也较能调适/提升自我效能和实际的能力，即成为"升级版"的新个体（upgraded individual）！Jarvis[97]学习理论的优势在于以全人观点（whole – person perspective）看待学习、学习的触发和过程均在外在环境/社会情境、学习是内在思维认知和行为的积极互动，不仅解释了学习的原因，也说明了学习程序和成果，这一简明的模式亦适用于不同年龄阶段个体的学习。

成人教育学者多同意目前尚未有一个完整的理论能圆满解释成人学习的现象，但当前的理论至少已经提供了成人学习的诸多线索，研究也显示部分理论的确能强化成人学习的动机和成效。未来 HRD 和成人教育领域均将共同持续地探索成人学习、分享研究的成果，落实"活到老、学到老"终身学习的真义！

关键字词

理论	近因律
供应与需求法则	操作制约作用
机会成本	增强物
人力资源经济学	替代性增强
完形心理学	自我效能
人力绩效科技	过度学习
行为主义	需求层级理论
社会学习理论	建构主义

认知主义   体验学习模式

人本主义   转型/蜕变式学习

联结论   批判性省思

效果律   社会解放论

练习律   成人学习理论（Andragogy）

频因律

📖 观念提要

经济学、心理学、系统理论和绩效改善理论均是 HRD 的核心理论，就 HRD 的本质而论，个人与组织的学习理论更是 HRD 的基石。学习理论的发展与心理学有密切关系，而行为主义、社会学习理论、认知主义与人本主义等理论则构成现代学习理论的基础，此外，建构主义、体验学习模式和转型/蜕变式学习等均有助于建构完整的学习理论。

中古世纪之后，世界重要文化的教育体系逐渐转为以孩童为主，成人学习者则遭忽略，这种状况在 Malcolm Knowles 大声疾呼之下唤起了对成人学习的重视。除 Knowles 所提出的 Andragogy（成人学习理论）之外，Mc-Clusky 的边际理论、Illeris 的三维学习模式和 Jarvis 的经验转换等理论，均有助于建构完整的成人学习理论。

📖 基础测试

1. 经济学、心理学、系统理论和绩效改善理论各与 HRD 有何关系？

2. 行为主义、社会学习理论、认知主义、人本主义、建构主义、体验学习模式和转型/蜕变式学习均为重要的学习理论，各理论的重要人物及其内涵是什么？

3. Knowles 的成人学习理论的主要内涵是什么？

4. 成人与未成年学习者有何重大差异？

📖 进阶思考

1. 了解学习理论有助于成为一位优秀的 HRD 从业人员？

2. 你认为经济学、心理学、系统理论和绩效改善理论中，哪个对 HRD

较有贡献？为什么？

3. 你认为行为主义、社会学习理论、认知主义、人本主义、建构主义、体验学习模式和转型/蜕变式学习中，哪个较适用于成人学习？

4. 你认为一般企业实施教育训练时，多将员工视为"成人学习"者吗？为什么？

第7章　HRD 侦探——绩效与训练需求分析

7.1　控制课程质量——教学系统设计

7.2　HRD 侦探 I ——绩效需求分析

7.3　HRD 侦探 II ——训练需求评析

从 20 世纪 80 年代开始，归功于 Edward Deming 和日本企业的努力，"高质量的产品"逐渐从产业的竞争利器转变为基本诉求（如汽车的安全气囊），消费者需要的不仅是能满足功能需求的产品，更需要一个"好质量"的产品。"消费者为王"的概念促成了一个讲求质量的时代，也让民众大肆讨伐"瑕疵品"、"黑心货"、"假货"；日本人票选 2007 年的象征汉字"伪"，也可以说是"以质量自豪"的日本人对国内政治贪腐、商品造假最直接的抗议。简单地说，质量的概念不仅深入人心，更促成了一个讲求质量的时代，而这也正是社会进步的重要动力。

但这也是一个 M 型化的时代！当一企业愿意投资 300 万元为 15 名员工安排 9 天的海内外见习、参访训练课程时[47]，许多中小企业主选择在原物料高涨的浪潮中删除训练经费（将钱用在刀刃上的典型思维）。当中国台湾地区高等教育失控式地膨胀，出现了高度不满学费持续上调、学校/学系教育质量日受质疑（18 分入学事件的阴影）、教育部大学评鉴/退场机制缓不济急等状况，由社会各界人士和大学生组成的"万人假考大学"行动小组参加 2008 年 7 月的大学招考，并计划集中选填办学质量最差的系所，分发后则拒绝报到，使办学品质最差的系所如同漫画《死亡笔记本》情节般地"猝

168

死"[48]！上述两例共同凸显出企业、学生和社会大众都需要"能解决问题"、"满足需求"与"高质量"的学习服务，而这也是 HRD 专业人员最基本的使命和专业道德！

7.1　控制课程质量——教学系统设计

能俘获人心的商品绝非一蹴而就，而是采用最佳原物料、最好的设计师与工匠、严格而精密的制程，再加上长期的努力而创造出大众欣羡的精品的；好的 HRD 课程亦是如此！在一套系统化的程序之下，HRD 专业人员也较能创造扎实、有效的课程（solid，effective training course），这正是教学系统设计（instructional system design，ISD）的主要贡献。

7.1.1　教学系统设计模式的发展历史

在教学系统设计的发展上曾出现相似概念和不同名称的模式，如系统取向（system approach）、教学设计（instructional design）、教学发展（instructional development）以及教学设计与科技（instructional design & technology，ID&T）等[1]。尽管众说纷纭，Miller[2]认为，第一次世界大战期间美国虽未直接参战，但在提供盟国战略物资和船舰时却发现严重欠缺熟练的造船劳工，唯有大量训练劳工才能解除生产危机。当时多由资深领班担任训练师的角色，训练时多采用"示范→说明→实作→检验"（show→tell→do→check）的步骤为标准程序，而多数训练师也认为此程序确实发挥了训练成效。Dick[3]则认为，"教学设计"可追溯至第二次世界大战时，美国军方号召一批具有训练和实验研究的心理及教育学家（包括知名的Robert Gagné 等人），倚重他们在教学、学习和人类行为的专业研究，开发出一系列的军事训练课程/教材。第二次世界大战结束之后至 20 世纪 50 年代，部分心理学家除持续投入处理教学议题的相关研究外，逐渐将训练引入"系统"概念，并开发出新的分析、设计和评量的程序[3]。

20 世纪 50 年代中期，B. F. Skinner[4],[5] 提出编序教学（programmed

instruction）的概念，强调讲师应将课程拆解为小单元/阶段依既定顺序进行、学生对教材/问题有明确响应、提供学生立即的回馈、学生主控学习步调（self-pacing）等，并收集与教材、程序、成效相关的信息，作为修正课程内容的基础。Skinner 的编序教学除引导出形成性评鉴（formation evaluation）的概念、强化系统性教学与设计的重要性外，也是 20 世纪 80 年代之后教学结合科技、计算机化教学（computer-based learning，如 CD/DVD ROM）和数字学习（e-learning、网路学习等）的重要基础[6]。

明确教学目标的设定、学生对教学目标的理解，是编序教学的要件之一。不过，早在 20 世纪初期已有教育家倡导制定清楚的教学目标[7]，Ralph Tyler[8]（行为目标的重要推手）更强调"清楚界定课程/教学目标中的行为"，作为日后评量教学成效的基础/标准[9]。Bloom 等[10]与 Krathwohl 等[11]则将教学目标细分为情意（affective domain，包括接收、回应、评价、整合与体现等层次）、动作（psy、chomotor domain，如对工具/设计的操作）和认知（cognitive domain，包括知识、理解、应用、分析、整合与评鉴等层次）三大层面/成果，并建议教学的测验需对应教学目标所揭示的学习成果，方能明确判断教学成效与缺失。Robert Maaer[12]则认识到协助教师撰写教学目标的重要性，出版狂销 150 万本的 Preparing Objectives for Programmed Instruction 一书，强调好的教学目标应注明学生需展现与评量行为的标准（standards/criteria of behaviors）等三大要件。

20 世纪 60 年代广被采用的常模参照测验（norm-referenced tests，以学生团体的平均成绩为标准，供个人比较自己与他人成绩的高低）并不适用于特定教学目标的课程，因此，效标参照测验（criterion-referenced tests，以教师在教学前设定的效标为依据，用于了解个别学生是否达成学习目标，学生之间不互相比较）成为必然的趋势。Robert Glaser[13]等人讨论上述两类测验的特性和差异，首先使用效标参照评量的名词（criterion-referenced measures），并强调效标参照测验适用于评量学生的入门程度，以及学生在特定课程的学习成果。效标参照测验的概念和工具，使教学目标和教学成效评量得以落实，并成为教学系统的重要环节。

教学目标虽能反映出学习成果和标准，但未能指引教师采用适当的教学策略或有效的学习活动，而 Gagné 的研究则填补了这个缺口。Gagné[7]将学习成果区分为语文知识（verbal information）、心智技能（intellective

170

skills）、动作技能（psychomotor skills）、态度与认知策略（cognitive strate-gies）五大类，且技能存在"基础→进阶→精熟"的学习过程，故教师应设计适当的教学活动、排除不当的环境因素，以协助学生习获/精熟特定技能。Gagné[7]亦提出自讯号学习（signal rearning）→刺激—反应（S－R learning）→反应连锁（chaining）→语文联想（ver－bal learning）→区辨学习（discrimination learning）→概念学习（con－cept learning）→原理学习（rule learning）→解决问题（problem solving）的阶层学习模式，用于配合各类教学目标和不同程度的学生。

　　长久以来，多数讲师以自己的观点设计课程，专家则以专业领域的角度撰写教材，在未事先测试的情况下，他/她们都承担着"课程/教材与学生能力/需求不对称"、"教学成效不彰"的风险。其实，20世纪五六十年代不少设计者在开发编序教学课程的过程中即针对教学的流程和教材进行测试、修正。如 Scriven[14]倡导形成性评鉴的做法，使能在课程/教材开发阶段排除错误、不当活动/策略，以获得质量好、学习成效高的课程；Mar-kle[15]除呼应 Scriven 的主张外，也针对形成性评鉴和总结性评鉴（summa-tive evaluation，课程结束后再找缺点、修正错误）建议了一系列的做法，以协助提升课程质量/成效。20世纪70年代除美国军方持续采用、推广外，产业界发现教学设计模式有助于提升训练质量开始引进相关模式[16]，大学也设立类似教学改善中心的单位，协助教师使用媒体、改善教学程序和课程质量[17]，部分大学更掌握趋势在研究所层级开设教学设计课程、提供学位[18]。

　　相关概念和工具的开发，使教学设计模式趋于多样化与完整态样，据估计1979年底时已有超过40类教学设计模式[19]，而系统观和绩效科技的加入，使教学设计模式更完整。Silvern[14]曾提出系统分析的取向，期望能有效地解决问题，Banathy[20]认为系统是一群互相作用元素的组合，而Gustafson 和 Branch[21]则强调一个系统应兼具相关性（interdependent，无任一元素能独立于系统之外）、协同性（synergistic，元素经统整才能发挥出倍增的效用）、动态性（dynamic，系统依环境变化调整）与互联性（cy-bernetic，元素能有效地相互联系）等特质。此外，专业课程设计者也强烈感到企业将训练视为提升员工绩效的工具，但绩效不彰的原因却常与训练/学习无关，致使训练背负"无用"、"反效用"的"黑锅"。因此，将绩

171

效科技（performance technology）的概念整合于"分析"的阶段，对于辨识绩效问题和确认训练需求可达到双重的效益[22]。

20世纪80年代之后，教学系统设计模式（以下简称ISD模式）主体部分的发展应已定型（参阅图7-1），实际应用时HRD专业对于细节部分则仍有独特的处理方法（参阅图7-2）。而当信息/计算机科技盛行、组织学习和知识管理备受重视、企业经营环境变动迅速、学习成为竞争利器之时，教学系统设计的重要性虽仍受肯定，但也面临变革/调整的压力，以期能跟上光速的竞争时代。

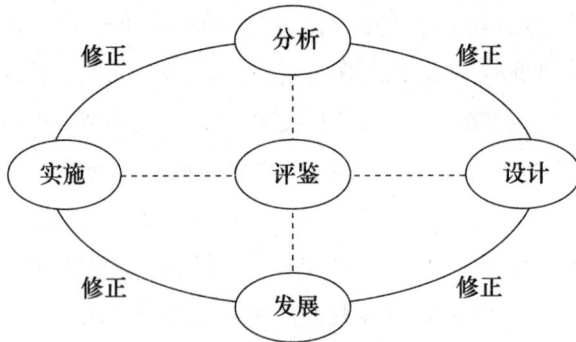

图7-1 教学系统设计模式的基本主体

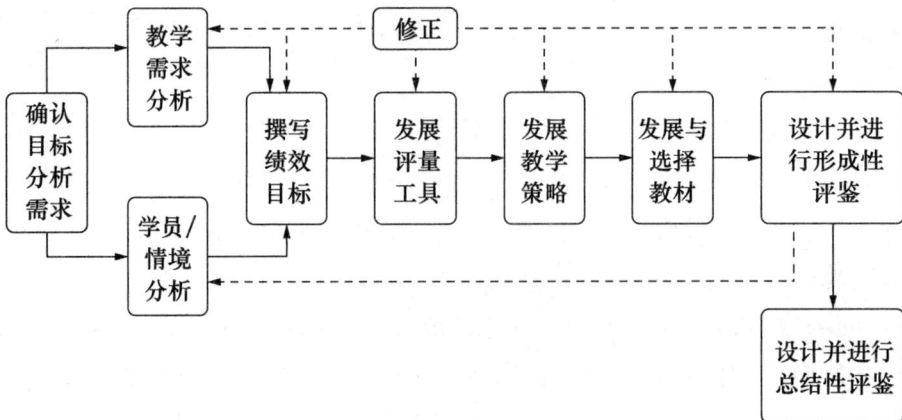

图7-2 Dick和Carey的教学设计模式[27]

172

7.1.2　ISD 模式的内涵与特质

　　ISD 模式的基本内涵包括分析、设计、发展、实施和评鉴五大项目/步骤，许多模式均有其特点，笔者在参考 Rosenberg[23]、Gagné 等[24]、Rothwell 和 Kazanas[25]、Desimone 等[26]、Dick 等[27] 的概念与模式后提出如图 7-3 所示的模式，各步骤简要重点如下：

　　（1）分析：以解决绩效问题为出发点，主要在于辨识训练与非训练问题，使其能"对症下药"、避免浪费训练资源、影响成员工作/训练意愿。分析的主要成果包括训练目标（学习成果）、绩效标准（结训后实际表现）与训练内容（重要的知识与技能）等。

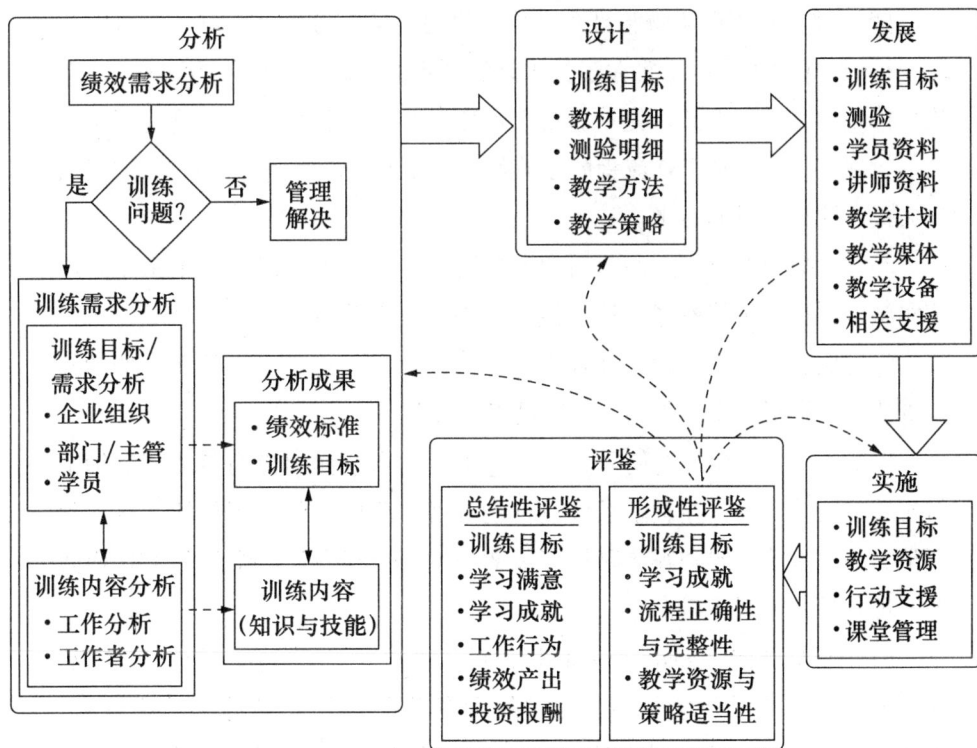

图 7-3　ISD 模式完整流程

　　（2）设计：承袭分析的成果，再确认训练目标，规划教材明细（主要内涵、类型、深浅、数量等）、测验明细（类型、范围、次数等）、教学方

173

法（活动、场地、媒体、互动性等）和教学策略（教学资源的最佳运用）等，并维持上述项目的一贯性和配适度以达成训练目标。

（3）发展：依据设计的成果，确认/订定训练目标，并完成各项测验/试卷、学员资料（教学大纲、教材、学习/生活信息等）、讲师资料（训练目标、绩效标准、教学大纲、教材、教学计划、教案、行政/生活信息等）、教学计划（讲师人选、训练目标、绩效标准、教案等）、教学媒体（投影片、影片、展示物品等）、教学设备（计算机、投影机、工具设备等）与相关支持（场地、设施、行政支持等）的准备，等待训练的实施。

（4）实施：这是一般学员最熟悉的部分，主要需确保教学资源（发展阶段所完成的事物）到位、顺利实施训练，而行政支持与课堂管理则需降低不当的干扰、妥善处理突发状况、增进教学质量，以达成训练目标。

（5）评鉴：依据质量管理和评价之目的，又分为两大类：

1）形成性评鉴：主要在于找出训练课程的优缺点，以作为课程和 ISD 流程修正的基础。因此，先检验是否制定适当训练目标、通过测验了解学员的学习成就、检视 ISD 流程的正确性与完整性、教学资源与策略适当性，作为提升课程质量的参考。

2）总结性评鉴：主要在于评量训练的成果/价值，以作为未来是否继续实施该课程的决策参考。故先检验是否达成训练目标，再测量学习满意度、学习成就、工作行为、绩效产出等[27],[28],[29]，并衡量训练所创造的经济价值与投资报酬率，作为对 HR 投资的参考。

以上为对 ISD 模式的简要介绍，将于相关章节详细说明各步骤的细节与相关理论。此外，在教学系统设计的发展过程中，曾受到传统训练、教育学、心理学等领域和媒体科技不等的影响，而观察目前常见的 ISD 模式可发现其具备下列特质[21]：

（1）目标导向（goal – oriented）：目标决定训练的方向、策略与成果，即训练目标需能反映学员、企业组织和资助者的期望/需求。除设计者、讲师和学员需明确了解训练目标外，设计者也需将目标贯穿于教学策略、教材、学习活动与教学评鉴中，以维持"目标→行动→成果检视"的一致性。

（2）注重可测量的学习成果（focus on measurable outcome）：学习成果不论是情意、动作还是认知，应有一套测量机制/工具协助学员与讲师了解学习成果和教学目标之间的差异，以砥砺学习动机或调整教学策略/步调、达成教学和学习目标。

（3）注重实际的绩效（focus on real – world performance）：企业处于严苛的竞争环境，自然期望成员的学习成果能转移、发挥于工作上，创造实际竞争力、绩效和 HR 投资报酬；学习绩效/价值也是企业评估投资于 HR 或其他生财设备的重要考虑。

（4）兼具经验与实验精神（empirical spirit）：ISD 模式中的分析与设计与 HRD 专业人员的经验密切相关，但每一步骤均需收集、解析实际的数据，再针对教学内涵进行调整、仔细地观察调整的状况与学习成果的变动。因此，ISD 模式不是闭门造车或摸石过河，而是依据实况调整、实事求是，方能确保教学目标的达成。

（5）团队努力的成果（team effort）：ISD 模式涉及相当多的专业知识，各步骤的进行也需花费相当多的人力/资源，由单一的 HR 专业人员统包将造成相当大的压力。因此，通过专业团队成员的分工合作，不仅能降低工时、确保各阶段和课程质量，也易于招募专业人员、整合企业资源、创造更好的 HRD 服务。

（6）以学习者为中心（learner – centered）：早期的教学模式多以讲师为中心，即讲师的知识专长、意愿与偏好决定了训练课程的目标与内涵。但现代训练的重点已转移为学员是否满足其需求、学员能否应用所学、学员能否提升工作效益/绩效，而非讲师有多杰出；学习者为中心的概念也避免了训练沦为讲师的"秀场"。

ISD 模式的优点在于简明、通过系统性流程以创造一定质量的训练课程，但没有一个模式是"零缺点"的，学术与实务界亦有些建设性的批判，以追求更好的教学设计模式。

7.1.3　对 ISD 模式的批判

较完整的 ISD 模式存在了近 40 年，实务出身的 HRD 专业学习应用 ISD，大学/相关系所（如工业教育、训练与发展、教学设计或成人教育等）也教授 ISD，ISD 几乎被视为对 HRD 专业领域的"圣经"[30]。长久以来，ISD 模式虽广获采用，用户也尝试增减其流程和细节以获得特殊效益，这证明"好东西不见得适用"、"高质量的事物需要付出相对的代价"，而曾是训练领航灯的 ISD 模式也需面对批判[30]：

（1）传统的 ISD 模式的流程缓慢且不够灵活：这是 ISD 模式最受批判之处，难以反映追求变革和速度的现代企业的需求，且流程管控的机制让 ISD 模式成为行政而非学习系统。而典型的 ISD 模式要求处处小心、层层节制、按部就班，看起来像是项目管理却与学习无关，最后自己将陷入官僚/繁文缛节的泥沼，无法自拔。

（2）传统的 ISD 模式易使人误入歧途：许多 HRD 专家（如 Gagné）曾致力于将 ISD 模式转化为教学科技（technology of instruction），期望当执行相关程序后即能创造出可预期/有效的学习成果。我们可将 ISD 模式视为对优秀 HRD 人员专业作为的解析，但若将 ISD 模式视为精密计算、严格执行的科技，并致力于将之发展为更精细、更强大的科技，则只是在流程上做文章（歧途），忽略了训练课程的原始目的与使命。

（3）传统的 ISD 模式易使人本末倒置：企业组织需要的是能解决绩效问题的方案，而训练也只是诸多方案中的一种而已！HRD 人员追求完美的 ISD 模式，奉为圭臬般地执行其程序，企图创造一个自认伟大的训练课程，不仅无法解决真正的问题，反而是本末倒置、制造了更多的麻烦！当确认学习落差是绩效问题的主因，训练又被列为解决学习落差的方案时，通过适当的 ISD 流程、创造有效弥补学习落差的课程，才是 ISD 模式真正的贡献。表面的模式与流程都不重要，关键是真正对症下药、消除病因、扎实的训练课程。

（4）传统的 ISD 模式隐含错误的价值观：现代工作的特质已从明确、固定转为模糊、变动，因此企业强调其成员应具备"积极主动、解决问题"的能力，而非如同机器人般只是听命行事。但传统的 ISD 模式隐含讲师是优秀的、学员是无助的，依据食谱（流程）就可以做出好菜（高质量训练课程），好的训练课程可以解决很多问题等迷思，这些迷思不仅使 HRD 人员陷入坚守 ISD 流程的困境，也使企业成员受制于固定的训练框架、流于顺从、放弃质疑和创意。

对于上述的批判，读者可能质疑 ISD 模式还值得学习吗？其实 ISD 模式清楚地引指出关键流程与重要细节，协助入门者了解、掌握完整的状况，在成为资深 HRD 专业人员之前，ISD 模式仍具有引导学习的价值。而面对新时代的挑战和上述批判，HRD 专业人员更要能调整对 ISD 模式的看法和操作模式，将焦点集中于"解决绩效问题"、以学员/企业为学习服务的核心、不拘泥于僵化的流程，才能走出迷思、创造价值/贡献。

▶▶ 7.2　HRD 侦探 I ——绩效需求分析

现今是一个"绩效挂帅"的社会，如国民看待政府的领导绩效（如物价、失业率等）、投资人评估企业的经营绩效［如每股盈余（EPS）］、家长看待学校的办学绩效（如升学率、满级分人数）、教育部评鉴大学的研究和整体绩效（如 SSCI 论文数、世界排名）、企业评断大学的教学绩效（毕业生能用好/用否）等。在职场中，绩效也影响个人的信心、声誉、薪资、福利和升迁机会（想想郭台铭和其他 CEO 挑选接班人的标准），而有趣的是，我们虽然很在意绩效考核的结果和影响，一般人却不太注意"绩效是什么"或"影响绩效的因素"，这也使我们在"绩效拉锯战"中处于下风。

7.2.1　绩效的内涵与特质

Nickols[31]与 Swanson[32]认为，绩效是"行为的成果"（outcomes of behavior），Ryle[33]则认为"行为不足以为绩效"、"成就（achievement）则可视为绩效的前身"，Gilbert[34]表示"绩效是有价值的成就"（valuable accomplishments）。Stolovitch 和 Keeps[35]认为绩效隐含"行为"或"执行"的内涵，且涉及"可达成/量化的结果"，而更重要的是，人们也赋予绩效不等的"价值"，因此，管理者也习惯从"绩效的价值"反推部属的行为和努力程度。从上述说明中，我们可了解绩效是"个人/团队努力的成果"、"该成果达到某层次的标准"、"该成果受到重视且被赋予主客观的价值"，此外，我们也发觉绩效仍存在一些不易厘清的细节：

（1）多元性：绩效具备多元面貌，即不同的关系人站在不同的立场时，他/她们所认定的绩效、标准与价值不一致。如传统上对企业经营绩效的认定，几乎是以财务收益（营收/盈余）为主，股东/投资人对 CEO

177

绩效的评断，更以股价或企业市值为依据，但 Kaplan 和 Norton[36],[37] 提出平衡计分卡（balanced scorecard，BSC）的概念，提醒管理者和投资人应从财务、顾客满意、内部流程和企业创新改善四大层面平衡地看待企业的绩效。此外，也有不少团体呼吁企业应尽到"社会责任"、保障"劳动人权"，增添企业绩效的指标。个人绩效的部分也不例外，企业常以产出/价值、行为和个人特质等层面考核个人绩效，而360°考核更扩增了评量绩效的基准。"横看成岭侧成峰，远近高低各不同"，同时点出绩效的多元性和辨识绩效问题时潜藏的争议。

（2）复杂性：个别成员是企业组织的一分子，其绩效主要受到个人特质、工作环境/情境、团队/人际关系和企业相关因素的影响（参阅图7-4），而各类环境外力亦影响企业策略、相关措施和整体表现（参阅第1章图1-1）；影响绩效的因素、因素之间的复杂关系常超乎我们的想象。一名出租车司机的每日所得（绩效）基本上取决于个人的努力（工作时间长短）、街道熟悉度、载客人次和运气等，但大众运输的便利性、天气（西北雨）、路况、车资计算标准、汽油价格、乘客意愿和经济景气等均能改变每日/每月（短期/长期）所得。又如航空公司的营运绩效基本上与其航线、机队、营运项目等密切相关，但Y2K、SARS、恐怖主义/劫机、空难、油价狂飙、恶劣天气等因素则每每重创航空业的营运，突来的危机搅乱了稳定的经营因素，更增加了绩效的复杂和变异程度。

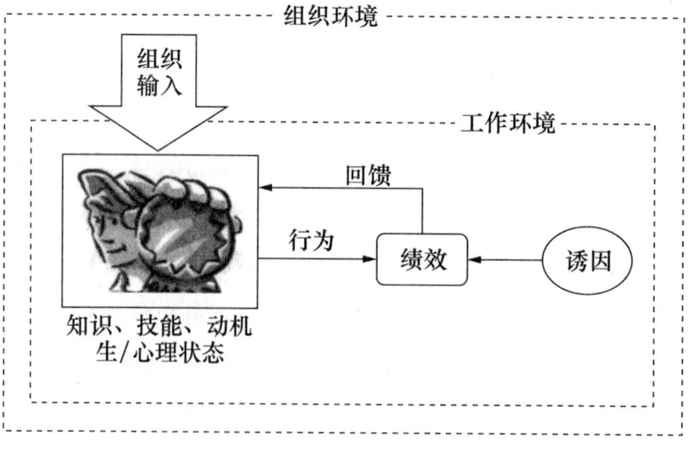

图7-4　个人绩效环境分析[43,44]

（3）变异性：这是一个多变的世界，天地万物的运行虽有常规，但却并非一成不变。地球曾经历炙热和冰河时期，现在适合人类居住，则因温室效应使全球温度逐年升高。近年来全球的气候忽而正常，忽而出现"圣婴现象"、"反圣婴现象"，造成台风、洪水、暴风雪等天灾。20 世纪 80 年代之前，美国汽车界一片荣景，日本汽车挟其较高质量、省油的优点抢占市场一角；2008 年时，省油、高质量的零组件已是汽车界的一般标准，而丰田汽车也逼近全球第一车厂荣衔（曾短暂取代美国通用汽车）。大学教授在民众、学生和学校的地位也改变了，不再高高在上、不再"一日为师、终身为父"，平常的考核要求研究、教学、服务和辅导并重，升职时除独看研究外，中国台湾地区中山大学甚至考虑第一阶段要纳入"学生对教师的评鉴"。除学术环境外，就业市场也有重大改变，因大学过度扩张致使研究所大学部化、专业证照逐渐成为各行业的入场券、关键绩效指标（key performance index，KPI）和变动薪制逐渐风行，不安定的派遣工作成为大学毕业生第一份工作，企业看待员工绩效的内涵、标准、考核工具也逐年调整。这个时代除了"变"，没有什么是"不变的"，这也凸显了绩效的当代（contemporary）内涵、标准和价值！

由于内部特质和外部因素的纠结，出现了一些似是而非的绩效迷思，认为通过某些作为即能有效掌握绩效，造成自我误导的状况[38]：

（1）努力至上论："要拼才会赢"但"拼了不见得会赢"，努力工作或许能获得好成果，但好成果不见得能成为好绩效！work hard 固然重要，更要能 work smart，但好绩效仍需要许多搭配因素（如时机、人和等）。主管鼓励新进人员时，可以暂时地将行为置于绩效之上，但要强调"努力≠绩效"、不要求盲目仿效绩优者的工作行为，要能找出自己的"成功方程式"，现实的职场终究是以成败（绩效）论英雄！

（2）知识有效论：认为具备知识即能获得好绩效，因此，要想获得良好绩效必须先拥有知识。前述的 work smart 是指"工作智能"，但"知识≠智能"（如具有丰富法律专业知识的美国纽约州长 Eliot Spitzer 因召妓被迫辞去州长一职）！知识仅是完成工作的基础要件，但其他个人动机、企业内外环境因素也有强大的影响力；一味鼓励员工发展/成长的企业，应正视绩效的复杂性和知识的有限作用。

（3）态度决定论：我们从外显行为推论个人的态度，态度则反映个人的内在价值观和动机。热诚、积极、朝目标努力的态度，常是企业甄选员工的标准之一，员工极力表现却不尽如人意时，一句"good try"、"意思到了"确实可安慰/纾解员工的沮丧，但到最后还是要靠"立下战功"、"达成绩效目标"才能建立自信、证明实力！年轻人喜爱台啤男篮标榜的"态度"，但光靠球员和教练的态度仍不足以压倒传统和新兴强队，建立霸业！

HRD顺利厘清绩效需求的原因之前，至少应先了解绩效的内涵与本质，使我们在扮演"绩效侦探"的角色时，能抓住关键线索的意义、解析线索间的关系，找出伤害绩效的元凶（当个称职的柯南）！

7.2.2　绩效问题的根源

自古至今，"提升绩效"常是管理者被赋予的重任之一（也关系着管理者自己的绩效），但过去对于绩效的解析常陷入片面、单方向的处理，忽略了系统结构（systemic）和系统性（systematic）的作用。因此，管理者所采取的适应措施常以表面的病症为对象，当病症稍有纾解或幸运地碰到"耗子"时，常误认为"已解决绩效问题"，但其实药不对症，问题的根源仍然潜藏。20世纪70年代开始，来自学术界和实务界的一群专业人士企图建立一套以系统和科技思维为主的模式，期望能较完整、精确地解析绩效问题，并提出有效的方案，此即绩效科技（human performance technology，HPT）的起源。

Mager和Pipe[39]以HPT的概念为基础，认为个人的知识技能、诱因/激励和环境障碍均能影响其绩效，并通过层次性分析的模式解析绩效问题的根源、提出对应的解决方案。Harless[40],[41]则以Mager和Pipe[39]的概念为基础，开发前端分析（front－end analysis）模式，并强调避免先入为主、急于应用"训练"解决绩效问题。Gilley和Maycunich[42]认为，绩效与报酬/诱因脱节、管理者失职（未明确交代部属、未给予回馈）为绩效问题的主要根源，简建忠[43]则认为工作者生/心理状态亦足以左右其绩效。整体而言，在企业环境中绩效问题的主要根源为：

（1）个人欠缺适当的知识技能（lack of skills/knowledge）：当个人出现不会做、做不好，即使生命受到威胁（遭枪抵住头部）也做不好的症状时[39]，很可能是他/她欠缺适当的知识技能：

1）从未学过：从未学过钢琴，极可能弹不出正确音符；从未学过驾驶手排车，极可能开不出停车场；从未学过骑单车，极可能踩两下就摔倒；从未学过素描，极可能画出四不像的画作；从未学过微积分，工程数学极可能考得很差；从未学过日文者，极可能念不出五十音。我们的人生经历中从未学过的知识技能很多，遭遇相对状况而无法有好的表现，是非常正常的现象！

2）学得不够扎实：我们曾经学过很多知能，但学习过程中的诸多状况使我们不了解知识与技能全貌、一知半解或欠缺实际演练/应用的机会，到要拿出真本事时，常不知所措、处置错误。医学院学生要经历专业课程、大体解剖、实习、国家考试、住院医师等过程，才能串连片段知识、全面了解人体/器官、做出较正确的诊断，"半桶师"是会出事的！

3）没有熟练的机会：学习过的知能需要充分的练习（特别是技能），才能熟练技巧和程序、将其内化（从生手到达人）。因此，我们勤背九九乘法表、勤做数学练习，外科医师勤练刀法、缝合技术，新任机师先操作模拟机、通过测验、累积足够的起飞/降落经验，歌手反复地练唱、乐师每天勤练，危安特勤人员要常练枪法等都是"台上一分钟，台下十年功"（过度学习）的例证。过度自信展现未经熟练的知识与技能时，出糗的机会也大增。

4）知能荒废太久：人类的脑部和肢体的记忆总会衰退，即使曾为达人，在未能唤起长久记忆、熟练僵硬/生锈的知识与技能之前，极可能表现不如人意。因此，职业高球选手每天要练挥杆、推杆，射击选手每天要举枪、瞄准练习，射箭选手每天要拉弓、放箭、熟悉各种感觉，以维持一定的稳定性、熟练度和敏锐感。每当知名的退休球星、歌手复出或演出时，必定得练习基本动作，重拾以往熟悉的知识与技能，否则受伤害的必是自己。

5）人—工作的错置：员工虽具备相当的知识与技能，却将其置于知识与技能/经验不对等的工作或职位，致使其再努力也无法达成绩效要求，或大材小用/学非所用、得不到应有的成就感。如将明星推销员擢升为营销经理，却不顾及内外勤工作性质的差异、管理职能的培训，常造成"难以胜任"的情况，只得选择回任或离职；景气低迷时，常有大学/硕士生以高中文凭报考公务机关基层职务（如工友、司机），考上后又自觉委屈，主管/首长也难安排适任的工作，造成个人和组织资源的双重浪费。

（2）工作环境中的各类障碍（environmental restrictions）：人并非存活于真空中，他/她的行为和绩效受到外界环境诸多因素的影响，当工作环境中的人、事、物未能紧密、和谐地配合个人的努力时（没有知识与技能不足的问题），将限制个人绩效的发挥：

1）实体环境的干扰：几乎每个人都希望有个舒适的工作环境，但当遭遇温度（燥热、低温）、声音（噪声）、照明（亮度不足）、振动、空气质量（粉尘、臭味）、空间（无障碍设施）、过多电话/电邮/会议等因素的影响时，可能降低个人的生理动能或行动自由，致使降低工作成果/绩效。工作虽有其特殊的环境，但排除不必要的环境干扰则有助于员工凝聚心神、专心致力于工作事务。

2）不够精良的工具/设备："工欲善其事，必先利其器"，厨师必自备刀具，音乐家希望以好乐器演出，歌手要求高传真的影音设备，F1赛车手希望驾驭最高性能的车辆，消防队员则需配备防火衣、氧气面罩，以能达成合乎目标的绩效。功能不彰的工具/设备除降低工作者的绩效外，也会破坏工作者的情绪、分散专注力、损耗精力，甚至危及工作者的生命安全。

3）不当的工作流程：设计者常以工程/科技、安全、流畅、便利或防弊的单一角度规划一项工作最初的流程，但当时境变迁、采用新科技后，却仍能维持早期的工作流程，以致束缚个人和整体的绩效。如企业常反映许多政府的申办业务耗费时日、需盖一大串的章、询问不同的单位，又不易得到满意的结果。因此，部分机关简化流程、筹设单一窗口、马上办中心，让民众感觉得出政府雇员的绩效。其实，20世纪90年代初期企业改造（reengineering）的重点在于砍去无谓、可由信息科技取代的流程，以新流程解放员工的努力、创造更高的工作价值。

4）绑手绑脚的规章/制度：企业组织都有自定义的规章，而规模越大、架构越健全的企业其规章/制度也就越多，最后形成一个知觉与行动缓慢的"官僚体系"，以及诸多适应此体系的便宜措施/巧门。如公务机关需遵照"政府采购法"的规范（单价、总价、公告日期、采购流程等）采购商品、服务、劳力或建筑，但严格依法执行者常仅能买到昂贵、质差，又不合乎采购时效的商品，且经常受到使用单位的抱怨。变通者则是切割采购金额、压缩公告时间、事先寻妥配合厂商等做法完成任务，但却游走于法律边缘、陷自己于不义。企业应定期检视并通过员工申诉/建议管道发掘束缚员工绩效的规章制度，有效率地引导员工的工作成果。

5）欠缺团队的支持/支持：现代企业同时强调专业分工和团队合作看似冲突的理念，但专业分工是追求个人的完善，团队合作则是追求整体的完美！因此，高效能的计算机除应有超高指令周期的 CPU 之外，还需要稳定的电源供应、良好的散热处理、完善的周边，更要有能发挥整体能力的优秀软件；被誉为车神、七度拿下世界冠军荣衔的 F1 赛车手 Michael Schumacher 很清楚，单靠自己而无 Ferrari 专业团队的支持，恐怕连单站冠军都拿不下；财经界许多知名的分析师也了解，若无庞大的专业研究团队为后盾，不可能成就"明星分析师"，想跳槽时也会优先考虑新东家在团队支持的承诺；即便是篮球大帝的 Micheal Jordan 也需要 Scottie Pippen 的支持！缺乏团队的支持，个人难以在现代的职场创造出好绩效、立下大战功（笔者也需要编辑团队的协助）。

（3）欠缺适当诱因/激励（lack of incentives）：从认知理论（cognitive theory）和期望理论（expectancy theory）的观点，个人的工作动机（M）=期望（E）×价值（V），即个人认为"努力工作有助于获得好绩效"且"好绩效有助于获得想要的报偿"时，他/她会投注心力、努力工作。当出现下列状况时，即使工作者能做也无环境障碍，他/她却可能选择怠工、放任绩效下滑（不想做好），以示无言的抗议：

1）努力未带来好绩效：绝大多数人想努力做好工作，并从工作成就获得自尊与自信。但若工作成就未能获得认同、未能转化为好绩效（如与企业策略脱节、不合乎绩效的层面或行为/努力方向错误、绩效被主管/同事侵吞等）时，工作者情绪将受到打击，暂时或较长期地保留其生产力，造成低工作成就与低绩效。

2）好绩效未获奖励：当好绩效被视为理所当然，绩效稍差者也未受到任何惩处时，绩优员工除自尊与自信（内在推力）受损外，欠缺实质激励（外在拉力）将降低他/她们的工作热诚和生产力、质疑主管/企业公平性、甚至离开企业。当威盛电子自 2004 年开始连续两年亏损，依法员工不得分红又欠缺弹性的薪资时，（绩优）员工自然情绪低落、无心工作，反更积极地寻求其他出路。

3）不对价的奖励：员工虽因好绩效而获得奖励，但奖励的价值偏低、奖励不对员工胃口或奖励带来意料之外的困扰时，员工会压抑其生产力/绩效表达不满。如蓝光LED发明人中村修二因不满日亚化学工业仅给予少数的研发奖金，却独占所有专利权所衍生的利益，愤而向东京地方法院提出起诉，最后获得约800万美元的和解金。又如，企业常认为"金钱是最好的奖励"，对需要钱的员工当然没问题，但对拥有许多高价股票的科技新贵、健康饱受摧残的资深人员，两个星期以上的长假可能才是他/她们需要的。当企业选派绩优员工长期受训国外，却无法支付家属随行的费用，或仅送员工个人套装旅游行程，却要员工再支付配偶的费用时，都让员工觉得公司"为德不卒"。唯有对味、对价的奖励，才能让员工继续创造高档绩效。

4）努力工作却换来变相的惩罚：能力越高强的员工，主管越是交付其重要的任务，工作压力逐渐升高；表现特别优异者，则常遭同事嫉妒、排挤，难以容身；积极查缉犯罪的检察官常遭高层关切，明升暗降，调任闲差，有志难伸；公务机关中亦常见能者多劳，平庸者悠闲度日、建立人际关系、读书考试，十年之后差异立现（平庸者通过考试）；绞尽脑汁提出建议者要承担执行失败的风险，闭口不言者却是"不做不错"，甚至冷言批评。当努力工作者发觉需要独自背负工作以外的代价与风险，又得不到主管/企业的援助时，多数人将选择冷却热诚、降低生产力和绩效，形成双输局面。

（4）工作者生/心理状态（physiological/psychological conditions）："人"是执行工作的主体，但人总有高低潮（2007年球季时王建民虽获19胜，但季中与季后赛时均曾被打爆）！当个人生/心理状态未达理想状况，即使能做也愿意做，又有适当的激励，个人的生/心理状况也将限制绩效的发挥。

1）自然的老化：老化是极自然的过程，人于壮年之后记忆力、体能、视力、耐力、反应等均逐渐退化，对知识工作者的影响或较少，但对于执行耗费体能、激烈竞争、高精密度工作者而言，老化的生理机能无法支持个人达成绩效目标。许多运动名将到达一定岁数、发现力不从心时，即使再不愿意也只好急流勇退、宣告退休。不过营养和医疗的进步让"老化≠绩效衰退"，企业亦可通过工作再设计、职务调整、提供省力机具，维持资深员工一定的工作绩效。

2）未获得适当的休息："休息是为了走更长的路"，劳基法规定每日/月的正常和加班工时的限制，即是让劳工的身体和精神能获得适度的休息，以应付工作的需求。人在长时数持续工作、欠缺必要的休息时，疲惫的大脑会降低生理和感官机能，不仅降低工作绩效，更极易造成职场灾害。许多国道客车驾驶员反映被迫严重超时工作，即使喝再多的红牛、嚼槟榔、吸食兴奋药剂，也无法安全驾车。美国汽车厂的非正式研究发现周休或连续假期隔天的产品的品质偏低，MLB 投手休息天数不足易吃败仗，均证明"人不是铁打的"，适当地休息后才有充沛的心力继续努力。

3）心理/情绪的困扰：现代职场步调加快、压力增高，没有订单时要抢单、担心失业、缴不出房贷、子女学费，订单/产能满档时又需赶工、加班，深怕质量不良/延迟出货。工作投入过多心力时，自然会忽略个人健康、家庭生活、亲人关系，而当无法妥善适应职场和家庭的需求时，极易造成心理/情绪的困扰，躁郁、焦虑、忧郁等负面情绪则更进一步形成对身体的压力，降低员工生理机能、专注力和工作绩效。工业/制造业时代强调肢体安全和健康的环境，服务业/后工业时代则更注重心理的健康，有健康、快乐的"心"才能发挥战斗力。

上述的每项"病因"都有特别的症状，但个人的绩效问题常来自"多种且纠结"的病因！基于协助自己与他人的立场，我们应学习解析绩效问题根源的复杂关系，避免头痛医头的"锯箭式"处理法、努力找出真正的病因、投之以相对应的处理措施，才能务实地解决绩效问题。

7.2.3　绩效需求评析

了解绩效问题的可能病因和症状很重要，但还需要一份地图/工具协助我们发掘绩效需求、提供解决方案。Mager 和 Pipe[39] 提出可能是最早的绩效需求评析模式（参阅图 7-5），通过系统化的流程处理，探索绩效问题可能的根源与适应措施。Mager 和 Pipe[39] 模式的优点在于简明、易懂，但因以个人为分析的重点，较缺欠系统观或组织环境/情境部分的探讨。Stolovitch 和 Keeps[35] 则将内外环境因素纳入其模式，企图提供更全面性的绩效分析架构，并期望通过工程/科技的思维以有效地"调校"个人绩效（参阅图 7-6）；但 Stolovitch 和 Keeps 的模式过于概念化，实际操作时不易着手。笔者基于过去的研究与整合他人模式，提出绩效需求评析模式（参阅图 7-7），说明如下。

185

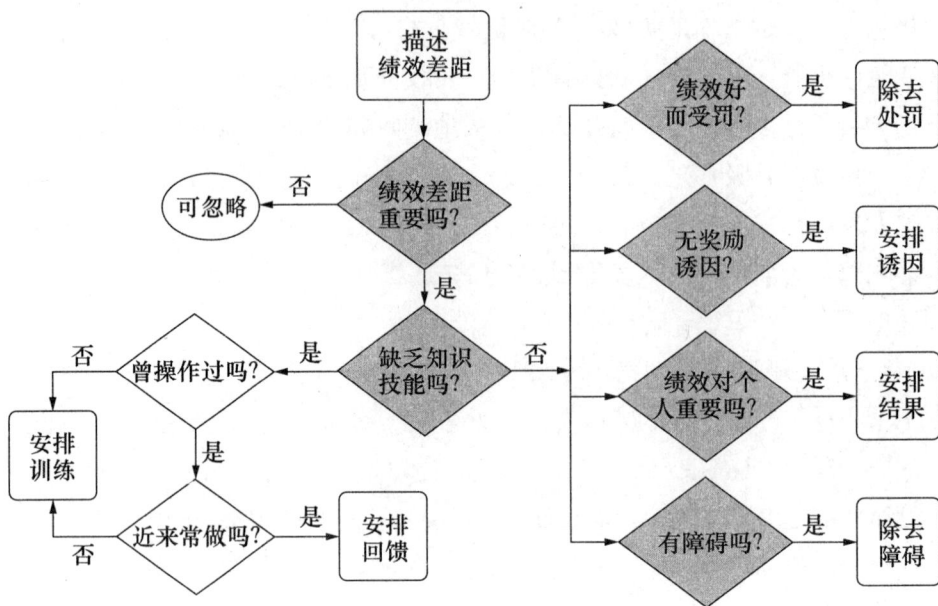

图 7-5 Mager 和 Pipe 的绩效分析模式[39,43]

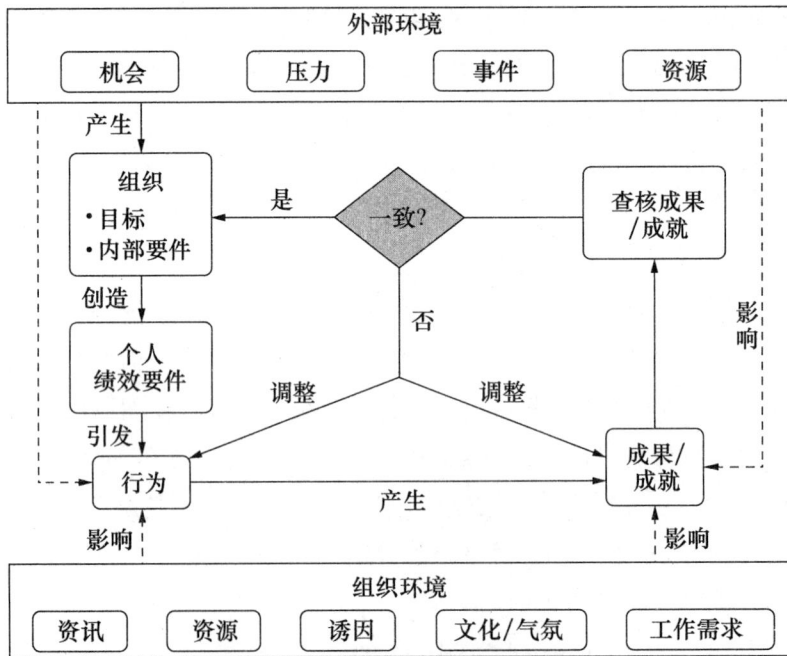

图 7-6 Stolovitch 和 Keeps 的绩效系统[35]

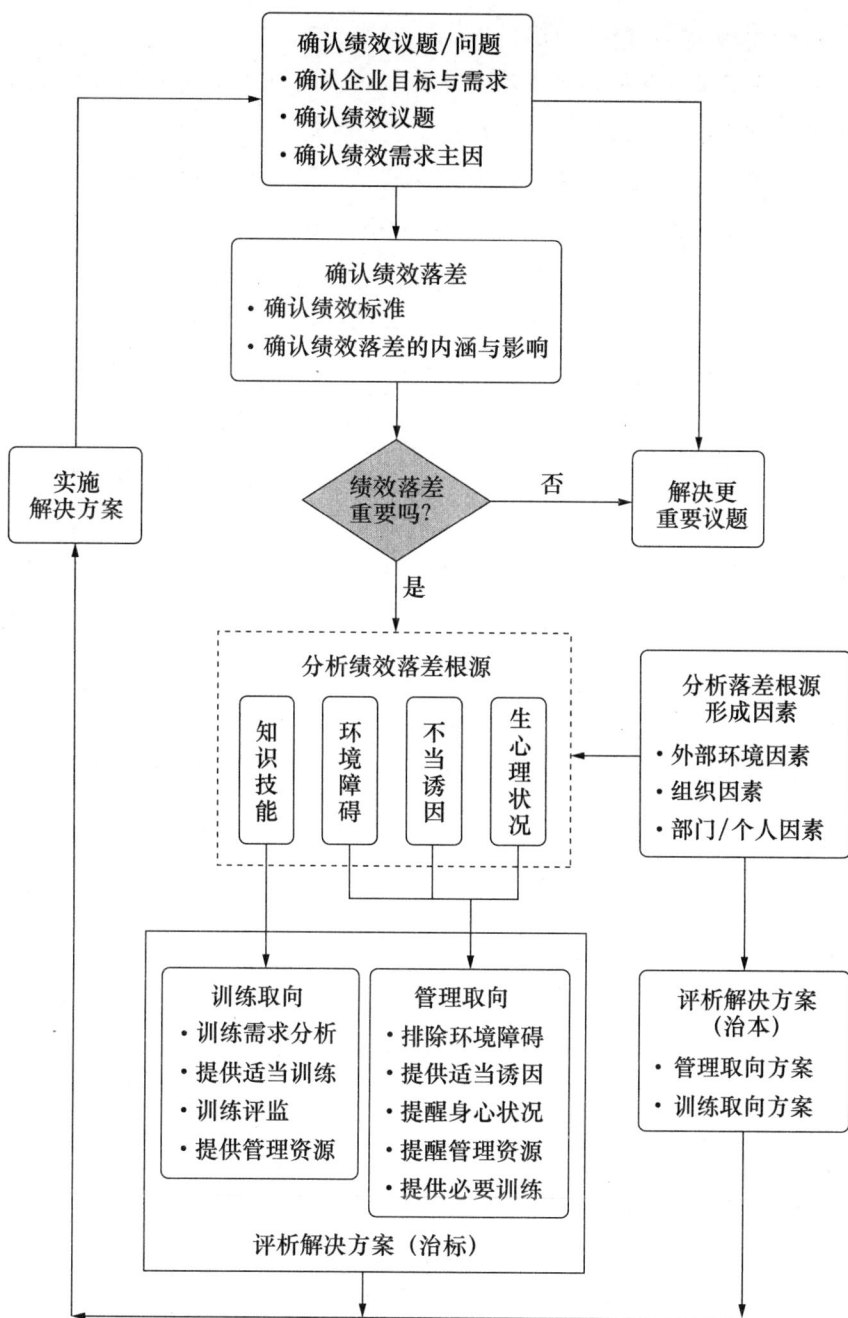

图 7 - 7　绩效需求评析模式

7.2.3.1 确认绩效议题/问题

此步骤的重点在于确认绩效议题的本质，及与企业目标/策略的关系，并决定继续探索绩效落差的原因或将注意力转向"更重要的议题"。

（1）确认绩效议题本质：绩效议题通常是引人关注的负面事件，如产品遭客户退货；光盘大厂中环的营业额/市占率高，亏损也高；Nike 的代工厂剥削劳工；Reebok 自中国进口含铅量过高的手镯导致一名 4 岁儿童中毒身亡；日本雪印乳业产品使用过期乳品再生制造新产品；华航几次的空难；中国台湾地区高铁营运初期的高当概率订票系统；中国台湾地区地铁车票站名未加英文附注等。企业需尽快辨识负面事件（绩效议题）的本质是属于天灾还是人祸、哪些部门的权责、值得继续探讨吗？当绩效议题的"真正本质"获得确认、共识之后，才能凝聚资源、讨论后续事宜，否则企业能量将遭分化，难以解决事件本身以及所衍生的一连串问题。

（2）确认企业目标与需求：企业的使命/目标是所有成员的最高指导原则，因此，我们要重新检视企业目标与绩效议题之间的关系，如是否为目标的一环、目标中的位阶、目标的方向性、对目标达成的影响等。如中环光盘的高市占有率应带来高营业额和盈余，此与企业目标应一致，但每片光盘需付出权利金，光盘售价又因竞争对手持续扩大产能而遭压低，致使中环董事长翁明显虽深知市占率的重要性，但与其成为"亏钱的第一名"，不如是"赚钱的最后一名"，即权利金的支付应用于较高单价的产品，才能发挥出创造利润的效果。

（3）确认绩效需求主因：发掘"企业应否重视绩效议题"的关键因素，其中包括企业存亡、法令规范、企业形象、顾客满意、盈余亏损、员工向心力等。如"Nike 代工厂剥削劳工"关系企业形象与盈余亏损；"雪印乳业丑闻"关系法令、企业形象、顾客满意等；"中国台湾地区高铁订票系统"牵涉企业形象与顾客满意；"华航空难"则关系法令、经济损失（巨额赔偿/高额保费）、顾客信心、企业存亡等要素。

7.2.3.2 确认绩效落差

此步骤的重点在于更进一步地判断绩效落差的影响，以及放弃或解决绩效落差的决策。

（1）确认绩效标准：找出特定绩效议题的标准，此标准可能来自于法令规范（通常为低标准）、产业界（不等标准）或企业自定义。如空难的标准应为"零"，订票系统的便利、安全、稳定等指标，代工厂的劳动条件应比照当地或国际劳动标准，产品应不含铅及其他有毒物质等。部门员工则可针对生产力、出缺勤状况、客户满意/抱怨或工作行为等订定不同层次的标准。企业可参考相关的绩效标准，并自行订定"有意义的"标准（可能超严格或超低标），作为衡量绩效落差的依据。

（2）确认绩效落差之内涵与影响：测量企业或个人实际的绩效、确认绩效落差（实际绩效与绩效标准的差异）。若无落差或超出绩效标准，则可继续观察或将重要资源投注于其他重要议题；若低于绩效标准则可从三个层面考虑是否采取积极行动[35]：

1）绩效落差的幅度（magnitude）：指与绩效标准的纵向差距，以及部门/个人绩效落后的普遍性（横向）。

2）绩效落差的价值（value）：指绩效落差对企业/部门在达成目标、执行策略企业形象或经济效益等方面的价值（最后常转化为大家最熟悉的金钱）。

3）绩效落差的迫切性（urgency）：指若不积极采取行动时，绩效落差爆发负面影响的时间远近、影响的程度和层面，即是否会致命或造成难以回复的重伤害。

7.2.3.3　分析绩效落差根源

即依据绩效落差的状况和各类的"症状"，分析、找出造成绩效落差的可能原因（请参阅"绩效问题的根源"之说明），这也是绩效需求评析最关键、最复杂的部分！

7.2.3.4　分析落差根源的形成因素

"事出必有因"、"冰冻三尺非一日之寒"均可用于探索为何会出现绩效落差（症状）和绩效落差根源（病因），而深入了解绩效落差根源的形成因素不仅有助于规划未来的解决方案（治标），也能通过组织目标、策略和结构的重整，自根源拔除最原始的病因（治本）。

（1）外部环境因素：如经济景气、全球趋势、人力结构、劳动市场、政治纷扰、法令规范、科技发展、天灾地变、战争/竞争、产业变迁、原物料价格等，外部环境因素通常影响巨大且不易消除，企业多仅能审慎观察、预做准备。

（2）组织因素：如使命/目标/策略的制定、历史/文化/组织气氛、组织规模/架构、规章制度、主要产品/服务、竞争优势/资源、创办人/高阶主管价值观、领导风格、权力结构等。历史越悠久的组织，其内部因素也越陈旧、复杂，而任一组织因素的变动常涉及成员的权益或企业形象，除非遭受重大打击/干预，企业通常小部分、缓慢地调整（甚至不调整），以免引发重大争议；若调整成功，则能扫除沉疴，恢复健康。如 Jack Welch 于 1981 年成为 GE 第八任执行长，在 GE 的 20 年间大刀阔斧地将人员自 42 万人裁减至 23 万人，卖出或关闭 160 亿美元的奇异代表性事业，也买进 460 亿美元的新事业，各事业部厉行组织扁平化（将 9~11 层减至 4~6 层），以适应新时代的潮流和挑战；Welch 的努力也使 GE 自 1993 年开始高居美国企业市场价值榜首，1997 年时成为全球企业市值冠军。一般而言，组织中的部门或成员常常难以抗拒企业在重大组织因素的调整或影响。

（3）部门因素：如在组织的位阶/功能/领域、部门文化、规模、价值/贡献、部门主管价值观/管理风格/人际关系等。部门位阶/功能通常呼应组织策略与结构，而部门主管的质能/职能常决定该部门的成败，特别是他/她对于属下的引领、监督、教导等层面，更影响属下绩效的发挥与改善。

（4）工作因素：如工作的目的、重要性、流程、复杂度、专业知能需求度、团队合作依存度、环境特性、机具设备等，部门主管也较能掌控此部分的因素。

（5）个人因素：如个人的专业知识技能、一般知识技能、个人特质/价值观、人际关系、对工作/部门/组织的了解等。个人虽应了解自己的特质，但并无法完全控制自己的行为/表现，有时通过同事或主管的协助，也许能抓住改善自己与绩效的契机。

7.2.3.5 评析解决方案

依据绩效落差根源与形成因素，评估相关方案的成本效益，建议改善绩效的措施，其中又分为治标与治本两大类：

（1）治标的解决方案：其重点在于解决绩效落差的根源，又可分为：

1）训练取向方案：重点在于解决知识技能的落差，可通过训练需求分析以提供适当的训练课程，并通过训练评鉴以确认学员的学习和应用成果（确实弥补知能落差）。不过，个人知能落差有时亦可通过提供回馈、职务调整或提供必要资源等管理来解决。

2）管理取向方案：重点在于解决"非知识与技能"因素的落差，可通过排除环境障碍、提供适当诱因/奖励、提醒/关注员工身心状况、提供管理资源或职务调整等管理手段处理此类因素。同样地，也可通过训练机会进行双向沟通、协助成员关注自己和周边情境因素，通过建议或申诉制度提出管理面的改善意见。

（2）治本的解决方案：其重点在于解决"绩效落差根源"的形成要素：

1）管理取向方案：主要在于调整组织、部门和工作层面的因素，以及通过适当的职务调整，保持较高度的人—工作配适度，让软硬体资源的综合效益得以发挥。

2）训练取向方案：主要在于协助全体成员凝聚共识，具备面对变革的积极心态，拥有顺利执行任务的知识与技能。

7.2.4　绩效需求评析资料搜集方法

绩效需求评析就如同进行一项研究（不要慌，我们每天都进行一些不同严谨程度的研究，如三餐吃什么、下班去哪里联谊、购买 3C 产品的比较或股票/基金的评比等），因此，相关资料的搜集与分析扮演了重要角色。绩效需求评析常见的资料搜集方法如下：

（1）阅读/整合现有数据：企业内部如组织章程、会议记录、产销记录、员工/顾客抱怨、差勤/生产力报表等数据与企业或部门绩效较有关系，而员工/顾客抱怨、差勤/生产力报表、绩效考核、个人差勤/生产力数据、参训/人力盘点资料等则和个人绩效需求较密切。整合与分析现有数据有助于我们掌握绩效需求的重要信息，不过确认数据源与有效地萃取数据内涵是关键。

（2）观察法：观察既是人类极其重要的学习能力，也是运用相当广泛的资料搜集法之一。通过观察与记录个人的工作情境、行为、内容、程序、成果与人际互动等信息，有助于发现造成绩效落差的可能原因。观察又分为公开观察（overt/obtrusive observation，被观察者事先已被告知）和隐秘观察（covert/unobtrusive observation，被观察者不知自己为观察对象）两类，也可利用摄影器材进行观察，不论何种观察方式均需获得主管同

191

意。观察前应先设定重点项目或特殊行为，以免模糊焦点或毫无所获；较不适用于知识性的工作（多为内隐工作行为），是观察法的限制之一。

（3）访谈法：通过对于当事员工、主管与其同事的访谈，可获得最直接而丰富（个人看法、传闻轶事、肢体语言等）的数据，经适当的规划亦有助于验证不同数据的正确性。访谈前应先列出适当的访谈对象与拟定相关问题，以获得完整的数据。

（4）问卷/量表调查：观察与访谈虽能探索较深层的资料，但亦耗费相当多的人力与时间，问卷/量表调查则较节省资源、一次搜集较大量资料（但不易深入）。在绩效需求评析中，问卷调查较适用于搜集多数员工对企业/主管的看法、态度（如满意度、向心力、组织承诺等）或建议，但应配合适当的统计分析，以找出数字背后的意义。

（5）实地体验：上述都是较客观的资料搜集法，但必要时分析者亦可"实际执行/参与"相关工作，以验证数据正确性或体会工作/情境的特质（难度、压力、体能负荷等），或更能判断真正的绩效需求。

上述的资料搜集法各有优点与限制，实施时应尽量采用至少两种方法，以避免数据的偏误或不足。

绩效需求评析的核心在于能明确区分绩效落差的根源与更深层的"落差根源形成因素"，协助管理能确认病因后再施予解决方案，以避免药不对症、加剧绩效落差的困境。上述的评析模式适用于企业层级（但相当复杂），也适用于部门和个人层级，而经费或内部权力结构仍是企业或部门主管是否愿意解决绩效议题的关键。至于结构性的根源或形成因素常难以解决（不是所有问题都需要解决/都能解决），也许时间、环境与人的条件正好成熟时，问题便迎刃而解。

HRD 知识库

全民公敌

网络上流传"猪的绩效"的漫画，描述一只能抓鼠、牧羊、拥有超级知识与技能的猪，但最后泪眼汪汪抗议"为何要宰我"时，主人只淡淡地说："因为我想吃猪排"。2009 年初台积电以绩效不佳为由解雇员工，遭解雇员工组自救会向劳委会、张忠谋陈情，经内部调查之后，张忠谋以台积电使用绩效管理发展制度（PMD）不当为由，温馨喊话邀请员工回任；回任员工约三成，而原总执行长蔡力行则转任新事业总经理。2009 年 6 月的股东会议中，王雪红到"获利王"宏达电主持会议，气氛一片祥和，而陈文琦则在威盛股东会议中因 2008 年亏损 79 亿元、拿不出转亏为盈的时间表而遭连番炮轰、道歉十余次，夫妻两人的所获待遇形成强烈对比。猪、基层员工、股东和高阶主管一时之间似乎都成为绩效的受害者！

多数上班族希望能有稳定的工作与收入、升官发财（升迁、加薪、奖金），但"绩效"是这个卑微心愿能否达成的关键因素。自然界有生物链，产业和企业经营有厂商供应链，企业中则有"基层员工—主管—高阶主管—CEO"的绩效链，即基层员工的绩效靠自己、一般主管的绩效靠基层员工、高阶主管的绩效靠一般主管、CEO 的绩效靠高阶主管；所有人的前途/钱途都被绩效"链"住了。企业绩效好时，大伙都因分红而高兴；企业绩效差时，轻则减薪/无薪假，重则资遣，大伙都遭殃。因此，协助基层员工/主管自主地分析绩效落差原因、管理个人绩效，应是值得投资的做法。

对基层员工而言，造成他/她绩效不佳的原因相当多，个人部分主要为知识技能不足、欠缺回馈意见、人—工作不适配（不喜欢或根本是烂工作）、意愿/动机不足（个人困扰或企业激励不当）等，企业部分主要是未给予适当训练、职位安置不当、激励措施不足/不当、产品/企业声誉不佳等，大环境部分则有经济景气荣枯、社会价值观、政策等因素。以绩效考核 SMART 原则［包括 specific results（特定成果）、measurable（可测量的）、attainable（可达成的）、relevant（与工作相关）、time specific（限时达成）五项］为基础，配合丰田的"五问"，能有效协助个人/主管以剥洋葱的方式逐层、逐面切入绩效问题的核心。剥洋葱时所释放出的催泪物质固然令人难受，但用洋葱所烹调出的美味也令人垂涎，亦即绩效自主管理的关键在于先"真诚面对自己"、"承认个人的弱点/缺失"，才能找出适当的解决措施、提升绩效，享受绩优工作表现的果实。

对抗绩效不彰最怕的是员工和主管都认为"受训"就可以找回绩效，但没弄清楚原因、目的、目标就猛练，不仅无助于提升绩效，反而戕害员工身心。部分阴谋论者指出，中国台湾地区一些著名旅日棒球选手（如吕明赐、张志家、林英杰、林恩宇等）就是遭遇"瓶颈"而被日籍教练莫名其妙地"效率"的，王建民还好有找出病因（臀部内转肌发炎），球团也给予支持，才逐渐恢复中国台湾地区民众对他的信心。

7.3 HRD 侦探 II——训练需求评析

当医师确认"病灶"之后，必须依据病患整体的身心状况，施予最适当的手术和药物，协助病患恢复健康。而当确认"知识技能"或"认知/心态"是绩效落差的根源，且训练/学习被列为解决绩效落差的方案时，HRD 专业要努力的是综合考虑人、工作和环境的因素，自行开发或外购适当的学习服务，协助改善绩效至令人满意的标准；上述"综合考虑"的程序即是"训练需求评析"！简单地说，训练需求评析主要找出"谁需要训练"、"他/她们需要学习什么"、"应学习和表现的层次为何"等有助于规划/设计适当训练的重要信息。

7.3.1 训练需求评析

HRD 专业人员除了解利益相关人对训练的需求外，也需掌握参训人的学习特质（使能因材施教）和工作重要信息（训练教材的核心），以作为训练设计的重要参考。

7.3.1.1 利益相关人需求分析

找出"期望训练所能满足的效益"，分析的对象虽以学员为主但应包括企业负责人/高阶主管和部门主管（主要的资助者），分析重点则涵盖上述对象所追求的训练效益和特殊的要求/限制（参阅图 7-8）。

（1）企业（负责人/高阶主管）的需求：训练是否能提升绩效、协助企业策略的执行和目标的达成，通常是企业最重要、最具决策性的需求。因此，绩效与训练目标、训练应涵盖的部门和人选/人数、课程/部门/人选的优先序列均是需求分析重点。此外，相关资源（如经费、人力、时间）、重要限制（如时限/时段、地理因素）和特殊偏好（如训练方式/地点、讲师人选、高阶主管参加与否等）亦应纳入资料的搜集。值得注意的是，企业的训练需求常具有指导性与优先性，不容挑战与忽视。

（2）部门主管的需求：部门主管的训练需求主要为绩效与训练目标、课程/训练方法/人选的优先序列，以及训练实施的时间/时段、地点与参训人数等可能影响部门执行业务的细节等。当然，部门主管的需求不得抵触企业需求。

（3）学员的需求：学员的训练需求主要为训练课程（少数人会强调绩效或训练目标）、训练实施的时间/时段、地点等较可能会影响工作和家庭生活的因素。学员需求的位阶虽然最低，但对于训练成果却常具有实质的影响，HRD 专业需审慎考虑/纳入这些直接客户的需求。

7.3.1.2　参训者特质分析

此部分的分析有助于确认参训者群体、参训者与绩效/训练的关系，以及可能影响学习成效的个人特质等[44]。

（1）学习层面特质：主要包括一般/专业知识技能、学历、类似参训经验、学习类型/偏好（learning preference）、参训动机、参训期望/目标等与学习准备（learning readiness）和课程目标/内涵直接相关的特质等。

（2）其他个人特质：主要包括性别、年龄、经历/资历、健康/生理状况、价值观/宗教信仰等与课程间接相关，但会影响课程进行与学员互动的因素。

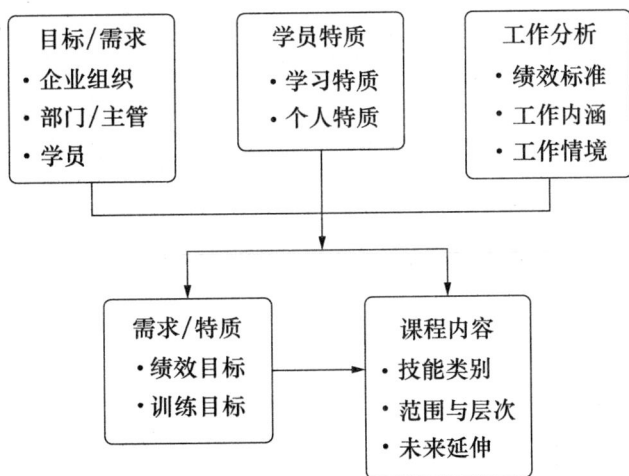

图 7-8　训练需求分析模式

7.3.1.3 工作/工作单元（job/task）分析

此部分的分析结果将是课程教材和教学活动的核心，主要包括：

（1）绩效标准：此项工作/单元的主要成果（数量与质量）应达到的标准，训练规划者需将此绩效标准与上述的需求分析转化为明确、可达成的训练目标，以确保"需求—绩效标准—训练目标"的一致性，并有助于训练评鉴的落实。

（2）工作/单元内涵：主要分析工作/单元的本质、内容与流程，其中Swanson 和 Gradous[45]主张将工作分为三大类：

1）程序性工作（procedure – oriented task）：此类工作有固定的起点、一定顺序的工作步骤和固定的工作终点，如技工拆卸→组装轮胎、更换手机电池或拿出 SIM 卡等。程序性工作较为单纯，分析重点在于工作步骤、动作与工具、重要数据、工作成果/标准等项目。

2）程序性工作（process – oriented task）：此类工作强调工作者和系统间的互动，最常见者为故障检修类工作（如引擎发不动、计算机突然当机或冷气不冷等）。因此，程序性工作分析重点为系统流程分析（含工作系统的运作情形与运作理论）、相关组件分析（含组件名称、功能与作用方式、组件间之互动关系等）、程序分析（结合系统流程分析与相关组件分析，厘清系统正常运作之程序）与检修分析（含检验系统运作、仪器使用和排除故障所需的知识技能）四大项。某些检修类的工作也可能涵盖程序性工作的特质。

3）知识性工作（subject matter – oriented task）：如以分析、判断或决策制定等为主要活动的工作，工作者通常需具备专业的知识与对应的技能。因此，分析重点多为探讨专业知识/技能的类别和层次、思考的流程/模式、专业知识间的关系等。

（3）工作情境：此部分主要呈现工作实况中的重要元素，包括：

1）实体环境：如工作地点、空间、温度、声音、舒适/危险性、时段等。

2）人际互动：如与主管、同事、顾客的互动状况等（如形态、规范、密度等）。

7.3.1.4 评析成果

其实，训练需求分析的项目和程序相当烦琐（但有时则是明显而直接的，请参阅"对 ISD 模式的批判"），但分析成果是课程设计的关键信息，缺乏分析信息将造成"绩效目标—训练成果"与"训练—学习移转—实际运用"的双重脱节，不仅浪费资源，而且可能制造更严重的问题。因此，在设计训练课程时，首先要将训练需求评析成果"对应绩效需求/目标"，且适当、明确转化为"训练目标"，规划适当的课程内容，以确保"训练效益"和"绩效问题的解决"。

7.3.2　训练需求评析资料搜集方法

基本上，训练需求评析采用的资料搜集方法和绩效需求评析并无差异，但以"工作细节"、"转化为训练课程"为重点。

（1）阅读/整合现有数据：主要工作说明书、职能明细表、工作日志、操作/保养手册、内外部训练课程/教材、工安事故报告等，有助于分析者迅速掌握目标工作的内涵。

（2）观察法：通常以资深或绩优员工（可请主管推荐）为观察对象，观察重点则为工作情境、内容、程序、行为、成果及人际互动等细节；亦可观察一般或资浅员工，以找出较正确、有效率、安全的工作行为/方法。观察时，尽量降低对员工的干扰，以获得较翔实、顺畅的行为信息。

（3）访谈法：通常以资深或绩优员工为访谈对象，补足现有数据和观察法受限之处，如可请员工示范、确认、解释重要的行为/动作，听取他/她们对于工作内容和训练课程的建议，以及对于工作中人际互动的情绪感受等。

（4）问卷/量表调查：此方法适合了解较大量员工个人的训练需求、学习和个人特质、工作现况与未来目标、对工作的看法/态度、协助确认工作内容/细节等；回收资料应经过适当统计分析，以呈现资料意义。

（5）实地体验：分析者亦可"实际执行/参与"相关工作，以验证工作内容、体会工作/情境的特质（难度、体能负荷、情绪感受等），或更能判断真正的训练需求。

如同绩效需求评析，上述训练需求评析的资料搜集法各有优点与限制（参阅表 7-1），实施时尽量避免采用单一的方法，以维持数据的完整和正确性。

表 7 - 1　主要资料搜集法与考虑标准低中高[43],[46]

搜集法 ＼ 考虑标准	员工参与度	管理阶层参与度	所需时间	经费成本	相关与计量性
资料研究与整合	低	中	低	低	中
观察法	中	低	高	高	中
访谈法	高	低	高	高	中
问卷调查	高	高	中	中	高
实地体验	低	低	高	中	中

　　"人"和"工作细节"是训练需求评析的焦点，评析的目的在于确认需要训练协助的员工所需学习的课程、范围、层次，协助课程设计者正确呈现绩效和训练目标，规划完整而适当的训练课程。尽管绩效和训练需求评析都是相当烦琐的流程，读者在了解整体过程、掌握关键处所、获得初步的体验后，可以针对不同复杂程度的绩效和训练需求找出必要的步骤，以避免耗费时日，让自己成为 HRD 部门和企业绩效的绊脚石！

关键字词

教学系统设计　　　　绩效科技
编序教学　　　　　　绩效需求评析
教学目标　　　　　　训练需求评析
形成性评鉴　　　　　程序性工作
总结性评鉴　　　　　程序性工作
绩效　　　　　　　　知识性工作

观念提要

　　现代质量管理的概念是通过流程的控管，以获得较高质量的产品，ISD 模式的出现即是希望通过"分析→设计→发展→实施→评鉴"的流程，以求得到高质量的训练课程。基本上，ISD 模式具有目标导向、注重可测量的学习成果、注重实际的绩效、兼具经验与实验精神和以学习者为中心的特质，但传统的 ISD 模式亦遭受如流程缓慢且不够灵活、易引人误入歧途、易引人本末倒置与隐含错误的价值观等批判。

　　企业实施 HRD 的目的之一即是想解决绩效问题，但绩效隐藏着多元性、复杂性和变异性等特质，造成个人绩效不彰的根源又相当多（如个人欠缺适当的知识技能、工作环境中的各类障碍、欠缺适当诱因/激励和工作者生/心理状态）。因此，在通过绩效需求评析确认绩效问题的根源之前，应避免"直接投入训练"，以防止负面效应的扩张。而当确认训练是解决绩效问题的方案时，亦应进行训练需求分析，以确保训练的正当性与实效性。

基础测试

　　1. ISD 模式的基本内涵包括哪些重要项目/步骤？每一个步骤又有哪些重要内涵？

　　2. ISD 模式有哪些重要特质？对 ISD 模式的主要批判又为何？

　　3. 绩效有哪些重要特质？一般对于绩效的看法存在哪些盲点/迷思？

　　4. 个人绩效不彰的原因通常有哪些？应采取何种措施解决这些原因？

　　5. 训练需求分析包括哪些重要步骤？每一个步骤又有哪些重要内涵？

进阶思考

　　1. 你对绩效的定义是什么？

　　2. 你认为扎实的流程控管，就可以创造高质量的产品、创造好绩效？

　　3. 在训练需求上，企业常持"企业 > 部门 > 个人"的看法，你认为适当吗？

　　4. 建议：尝试套用绩效需求评析的流程，分析自己工作中或生活上遭遇的难题。

第8章 HRD建筑师——训练课程设计与发展

8.1 绩效目标→训练目标

8.2 测验——检视目标的工具

8.3 教学策略——达成绩效目标的蓝图

8.4 训练课程资料的发展

近几年来，中国台湾地区 3C 产业在工业设计方面急起直追，屡获国际大奖（如德国的 iF 与 Reddot、美国的 IDEA、日本的 G – mark），连传统的大同电饭锅都有全新的漂亮造型[21]；中国台湾地区的产业也逐渐了解"设计"是发挥研发和生产的功能重要软实力（soft power）。基本上，"设计师"扮演着沟通者与展现者的双重角色，他/她是使用者（顾客或业主）和制造者之间的桥梁，整合与协调双方（甚至自己）的需求/看法，并于获得多方共识之后，呈现产品未来的形貌。设计师（如服装或工业产品设计师、建筑师）甚至将原物料特质、工法与流程列入蓝图，严密地督导生产过程，以确保成品的功能和质量。设计师的投入关系成品的良莠和顾客满意！

HRD 训练课程的设计者也扮演着类似于上述的角色，他/她的第一要务是确保学员能达成绩效和学习目标，因此，教材、教学策略、教学方法、媒体/设备和测验工具的规划和选用均是"绩效和学习目标导向"。更精确地说，训练设计者要时时秉持绩效和学习目标，针对教学相关事项开列规格明细，让每个教学方块能达成被赋予的功能，而最后能成功地搭建出"学习城堡"。

▶▶ 8.1　绩效目标→训练目标

目标是个有趣的小东西,它的存在像灯塔般标示我们的现状与"期望的成就"之间的方向和距离,形成一股"外在拉力"引导我们的努力(方向),同时也形成一股"内在推力"督促我们更努力(方向正确、距离又缩短了)。因此,激励理论中的成就需求理论、期望理论、目标设定/成就理论与认知理论等,均与"目标"有密切关系,而目标管理(management by objective,MBO)也是许多企业采用的管理措施。当然,明确的绩效和训练目标对讲师和学员也具有引导和督促的功能。此外,当我们提及"目标"一词时,常指英文中的 goal 或 objective,但两者在内涵上实有部分差异(参阅表8-1)。因此,自本节之后当笔者未特别注明时,"目标"即指 objective。

表 8-1　Goal 与 Objective 意涵的差异[23]

意涵＼目标	Goal	Objective
层次	较高远	直接、需落实
范围	较宽广	较狭小
意向/意图	一般的	明确的
可见度	较模糊/无形	较清晰/可见
理解性	较抽象	较具体的
测量性	难测量	可测量

8.1.1　确立绩效目标

Mager[1]认为 goal 是个温暖而模糊的事物(我们想要却又说不清楚),故当企业高举组织目标(organization goals)或部门主管高唱绩效目标(per-

201

formance goals，如提高顾客满意度、降低工安事故率等）时，常让组织成员摸不着头绪、不知如何努力。因此，需要将 goal 转化为明确且可测量的 objective，以呈现较清晰的方向与层次。就训练课程设计而言，绩效目标（performance objective，PO）主要呈现学员获得训练经验/体验而表现在工作上的合意成果（desirable results），而此成果是可达成且可测量的[2]。训练课程设计常需通过目标分析（goal analysis，GA）与工作单元/内容分析（task/content analysis）以获得绩效目标（PO）中较明确的内涵（参阅图 8 - 1）。

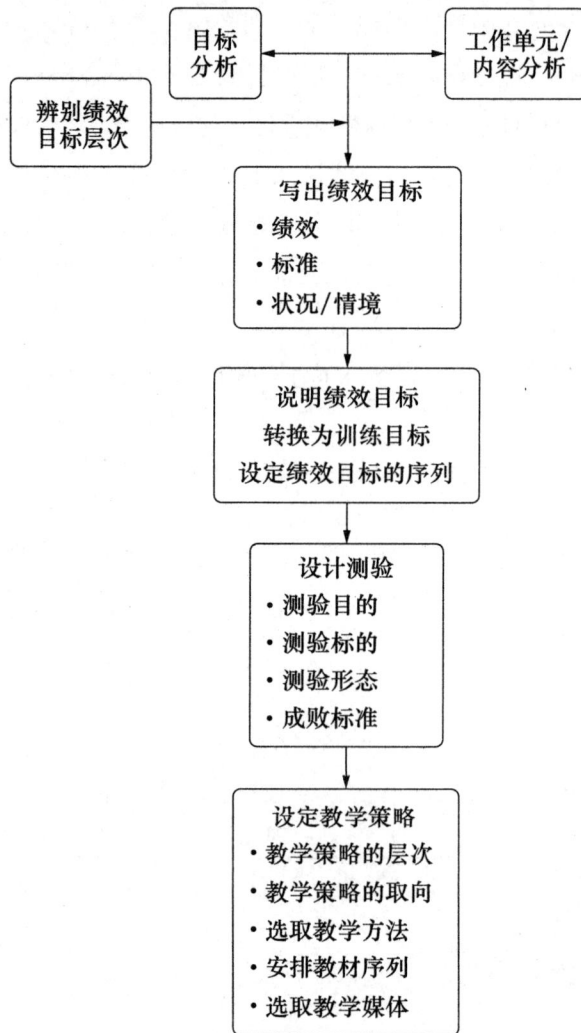

图 8 -1　训练课程设计流程

（1）目标分析（GA）：流程包括"写出并厘清真正的目标（goal）"→"写出并厘清和目标（goal）密切相关的行为"→"明确叙述合乎目标（goal）要求的行为标准"→"确认行为标准与目标（goal）的关系"，最后步骤的"行为标准"已相当于接近绩效目标（PO）了。

（2）工作单元/内容分析：这是较常用的方法，而分析结果将呈现工作单元内容、流程与工作活动、工作的层次、成果与标准等信息，设计者整合工作活动、成果与标准再转化为绩效目标（PO）。

分析者在目标分析和工作单元/内容分析后，仍须：

（1）辨别绩效目标（PO）的层次：Bloom 等将学习目标（learning objectives，LO）分为认知、情意与动作三大层面，各层面亦细分不等的层次（参阅表 8 - 2）；分析者可"借用"Bloom 的概念使绩效目标（PO）的层次更清楚。

表 8 - 2　Bloom 等对三大学习目标的分类与评比[3]

目标＼层次	低←——→高					
认知	知识	理解	应用	分析	综合	评价
情意	接受	响应	重视	整合	赋予	特色
动作	感知	准备	初学	熟练	自然	反应

（2）写出绩效目标（PO）：完整的绩效目标（PO）涵盖三个部分[4]：

1）绩效：指学员于达成训练目标后，应表现的行为或活动，并以工作/活动与其层次密切相关的"动词"呈现（如能安排、能定义、能分类、能叫卖、能分析等）。

2）标准：指学员的绩效"能被接受的最低标准"，其中又分为：

①程序标准：指执行工作时的顺畅度、遵从流程或法规的层面。

②成果标准：指工作成果的数量、质量或经济/金钱效益。

3）状况/情境：指执行工作/绩效的特定环境、情境、使用的设备等（如山林、高楼层、厨房、背负氧气瓶等）。

完整的绩效目标如"警察能在站立、全副武装、离目标 25 米、对标准靶纸有 80% 的射击命中率"、"警察能在左右横向移动、全副武装、离目标 25 米、对标准靶纸有 40% 的射击命中率"、"捷运列车驾驶于正常进站速度下停车距离误差小于 10 厘米"等。

（3）说明绩效目标（PO）：完成绩效目标（PO）后，设计者首先要能判断目标的适合度、易理解度和精确性，并能说明"谁要达成绩效目标（PO）"（凸显学员特质/预备能力）、"绩效目标（PO）的定义为何"（凸显训练和绩效的结合）、"执行者何时需达成"（凸显结训时间）、"执行工作的环境/情境"（凸显训练与工作的环境匹配）与"设定绩效目标（PO）的理由"（凸显学员学习和工作责任、提醒学员主管关注训练效益、设定教学设计的成果等）。

8.1.2　训练目标的转换与排序

到此处为止，设计者应能完整呈现结训之后，于特定情境学员应展现的一系列绩效与其标准。值得注意的是，当绩效引导训练作为（或训练就是要达成绩效）时，绩效目标（PO）＝训练目标（training objective，TO）。也就是说，有效的训练能协助学员达成训练目标，并且能在类似的情境之下达成绩效目标。最常见的是职业训练中心开设许多训练课程，其训练目标就是"通过该职类的技术士证照考试"，而获得"技术士证照"者也应能于就业之后顺利达成工作/绩效标准。

就训练目标的排序而言，主要的着眼点在于能逐步、有效地奠定学员的基础知能，再适当地延伸、深化进阶知能，最终完成训练目标（所有知能的学习）、发挥实力达成工作需求（绩效目标）。如"家具木工"的训练目标为材料介绍→材料辨识→工具介绍→工具准备与使用→识图与制图→木榫介绍→试做各类木榫→家具五金介绍→试做家具组件→试做完整家具（从椅→桌→橱柜）→家具设计与欣赏→独力完成整组家具，即促使初期目标的达成能逐渐转化最终绩效目标的落实！

此外，设计者亦需统整绩效/工作类别、目标层次、急迫性、训练时间、学员特质、组织环境/文化、资源设备、外界环境与设计者经验等因素，规划最适当、达成训练目标的序列，并确保有意义、阶段性目标的达成，以建立学员的学习信心、逐步提升知能、达成最终的绩效目标（PO）。而当确认训练目标的序列之后，也应规范后续的测验、教学策略（含教学方法）、教材的方向与内涵。

204

8.2　测验——检视目标的工具

一家位于美国 Minnesota 的企业将训练定义为"呈现精心规划的信息和演练，以获得达相当标准的技能/绩效，并通过评鉴以验证训练的效能与效率"[22]。即当绩效目标引导训练目标时，我们需要一套工具以检验"训练目标是否达成"，这也是测验（tests）在 HRD 课程中的重要功能。因此，测验在训练中扮演"承上启下"的角色，"承上"指的是"向上秉承绩效与训练目标"，"启下"则是"向下规范训练方法、策略和教材"。简单地说，在 HRD 中就是"测验/考试引导教学"！

测验设计与开发是个烦琐且极专业的工作，对于 HRD 设计者而言，设计测验时除需再度确认绩效和训练目标的对称性之外，亦应掌握包括测验目的（why）、测验标的（what）、测验形态（how）等的关键信息（参阅图 8 - 1）。近年来，大多数训练多采用标准/效标参照测验（criterion - reference test），以确定学员表现是否达到绩效的目标或特殊标准，因此部分 HRD 专业人员也称为目标参照测验（objective - reference test）。

8.2.1　测验目的

测验目的即"为什么要进行测验"、"想通过测验获得什么信息"或"想通过测验证明什么事物"，基本上测验目的决定测验的时机、内涵、型态与复杂度。

（1）检视最终训练目标的达标率：学员在结束训练之后，检验其知能表现是否达到绩效/训练目标的要求。测验的所有内容、方式、情境与标准均比照真实的工作状态，如职训中心的"技术士证照班"，一般驾训班的最终自办测验均比照正式考照的方式、流程、内容与标准，能通过自办测验的学员通过证照测验的机会也较高，未通过者也有机会了解自己的缺失。好的训练课程能协助大多数的学员达成绩效/训练，这也是对"训练效力"（training effectiveness，训练能让学员达成绩效目标）和整体"训练

205

效能"（training efficacy，全体学员能达绩效标准的比率）的检测。

（2）检视阶段性训练目标达成与否：在每一训练单元结束后，检验学员的学习成果，以确定学员具备进入新单元的知识与技能条件，测验的内容、方式、情境与标准则比照单元训练范围与目标。测验的结果除反映集体/个别学员的学习成就外，也能提供修正训练课程的参考及辅导个别学员的作用。

（3）检视学员学习状况/状态：通过测验了解学员在训练过程中的知能状况，完整的测验可分为[5]：

1）基本测验（entry behaviors test）：学员在训练开始之前接受此测验，以测量他/她们是否拥有参训的必备基本知识与技能，以免发生跟不上进度或无法应付课程需求的情形。基本测验测量的并非基础知识与技能（basic skills/knowledge），而是特定训练课程的门槛知识与技能，如"计算机黑客训练"所要求的门槛知识与技能可能连计算机工程师都不易通过。

2）前测（pretest）：学员在训练开始之前接受此测验，以测量他/她们目前知识与技能的类别与专精程度（以最终训练目标为准），并决定是否需要参与所有/部分课程，以避免训练资源的浪费或造成学员的无聊/反感。基本测验与前测虽可同时实施，但两者各有目的。

3）熟练测验（practice test）：学员多在单元课程中或结束后接受熟练测验，以协助学员磨炼新学的知识与技能、了解自我知识与技能的专精程度，讲师亦可依据学员的测验结果调整教学步调。

4）后测（post test）：学员在训练结束后接受此测验，以测量他/她们所习获知识与技能的类别与专精程度（以最终训练目标为准）。后测除能评判学员是否通过绩效标准外，比较"后测—前测"间知识与技能的类别与专精程度的差异，可了解一项训练的效力。

（4）提供修正训练课程参考：测验除上述目的之外，亦常提供讲师修正训练目标、教学内容、步调与策略（形成性评鉴的范围），以增进训练效力和整体效能。

8.2.2 测验标的物

测验标的物即"（在训练/绩效目标之下）测验要测量何种学习成果"，而"标的物"的本质、层次与范围则决定测验的形态、焦点与复杂度[3],[4]：

1. 认知/知识：指学员对所学知识的记忆、理解、应用、分析与整合。
2. 动作/技能：指学员对所学技能的展现与运用。
3. 情意/态度：指学员对所学知识与技能的感受、评价与个人化。
4. 整体表现：指学员整合所学知识与技能和情意，并将其转化为实际表现，这也是最终绩效/训练目标的关键需求。

HRD 知识库

有品运动

中国台湾地区教育部门于2009年6月中旬宣布，将以12亿元经费开始推动"三品"（品德、品质与品位）的"台湾有品运动"。在品德教育方面，将选择中国台湾地区民众和教师认为最需要的品德项目做出行动方案，部分项目则交由学校列为品德重点项目；品位教育方面，将推动艺术扎根计划（如延揽艺术家进驻学校，送中小学生到艺文机构欣赏艺文等）；质量计划教育方面，将推动阅读计划，且将环保永续任务栏作为质量计划的核心。对于教育部的计划，民众的看法不一，如"又来了"、"早该推动了"、"不过是1997年李登辉总统时代心灵改革的翻版"（记得的人应该不多了）等。从HRD专业人员的角度来看，重点似乎是"造成中国台湾地区同胞'三品'不足的原因是什么"、"如何消除'三品'落差的原因"、"若需要学习，用何种方式/方法协助民众学习'三品'最适当、有效"、"教育部门的计划有效吗"等议题。

近年来，中国台湾地区的3C制造业受到欧美、日、韩大厂的影响，开始注重工业设计、添加文化内涵，除雇用资深设计师、选派年轻设计师赴知名设计学院进修外，也积极参加产品设计大赛，获得了不错的成绩，掀起了产品设计的风潮。部分大厂也聘请美学大师蒋勋为工程师上课，提升他/她们的美学素养。海运巨子张荣发有感于中国台湾地区道德沦丧，决定创办《道德月刊》以"人生十二堂道德课程"为核心价值，期盼找回古老却逐渐逸失的价值，改造社会。中国台湾地区的饮食文化在健康与养生概念的潮流之下，也开始走"天然"与"有机"的路线，不用杀虫剂、除草剂和化学肥料，通过人工或动物协助除虫、天然堆肥，种植有机农产品，价格虽稍贵但却总能受到消费者青睐。

在发现南极臭氧层破损、地球暖化造成南极冰架消失、全球气候产生激烈的圣婴和反圣婴效应，再加上石油价格的高涨，环保和节能议题成为世界各国和各绿能产业关注的焦点。中国台湾地区在环保方面呼吁民众垃圾分类、回收、减废，甚至少烤肉，企业则部分实施环保与污染监控，节能方面则鼓励民众共乘、换小车、多骑自行车、企业组织装设节能装置。Carlo Petrini 近 20 年来极力推动的"慢食"也逐渐在中国台湾地区流行，不仅改变了人们对快餐文化的习惯，也开创了对食物/食材、生活和环境的认知与看法。

上述概念和风潮的移转都牵涉"生活"，且与"学习"密切相关。有趣的是该如何让国民拥有"三品"与"道德"、如何启发"创意"和"美学涵养"、落实环保和节能？既然这些理念都和生活有关，最好的做法或许是政府创造环境、协助家长带着小朋友身体力行，用身教和共同参与的方式（社会学习和体验学习）协助下一代自然地发展他/她们的品位与道德观。教育部曾研拟以选修和加考公民道德，以提升新一代公民的人格和道德水平，与其用此种掩耳盗铃的教育方式倒不如政府带头严惩失格的官员和民意代表、表扬值得尊敬的模范；教育部门应该先"教育"内部官员，不要把民众和下一代当做"弱智者"、挑战我们的感受和热诚，我们才可能有高质量的教育政策和学习品质！

8.2.3　测验形态

配合绩效/训练目标和标的物的需求，常见的测验形态如下：

（1）纸笔测验：这是最广为使用的测验型态，适用于测量知识的吸收或理解程度，或技能的操作流程与要点。依据教学目标所采用的方式包括是非、选择、填充、简答/问答、计算/分析/申论、绘图等，而题目的安排也多采用"简单→困难"、相近目标/主题群集的做法，以配合一般人的思考流程，方便讲师检视测验结果和教学的关联性。

（2）口试：适用于测量知识或技能的学习（记忆、了解、流程与分析）、观察学员情意的神情、肢体语言或临场反应，也能了解学员对更深入问题的掌握。

（3）实际操作/演练：适用于测量学员技能的纯熟度、流程处理的精确度、分析与故障排除的适切度，因测试过程的关键点均有明确的标准，属于较客观的测验形态但成本较高，测验时亦可使用模拟机以降低风险和昂贵资材的损耗。

（4）成果发表：适用于测量学员综合运用知识、技能、创意与统合能力的最终实体成果，常见者如设计、工艺、艺能（音乐与美术类）、专案/学术研究等。

（5）竞赛：这应是以"实际操作＋成果"为主，但将学员置于有重大对抗压力的情境，测试学员在竞争环境中的绩效表现。虽然竞赛是以成败论英雄，但仍可从竞赛过程中的准备、临场表现、团队合作、成品/成果与名次，给予学员全面的测试，也几乎可确认学员在真实职场中的表现。奥运或全国/世界各类技能竞赛（音乐、蛋糕、面包、程序设计等），均考验学员/选手在训练之后最终的绩效表现。

基本上，课程设计者要能开列"测验"的规格，即针对特定的单一/系列训练明列测验目的、标的物、形态，并依据绩效/训练目标制定"通过—失败"的标准，以利于后续的教学规划与测验实质内容的开发。

▶▶ 8.3　教学策略——达成绩效目标的蓝图

策略（strategy）在希腊文中代表军事意味着浓厚的"将领"（general），并指其在战争中承担规划与指导战斗任务的角色[6]，现代则强调在竞争环境中"统合运用资源以达成特定目标的完整规划"。因此，"目标"（what）是策略的指导原则，"如何达成目标"（how）则是策略的主体，而完整的策略应包括取向（approaches）、方案（plans）、方法（methods）、活动（activities/events）、手段/手法（tactics）和相关资源等内涵，以及将上述内涵目标导向化、优化的作为。教学策略（instructional strategy）即"统整教学资源、有效协助学员达成教学/绩效目标的完整规划"（参阅图 8 - 1）。

8.3.1 教学策略的层次

（1）总体教学策略（macro - instructional strategy）：以整个学习经验为着眼，协助学员达成最终学习/绩效目标；设计者应先说明总体教学策略，并贯彻于整个训练课程。

（2）个别教学策略（micro - instructional strategy）：以单一的教学单元为着眼，协助学员达成特定单元学习/绩效目标。

此外，读者亦需分辨教学手法、学习策略和学习策略的差异。教学手法的目的在于辅助策略的达成，如在训练过程中讲师可采用不同的激励手法（当众表扬、发给小奖品、担任学员干部等），鼓励学员热烈地参与学习活动、达成不同阶段的学习目标[7]。学习策略（learning strategy）则是指学员可采取的各种作为，以增进他/她们的学习成效（如记忆、理解、熟练技巧等）[8]；教学策略中虽无须涵盖学习策略，但通过讲师建议适当的学习策略亦有助于增进学员的学习信心与成就。

8.3.2 教学策略的取向

教学策略的取向是指规划教学策略的基础，通常分为两类[2]：

（1）以"学习与教学理念"为准：此部分的焦点又回到学习理论发展的歧异（参阅第6章）：

1）阐释式教学策略（expositive instructional strategy）：行为主义论者强调"学习发生于学生被动地接收来自外界的讯息，教学则是控制外界的讯息以达成既定目标"，故讲师扮演积极控制讯息类别/数量/意义和传递机制的角色。传统的讲师多偏好采取此种主控式的教学策略，教学程序则如"呈现学习信息→测试学生记忆/理解程度→提供学生练习机会→提供学生实际应用/解决问题机会"[9]。

2）启发式教学策略（discovery instructional strategy）：认知主义论者则强调"学生的体验、省思（内在思维）是学习的重心，外在学习信息的控制对学习影响有限"，故学生是学习的主体，讲师则扮演辅助、启发的角色。成人学习多强调启发式教学策略，教学程序则如"安排学生接受/观察/省思外界信息的机会→提问并观察学生对其体验的反应→协助学生思考/感受/归纳其学习体验→提供学生实际应用/解决问题机会"[9]。

教学设计者可依据教学/绩效目标和学员的成熟度，自由采取或混合上述两种策略，以求取得最好的学习成效。

（2）以"教学活动"为准：以教学/绩效目标（学习成果）为主，思考何种教学法以及哪些学习活动、程序安排最能协助学生获得必要知能、态度的务实策略。Dick 等[5]认为完整的教学活动（依序）应涵盖实施前的活动（含吸引学员注意力、激励学员、叙述教学/绩效目标、叙述与协助学员进行学习准备）、实施教学（含呈现教材、提供范例等）、学员的参与（含练习、给予意见/回馈）、评估（含基本测验、前测、后测）与后续活动（含手册、辅助教材、学习移转等协助）等。

其实目前并无"完全适用"的教学策略，设计者应整体考虑教学/绩效目标、学员特质（知能成熟度、人数等）、教学方法特殊限制、学习与工作环境等因素，为每一个训练课程设计相对应的教学策略。

8.3.3　教学方法/模式的选取

教学方法的选用考验训练设计者的经验和创意，而设计者通常需考虑学习目标与本质（学习知识、获得技能、心态调整等）、学习投入（人体感官的应用）、讲师专长（来源、专精程度等）、时间（开发与实施时间）、经费（设备、设施、行政费用等）、学员人数（团体、分组、个别指导等）、学员特质（基本能力、语言/专业/计算机知能等）、科技与支持（媒体、器材、网络、场地等）、人际互动（必要性、程度等）等因素。Laird10 则以学员参与程度以及讲师 vs. 学员对训练内容的主控程度，归纳常用的训练方法（参阅图 8 - 2），供读者参考。此外，本书亦将于第 9 章较详细地介绍广受采用的教学方法。

8.3.4　学习/教材序列的安排

事物总有先来后到的顺序，先学会基本能力才能发展进阶知能（先会加减、再学乘除，先学英文字母、再学单字）；通过序列性、有效的知能学习过程，有助于奠定学员的基础知识与技能和学习信心，达成最终的训练和绩效目标（PO）。Rothwell 和 Kazanas[2]认为至少有下列九种学习序列可供选用：

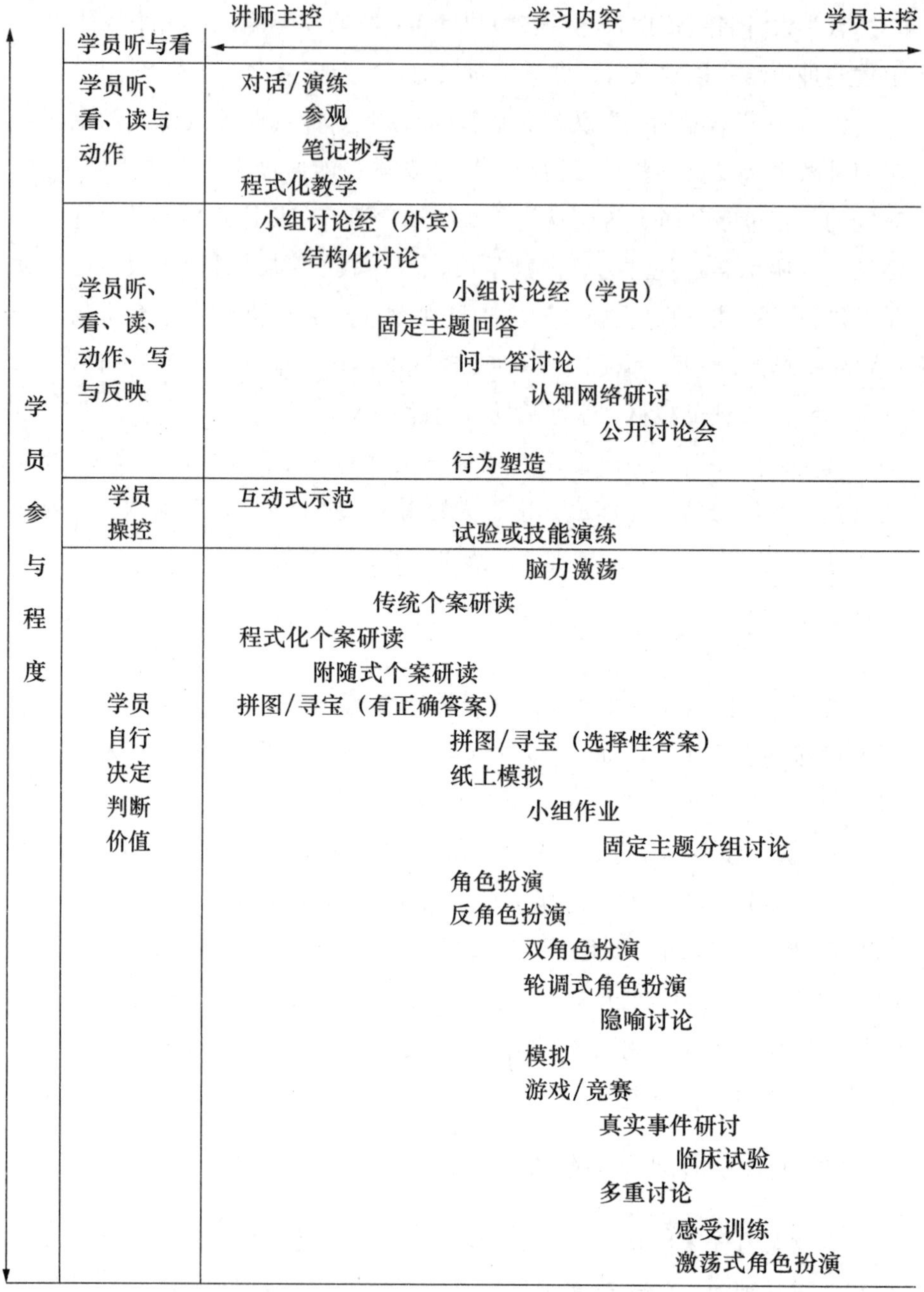

图 8-2 的图表内容：

学员听与看	讲师主控 　　　　学习内容　　　　 学员主控
学员听、看、读与动作	对话/演练　　参观　　笔记抄写　程式化教学
学员听、看、读、动作、写与反映	小组讨论经（外宾）　结构化讨论　小组讨论经（学员）　固定主题回答　问—答讨论　认知网络研讨　公开讨论会　行为塑造
学员操控	互动式示范　试验或技能演练
学员自行决定判断价值	脑力激荡　传统个案研读　程式化个案研读　附随式个案研读　拼图/寻宝（有正确答案）　拼图/寻宝（选择性答案）　纸上模拟　小组作业　固定主题分组讨论　角色扮演　反角色扮演　双角色扮演　轮调式角色扮演　隐喻讨论　模拟　游戏/竞赛　真实事件研讨　临床试验　多重讨论　感受训练　激荡式角色扮演

（左侧纵轴：学员参与程度）

图 8-2　训练方法与学员参与互动的关系[10],[20]

（1）时间序列（chronological sequencing）：以事件或概念发生的时间先后作为安排学习内容的基础，常见于历史或文学/文艺方面的学习，如

212

本书第 1 章（HRD 简要历程与沿革）和第 7 章第 7.1 节 ISD 发展的部分，均属于时间序列的方式。

（2）议题主题（topical sequencing）：以特殊议题/事件为核心，再向其他议题扩散的方式，如"'二·二八事件'对台湾政治生态的影响"、"柏林围墙倒塌对欧洲政治与经济的影响"、"美国'9·11'事件前后的航空旅游产业的变化"、"SARS 对台湾医疗体系的冲击"等。

（3）总体→部分序列（whole－to－part sequencing）：先介绍学员完整/总体的系统概念，再进入次系统、部分/单元的部分；如介绍整部车辆的结构和主要系统之间的关系，再依序进入动力、电气、燃料、操控、车体等系统，而介绍各系统时也先说明系统功能和重要元件，再说明组件功能及组件间的关系。此种方式深受完形心理学的影响[11]。

（4）部分→总体序列（part－to－whole sequencing）：学员先依序学习部分/单元，最后整合所有单元、了解整个系统的结构/运作方式，如职前讲习时，先介绍公司重要的产品、主要顾客、重要部门，最后再说明企业的组织架构、在产业中的地位与影响力。

（5）已懂/已能→未懂/未能序列（known－to－unknown sequencing）：讲师先确认学员已经学习过的部分（或学员先通过基本知能测验），再引导他/她们进入新的（未学过）的领域，如学员上过初级班后再选修进阶班，先学习过五十音再上基本日语会话，或先认识英文字母、字母发音后再学拼音等。

（6）未懂/未能→已懂/已能序列（unknown－to－known sequencing）：这是先刻意地将学员置于陌生或无法应用现有知能的情境，迫使学员体认个人不足、激励他她/们改善个人缺点（较激烈）的做法。日本在 20 世纪 90 年代的地狱营训练（拔除中阶主管害羞、不敢公开演讲、体力差等缺点）和新兵训练（整垮新兵、放弃外在世界的想法、接受军中文化/作息）均是此法的运用。

（7）逐步序列（step－by－step sequencing）：此法主要依据工作流程或知能学习的先后顺序安排学习程序，如参加驾训班的学员先认识基本操作组件（方向盘、排文件杆、油门、刹车等），然后学习基本组件操作、原地前进、后退→转弯、路边停车、倒车入库、S 形前进/倒车、上坡起步等，熟悉道路驾驶等程序，让学员逐渐习获车辆驾驶的概念和技能，最后终能考取驾照、安全上路。

（8）部分→部分→部分序列（part – to – part – to – part sequencing）：在诸多议题中，在第一循环中每个议题仅给予学员粗浅介绍，而在接续的第二、三循环中再逐渐深入地介绍各议题，以确保学员先具备多元的基本知能，再学习各类进阶知能。如有潜力新人进入企业的第一年中以每一个月轮调不同部门，第二、三年再每一季轮调、派任较深入工作后，再正式地分发单一部门；医学院学生也是先在各科实习，在确定专科后再学习更专精的知识与技能。

（9）一般→特殊序列（general – to – specific sequencing）：所有学员均先学习共同基础课程后，再依个人兴趣状况学习不同的专业课程。如一般大学一、二年级学生多修习核心课程，三、四年级时再选修专业课程；医学系学生先学习基本医学课程，再选修专长课程；军校生亦先学习一般兵科，再进行分科教育学习特殊兵科技能（如装甲、通信等）。

学习序列的安排除受训练议题和目标的引导外，也与人的学习习惯、逻辑思考模式和成熟度有密切的关系；不当的学习序列则可能扰乱学员的思虑、学习模式和基础能力的建立，继而影响最终训练和绩效目标的达成。

8.3.5　教学媒体的选取

Reiser 和 Gagné[12]将教学媒体（instructional media）定义为"传递/呈现教学的媒介"，因此，教师或学员（人）、教材、黑板、挂图、实物、影音教具、计算机等，甚至是博物馆均属于教学媒体。在教学设计体系中，最终训练和绩效目标的达成是课程设计的指导原则，教学方法和活动则是训练的主体，因此，教学媒体的使命在于配合教学法和活动的实施，增强学员的印象/记忆，深化知识与技能学习，达成训练目标。教学媒体居于"配角/绿叶"的地位，主要基于下列两个原因[5]：

（1）教学媒体的效应：Clark[13]、Russell[14],[15]研究显示，无论是传统教学法还是远距教学（含因特网），教学设计和教学法对学员学习成果最具影响力，教学媒体虽具有"加分效果"，但单靠教学媒体不足以支撑整个学习过程与活动。

（2）教学媒体的普遍性：各类教学媒体固然有其特色，但多数教学媒体适用于不同的教学方法（即教学媒体常不具排斥性），教学策略、方法与活动才是"有效学习"的关键。

厘清教学媒体的位阶/功能之后，依据下列原则选用教学媒体时就不容易犯错了：

（1）学习标的：即训练目标所明确的学员应习获的知识、技能或情意，Reiser 和 Gagné[12]认为，确认"学习标的"是选择教学媒体的关键，使媒体的内涵与特质能强化"学习标的"的获取。Reiser 和 Gagné[12]也强调学员在认知、实时回馈和练习等方面的需求，亦应纳入选取教学媒体的考虑。如学习日语时，媒体应能让学员"听到日语"、"录音与播放发音/对话"；学习高尔夫球挥杆时，媒体应有教练示范/指导、实际挥杆、挥杆摄影/播放；调整浪费食物的心态，则可播放"饥饿三十"、"长期失业民众排队领取学校剩余营养午餐"等影片，甚至实际体验饥饿的生理、心理感受。

（2）训练目标的特殊要求：指执行训练或绩效目标的情境中，学员需运用/发挥的生理官能和人际互动：

1）生理官能：许多研究指出，整合应用多种官能的学习成果比使用单一官能更好（如"阅读＋朗读"＞"阅读"；"阅读＋朗读＋讨论"＞"阅读＋朗读"等），媒体的效应之一即是在学习过程中安排更多学习官能的运用/投入，让学员适应未来绩效表现时应发挥的生理官能，促进学习成效。如学习电焊时，除阅读基本知识、了解焊条材料、电焊（把手）动作练习外，亦应到工作现场观看/体验电焊时的闪光、热度、声响、火花与气味等实况；学习烹饪时，除事先阅读食谱、观看照片/影片外，亦应加入食材/佐料选取（观看、触摸、嗅闻）、食材处理和实际烹煮。

2）人际互动：指学习过程中"讲师←→学员"和"学员←→学员"的实时交流（意见表达与响应），此因素除与学习标的和教学方法密切相关外，在远程教学时对于人际互动的关注更甚于讲师亲临讲授。而在远程教学中，多依赖电子或网络式的媒体，以能实时联结训练中的人际互动。

（3）教学媒体资源的掌握：设计者应思考是否拥有/顺利租用常用或特殊的教学媒体，甚至包括教学场地、媒体的制作、操作（安全、便利、耐用性）、专业人员协助、相关设施（水电、空调、特殊机器等）与成本等，千万不要只为凸显"媒体的效果"而危及整体的学习成效。

（4）教学媒体的特性：媒体必须能让学员清楚接收/感受其中的讯息，因此规划时应注意[16]（参阅表8-3）：

1）媒体与环境的关系：如学习场所在室内或室外、空间大小、受天候和相关设施的影响程度等。

2）媒体与人的关系：指学员人数、被动接受或能主动参与（媒体的一部分）、学员对部分媒体的操作能力等。

3）媒体的清晰度：指学员能清楚地看到（大小、色调）、听到（音响质量）、感受媒体，媒体讯息的含量是否适当、易理解等。

4）媒体的特殊需求：如暗房效果、电力或其他设备的搭配。

设计师选定媒体之后，应再次确认媒体和训练/绩效目标的关系、媒体在训练中的角色、媒体应发挥的功能与媒体资源的掌握等关键议题，以避免失焦或影响教学成效。

表8-3　选用传统媒体的考虑因素[16,19]

媒体 \ 考虑因素	本质	学员数量			特殊需求		
		50人	100人	200人	电力	暗房效果	特殊设施
实物	静态*	*	*	*	否	*	
黑/白板	静态	适合	不适合	适合	否	否	否
挂图广告牌	静态	*	*	*	否	否	否
漫画卡通	动态	*	不适合	不适合	*	否	否
电影/影片	动态	适合	适合	适合	是	是	是
翻页报表	动态	适合	不适合	不适合	否	否	否
模型静态	适合	*	*	*	否	*	
投影片	动态	适合	适合	适合	是	是	是
海报	静态	*	不适合	适合	否	否	是
幻灯片	动态	适合	适合	适合	是	是	是
录像带	动态	适合	*	不适合	是	否	是
训练师本人	动态	适合	适合	适合	否	否	否

注 * 视场地情况而定。

8.4　训练课程资料的发展

建筑师完成一房屋的蓝图设计之后，就应找营造厂按图施工、盖出好房子。训练课程的设计告一段落之后，亦应依据设计成果——完成教材、测验、教学媒体与相关数据。

8.4.1　课程资料发展方式

在课程资料的发展上，依据课程特质（一般或独特、机密等级）、学员特质（学习准备、专业/语文能力等）、资源（时间、经费、人力、特殊设备等），发展者可采取下列方式：

（1）采用现有教材/数据：当课程议题为一般性议题、时间较急迫、经费充裕、人力有限，且知悉已存在相关教材/资料时，可向政府/公营机构、企业/团体购买课程资料。此方式的可能缺陷为课程数据与训练/绩效目标不完全相符、使用次数或范围受限、涉及侵犯智能财产权等。

（2）修正自现有教材/数据：这是 HR 专业最普遍的方式，借由参考现有课程数据、撷取需要的部分、再依训练/绩效目标加入必要资料，而构成独特的课程数据。此方式的优点为符合训练/绩效目标、经费/时间较省，但需谨慎处理知识产权议题，以免误触侵权行为。

（3）开发自我教材/数据：当无法获得现有课程资料、涉及企业机密或为企业成员量身定作时，从"零"开始开发课程数据。此方式的优点为符合训练/绩效目标，但对经费、时间与专业人员的要求较高。测验与教学媒体的部分，通常由讲师设计与开发，以维持"目标—教学—绩效"的一致性，再交由承办单位处理。训练课程发展者应优先搜集/参考企业内外现有的课程教材/数据，以避免闭门造车、浪费资源、贻误企业策略的执行。此外，发展者也应考虑企业资源和课程质量，建议自行开发或委外开发，确保训练课程能达成绩效目标企业策略的需求。

8.4.2 课程数据内涵

这是训练课程中相当重要的部分，好的课程数据（印刷品或数字数据）能增进学员信心/动机、提升学习成效、呈现负责人的专业能力/用心，值得 HR 专业人员付出心力。从用户的角度，课程数据约可分为：

（1）学员课程数据：协助学员处理学习、同学互动和生活事务的数据，可事先寄发或于学员报到之后发给。

1）训练/教学大纲：教学大纲主要协助学员了解学习内容、引导他/她们的学习方向（教学/绩效目标），而大纲中的教学序列/时程也有助于学员规划学习活动的投入和安排工作及家庭事务。

2）教材：此为与课程密切相关的学习和参考数据，教材的完整性与适当性亦影响学习成效。教材开发者需谨慎处理"知识产权"的议题（特别是自编教材），以免引发侵权诉讼。

3）学员名录：主办单位通常制作学员名录以利于学习互动或日后联系，一般学员名录多登录学员姓名、服务机关、电话/电子邮件等个人基本数据。近来因个人隐私议题日益受到重视，部分主办单位为避免困扰常不主动制作学员名录，而建议学员依个人需要互相交换个人资料。

4）学习/生活事务须知：此类数据协助学员解决学习事务的困扰（教务或行政资源的信息），以及满足食宿、交通或外界联系等资讯需求，降低非学习因素的干扰，以能专心致志参与学习活动。

（2）讲师课程数据：协助讲师处理教学、师生互动和生活事务的数据，因讲师可能不是课程设计者，通常先寄发给讲师，以确保教学品质。

1）训练/教学大纲：提醒讲师课程的教学/绩效目标、教学内容/活动与重要时程，以凝聚共识、有效管理教学质量。

2）教材：提醒讲师注意教材内容与层次，事先备课以配合教学时程、活动与学员学习需求。

3）教案（lesson plan）：以单元课程的进行为主，涵盖教学活动、教材与教具、活动时间长短等信息，建议/协助讲师有效控制教学的进行与学习质量。主办单位通常亦不提供教案，而赋予讲师（事先规划）自主处理教学活动的权责。

4）教学媒体：主办单位事先准备提供予讲师，以配合教材、教案/教学活动的进行，提升教学成效；讲师亦常依课程需求，自行规划、设计，并事先送交主办单位准备。

5）学员名录：通常涵盖学员简单基本资料，协助讲师了解学员背景与特质，以利于教学的调整与实施。

6）行政支持：协助讲师了解主办单位负责人、承办人员、所提供的行政与教学资源，以能妥善处理教学与非教学事务，提高讲师与学员满意度。

7）生活事务须知：协助讲师解决非学习事务的困扰，满足食宿、交通或外界联系等信息需求，使讲师专心于教学事务，确保教学质量与成效。

（3）行政管理数据：提供承办/行政人员课程相关资料，解决讲师与学员困扰/问题、确保课程顺利进行、协助学员与讲师专心于学习事务的数据。

1）训练/教学大纲：协助承办/行政人员掌握课程信息、事先准备教学设备/设施/资料、回答讲师/学员课程相关问题等。

2）学员名录：整理学员报名资料，主要用于联系学员、记录学员参训状况或制作参训证书等作业。

3）讲师资料：主要用于联系讲师、制作讲师个人资料（供学员参考）等。

4）教案：掌握课程活动信息、配合讲师/教学需求提供必要设备、协助讲师顺利完成训练课程。

5）教学媒体：属于备份媒体，以适应原媒体损坏或错置、确保教学活动的进行。

6）测验：配合讲师与教学活动实施测验，以作为学习成效评量或修正课程的基本数据。

7）课程评鉴资料：常于课程结束后实施，以了解学员对于课程、讲师和行政作业的满意度，收集讲师对课程设计、实施与行政作业的建议等。

上述课程数据在初次开发完成之后，可以数字方式储存、修改，无须每次均从头开发，以增加使用的效率、丰富教学数据库。

8.4.3　正式上场前的品管——形成性评鉴

在依据训练/绩效目标、教学策略和其他需求完成课程数据的开发之后，即可进行训练课程吗？有计算机程序写作经验的人都知道，"未经测试"的软件程序有相当的风险，永远不知道何时会出什么差错，即使完成测试的软件也可能在超载的情况下当机；"测试→修正→再测试→再修正"是软件设计的常态，也是训练课程开发的必要程序，而形成性评鉴正是确保训练质量和成效的品管措施。

形成性评鉴适用于训练需求分析至课程开发的阶段，甚至可延长至训练实施阶段，其主要目的是探讨整体教学设计流程本身、各阶段成果是否有缺失，以确保各阶段和最终成果（所有课程数据）的质量[17],[18]。从现代质量管理的角度而言，形成性评鉴以制程品管（statistical process control，PSC）的概念，通过严格控制各程序细节与成果，以获得一定质量的训练课程。完整、详细地检视课程数据和实际试教正是课程开发完成后、正式实施训练前的重要作为。

Dick 等[5]认为，许多训练课程均未经过形成性评鉴的程序，因而影响了学习成效，故他们建议从教材检视和课程试教中获得修正课程资料的重要信息。

（1）教材检视：借由专家、学员与讲师的协助，检视教材重要特质。

1）教材与训练/绩效目标的对称性：请该课程/议题专家和讲师检视训练/绩效目标所强调学员应获得的知能、情意/心态的调整等与整体教材的对称关系，并提供修正建议。

2）教材内涵的逻辑性：请该课程/议题专家和讲师检视教材对于"基本→进阶"知能学习程序的合理性。

3）教材可读性与感受：请与学员特质相近者阅读教材，以在未来学员对文字与图表的理解程度、教材与学员需求的契合度、可能的学习困扰等。

4）教材的可行性：请讲师和与学员特质相近者检视教材，以在正式实施时能有效掌控教学进度、授完教材内容。

（2）课程试教：借由不同层次的试教，以及早发现/排除教材资料、教学策略和教学活动的可能误失。期望获得的信息如下：

1）教学清晰度：信息面包括用字、文句、简介、细节、结论、转换等，联结面包括情境、范例、比喻、示范、复习、总结等，程序面包括流程、单元长短、步调、变动等。

2）对学员效益：态度面包括信息与技能的用途、知识与技能学习的难易度、习获知识与技能的满意度等，学习成就面则包括测验适当性、成效等。

3）教学可行性：学员面包括成熟度、独立性和动机，资源面包括时间、器材设备、教学环境等。

以进行程序而言，课程试教可分为下列三类：

（1）一对一试教：主要目的为排除教材与教学活动中最明显的错误，并获得个别学员对课程的初步反应。由于是一对一试教（最多进行三次），设计者可通过对学员进行访谈和测验获得许多深入的信息，但无法搜集学员之间的互动信息。试教所得信息作为修正课程资料和教学活动的参考，并准备小团体试教。

（2）小团体试教：挑选 8～20 位学员进行小团体试教，其目的为测试一对一试教后所修正的课程数据和教学活动、学员使用教材的状况，以及"学员—学员"和"学员—讲师"的互动情形等。试教所得信息作为再修正课程数据和教学活动的参考，并准备实地试教。

（3）实地试教：依据课程规划的学员人数、教学场地进行实地试教，其目的为测试小团体试教所修正的课程资料和教学活动、学员使用教材、"学员—学员"和"学员—讲师"的互动、训练/绩效目标达成度等。试教所得信息作为最后修正课程数据和教学活动的参考，并准备实施训练课程。

通过教材检视和课程试教，可协助课程设计者与发展者修正考虑不足之处。从实务的角度而言，一般企业 HRD 专业人员实无足够资源进行各层次的试教，但至少应邀集专家、讲师与部分学员，协助检视教材重要特质，以避免闭门造车、确保基本的表面效度（教材合乎训练/绩效目标的需求）和课程质量。完成课程数据的最终检视与修正之后，也准备正式实施训练课程。

关键字词

目标（goal and objective）

目标分析

学习目标（learning objectives）

绩效目标（performance objectives）

测验课程

教学策略

学习策略

学习序列

教学媒体

教案

试教

观念提要

提升个人与组织绩效是企业实施 HRD 的重要目的，因此，设计训练课程之时必须先确认绩效目标，并以绩效目标为准，再展开训练目标，方能确保训练的效益。HRD 从业人员通常应用测验检视训练目标的达成程度，但在设计之时即需确认测验的目的、项目与形态，使其有一致的测验与教学内容。

设定教学策略的目的在于达成训练与绩效目标，其中应考虑教学理念与活动、教学方法、学习/教材的序列、教学媒体的应用等细节。训练课程的发展则以课程设计为蓝本，制作相关的数据与教材，而有系统地保留过去的教材，也有助于降低各项成本、提高教学品质。此外，通过试教或演练虽会造成部分负担，却是确保训练质量的重要手段，HRD 从业人员不可轻视。

基础测试

1. Goal 与 Objective 的内涵有何差异？

2. 训练课程的目标分析涵盖哪些重要的步骤与项目？

3. 对训练而言，采用测验之目的与时机为何？测验通常要检视哪些学习成果？

4. 常见的测验类型有哪些？各种测验方法又有哪些优缺点？

5. 教学与训练为何需要有"策略"？拟定教学策略时，应考虑哪些因素？

6. 学习/教材序列的安排可实行哪些做法？各类做法的主要思维是

什么?

    7. 教学媒体的选用应注意哪些重要事项?

    8. 完整的学员和讲师数据各应涵盖哪些项目?

    9. 课程试教之目的为何? 可分为哪些类型?

进阶思考

    1. 你认为绩效和训练目标对于训练设计重要吗? 为什么?

    2. 你认为最好的测验方式是什么? 为什么?

    3. 你比较支持阐释式教学策略还是启发式教学策略? 为什么?

    4. 你比较支持哪一种学习/教材序列? 为什么?

    5. 你认为有必要进行试教吗? 为什么?

第9章 训练课程的
实施与训练法

9.1　选用适当的训练方法

9.2　常见的传统训练法

9.3　计算机化/信息化训练法

　　人的一生在生活和工作中充满无数的学习机会，我们除学习知识和技能之外，也从自己和他人的经验中汲取关键要素调整心态和视野。这也代表人的心理层面（如认知、理解、情绪、感受、思考力、创造力等）和生理层面（如肢体动作、知觉反应、协调/承受能力，甚至血液中的血球），都能通过训练/学习产生深刻的记忆效果、内化成为本能或反射行为。如钢琴家要锻炼手指（柔软度、速度、伸展度、力度、触键角度等）、眼睛（看乐谱）、脚（控制踏板）、耳（听自己和合奏者的乐音）、心/脑（了解作曲家背景、曲风、呈现方式、统整全身的官能等），不仅分开练习、更要整体练习，以期有精彩的演出。就如笔者好友中国台湾地区羽毛球选手程嘉彦教授所言，手受伤就练脚，脚受伤就练腰，腰受伤就练手腕，手腕受伤还可以练体能、步法、眼力，最后是无所不练、练出成就。但聪明的读者马上浮出的问题是"怎么练/用什么方法练最有效"？

　　最传统、最普遍的教学法是"教师讲演"（lecture），但"将学生视为被动响应体"的"专制心态"也饱受批评，讲演法在传授静态知识时的成效或许不错，但技能、思考力、同理心、创造力的学习反而自绑手脚，因此加入示范、讨论、发问等活动以增加学习互动、提高学习成效。此外，

224

为增进学员同理心，采取多重角色扮演；为提高学习乐趣，将课程转化为游戏；为激发合作/竞争意识，将课程融入竞赛；为降低成本与风险，采用电玩、模拟机；为确保训练移转，则采取取实地演练、验收成果；为降低经费，则采取大班教学；为强化教学品质，又采取小班/一对一教学；为提高学员注意力，采用声光俱佳的媒体；为突破时空限制、尊重学员的自主性，则提供远距/计算机化网络教学；为吸取他人教训、培养个人统整能力，则选用个案教学。甚至有研究指出，筹组公会（在线玩家自发性组成的团体）、参与在线游戏，有助于培养现实世界（工作中）所需要的沟通、协调、资源分配、耐挫力等重要能力[1],[2]。即使我们处在一个较以往更多元的环境中，设计者和讲师仍需要在竞争现实、有限资源的情况之下，决定课程"最适当的训练法"，以达成训练和绩效目标！

9.1 选用适当的训练方法

对厨师而言，食材有常用的处理法，菜肴亦有惯常的烹调方式，但当食客有独特偏好，或食材有特殊状况时，好厨师必须能适时地调整食材处理法和烹调方式，以满足食客需求（厨师的使命，有兴趣的读者可参阅《将太的寿司》漫画）；课程设计师面对训练方法的选用时，亦如大厨面对食客与食材。选用适当的训练/教学方法考验训练设计者的经验和创意，但其选择并非天马行空、毫无根据，而是深思熟虑之后的成果。

9.1.1 任务需求

任务需求主要是绩效与训练目标，绩效目标位阶较高，但程序是"先达成训练目标"，才有机会达成绩效目标。

（1）训练目标与学习的本质：指学习的标的（通常简称为对 KSAOs，即知识、技能、心态与其他事项）。若一家专业清洁公司新进员工训练的绩效目标为"于规定时间内依标准作业流程（SOP）完成厕所清理工作"，则其训练目标中的学员应习获的知识（know what）至少包括马桶/洗手台材质、清洁剂类别/使用安全事项、各类工作标准作业流程等,可考虑自行研读教材、讲师授课、录像带/计算机化教学等方法;应习获的技能(know how)至少包括工具使用、安卫器材使用、身体姿势调整等,可考虑讲师示范、录像带教学、实地演练等方法;心态方面(know why)则至少包括绝对遵守 SOP、工作价值观/尊严、服务质量等,可考虑小组讨论、角色扮演、个案讨论等方法。训练方法要先能协助达成学习目标、习获特定的 KSAOs(否则就是失败的训练),并强化训练移转效率,通过相关机制协助学员达成绩效目标。

(2)绩效目标:指结训之后学员需展现的绩效,这也是训练的最终目的!训练目标的达成仅表示学员"能做",但可能需结合再训练/回训(可参考上述的训练方法)、专业知能/绩效分级、企业内证照分级、升迁考核、奖励制度等学习与管理措施,协助员工达成绩效目标、"精进旧知能→做好现有工作"、"开发新知能→扩展新领域"。

9.1.2 训练资源

训练资源指用以达成"训练目标"的训练方法能否顺利实施的关键因素,如:

(1)讲师:主要指实施训练课程讲师的来源(如讲师人选、人数、合作关系等)与其专业能力(对训练议题的掌握、实施特殊训练方法的经验、过去合作经验、口碑等),即能否掌握"最适当的"讲师人选。讲师基本上是执行训练课程的关键,而讲师可能来自内部资深员工或外聘(他人推荐或自行应聘)。

(2)经费:指实施训练课程所需的经费,可能包括讲师部分(如讲师费、差旅费、教材编撰费等)、学员部分(如教材、差旅费、餐饮等)、其他(如相关设备与设施的租赁或购置费用等)。讲师费有一定的行情,内部资深员工通常不支付讲师费,或以绩效加分、小礼物处理,外聘讲师则由其知名度、特殊性或所开出的费用决定;但"名嘴"不见得是最适当的讲师人选。一般训练所需要的器材设备(如计算机、投影机等)通常无须再购置,但视讯设备、网络联机则需先处理。若需移师外训,则需估算场地费、个别/团体参训费(如野外求生训练、漆弹射击、参访等)。经费充足当然较好办事,但经费拮据时也要变通、想办法完成训练任务。

（3）科技与支持：指实施训练时在特殊媒体、器材方面的供应（视讯设备、仿真机，或卫星联机等），此部分通常与特殊训练议题，或全球性企业（员工散处各地）相关（油价高涨也促成视讯教学的盛行），其他还有训练场所、主管/HR 专业/行政人员的配合等。内外部支持与配合看似是小事，但当阻碍训练的进行或影响讲师/学员情绪时，绝对具有负面杀伤力！

9.1.3　特殊限制

特殊限制指企业或训练目标的特殊要求，必须调整训练方法或讲师"配合"相关要求，以顺利达成训练课程。

（1）时间：包括完成训练的时间、训练总时数、训练时段、员工配合时段等，此部分常与企业策略、训练规划、企业经营实况或主管认知有关，而"同步教学"的需求也涉及空间限制的突破和视讯科技的使用。

（2）空间：指训练场所的特性，如"训练场所≠工作场所"、内外部特定场所、场所气候/大小/距离/安全性、学员—学员/学员—讲师等。空间的特性除牵涉学员人数多寡、教学互动外，也影响媒体的使用，如许多全球性企业采取 CD/DVD ROM 计算机化训练、网络训练，以解决员工散居和训练质量波动的问题。

（3）学习投入：指学员受训时，运用生理感官的类别与层次。学习投入除配合学习和绩效需求外，学员所运用的生理感官越多，学习留存与迁移的效率也越高。如"清洗厕所训练"中，学员要运用视觉（看教材、辨识肮脏/清洁程度）、听觉（讲师说明、冲水声/使用者声音）、触觉（使用工具、清洁剂）、嗅觉（厕所与清洁剂味道），不同的训练方法使学员应用不等的感官机能，也产生了不等的学习成效。

（4）学员人数：指学员人数所形成的限制，如学员人数众多时（超过100 人），采用演讲法可能是最常见的团体教学法，但需考虑场地与成效。若学员人数稍少、可进行分组教学时，可选择研讨、个案教学、角色扮演、游戏、脑力激荡等方法，但讲师人数的需求量增高。若为个别学员进行指导，教学法的选择性增大，学员与讲师的互动更密切，但讲师人数的负担更重。

（5）学员特质：指学员的"学习准备"（如基本能力、生理特质、语言/专业/计算机知能等），除教材需配合学员能力外，整合能力相近的学员较不易造成学习情绪落差，教学法、课程与讲师安排较易处理。如美国海军以小组教学、漫画方式训练失学的新兵装备维修，而游戏或角色扮演则可能较适合年轻的学员，资历与声望较高的讲师或讲演法则可能较适合年长的学员。

（6）人际互动：指训练过程中对"教师—学员"与"学员—学员"的互动需求，若互动需求低，则可采用讲演法、自行研读教材、个人计算机化教学异步视讯教学等；若互动需求高则可能需采用个案研读、角色扮演、游戏或同步视讯教学等。

选择训练方法时固然以能"达成训练与绩效目标"的方法为首选，但仍须考虑必要资源、配合相关限制，才能挑出"实际可行"、"达成目标"的训练方法，否则极易落入"曲高和寡"、"眼高手低"的陷阱。

9.2 常见的传统训练法

目前不论仍在学或已就业的读者最熟悉的训练方法应该都是"讲演法"，而对自我研读、示范、讨论或游戏等方法亦应有所经历。本节主要介绍常见传统训练法的内涵、优缺点与实施时的注意事项，此外，课程进行中通常会融合数种不同的训练方法，以获得最佳学习效果。

9.2.1 讲演法

讲演法应该是流传最久远、最普遍的训练方法，其最主要的功能在于"提供信息"，最简单的模式就是"告诉学员某些数据/信息"，并期待他/她们能了解相关议题或调整其看法。当讲师面对学员，告诉他/她们课程目标、相关内容与程序、评量方式时，讲师就是采用讲演法，训练课程几乎少不了讲演法（借用 Sara Bongiorni 的说法是"生活中已经没办法抵制中国的产品"）！发展至今，讲演法也衍生出多种模式，以期提升学习成效。

（1）单纯的讲演法（straight lecture）：讲师依事先准备的讲授资料与

228

程序，以口头方式呈现数据，学员则听讲（listen）、观察（observe）与记录讲师数据（take notes）。单纯讲演法的优点在于弹性大、简便（受时空、议题的限制少）、成本低（不是名嘴），但"学员被动地接受资料"则是最受批判之处！讲师是单纯讲演法的核心，有经验的讲师会有效地呈现数据（简介→层次性地说明→总结）、控制时间与场面、运用个人特质与肢体语言以抓住学员的注意力。不过，不适合长时间使用单纯的讲演法，更可配合相关媒体与教学活动（如示范、讨论），避免气氛过于僵硬、无聊，降低学员的学习动机与成效。此外，讲师应尽量避免内容欠缺适当而完整的架构、同时讲话和书写、过多的专业/冷僻术语、说话速度太快、咬文嚼字、列举无关事例、未顾及学员语文能力、念稿/背书的讲演、声音过于低沉/单调、不当的肢体动作与口头禅（这个、那个、然后）等。

（2）"讲演法＋讨论"（discussion）：被动的学习地位容易降低学习动力，因此适当地加入"讨论"有助于增强"学员—学员"和"学员—讲师"之间的互动，调整学员在单纯听讲的过程中的"无聊感"、"冷漠"（与我无关）和学习投入的心态，并有助于接收更多元（除讲师之外）的思维与信息。不过，讲师绝非丢下一句"大家开始讨论"，就放任学员自行讨论，而是先有适当的规划。事先的规划如讨论的时机、时间长短、议题、成果（总结报告）、如何分组、人数多寡、讨论方式、组员责任等，讲师亦应补充、评论各组的报告，并将所有的讨论成果融入讲演的内涵，才是善用讨论造成加分效果。

（3）"讲演法＋示范"（demonstrations）：讲师通过"示范"让学员运用视觉、看清动作与细节、加深记忆（眼见为凭），就是技艺/技能训练重要的学习程序（还记得 show→tell→do→check 吗?）；不论是生产在线的焊接、装配，还是烹饪、绘画、挥杆击球的学习，均广泛地加入了示范的环节。不过，技艺的学习光凭示范仍不足，通过事先讲解、示范过程中的重复动作和解说、学员试作/体验、针对动作与试作成果的回馈等完整的程序，才能让学员学到扎实的技艺、整合理论和实务。

（4）扎实的讲演法：没有任何人是"全能讲师"，但好讲师至少需能有效运用讲演法，而学习掌握讲演法也是有志投入 HRD 或任何工作的基础艺能。基本上，扎实的讲演法至少应做到[3]：

1）内容简介：让学员了解讲演/单元主要内涵、方向与结构。

229

2）热忱：让学员感受到议题与内涵的重要性。

3）多元/生动化：善用声调、肢体语言和教学媒体，避免流于单调、无聊。

4）逻辑架构：讲演内容的安排合乎逻辑思维，有助于学员的理解与记忆。

5）解释/说明：采用简单易懂的文词、例证、比较，阐述概念或原理。

6）引导：协助学员掌握学习的方向与方法。

7）问答与讨论：通过问答、对谈与讨论，掌握学员的学习动力与成效。

8）总结：结束前统整讲演的内容，强调重点，联结重要概念，让学员能检视所获得的信息。

9.2.2　模拟与游戏

对多数企业/雇主而言，期望员工能将训练所学转化为工作行为、增进绩效，因此营造相近于工作实况的"学习情境"，体现学习（experiential learning）的模式，成为创造高度训练移转的重要投资（请参阅第 10 章第 10.3 节）。仿真与游戏适用于相当广泛的训练目标（知识技能的学习、感受与体验）和各类产业，主要是营造一个安全、有趣的情境，以提高学员的专注力和学习动机，提升训练移转效能。

9.2.2.1　模拟

Steinwachs 认为模拟（simulation）是在一个安全但有时间限制的情境中重塑特定的现实状况[4]，Gomez 则认为好的模拟课程应具备吸引力与趣味性、动脑、推论与发现、经验联结、体验、省思和测验等特质[5]，以丰富的实感训练（reality training）取代单调的操作或被动的参与[6]。模拟的主要类型包括生产模拟（production simulation，设计、开发与制作一成品，如企划案写作训练）、流程仿真（procedural simulation，强调真实事件的重现与练习，如 CPR 拯溺程序）、灾难模拟（disaster simulation，强调遭遇天然灾害或重大危机的处理与适应，如拯救震灾、处理三聚氰胺毒奶危机）、疑难排除模拟（troubleshooting simulation，强调确认问题核心，并依程序迅速解决问题）等[45]，常见的模拟类训练方法包括：

（1）模拟机训练（simulator）：若未来工作/绩效的核心是机械设备结合专业技能的发挥，则模拟（机）训练将成为训练的重点。模拟机是结合信息科技与机械工程的特殊设备，以呈现近乎真实的情境和效应；模拟机与学员结训后将操作的设备完全一样，模拟机也能产生操作后的拟真效应，故学员通过模拟机所获得的操作程序、动作、检修/故障排除等知能几乎可完全移转至未来的工作。模拟机训练目前广泛地应用于训练军事人员[7]、飞行员[8]、航空管制员[9]、船舰领航员[46],[47]、货车驾驶[10]、发电厂[11],[12]、医疗护理[13]与各类的维修人员等[14]。好的仿真机必须具备高度的实体与心理拟真（physical and psychological fidelity），能传达真实工作情境的身心感受/体验（喜欢玩飞行模拟、在线游戏的读者或较能体会）。但模拟机亦有其极限，如创造无重力状态训练航天员（故在大型室内游泳池进行）或给一笔钱让金融系学生操作股票/资金管理（故在金控平台、给予点数练习），但当虚拟现实科技有更大突破时，模拟（机）训练将更受重视、普遍。

（2）公文篮演练（in - basket exercise）：传统上，考评中心（assessment center）常采用公文篮演练以测试管理职位应征者的潜力、专业知能与综合表现[15]，近年来的发展中心（development center，类似于训练中心）则用于培训将就任新管理职位的员工，协助他/她们一上任就有平稳的表现。基本上，学员会接获与实际例行工作、问题或状况相关的数据（如备忘录、信件、会议通知或记录、电话或留言、电子邮件等放置于公文篮中的数据），学员在整理所有数据后，需先说明面对议题的核心、处理策略与如何采取行动，或直接执行任务（有专业人员进行观察并检视工作成果）；学员必须发挥其知识、技术和能力，以达成任务。而学员执行任务过程中所发挥的沟通协调、资源整合、人际关系处理、领导/决策和应付突发状况等能力，也常是观察/评审的重点[3]。

公文篮演练的规划中，应先确认演练的目标工作、评分标准，再进行预试、准备相关资料与资源。通常，一名学员进行公文篮演练约需要 1.5小时，而事后解读和评定学员的各项表现则约需要 1 小时[48]。因成本不低，公文篮演练多针对管理职位。

（3）个案研究（case studies）：个案研究的目标在于促使学员运用已拥有的概念和原则，深入了解一个真实或虚拟事件，以探索类似事件的最

231

佳处理法则或程序；整个学习的核心在于培养学员的决策力。实施时，讲师先给予学员个案相关的历史、关键信息和重要议题，学员则进行深入分析，思考不同解决方案的成本效益，并提出最终决策。讲师的角色在于提供适当导引，且强调"思索创新、多元的方案"、"没有绝对正确或错误的方案"的心态[16]。事件逐层分析（incident process）则是另一类型的个案研究，开始时讲师仅给予简略的数据，学员必须不断地分析信息、提出"正确/关键问题"以获得讲师给予的进一步数据，通过如拼图般的程序以了解事件全貌和核心议题[17]。

个案研究的发展初期被视为一种研究策略，之后在教育和教育评鉴领域广为风行，并成为企业管理和法律教学方法之一[18]。由于哈佛大学商学院的积极投入和企业的支持，个案教学广受重视，哈佛大学商学院不仅成为创造与推广企业管理个案教学的重镇，个案教学也几乎成为全世界商管学院所必备的课程/教材。

（4）角色扮演（role - play）：角色扮演源自 J. D. Moreno 所创的心理剧（psychodrama），主要是设定一个情境或情节，由学员扮演其中的角色（如抱怨的顾客、脾气暴躁的主管、受羞辱的部属等），并依剧本和角色特性进行对话及互动，协助学员通过感受这一角色所面对的困扰、冲突或承受的压力，以学习同理心和各种互动技巧。角色扮演可发挥的教学功能包括叙述（describe，呈现问题、情况或程序）、示范（demonstrate，展示技巧/技能）、练习（practice，熟练技能）、省思（reflect，提供回馈）、感受（sensitize，增强对情境的察觉力/敏感性）与创造/表达（create/express）等[19]。

角色扮演除具有容许个别或多位学员参与、谨守剧本或自由发挥的特质外，实时回应（real time）、高度弹性、循环性多元刺激（剧本与学员的运用）、全员/全心投入与容易实施为角色扮演的重要优点，但同一情节单次有效、学员迷失（10% ~15%）、波动的真实感（学员非专业演员）与角色僵化（如销售员练习营销、主管练习管理等）等则为角色扮演的潜在缺失[20]。而 Aldrich 也提醒讲师，角色扮演本身只是一种教学法或给予学员的"刺激"（inputs），千万不要视角色扮演为"产出"（outputs），以免本末倒置[20]。

9.2.2.2　游戏

许多训练课程常因主题"太生硬"、时间冗长或讲师掌控不当，致使课程枯燥无味、学员学习兴致低落，但当玩游戏（games）时，我们常能激起"内在的童心"，较热烈地参与。玩游戏是孩童的生活重心，孩童的学习几乎都是以游戏包裹着学习的糖心，而孩童也多因为"好玩"、"可以玩"才愿意参与这项活动。几乎每个人都喜欢游戏，而我们成长的过程中也通过许多游戏学到不少的重要知识与技能（如救国团的团康活动、营队的闯关游戏）。Steinwachs 认为游戏是"在特殊规范下自在地参与一系列活动"[4]，Sugar 则认为游戏是"具特殊目的之趣味活动"[21]，而 HRD 专业早就了解游戏能让学员在较放松、愉快的心情下参与活动，将游戏应用于管理/督导、专技、人际关系、职涯发展等层面的训练。Thiagarajan[22] 认为良好的游戏训练应具备下列的 5C 特质：

（1）冲突（conflict）：指学员在游戏中应达成的目标与横阻在目标之前的障碍。

（2）控制（control）：指明确的参与、轮流、获得奖励/惩罚和结束的游戏规则。

（3）结束（closure）：指明确游戏结束的条件，如达成目标、时间限制、团队个人/积分或存留人数等。

（4）限制（contrivance）：指让学员无法随心所欲发挥、感叹（还好/毕竟只是游戏）的内建机制（built – in inefficiencies）。

（5）质能（competency）：指学员参与游戏之后，将获提升/改进的知识、技能或心态等。

Kirk[23] 的研究发现，讲师应用游戏以激励学员、激发创意、破除疏离感与建立成员关系/团队凝聚力，而女性、40 岁以下者、管理者、营销与专技人员对游戏的投入感较高，且带有竞赛意味的游戏更容易激起学员的动机。Kirk[24] 也建议采用游戏之前，讲师应深思如"游戏之目的为何？""游戏符合教学目标？""此游戏适合所有学员？""有充分的资源/支持？""费时多久？""此游戏的优缺点为何？"等问题。Salopek[21] 则提醒讲师设计与采用游戏前要慎思：

（1）人（who）：指参与者的需求与特质，以及讲师的专业技能和个人特质。

（2）物（what）：指游戏的目的、特质、趣味性、相关限制和其他课程的搭配状况等，并避免过难或高胁迫性的游戏。

（3）时（when）：指游戏的长度与课程中的应用时机。

（4）地（where）：指游戏所需的空间环境与搭配的资源（设备、道具）。

（5）执行（how）：指讲师要非常熟悉游戏的细节与可能发生的状况、能解释游戏与训练的关联、详细说明游戏规则、处理沮丧与难搞的学员、避免玩得过火、保持幽默感等。

此外，Doyle[25]建议游戏规则要采取简单（易懂/易玩）、以小组团队方式进行（营造合作气氛/降低学员羞涩感）、避免学员间的冲突（特别是有竞赛意味/学员太 high 时）与提供有趣/温馨小奖品等做法，以提高学习效能。Thiagarajan 则建议讲师于游戏结束后，邀请学员分享和思考"觉得如何？""遭遇哪些重要事件？""学到什么？""游戏和现实的关联？""如果状况改变呢？""再玩一次/回归现实的可能改变"等问题，作为课程的圆满收尾[21]。

9.2.2.3 竞赛

中国台湾地区各职训中心所培育出的选手曾在国际技能竞赛中屡创佳绩，近几年来代表中国台湾地区参加国际花式蛋糕和面包竞赛的选手也曾赢得相当好的成绩。"竞争"（想赢）是竞赛（contest）的核心，参赛的刺激体验、竞争者的认同、赢得竞赛荣誉/奖赏更是重要的激励，而选手们的共同特色是在准备阶段耗费大量的时间和心力，针对可能的竞赛项目、主题进行一系列的训练，磨炼各项技巧、培养体能和抗压能力，期望能击败对手赢得荣誉！即使未能夺得理想名次，多数参赛者常认为准备期的密集训练和调整、参赛的体验，实质性地提升了他/她们的专业知能和统合能力。安排得宜的竞赛再加上适当的诱因，几乎能激励所有的参赛者投入训练、培养整合和应变能力；竞赛也是学员和讲师检验学习努力和成果的机制之一。输赢或许重要，但从学习的角度而言，准备参赛的过程和知识与技能的提升更可贵，讲师应肯定学员的竞赛表现并给予建设性的建议，以避免"以成败论英雄"、打击学员信心/学习动机。

9.2.3 紧密结合工作的训练

训练所学的知能总归要运用在工作上、展现绩效，因此下列"从做中学"（learning by doing）的训练模式更能契合工作需求。

234

（1）学徒制训练（apprenticeship training）：源远流长的学徒制几乎是专业技职知识与技能最重要的培育模式，中国台湾地区的学徒制虽趋于非正式化或渐由"公立职训中心"所取代，但学徒制在日本和欧美国家则以新的面貌出现。如美国的锅炉工程、电匠、水管配修和木工的专业工会（trade/professional unions）仍坚持学徒制训练，基本上学员约需 180 小时的课堂教学和 2 年的实际工作/操作经验，并通过检核方授予证照。此外，部分特殊产业（如美国海军与民营造船厂）为确保大量专技劳工的来源与质量，甚至设立授予文凭与证照的"学徒学校"（apprenticeship school）[49]，通过密集的学徒训练培育高水平的各类造船相关专技劳工（如焊接、钣金、喷漆、吊运等）。

（2）工作轮调（job rotation）：许多企业针对基层员工实施工作轮调，以降低工作的单调/枯燥感，但对中高阶主管而言，工作轮调则是必要的历练。通过结构性的管理职位工作轮调（包括海外派遣），可以协助优秀储备干部了解不同部门的运作、接触多元人脉、适应文化差异、扩展不等职位的视野、掌握企业运作的全貌和功能，以培养企业各阶层的接班人。HR 部门对于轮调者亦进行绩效考核，以了解参与工作轮调者的学习和工作状况，以提供相关协助和职业生涯管理的参考数据。

（3）教导（coaching）：没有一个人是万能的，因此，总统需要资政/顾问以提供决策上的咨询，顶尖的运动选手（如 Tiger Woods、Roger Federer）也需要教练提供训练和比赛的建议、安抚情绪；企业中各阶层的员工在某些情境下可能都需要"实时的辅导"（in – time coaching）。教导是于短期间/特定时程给予个人"一对一"结构性的专业引导与建议（technical help）[26]，以提升其知能与工作绩效，教导者（可视为私人教练或家教）则通常来自外界的专业顾问或退休的 CEO[27]。过去，教导常被视为给予不当行为或绩效不佳者的"矫正性协助"（corrective helps，所以一般同学不愿意去"辅导中心"怕被贴上标签），不过即使费用昂贵，也有越来越多的企业提供新上任的 CEO 或高阶主管个别辅导的服务，以保障企业的重要投资[28]。教导可通过当面讨论、电话或电邮联系，针对特定的项目、议题或绩效考核的结果给予建议或心理支持，以维持受教导者的绩效表现。

（4）师徒制（mentoring）：西方文化中的师徒制可追溯自 Odysseus（奥德赛，荷马 Homer 的史诗）中，奥德塞（Ithaca 的国王）出征特洛依之前，将其子托付好友 Mentor 照顾/教导直到奥德塞归来[29],[30]；mentoring 遂逐渐被用于代表"教导/师徒关系"。Levinson 等[31]认为，mentoring 是一种关爱的关系，mentor 同时扮演教师（teacher）、顾问（advisor）、向导（host and guide）、榜样（exemplar），甚至是尊长（parent）的角色，并强调"mentor（良师）对中年男性职涯发展的重要性"（与其研究样本有关）；Levinson 等的研究也引发了对师徒关系在职涯发展和训练中的重视[32]。

就学习的层面而言，Kram[33]认为师徒关系对"徒"提供支持、能见度、辅导、保护与挑战性任务等职涯发展层面的协助，心理层面则是给予模范/榜样、接受与肯定、咨询与情谊等精神支持。师徒制与教导的概念/功能或许相近，但师徒之间通常维持较长的关系，"师"多由企业内部较高级或资深员工担任，视情况与双方关系给予"徒"不定内涵的引导，以协助徒能顺利融入企业。因此，协助徒在心态/态度上的调适成为师的重要职责[3]。早期的师徒制多限于中高管理阶层间的非正式模式，近来则扩展至基层员工且有正式化的趋势（中国台湾地区部分企业或称学长制、大哥大姐制）。企业实施师徒制时，应注意师徒的配对（如性别、年龄/年资、个性等）、协助建立初期关系、给予师较大的空间，并定期了解师徒关系的发展与徒的学习状况。

历经长期淬炼的传统训练法各有其优点，HR 专业人员应以"达成训练/绩效目标"为优先考虑，配合学员学习需求和相关资源，选择最适当的训练方法。不过传统训练法并非一成不变，特别是信息科技的迅速发展，除改变传统训练法的面貌与本质外，更赋予传统训练法更旺盛的活力。

HRD 知识库

职场马拉松

马拉松是为纪念希腊传令兵 Pheidippide 长跑回雅典，报告在马拉松平原击败强敌波斯的喜讯后不支倒地牺牲而设置的运动项目，竞赛全程为42.195公里，世界知名城市常举办年度马拉松竞赛（如 Boston、New York、London 等），获胜者亦被视为英雄。从马拉松竞赛也发展出相近的比赛，如铁人三项（Triathlon，选手连续游泳 1.5 公里、骑自行车 40 公里、再跑步 10 公里，其间不得中断休息）、超级马拉松（Ultra Marathon，距离超过 50 公里或时间超过 12 小时）、极地马拉松（于南极、撒哈拉沙漠或亚马逊流域等严酷环境的超级马拉松竞赛，中国台湾地区的林义杰于 2006 年曾获得四大极地超级马拉松巡回赛总冠军），其艰苦过程和身心折磨唯有参赛选手能体会。各种马拉松竞赛比的是耐力和坚强的意志力，能撑到最后的人就有较高的胜算，马拉松参赛者可说是体能和心智的强者！

野外求生训练、两栖侦搜营的天堂路、许多军事战斗人员的训练内涵中，均通过艰苦的肉体/体能的折磨，增强学员的生理和心理强度，以能在真实的严酷环境中存活、达成任务！道教中，当道士想晋升为道长、担任主坛时，必须通过爬刀梯（又称登天梯或登天门，由 108 层钢刀搭成的阶梯）的宗教仪式，以测试其信念与意志力；企业为员工举办过火仪式，为员工祛除畏惧心理、强化竞争胆识；经纪人送富潜力的年轻音乐家参训，以消除他/她们的焦虑、怯场感等心理障碍；20 世纪 80 年代，日本企业将储备干部送往地狱训练营（hell camp），以拔除妨碍竞争的负面特质（如羞怯、焦虑、退缩、易怒等）；高尔夫球选手也接受协助，学习调适比赛关键时刻的心理状态（如过度紧张、太想赢等）；许多职业运动教练应企业邀请为员工演讲，分享球队"落后→逆转"、"开季低潮→季后称王"的历程与故事，激励员工坚持、不轻易放弃的韧性；礁溪老爷也和林义杰合作，为房客规划"心理坚韧性开发课程"（mental strength & toughness training program，MT），通过各种训练课程强化学员信心和心智强度（绝非置入性营销）。

企业常应用心理测验筛选所需要的人才（特质），而许多研究和例证已显示个人心理特质不易调整，但 CEO 似乎不愿意承认这个事实（或许是训练机构的宣传）；反而通过各类的心理/心智训练强势矫正或灌输"企业希望员工具备/展现的心智质能"！传统企业文化通常给予"正面心理特质"高评价，而许多成功人士也的确表现出诸多正面心理特质，但如同月亮的阴晴圆缺，每个人同时存在着不可分割正负面的心理特质，我们也必须接受、尊重这种状态。看到苏丽文负伤奋战的场面，几乎每位台湾同胞都热泪盈眶、深受感动，但若苏丽文放弃继续比赛，也应该没有任何人会怪罪她。看似"为员工好"的心智训练，背后也衍生出"每个人都应该有强韧的心智特质"、"强韧的心智特质对个人有益无害"和"老板有权改变员工的心智特质"等争议性的议题。诚如老子的开示，舌与齿、水与石孰强孰弱，柔弱的特质在特殊情境也能创造关键价值。

9.3 计算机化/信息化训练法

自从工业革命开始，当雇主引进新的生产科技追求高生产力时，训练也被用于教导原无专业能力的新进员工学习生产技能、发挥生产力，而训练也不断采用新科技，以发挥更高的学习效益；在企业中，训练也与科技维持着极紧密的互补关系。在个人计算机出现之前，传统训练使用的科技多集中于"教学媒体"部分（如电影、幻灯机、投影机等），科技对于训练/教学的本质并无重大影响，"教"与"学"双方的互动仍受限于时间和空间的束缚，即使是曾风行一时的"函授学习"（Snoopy 的作者 Charles M. Schulz 就是通过函授学习绘画与漫画），仍存在严重的时间落差。直到卡式录音机/带、闭路电视系统、录像机/带的发明和风行，稍微降低了时空的限制，而 20 世纪 80 年代个人计算机盛行，科技才逐渐从强化训练实施（training delivery）功能转为实质影响训练结构与内涵。

9.3.1 编序教学

相较于传统训练方法，良好的计算机化训练（computer – based training，CBT）在知识与技能的学习方面，基本上有减少学员学习时间、降低实施训练成本、较高的教学一致/稳定性、因材施教（对应学员程度与兴趣）、学员拥有较高的掌控与隐私权、易追踪学员进度、重复学习成本低/协助学员精熟特定知能、降低安全层面的风险与增加员工学习管道/资源等优点[34]。严格而论，较成熟的 CBT 虽出现于 20 世纪 80 年代，但其设计概念源于 Skinner[35] 的编序教学（programmed instruction，PI）。心理学行为主义中的"操作制约理论"强调，"增强物必须立即出现于个体的反应之后，方能对行为产生实质影响"（请参阅第 6 章第 6.2 节），但在一般教育体系中学生获得"学习增强物/激励"与其行为之间却存在严重的时间落差，以至于降低了应有的学习成效。于是 Skinner 将编序教学的概念结合 Pressey 的教学机（teaching machine，学生可自一小窗中循序阅读一长卷的印刷数据），并将其转化为教科书的形态。

基本上，编序教学将一单元教材设计成一系列的项格（frame），如第 1 项格提示部分资料，并给予学生一个相关问题，第 2 项格一开始即给予第 1 项格问题的解答，若学生答错，他/她便翻回第 1 项格，理解之后再进入第 2 项格；若学生答对，则继续阅读第 2 项格的资料，并回答第 2 项格的问题，以此方式继续直到单元的终点。编序教学应用"操作制约理论"的部分主要为[36]：

（1）终点行为（terminal behavior）：教学目标，在设计教学之初，便设定教学终结时学生应展现的行为。

（2）积极的响应（active responding）：学生在每一项格必须响应预设的问题。

（3）形塑（shaping）：即通过项格的分解与联结，逐次呈现信息与问题，"引导"学生的思考模式与行为。

（4）立即增强（immediate reinforcement）：当学生看到项格答案和自己的答案"一致"时，他/她立即获得增强。

（5）个别差异（individual differences）：编序教学的学习速度由学生主控（self–paced），依其能力高低、按教材序列完成学习。

早期的编序教学多属于直线模式（linear program），即所有学生的学习过程都是一样的。Crowder 和 Martin[37] 则在每一个项格中呈现更多的资料，答对的学生依序前进，答错者则被引导至"补救学习"项格（remedial frames），直到学会后再回到"学习主干线"继续前进；能力强的学生多在"主干线"进行学习，稍弱的学生则将花费较多时间于"补救支线"，故称为分支模式（branching program）。分支模式虽较顾及学生的个别差异，但当"补救支线"过多时，反而造成教材编辑上的诸多困扰，直到计算机辅助教学（computer assisted instruction，CAI）的出现给予重大的支持！

9.3.2　计算机辅助教学（CAI）[50]

苹果计算机公司于 1977 年发表 Apple II 之后，Apple II 大受欢迎并广受美国许多学校应用于教学，之后更引发个人计算机（personal computer，

PC）的流行风潮，也给予如微软、戴尔（Dell）和宏碁等资讯业者崛起的机会。由于计算机程序和编序教学设计概念相近，再加上计算机功能迅速扩充与提升，结合计算机和编序教学用于教学之上是非常自然且成功的发展，CAI 很快地显现出其超越传统编序教学的优势[36]：

（1）CAI 能依据学生的反应（答案选项），自动而顺畅地引导学生在"主干线"或必要的"补救支线"进行学习，充分发挥分支模式的优点，避免书面教材的限制。

（2）CAI 能结合动态/静态影像和声音的特色，创造较传统教材更活泼、生动的学习情境。

（3）CAI 能记录学生的较完整学习信息（如时间、单元、成绩等），提供教师调整进度或给予特殊协助的参考。

（4）必要时，CAI 能取代部分教师的功能。

CAI 的成功自然引发关于"传统教学法和 CAI 何者较好"的争议，也有不少研究显示在提升学生的学习成就（成绩）和面对学校课业态度的比较上，CAI 较传统教学法更具优势[38],[39]。不过，好的传统教学法仍要强过设计粗劣且违反操作制约理论的 CAI！

CAI 的出现带给教育界和企业界相当的震撼与期望，特别是同时满足大量/标准化与个别化/客制化两端的训练需求，许多业者结合信息科技在20 世纪 80 年代开始逐渐推出运用磁盘、CD – ROM 或 LD 的各类训练课程，形成一股风潮。

9.3.3 数位教学

CAI 的出现虽克服了部分时空的限制，但对于学习互动、同步教学、学习质量等需求仍有落差，而整合信息科技而成的数字教学（electronic learning，e – learning）则又引起教育和 HRD 专业的极度关注。基本上，e – learning［或称计算机传媒学习（computer – mediated learning，CML）］是以无数的计算机网络架构（internet – based）为传输媒介/载具的，由学员主动联结教学资源进行在线学习（on – line learning）、下载课程数据进行自我学习，或被动地接受课程数据进行学习，并通过 E – mail（电子邮件）与实时通信软件强化学习互动。e – learning 除是时代的产物外，也反映了科技的进步、"教—学"角色的转变和学习资源分配的突破。以下简要说明 e - learning 的类型和发展历程。

9.3.3.1　时间与空间的效应

时间与空间对训练的实施一直是关键因素，O'Hara - Devereaux 和 Johansen[40] 曾以时空状态区分训练类型与相关媒体/科技：

（1）同时同地：传统的课堂或面对面教学即属此状态，挂纸（flip chart）、影片、投影机则为常用媒体。

（2）同时异地：学员与讲师分散各地，需借助如电话、视频会议、聊天室或远程教室等同步科技（synchronous technology）进行学习活动。

（3）异时同地：学员依据个别的时间到固定的场所学习，如视听中心、计算机教室、工作站或会议室等。

（4）异时异地：学员与讲师分散各地且个人的学习时间亦不同，故需借助如电子邮件、语音邮件、网络论坛、计算机会议、共享数据库或个人网站等异步科技（asynchronous technology）进行学习，这也是 e - learning 最主要的挑战。

9.3.3.2　电子邮件（E - mail）

麻省理工学院（MIT）于 1961 年开发兼容分时系统（compatible time-sharing system，CTSS），容许约 30 名用户通过终端机远端联机登入大型主机，使用主机软件并将数据存于主机数据库；CTSS 除让更多人使用昂贵的计算机资源外，也激励使用者以新方式分享资讯。1965 年左右，串连多部设置 CTSS 的大型主机，将原为单一主机的联系扩展为主机之间网络状的交流，形成网络电邮（nework e - mail）[51]。而美国国防部基于国防和战略需求，于 1969 年开始部署的先进研究计划署网络（Advanced Research Projects Agency Network，ARPANET）除是现代互联网的原型外，也大力推动了 E - mail 的使用。

在教学方面，教师—学员间或学员—学员间通过 E - mail 相互联系，在聊天室（chatroom）、论坛（forum）中进行多元的提问、讨论/互动，构成群体讨论体系（group conferencing system），而教师亦可通过 E - mail 传送文字数据给学员，即如同 BBS 或 MSN 的样态[41]。

9.3.3.3　视讯教学

1968 年开发的视频会议（videoconference 或 videoteleconference）是应用通讯科技使处于不同地点的双方或多方能同步传输/接收声音与影像，

241

其原始的设计即是满足对话/会议的需求；除同步语音传输外，视频会议亦能传送文件、计算机数据与白板画面。几乎是在电视发明之后，工程师即尝试建构闭路电视系统，通过电缆设立最原始的（模拟式）视频会议。

早期使用视频会议的费用相当昂贵（距离越远越贵），几乎仅用于远程医疗（telemedicine）、远程教育/教学（distance education）或企业会议。即使远景看好，但因受限于费用、传输速度和影像压缩技术，视频会议在20世纪70年代仍未能广获采用。直到20世纪80年代，当综合数字网络服务（integrated service digital network，ISDN）出现之后，视频会议的质量大为改善，而20世纪90年代时则因昂贵的技术和设备已转为标准化，价格亦渐趋合理，再加上视频会议可通过网络协议（internet protocol，IP）传送，随着更先进压缩技术的开发，视频会议的使用逐渐受重视，也扩展至教育界与企业训练中。

基本上，视频会议为学员提供一个交互式的学习平台，全球各处的讲师均能现身平台，而任何背景的学员均能与其他学员沟通、学习，特别是当场对谈、影像信息是对谈的重要内涵、对谈者无法同时现身和经费或时间有限制时，视频会议更显示出其优势。不过，由于复杂的系统、系统组件欠缺整合、带宽（bandwidth）与通讯质量、设备/设施的投资等因素，阻碍了其大规模地应用于教学。除硬设备的影响之外，不习惯面对镜头和对谈中欠缺实质的眼神接触（eye contact），均降低了视频教学的效能。值得注意的是，Training Magazine 在2004年的年度调查报告中，发现"总是使用视讯教学的企业"仅有1%，经常使用者有18%，极少使用与从未使用者则达80%[42]，即使是强调科技的美国企业使用视讯教学的比例依然不高！

9.3.3.4　在线学习

在线学习是以因特网为传输架构、学员主动参与的异步学习体系，不论公民营企业、国内外知名大学，甚至于政府（如 e 等公务园、文官 e 学苑、网络文官学院），都致力于发展在线学习。根据国际数据信息（International Data Corporation，IDC）的调查，e‑learning 在全球市场几乎都呈成长趋势[52]，全球市场产值约为对2.3兆美元，2015年时在高等教育领域的产值也将达690亿美元[53]，难怪许多知名大学也纷纷投入 e‑learning 的市场，将传统课程 e 化以吸引更多人士投入终身学习，提高各大学的声誉与财源（如免费的 MITOPENCOURSEWARE、与收费的 Harvard Online U-niversities）。

相较于传统的面对面教学，在网络架构布建完整的情况下，elearning 的优点在于[43]：

（1）学员为中心：如学员决定学习步调、课程能配合学员学习特质、平等的学习环境（网络上人人平等）等。

（2）便利：如学员能于任何时间/地点进行学习、异步学习几乎没有任何限制、课程数据丰富/更新迅速、相关科技易学/易操作、及时学习机制等。

（3）节约成本：计算机设备价格低廉、节省通勤住宿费用等。

不过，仍不能忽略如数字鸿沟（digital divide）的存在、课程过度着重科技而非内涵、课程建置属劳力密集作业、较年长学员排斥相关科技、侵犯智慧财产、带宽限制与学员承担学习成果的责任等潜在缺点。

e-learning 代表的不仅是课程的传输与学习，也需要一个扎实的课程管理系统（course management system，CMS），以能有效地支持讲师与学员达成教学目标，CMS 的重要部分包括：

（1）课程管理：提供如大纲、行事历、公告、学员名单、作业引导、成绩登录与收发电邮等功能。

（2）教材：可供下载的资料，或联结至相关资料/网站。

（3）教学的呈现：依课程议题提供可下载/观看的教学图片、投影片或影片，这亦是 e-learning 的主体。

（4）联系：包括一对一/一对多/一对全体/团体间的电子邮件功能、讨论室、博客（blog）等。

（5）学员讨论区：提供学员/学习团体讨论、呈现或储存作业/数据的空间。

（6）学习评量：如讲师设计的测验题目、题库，学员可参考的题目，以及学员参与测验的机制。

（7）其他：如学员缴交报告区、课程评量与学员上线相关资料（次数、时间等）的整理等。

除良好的课程管理系统外，Brown[44]与相关研究[54]也发现成功的 e-learning背后所呈现学员和讲师的重要特质：

（1）成功学员的特质：如自在地运用科技于学习与沟通、愿意与其他学员积极互动、有一定的写作能力、自我督促、善用时间、目标导向、有一定的自我学习能力、愿意投入必要的时间、愿意与他人分享个人经验、会主动"求援"、能抗拒学习时的杂务、相信 e-learning 的学习成效、有较高学习弹性/适应力等。

（2）成功讲师的特质：如愿意调整传统教学思维和方法、愿意清楚呈现课程架构与相关数据、了解成人学习特质、愿意长时间投入实时线上沟通与活动、能协助建构网络学习社群、愿意参与提升 e-learning 的活动等。

即使 e-learning 的应用在企业和教育界已蔚为风潮，但 Zemsky 和 Massy[55]认为对 e-learning 仍并未发挥应有的成效，其中虽有许多硬件与软件已上市，但 e-learning 的市场并未完全浮现、学生/学员未如预期涌向 e-learning 与 e-learning 的相关工具未能从根本改变多数讲师的教学理念与方法应是主要原因。Zemsky 和 Massy 直言"教—学双方"目前仍不知如何有效运用 e-learning 发挥其效用，因此建议机构/讲师方面应避免将传统课程"灌到"e-learning 课程（应先挑选议题、调整课程内涵）、整合课程并让学员清楚了解课程要求与架构、与学员保持密切联系、优先考虑教学目标/成果的达成、测验/评量的重点为"应用"而非"记忆"、融入成人学习的原理、多方延伸课程数据并训练学员使用相关工具，以能逐渐改变"教—学双方"的心态，创造 e-learning 的成效。

关键字词

KSAOs	竞赛（学习）
学习投入	学徒制训练
学员特质	工作轮调
（学习）人际互动	教导
讲演法	师徒制
体现学习	计算机化训练
模拟（学习）	编序教学
模拟机训练	数位教学（学习）
公文篮演练	视讯教学

244

个案研究　　　　　　　在线学习

角色扮演　　　　　　　数位鸿沟

游戏（学习）　　　　　课程管理系统

观念提要

课程实施应是读者们最熟悉的部分，在设计课程时，通常需考虑绩效与训练目标、相关训练资源、组织或学员的特殊限制等因素，以决定适当的训练方法。演讲法是最常见的训练法，其他如模拟（包括模拟机训练、公文篮演练、个案研究、角色扮演等）、游戏、竞赛等，而学徒制、工作轮调、教导和师徒制则属于紧密结合工作的训练方法。

20 世纪 80 年代流行的计算机化训练源于 Skinner 的编序教学法，而结合网络科技之后建立起现在最风行的数字教学（e-learning）。数字教学涵盖多种类型，从电子邮件、视频教学发展至在线学习，HRD 界和教育界对数字教学均抱以厚望，期待能解决学习过程中时间和空间的限制。

基础测试

1. 选用教学方法时，应注意哪些组织和个别成员特殊限制？

2. 单纯的讲演法有哪些优缺点？通过哪些处理可以增进讲演法的学习成效？

3. 常见的模拟训练法有哪些？这些方法各适用于何种状况？

4. 游戏教学法有哪些优点？良好的游戏教学应具备哪些特质？

5. 教导与师徒制有何异同？

6. 常见的数字教学有哪些类型？数字教学的优点和限制为何？

进阶思考

1. 讲演法过时了吗？传统的教学法真的比不上数位教学？

2. 游戏和数字教学是否较适合年轻族群？为什么？

3. 你尝试过在线学习课程吗？你察觉到的优缺点为何？

第10章 检视训练效益
——训练评鉴

创刊于1900年的《米其林指南》（Guide Michelin）原本期望增添开车旅游者的乐趣，却在1926年刊登法国优良餐厅名单后，无心插柳地成为老饕的美食圣经，而指南上的"星星"更成为无数餐厅与厨师极力争取的荣誉。1966年时巴黎名厨Alain Zick因其餐厅被"米其林指南"从三星降为二星而自杀，2003年2月底另一法国名厨Bernard Loiseau则因另一美食指南Gault-Millau降低其餐厅评分（19分降至17分），亦举枪自尽（米其林指南仍维持为三星）。不少知名大厨强烈指责美食指南（伯仁因此而死），许多媒体亦以类似"谁杀了大厨师"、"该放火烧掉美食指南"或"黑箱作业"等标题批判美食指南恣意操控名厨与餐厅的生死。

1998年6月2日教育部第一次公布62所公私立大学综合评鉴结果，每所大学虽均有缺点，但因无排名压力，多数大学反应冷淡[84]。而当1998年6月3日远见杂志公布针对中国台湾地区55所大学进行的学术声誉评鉴时，学校特色被量化、学术声誉列入排名，参与评鉴的大学为排名（校誉）绷紧神经。2003年10月20日中国台湾地区教育部门公布"2002

246

年大学、技职校院 SCI、SSCI 与 EI 论文总篇数发表统计"，在此评比中，中国台湾地区政治大学的排名"暴跌为第 48 名"，故召开记者会强调 SCI（科学引文索引数据库）、SSCI（社会科学引文索引数据库）、EI（工程索引数据库）研究成果指针，仅代表各校在国际英文期刊上发表论文的篇数，不应该作为评鉴学校学术表现的唯一依据[86]。政大研究生学会则痛批教育部不当"阉割"政大的学术成就，要求教育部公开说明会分类评鉴结果，并依其结果分配资源，还给政大一个公道[87]！

一方面，从上述案例可约略看出不同形式的"评鉴"（evaluation）在许多专业中日益普遍，而评鉴势必区分高低、好坏，且严重影响后续的奖励或惩处（资源分配）；也难怪评鉴落居下风者常以质疑、抗议的手段"捍卫"自己的权益。另一方面，评鉴确有警惕、激励的作用[88]，协助个人或组织逐步向上提升，在讲求专业的现代社会，评鉴将继续扮演重要的角色。

10.1　训练评鉴的效益与迷思

米其林指南和美食指南均派遣多位匿名评审到各餐厅用餐，搜集餐点、布置和服务的信息，大学评鉴则由委员们亲赴各大学参访、阅读数据，因此数据搜集是评鉴的基础。基本上，测量（measurement）为系统地搜集相关数据，并提供量化叙述的程序，但不针对数据做任何价值评判；评鉴则是依据测量结果进行分析和评价的程序，以作为决策的参考[1]。Goldstein[2]认为，训练评鉴即是针对特定的训练课程，系统地搜集数据、予以适当评价，以作为筛选、采用或修正训练课程等决策的基础。因此，评鉴绝非无的放矢，而是以既定目标为导向，并将评鉴结果转化为行动，以达成最终目标。如米其林指南旨在推荐美食、激励好厨师/餐厅，而大学评鉴则是期望提升大学的研究声望、教学成效和行政效率。故欠缺明确目标或不采取任何行动的评鉴只是"假戏假做"，注定失败。

247

10.1.1 训练评鉴的目的与效益

HRD（训练）是企业 HRM 的一环，也是对成员的投资，因此，从企业经营和训练的角度而言，训练评鉴均有其必要性。

（1）训练评鉴对企业经营的意义：HRD 想要融入企业功能、发挥企业伙伴的角色，其功能、流程和贡献均需比照企业其他功能接受检视。即配合策略与数字管理的概念，确保 HRD 的实施依循企业与 HRM 策略，且能创造一定的绩效/财务效益，才能让企业负责人和部门主管认同 HRD 的贡献和价值[3]。

（2）评鉴对训练的意义：从实务的立场而言，评鉴的功能为[4]：

1）判断训练是否达成预期目标：训练实施之后，是否达成训练目标（学员习获预定的知识与技能、心态调整）？学员的知识与技能运用是否达成预设的绩效目标？若未达成训练/绩效目标，原因为何？有无其他训练或管理措施能达成绩效目标？

2）估算训练成本效益：训练是对企业和成员的投资，既然是投资，投资报酬率（return on investment，ROI）很自然地成为未来继续/转投资的重要参考。通过评鉴，HRD 人员能搜集成本（如经费、时间、人力、生产力损失等）和因训练而提升的绩效价值（如产量的提升、不良率的降低、保养与机会成本的减少等），以实际的数字证明训练的经济效益[5]。

3）确保训练质量与成效：形成性评鉴（请参阅第 8 章第 8.4 节）的功能即是通过流程管控的概念，找出需求分析、设计、发展至实施阶段各流程和成果的疏漏或错误之处，确保训练课程一定的品质、达成训练/绩效目标，避免不良训练造成的反效果。

4）判断参训者受益状况：学员训练成就的个别差异显现为他/她所接受训练的类别、层次、知能习获与运用的状况，而学员结训后的绩效表现、轮调/升迁的状况亦影响未来继续参训的机会与动机。学员的学习成就也将列入个人资料，以作为未来绩效考核、派任新职或训练的参考。

5）判断训练课程或体系的成效：参训学员在知能或心态/视野上的收获直接反映训练目标的达标率、训练设计系统的正确率与执行力，亦即呈现训练的成效。高成效的训练/体系应获奖励或继续维持，成效有限者则应停办或修正，以免浪费经费、影响成员学习效益。

248

6）形成风气：训练评鉴会显示优缺点，亦提醒所有相关人员（包括学员、HRD 专业人员、主管等）"不能打马虎眼"，从需求分析至训练实施、知能应用的成果都将公开呈现，对松懈者均将形成一股压力。久而久之，将养成企业成员注重训练成效的风气。

对所有组织与成员而言，"评鉴"是件烦人的事，对于被评为"待改进"的部门或成员而言，"评鉴"更是沉重的负担。但 HRD 专业人员越来越重视评鉴，其主要动力则为[4]：

（1）外界压力：来自 HR 部门之外的压力，如：

1）决策者的压力：企业决策者需要了解各部门的绩效/贡献、部门之间的评比，以作为奖惩和资源分配的依据。因此，HR 部门通过评鉴呈现其工作内容、成果与价值，提供决策者参考。如在教育部门的压力下，公私立大学各系所需进行"系所评鉴"，教育部门则以评鉴结果作为大学管理（增减经费与招生人数）的政策依据。

2）生存的压力：HR 部门通过评鉴，了解训练课程的优缺点，以提升训练成效、降低不必要浪费、协助相关部门和企业增进绩效，证明训练和HR 部门对企业的贡献；否则当景气衰退时，训练和 HR 部门是优先被砍的"祭品"。大学各系所均需进行评鉴，以证明其在教学、研究和校外服务的贡献，未通过评鉴者将遭减招、终至停办；想避免惨剧，只有先办理自我评鉴、努力改进缺失。

3）专业同侪的压力：来自外界专业的训练服务可能挤压内部 HR 部门发挥的空间，而当内部成员参加外部训练之后，HR 部门的处境将更艰辛。HR 部门通过评鉴了解其竞争优势和缺失，以提高服务质量，对抗外界的竞争压力。而公私立大学系所的评鉴结果成为学生和家长选报志愿的参考，评鉴结果较好的系所也较能吸引优秀的学生，长此以往将对"待改善系所"形成更大的竞争压力。

（2）内在压力：来自于 HR 专业的压力，如：

1）专业尊严与信誉：营销部门有业绩证明其贡献，生产部门有产能数据证明其努力，品管部门也有挑出的不良品以凸显其价值，HRD 部门也需要评鉴数据以佐证其学习服务的水平和效益。特别是企业内部绩效评比，或企业间 HRD 部门的竞争（如职业训练局的人力创新奖 National HRD InnoPrize），均需较明确的资料证明其绩效或特色，以获得组织成员和外界

HRD 专业同侪的尊重。

2）争取训练经费：一般多认为"有经费、才能办事"，但企业 CEO 则常要求"提出你能办事/有贡献的资料，再给经费"。HRD 的贡献不在于训练场数、参训人数的多寡，而是训练课程是否配合企业策略、协助建立企业文化、提升企业核心职能（质与量）、协助成员和部门达成绩效目标，而 HR 部门只能通过评鉴的程序、搜集相关数据，以证明其价值、争取适度的经费。否则当企业财务紧缩时，不仅经费无着落，HR 部门亦可能遭裁减。

虽然 Phillips 等[6]认为，训练评鉴可创造正面响应高阶管理者的决策需求、检视训练经费/投资的正当性、改善训练课程/设计质量、发现并改善训练设计流程的障碍、提升学习/训练迁移效能、移除不需要/无效的训练课程、扩大实施成功的课程、提升 HR 专业人员的信誉、增进顾客满意、建构管理者的支持、强化与高阶主管的关系、设定企业内部学习与发展的顺位、开发训练的新契机、调整管理阶层对训练发展的看法、创造财务收益等[14]效益，企业高阶主管仍应审慎思考训练评鉴的定位。适度的动力虽有助于 HRD 专业推动训练评鉴，但部分迷思与结构性的问题却阻碍了训练评鉴的落实。

10.1.2 训练评鉴的迷思与隐忧

对任何事务的评鉴都有其难度，而一般企业虽开始注重训练评鉴，但评鉴的层次仍偏低，训练评鉴似乎未发挥应有的效能。平心而论，HR 专业人员、企业主管对于训练评鉴或有部分迷思/误解，而观念的偏差与欠缺实施评鉴的知能，也阻碍了训练评鉴的推动[4],[7]：

（1）企业决策者未要求实施训练评鉴：实施评鉴很麻烦，"既然决策者们没有要求，我也无须'没事找事'"。基本上，上述想法"并无大错"，只是当面对内外压力时，决策者也可能一夕之间要求进行训练评鉴。因此，先通过自我评鉴，找出缺失、调整体质，正式评鉴时将无大碍。许多教授强烈批判"教学评量"，但目前几乎所有大学均实施教学评量；教育部门在压力下试办、正式办理大学与系所评鉴，并依据评鉴结果作为补助金和招生人数的决策参考，所有大学即使有所不满只有照办；全国大学亦依据最新版大学法实施"教师评鉴制度"，大学教授的任何异议都没有用。

（2）我无须持续证明我的能力：专业人员通常认为已经取得证照或通过了最初评鉴，故没有必要再通过评鉴持续地"证明其能力"。但因外界环境变化、顾客服务质量要求日高，许多专业领域已通过换照（研习＋评鉴）以确保服务质量与日俱进、巩固专业地位；米其林的餐厅评鉴也凸显了成功不是偶然、持续维持竞争优势的理念。HRD 专业或许无须持续证明其专业知能，但却需不断地证明他/她们的贡献与价值。

（3）难以测量训练成果：以技能学习为主的训练，其学习成果转换至工作行为的标准较明确（如技能应用的频率、比重等），与工作成果/绩效的关系亦较具体，训练成果较易测量；以拓展视野、调整心态为主的训练，一般 HR 专业多承认难以测量训练成果。但 HR 专业的思维应聚焦于"组织是否要进行评鉴？"或"该训练课程值得评鉴？"，而非"有办法评鉴该训练"！疑惧令人望评鉴而却步，但从课程设计开始即设定学习与绩效目标的做法，确能协助 HR 专业人员设定训练成果的指标，继而导引测量方法与工具的开发，有效测量训练成果。

（4）训练评鉴的准确度不够高：课程设计不良、目标不清、时间递延效果、组织情境的限制和外界诸多因素，均会影响知能学习、工作应用与绩效贡献的正确性。因此，HR 专业人员常表示既然难以控制影响因素，倒不如不要评鉴、节约资源。每一个训练课程都有其独特性，故采取实验研究控制机制的做法，则能协助 HR 专业人员较有效地厘清与控制影响因素，提高评鉴的准确度。

（5）训练评鉴会得罪人：任何形式的评鉴都会呈现利益相关人（stakeholders）的优缺点，轻则使人面子受损，重则影响资源分配（如资金、招生人数）、前程受阻，在国人"与人为善"、"多面讨好"或"不得罪人"的心态之下，自然尽量避免评鉴（包括大学评鉴、教师评鉴）。评鉴确实会得罪人，也会为参与评鉴者带来困扰，但评鉴制度亦是追求专业、完美的重要机制，促使个人/组织提升竞争优势。重要的是当怕得罪人而拒绝实施评鉴时，难以显现自己的绩效/贡献、反而"得罪"崇信数字管理的大老板时，后悔亦迟。

除此之外，Phillips 等[6]也提出如训练评鉴成本太高、评鉴花费太多时间、评鉴的热度将很快就消退、评鉴仅产生有限的数据、评鉴程序/工具很难一体适用、评鉴过程和结果太过于主观、仅技艺/技术训练（hard skills training）适用评鉴、评鉴仅适用于某些特殊的企业、评鉴不适用于测量工作的改善（因对学员没有约束力）、学员无须承担课程成败责任（故随意提供数据）、评鉴是评鉴者或 HR 专业人员的事、实施评鉴需要高等学位等令常人疑惑的迷思。此外，一些企业和训练设计系统结构性的问题因限制了训练评鉴的成效，反而使 HR 人员选择将资源投入训练事务而避免涉入评鉴[4],[7],[8]：

（1）缺乏共识与诚意：训练评鉴虽是 HR 部门的业务，但企业主管对于评鉴的目的和未来行动方案应有共识，实施时更需企业决策者的全力支持，方能整合全员进行评鉴。欠缺决策者的支持和主管的共识，训练评鉴将不仅是样版，企业成员也不会重视训练效益，训练充其量只是一场场昂贵又无趣的游戏。

（2）训练设计的缺陷：若 HR 部门设计训练课程时未制定较清晰的学习和绩效目标，或未将评鉴纳入训练体系，不仅无从搜集评鉴资料，更无法判断学习/绩效目标是否达成。此类"为训练而训练"、"有训练就好"或"不求训练效益"的心态，不仅阻碍评鉴的实施，也浪费企业资源和求真/求善风气的建立。

（3）欠缺高层次评鉴的重要工具与技术：较高比例的企业测量学员的满意度和学习成果，但在"知能应用"、"工作行为的改变"、"训练财务效益"和"训练投资本益比"等方面，过去则因欠缺较好的模式和适当的资料搜集/分析方法，致使 HR 专业人员不敢轻易尝试。近年来则因观念的调整和新模式的导入，HR 专业人员有机会能较精确地估算训练的投资效益，证明 HR 部门的贡献。

（4）不易厘清影响训练成效的因素：基本上 HR 专业人员的权责常仅限于学习场所，学员返回工作岗位后的知能应用、绩效的发挥则应属于主管和企业组织的范围，再加上外界环境因素的干扰，难以判断训练成效似乎是"正常"的，特别是"训练→绩效→经济效益"关系的确认。

1）"训练→绩效"的因果关系因目标适切/明确度、学员努力、学习移转、知能应用、团队合作、人际关系与主管支持等因素的影响而有落差。

2）"绩效→经济效益"的因果关系受经济景气、顾客关系、订单多寡、竞争优势等外部因素和企业策略、资源掌控、经营管理能力等内部因素的影响而有变动。

另外，Phillips 等[6]也认为仍存在太多评鉴理论与模式、评鉴模式太复杂、企业成员欠缺对评鉴的正确认知、过于强调统计的正确性、评鉴是训练的"外加"业务、忽略评鉴的长期效益、欠缺利益相关人的协助、评鉴未能提供高阶主管所需的数据、不当使用评鉴资料、评鉴缺乏标准/一致性/连续性等问题，致使企业与 HR 专业对评鉴采取较保守的态度。

即使存在不等的迷思、隐忧和先天结构缺陷，HR 领域的许多任务作者仍努力克服结构性的困扰，开发出更好的评鉴模式与工具，协助企业确认与掌控训练的贡献。

10.2 训练评鉴的类型与模式

许多人对于训练与发展存有莫名或过度的期待，企业期望通过训练以增进员工和管理者的能力、强化组织竞争力，劳委会希望训练能培育民众的就业能力（employability）以降低失业率，继而得以普遍地提升国家的竞争优势。但上述不同层次的期望都需借由评鉴"证实"训练的成效，不过直到今天为止，建构完整且有效的评鉴体系（包括机制、流程与工具）仍是 HR 专业的终极任务之一。

10.2.1 训练评鉴的类型

专业的厨师总有好几把刀，分别适用于切割、切片、切丝或砍剁，不同的刀具依其使用功能/目的而锻造；错用刀具不仅影响食材处理，也可能伤害刀具。评鉴也是一项工具，当其应用于训练课程时，依其目的可分为形成性评鉴与总结性评鉴两大类（参阅图 10 - 1）；形成性评鉴通过详细检视训练设计流程，以提升训练课程的质量，总结性评鉴则是于课程结束后检视训练的效能（是否达成训练绩效目标）与效益（投资的价值），以为作决策的参考。总结性评鉴依目的或时间序列又可分为[7]：

（1）结果评鉴（results evaluation）：适用于训练课程结束后探讨学员习获训练目标所用的知能与层次，以判断该训练的效能，再决定继续实施或舍弃该课程[9],[10],[11]。

（2）证实评鉴（confirmative evaluation）：适用于训练课程结束后 3 个月至 1 年之间，定时检视学员能否继续表现其知能或行为，以判断训练移转的效能[12],[13]。

（3）终极评鉴（ultimate evaluation）：适用于训练课程结束、学员返回工作岗位 3 个月之后，检视学员将所学知能应用于工作与绩效改善的程度[1]。

不论采取哪一类型的评鉴，最重要的是先确定评鉴目的，再搭配适当的评鉴模式，以完成训练评鉴。而在已知的评鉴模式中，最简明、知名、广受采用/参考、遭批判者当属 Kirkpatrick 的四层次训练评鉴模式！

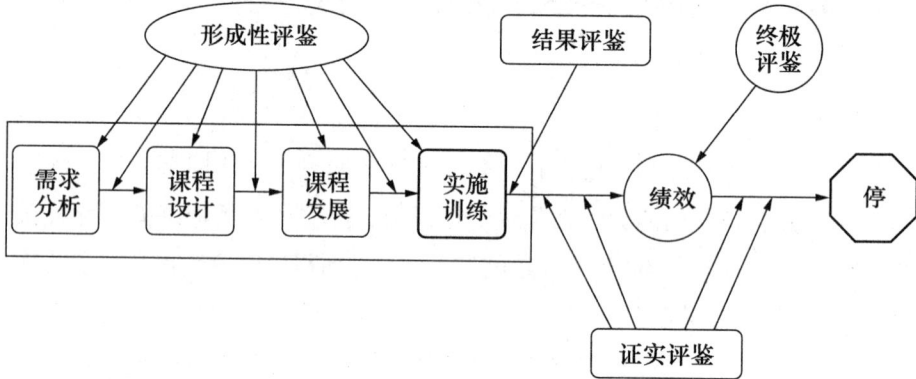

图 10-1　评鉴类型、训练过程与绩效的关系

10.2.2　训练评鉴的模式

Kirkpatrick 于 1959 年 11 月首次刊登第一篇有关训练评鉴的文章，并在至 1960 年 2 月间连续刊登另三篇文章，奠定"四层次"训练评鉴（four-level approach to training evaluation）的基础[14],[15],[16],[17]；上述四篇文章也收录于 Kirkpatrick 编撰探讨训练评鉴的专书。此后，Kirkpatrick 的

评鉴模式几乎成为业界的标准，也掀起一股持续探讨评鉴的风潮！

10.2.2.1　Kirkpatrick 四层次评鉴模式

（1）感受（reaction）：主要探讨学员对训练课程的喜欢（enjoyment）与满意（satisfaction）程度，以及对课程相关细节的看法。一般 HR 专业多以自制问卷测量学员的感受，且因实施容易、成本低，超过 85% 的企业测量学员对训练的感受。虽然"好感受"不必然能创造"好学习成果"，但多数 HR 专业认为良好的感受有助于"促进学习气氛"，也能影响他人参与该训练和决策者的观感[14]，[18]。Kirkpatrick[14]建议在确认测量项目后制成无记名书面问卷，而问卷应易于填写、计量化，并提供学员抒发个人意见的开放题项。目前对学员"感受"的测量多以训练目标、内容、教材、进度、时间安排、环境、讲师特质/表现和行政支持等项目为主。

（2）学习（learning）：主要探讨学员在单元或训练课程结束之后，对于课程信息的记忆与理解、技能的纯熟度，是测量学员特定知识技能的表现，以判断训练课程的效果与效率（检视训练目标达成状况）[15]，[18]。Kirkpatrick[15]建议测量方式与程序应力求客观和公平，测量结果计量化以利于统计分析，采取前测—后测和控制组以避免偏误。学习的测量不等于测验，相关细节请参阅第 8 章第 8.2 节。

（3）行为（behavior）：若训练的目的为"学习"，则训练评鉴针对知能的学习状况即可，但若训练的目的为"应用"，评鉴应超越"学习"层面而测量知能的应用"行为"[16]，[18]。"学习→行为"牵涉学习移转，但 Katz[19]认为学员需先洞悉个人缺失、存有应用/改善的动机、有机会尝试所学与主管者支持等要件，方能创造较高度的学习移转。行为的测量较学习更困难，主要是影响工作行为的因素多潜藏于企业组织中，且当转变的行为速率缓慢、不易观察，或知能应用的时间难以估计时，均影响"行为"的正确测量。但行为的测量是强调"训练效益"起点，除非跨越"学习评鉴"的层级，否则永远无法明确掌握训练的效应（training impact）。

（4）成效（results）：企业常以成员通过工作行为所创造的绩效，判断他/她们的价值/贡献，因此，"行为评鉴"仅能显示成员应用训练所学的状况，"成效评鉴"才能呈现"训练→改善/增进绩效"的价值。对企业而言，唯有通过"成效评鉴"才能判断训练的投资效益！但因不易明确定义训练的特定成效、特定成效的内涵与标准、特定成效产生的时间与难以厘清干扰因素等议题，更加深了测量训练成效的难度[17,18]。"精确地测量训练成效/经济效益"如同"圣杯"（holy grail，基督徒追求具神力的宗教宝物）般，吸引无数 HRD 专业努力与投入，期望创造适用的模式与工具，解决 HRD 界的"超级难题"[20]。

Kirkpatrick 评鉴模式的优点在于简明、易懂，提醒训练师训练的实用需求/价值，也能让企业主管理解训练的效应与效益[21]，因此，广受 HRD 专业的采用。不过近年来对于 Kirkpatrick 模式的批判也越来越多，重要者如：

（1）易令人误认为是依据"信息的价值"而排列"感受→学习→行为→成效"的顺序，从而造成"成效层面比感受层面的数据更重要"的误解。但 Kirkpatrick 推出该模式并未强调"阶层"的概念，且资料的价值应依据评鉴类别而定。

（2）Kirkpatrick 的模式隐含"因果关系"（casual relationship），但众多研究则未能证明四个层次之间的因果关系[22],[23]。

（3）Holton[24]认为，由于欠缺明确的构成概念（constructs）与未经证实的因果关系，重炮批判 Kirkpatrick 的模式"只是训练成果的分类"，不足以称为"模式"！即使 Kirkpatrick 也宣称"他只是提供 HRD 专业一个测量训练成果的工具，并不在乎能否被称为模式"，但 Holton 仍强调"未能明确厘清和测量学习与移转的相关影响因素之前，都不该称为评鉴模式"。Kraiger 和 Jung[25]则呼应 Holton 的说法，并认为对 Kirkpatrick 虽提供"如何评鉴"的概念（how to evaluate），但却未清楚说明"评鉴什么"（what to evaluate），以及如何联结评鉴结果与企业策略的做法。

即使存在类似上述的批判，并无损 Kirkpatrick 的贡献，更激发无数研究者投入训练评鉴。其实，许多训练评鉴的模式并未能完全脱离 Kirkpatrick 模式的范围，反是以 Kirkpatrick 模式为基础，企图开拓新的测量路线与模式（相关模式的比较请参阅表 10-1）。

10.2.2.2 CIRO 模式

Warr 等[26]认为，在测量感受和成果之前，应先分析相关情境与投入，而 CIRO 模式的四阶段应搜集的资料则为：

（1）情境（context）：指企业组织或部门中，有助于确认训练需求与目标的信息。

（2）投入（input）：如训练方法、技巧与其他相关资源，有助于决定最佳的训练方案。

表 10–1　与 Kirkpartick 概念相近的评鉴模式的比较[20]

Kirkpartick	CIRO	Hamblin 五层次模式	Fitz–enz TV	EOEM 组织元素模式	六阶层模式	ROI 投资报酬模式	KPMT
—	—	—	状况分析/处境分析	—	活动计量	—	探讨企业需求
感受	情境与投入	感受	—	投入与流程	感受	感受与行动方案	感受
学习	感受	学习	行为效益	个体收获	学习	学习	学习
行为	立即成果	工作行为	绩效效益	个体绩效	训练移转	应用	训练移转/行为
成效	中期成果	组织效益	评价	整体效益	企业面效应	成效	财务效益
—	长期成果	终极价值	—	社会贡献	社会面效应	投资报酬	—

（3）感受（reaction）：为学员对于训练课程的观感/意见和建议。

（4）成果（outcome）：指立即与中长期的训练成果。

CIRO 模式的特点在于强调目标与训练资源的重要性，且较流行于欧洲的企业组织。

10.2.2.3　Hamblin 五层次模式

Hamblin[27]是最早修正 Kirkpatrick 模式的人，前三个层次（reactions→learning→job behavior）等同于 Kirkpatrick 模式，另两层次为：

（1）组织（organization）：指学员（应用训练所学）的工作和绩效的改进对企业的效益。

（2）终极价值（ultimate value）：指训练对组织的财务效益和对社会或经济体系的贡献（human good）。

257

读者可轻易看出 Hamblin 的五层次模式与 Kirkpatrick 模式的异同，此外，Hamblin[27]认为五层次之间存有"低→高"的阶层关系。

10.2.2.4　训练评价模式

Fitz - enz[28]提出的训练评价模式（training valuation system，TVE），其步骤包括：

（1）状况分析（situation）：类似绩效需求分析，探索企业各项功能或流程中的相关缺失或契机，以谋求改善。

（2）处遇分析（intervention）：重点为诊断问题与探讨以训练解决问题的可行性，若确认训练为解决方案，则进行更精确的定义（如绩效与训练目标、训练方法等）。

（3）效应（impact）：检视训练对参训者行为、绩效上的影响，若未达原订目标时更需探究可能的影响因素。

（4）评价（value）：从训练所提升的生产力、质量或降低的成本中，求取训练所创造的财务价值。

此外，Fitz - enz[28]也强调在企业经营中，仍无法明确地区分或厘清许多因素对于众多管理功能的影响，对训练成效亦是如此。因此，采取学术研究常用的统计假设和严格的研究设计，在现实的世界中不见得能精算出训练的财务价值，能证明训练对于提升绩效"有正面关系"也许就够了；执着地想找出训练"明确的价值"对 HRD 专业和企业可能都是另一种的负担。

10.2.2.5　组织元素模式

Kaufman 和 Keller[29]提出的组织元素模式（the organization elements model，OEM），认为从企业社会责任的角度而言，Kirkpatrick 的模式无法呈现训练课程对于组织外部的贡献，因此以 Kirkpatrick 模式为基础，扩充为六层次的评鉴模式[30]：

（1）投入（input）：类似"感受"层次，但探讨参训者对训练方法和资源的角色、有效性、适当性与贡献性的看法。

（2）流程（process）：类似"感受"层次，但加入了对训练执行过程和达成训练目标与否的分析。

（3）个体收获（micro - acquisition）：类似"学习"层次，主要检视个人和小团体在特定（训练）知能的纯熟度与职能水平。

（4）个体绩效（micro - performance）：类似"行为"层次，主要针对参训者运用/应用所获知识技能的状况。

（5）整体效益（macro - result）：类似"成效"层次，主要检视训练对企业组织的财务与非财务性的成果和贡献。

（6）社会贡献（mega - outcome）：检视训练对小区/社会的贡献（societal outcomes）。

10.2.2.6　六阶层模式

由 Molenda 等[31]提出的六阶层模式（six - strata model），主张阶层之间虽有顺序之分，但并不强调阶层间的重要性，其中包括：

（1）阶层 1"活动计量"（activity accounting）：主要检视参训学员数量以及个别学员的知能水平。

（2）阶层 2 ~ 6：依序为学员感受（participant reactions）→学员学习（participant learning）→训练移转（transfer of training）→企业面效应（business impact）→社会面效应（social impact）等。

Molenda 等[31]在其模式中也强调参训者的训前职能（如知识、专业术语、态度和错误观念等）、一般特质（如职级、性别、社经文化等）及学习特质（如焦虑、学习心态、媒体偏好等）等对学习成效的重要性。

10.2.2.7　五层次投资报酬模式

Phillips[3],[32]提出的五层次投资报酬模式（the five - level ROI framework）特别强调"投资报酬"（return on investment，ROI）的层面，其中包括：

（1）层次 1"感受与行动方案"（reaction and planned action）：涵盖参训者一般感受以及未来将如何运用训练所学的想法/规划。

（2）层次 2 ~ 4：依序为学习→应用（job application）→成效（business results）三部分。

（3）层次 5"投资报酬"：精算训练课程所投入的各类成本与效益（有形与无形），并将其转换为货币价值，以求得训练的投资报酬率。此部分将于第 10.3 节有更详尽的说明。

10.2.2.8　KPMT 模式

Kearns 和 Miller[33]所提出的模式与 Phillips 相近，共涵盖感受（reaction to training & development）→学习→训练移转/行为（transfer to the

workplace/behavior）→财务效益（bottom line added value）四层次。Kearns
和 Miller 强调以企业角度厘清训练目标，并期望提供一套有效分析训练效益
的工具，因此他们设计的评鉴流程为探讨企业需求→规划训练方案→确认训
练议题→实施训练→训练评鉴→回馈评鉴结果。Kearns 和 Miller 认为若设计
训练时未确实考虑企业目标，"就不应该提供训练"，他们也强调"唯有明确
的数字"才有助于估算训练投资报酬，即使是软性/调整心态的训练，仍应
坚守此原则。（有趣的是 KPMT 模式来自 Kearns Paul 和 Miller Tony）

　　尽管 Kirkpartick 的概念确实合乎一般的逻辑思考，但其评鉴模式仍遭
受了不少批判。综合许多学者的看法，或许可将训练评鉴区分为"效果确
认"（training validation，测量是否达成训练目标）与"成效评价"（train-
ing evaluation/valuation，测量训练在绩效和企业面的财务性与非财务性价
值），较能满足不同的需求。

　　训练评鉴的类型当然不局限于 Kirkpartick 的概念，Newby[34]建议应针
对训练与应用情境进行评鉴，如 Pulley[35]提出满足决策者需求的"回应式
评鉴"（responsive evaluation），Preskill 和 Torres[36]则强调通过评鉴了解企
业的学习功能（evaluative inquiry for learning in organization，EILO）。HRD
专业可依据客户需求（企业负责人或主管）选择对应的评鉴模式，也可选
配不同模式的内涵，创造客制化/量身定作的评鉴模式。

10.3　训练成本效益分析

　　2007～2008 年，石油、黄金和其他原物料的价格大幅上扬，除了薪资
外，几乎万物齐涨，物价涨幅高于利率、重创货币购买力；许多专业理财
顾问则鼓励全民理财，以避免存款贬值。但资金/资源是有限的，就投资
者的立场而言，自然想知道投资后所获得的收益/报酬与投资报酬率的高
低，以作为未来继续投资、调整投资金额的决策参考；教育训练是企业组
织投资于其人力资源的途径之一，企业自然有权得知其投资报酬。其实
Kirkpartick 的追随者、批判者与众多的 HRD 专业人员无不致力于开发相关

260

工具，以期能更精确地估算训练效益与投资报酬，而 Phillips[3],[32] 的 ROI 模式似乎吸引较多注意力。

10.3.1　Phillips 的 ROI 模式

Phillips 的 ROI 模式（参阅图 10-2）强调，ROI 的部分资料并非凭空出现，而是源于前四个层次所获得的数据，以确定"参训者所获知能→知能应用→组织成效"的连锁关系。当 HRD 专业进入 ROI 层次时，"评鉴目的"应确定是"估算训练成本效益与投资报酬"，相关的程序包括：

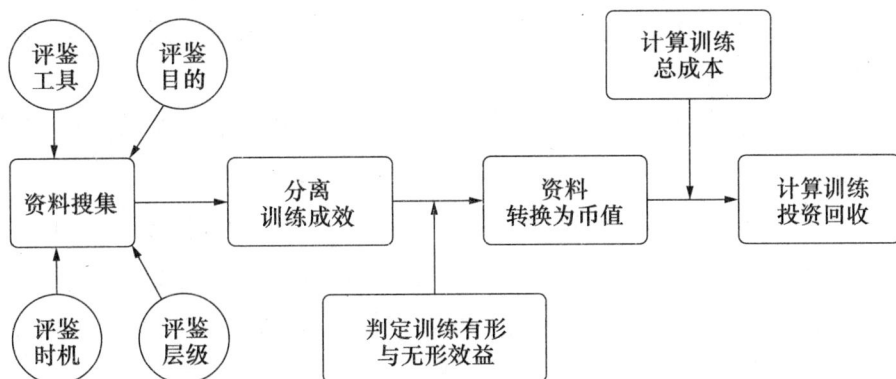

图 10-2　Phillips 的训练 ROI 评鉴模式[3,83]

（1）确认应搜集的资料：基本上，评鉴所需的资料均应以"训练/绩效目标"为依据，Phillips[3] 建议根据训练的特殊目标，搜集"训练成效"数据，应涵盖：

1）客观数据（hard data）：此类数据的定义较客观，较易测量、量化、转化为财务价值、取信于管理者，训练常见的客观数据如：

①产量/产能：如产品数量、重量、组装数、出售数/量、处理文件数、核准案件数、退件数、访问的顾客数、完成的工作量、备料、运销数、新开发客户数等。

②品质：瑕疵品、废料、退件、错误率、重工（rework）、不合格品、良率、误差、库存、意外事件数、顾客抱怨等。

③成本：预算变动数、单位成本、单一顾客成本、变动成本、固定成

261

本、行政成本、运作成本、延迟成本、罚款、意外事务成本、营销成本、平均降低的成本等。

④时间：单一流程时间、抱怨处理时间、停工时间、加班、平均延误时间、平均处理时间、督导时间、训练时间、会议时间、平均效率、订单延迟时间、回报延迟时间、工时损失等。

从工作日志或生产力信息中通常能获得上述的客观数据。

2）主观资料（soft data）：此类数据的定义较主观，多属行为层面，但较不易直接测量、量化、转化为财务价值，管理者的质疑亦较多，训练常见的客观资料为：

①工作习性：如出缺勤、迟到早退、工伤、违反安全守则、休息次数过多/时间过久等。

②工作气氛：申诉/抱怨次数、遭他人申诉次数、工作满足、组织承诺、离职倾向等。

③新技能：决策制定、问题解决、冲突处理、申诉处理、咨商、倾听、阅读能力、运用新技能企图心、运用新技能次数、新技能的重要性等。

④发展/成长：升迁次数、加薪次数与幅度、参训记录、绩效考核评等、工作效率等。

⑤满意度：正面反应、工作满意、态度调整、工作职责的看法、绩效的看法、员工忠诚度、增强的自信心、顾客满意度等。

⑥企图心/创见：实施新构想、方案完成/成功率、实施的建议数、目标设定等。

通过各种工具的使用，常能通过企业/部门绩效数据、参训者本身/主管/部属/同事/团队、内部与外部顾客获得上述的主观数据。

（2）开发搜集资料的工具：常用的搜集资料工具包括问卷调查、测验、访谈、焦点座谈、观察与分析绩效考核资料等。搜集资料工具的设计当然以训练/绩效目标为依归，并考虑客观/主观数据的类别和细节、所搜集的数据将如何分析与运用、工具的信度与效度，以及搜集资料时需投入的资源（人力和时间）等。

（3）确认搜集资料的时机：依据所需资料的类型设定搜集的时机[3]，如：

1）前测：训练课程实施前，主要针对层次 2、层次 3 与层次 4 的需求搜集参训前的绩效相关资料。

2）后测：训练课程结束后，主要针对层次 1、层次 2 与层次 4 的需求搜集参训后的绩效相关资料。

3）训前时间序列：训练课程实施前依适当时间间隔，针对层次 3 与层次 4 的需求搜集个人与企业绩效相关资料，已了解参训前绩效变化的趋势。

4）训后时间序列：训练课程实施后依适当时间间隔，针对层次 3 与层次 4 的需求搜集个人与企业绩效相关资料，已了解参训后绩效变化的趋势。

5）训练中多次测量：于训练实施过程中依适当时间间隔，针对层次 1 与层次 2 搜集参训者感受与知识与技能的学习状况。

6）训后追踪：训练课程实施后依适当时间间隔，针对层次 2、层次 3 与层次 4 的需求搜集个人绩效与对企业贡献之资料。

（4）搜集资料：依据所规划的对象、工具与时程进行资料搜集。

（5）厘清训练成效：从模式来看，"厘清训练成效"虽然在"搜集资料"之后，但部分重要机制的设置必须在完成课程设计时或训练实施之前。Phillips[3]亦建议数项厘清训练成效的做法：

1）安排对照组（control group）：即事先安排特质相近但不参加训练课程的成员成为对照组，并依规划搜集相同的资料，再分析、比较"参训组"和"对照组"在层次 2、层次 3 与层次 4 的差异。许多教育和医学方面的研究常采用对照组的研究设计，以确定处遇（treatment）的效果/影响。

2）参训者估算：主要要求参训者思考"训后运用所学知能对工作的改变状况"、"对生产力的正面影响多大"、"以一年计算，此影响的价值为何"、"估算的基础是什么"等问题，并写出与计算训练创造的价值。

3）参训者主管估算：从直属主管的角度，审慎观察参训部属的工作表现，检视/查核参训者响应上述问题的数据，给予最后的评定。

4）参训者顾客估算：若训练目标与顾客服务或顾客满意密切相关，亦可请顾客评估所节省的服务时间、服务满意度、未来继续接受服务的意愿、推荐此类服务给亲友的意愿等，从而估算参训价值。

5）训练设计者估算：训练设计者亦能单纯地思考"训后运用所学知

能对工作的改变状况"、"对生产力的正面影响多大"、"以一年计算，此影响的价值为何"等问题，并估算出训练所创造的价值。

此部分涵盖有形（客观资料）与无形（主观数据）训练成效，若能明确划分，将有助于提高估算准确度与"币值转换"。

（6）转换训练成效为"币值"：将"成效的内涵"与厘清的"训练成效"所求得的"净成效"（特别是客观资料）转化为币值，如单位产品的利润、销售额订单的利润、提高质量所避免的材料/重工时间/顾客抱怨的损失、节约的工时（转换为时薪或日薪）、避免意外事故的损失（如停工、赔偿、生产力、保险费）、降低流动率/离职率（招募成本、损失的生产力）等，均能合理地转化为币值，再乘以受训人数和日数，即可估算出训练的货币价值。

（7）计算训练总成本：即使不估算投资回收，企业与 HRD 部门也关注训练成本的议题，主要是成本估算有助于统计 HRD 总预算经费、分析个别训练课程的成本、预测未来训练成本、提升 HRD 部门效率与效益、训练课程间的比较、作为训练计价/收费的参考等[3]。训练课程的成本约可分为下列项目：

1）人事成本：主要是相关人员的薪资与福利的支出，其中涵盖 HRD 人员、讲师/顾问与参训者等类人员。

2）差旅费：主要是因训练课程而出差者的旅费、膳杂费、住宿费与保险费等，其中涵盖 HRD 人员、讲师/顾问与参训者等类人员。

3）设备费：主要是教学/训练相关设备的购置、租赁与维修费用，基本上购置成本可逐年摊提，维修费用亦以年度支出取平均值计算。

4）场地费：指训练地点/教室分应分摊或单独支付的场地租金。

5）材料费：指与自制训练课程所需的材料/消耗品，或购买外制训练课程的费用。

6）印刷费：印制书面资料或教材的费用。

7）报名/注册费：指参与外部课程所需直接支付的费用。外部服务费指支付企业外部团体/个人所提供的咨询/顾问、餐饮或相关学习服务的费用。

9）一般行政管理费用：指办公用品、文具与邮电的支出与训练课程应摊提的行政管理费用。

10）杂费：难以归类于上述费用者。

上述成本支出可通过表 10 - 2 加以记录、估算，掌握成本的支出。此外，支出费用的计算方式或标准常依企业制度而有差异，笔者建议应先请教企业会计部门，配合企业的模式与习惯进行必要的修改，使之融入企业的文化与制度。

（8）计算训练投资回收：只要完成上述的资料搜集，这个阶段是最简单的步骤，依据下列公式可算出训练课程的投资回收。

$$ROI（\%）= \frac{训练效益币值 - 训练总成本币值}{训练总成本币值}$$

笔者曾于 2006 年时指导一名研究生应用 Phillips[3] 的模式针对某公司的"晶元挑检训练"进行 ROI 的研究[37]，最后所得的 ROI 为 605.1%；欢迎读者参考整个研究的细节！在进行此研究时，相关资料的取得获得了生产管理与 HR 部门的诸多协助，而 Phillips 等[6]也深知企业文化和各阶层主管的理念对训练评鉴或 ROI 的探索有重大影响，"人"的议题是 HRD 专业在进行评鉴之前应优先克服的障碍！

表 10 - 2　训练课程费用支出简表（范例）

训练课程费用类别 ＼ 流程类别	教学系统流程				
	分析	设计	发展	实施	评鉴
人员薪资福利 – HRD 人员	✓	✓	✓	✓	✓
讲师/顾问			✓	✓	✓
参训者		✓			
差旅费 – HRD 人员		✓	✓	✓	
讲师/顾问				✓	
参训者		✓			
设备费			✓	✓	
场地费				✓	
材料费	✓	✓	✓	✓	✓
印刷费			✓	✓	✓
报名/注册费				✓	
外部服务费			✓	✓	
一般行政管理费用	✓	✓	✓	✓	✓
杂费	✓	✓	✓	✓	✓

10.3.2　推动企业内训练评鉴

Phillips 等[6]认为，企业成员（特别是管理者）恐惧与不安的情绪，形成了对训练评鉴的重大阻碍，特别是类似"我没有时间负担评鉴这额外的工作"、"ROI 效益不好会伤害我"、"我的预算未编列评鉴的项目"、"搜集评鉴资料不是我的工作范围"、"我未曾参与过这类事务"、"其他主管好像不支持评鉴"、"评鉴数据会被滥用"、"评鉴数据太主观/不准确"等论调，影响管理者之间的气氛和投入。因此，Phillips 等[6]建议 HRD 部门应致力于下列作为，以期顺利推动企业内的训练评鉴业务：

（1）强化高阶管理者对 HRD 的承诺：以企业目标和需求为部门基本定位、训练着重于解决问题和提升绩效、雇用专业人员（具 HRD 专业知能、愿接受批评、善于沟通、努力投入），做出成绩让高级管理者能持续他/她对 HRD 的承诺。

（2）坚定中级与基层管理者对 HRD 的支持：中级与基层管理者对 HRD 支持的动力来自训练课程对于管理者们和其部门绩效的贡献，因此，HRD 人员要亲自与管理者沟通已了解他/她们的需求、配合与满足管理者们的需求、协助管理者训练的功能、帮助管理者承担学习面的职责，以换取/巩固他/她们的支持。

（3）提升中高级管理者对 HRD 的参与：若管理者支持 HRD，则他/她们的参与也将提升，HRD 主管可邀请中高级管理者担任训练咨询委员、担任训练规划者或讲师（具专长者）、参加训练课程（学员）、带领部分学习活动、成为该部门的学习领导者，让他/她们通过参与直接建构训练对部门的价值和贡献。

（4）建立 HRD 与管理者的伙伴关系：上述的努力均是让各阶管理者们认识 HRD 的重要性和贡献，以及他/她们的努力所产生的正面影响，但管理者们仍易维持"训练是 HRD 的事情"的想法。因此，HRD 部门要想打破部门或功能的樊篱或成见，即需让管理者成为 HRD 的伙伴！建立伙伴关系的重要原则包括有耐心且持续沟通、创造双赢的契机、迅速处理问题与歧见、诚恳且定期地分享信息、展现诚信的言行、保持专业风格的互动、肯定与赞扬管理者们的成就与贡献、善用机会进行信息交流、多邀请管理者参与 HRD 相关活动等。企业的学习相关事务虽属 HRD 部门的重要权责，但单凭 HRD 部门的努力，无法达成企业的目标，唯有多沟通、化解各管理阶层的疑虑和阻力、鼓励管理者的支持和参与，方可营造合作气氛、创造良好的学习成效。

HRD 知识库

ISO 10015 与 TTQS

总部位于瑞士日内瓦，成立于 1964 年，属于非官方性质的国际标准化组织（The International Organization for Standardization，ISO）是全球最大、专门从事制定国际标准的机构，其宗旨为制定世界通用的国际标准，降低技术性贸易的障碍。ISO 依据市场导向制定特殊标准，参与的企业组织均为自愿性，而 ISO 虽无权力要求各国企业采用，但当 ISO 的标准为众多企业所接受之后，对于"未获认证"的企业自动形成"排斥效应"。为开启市场大门，各国无数企业纷纷接受 ISO 认证。

ISO 于 1987 年推出 ISO 9000，以作为质量保证与质量管理系统的评鉴标准，各国业界纷纷通过验证以承诺对产品质量的保证，而 1994 年 ISO 9000 改版修订并将适用范围扩展至服务业，国内许多教育服务机构开始尝试引进，不过当时对"宣传"的重视远高于在质量方面的努力。ISO 的制度是戴明循环（Deming cycle）PDCA 中计划（plan）、执行（do）、检查（check）和行动（action）的作为，以能有效地找出问题与解决问题。在 ISO 9000：2000 中已存在部分准则要求企业训练新进员工，确保他/她们能善尽生产职责和品管职责，而 1999 年底公布的 ISO 10015 则是以质量管理、成人学习和策略性 HRD 的概念，检视"策略→执行过程"的关系，以"建立训练质量保证系统"；ISO 10015 同时反映了绩效需求评析和形成性评鉴的特质。

ISO 10015 假设"正确流程→正确结果"，且强调训练过程的规范性、有效性、持续改善性和标准的广泛适用性。因此，ISO 10015 的验证结果也将呈现训练的正确性和有效性。但也有部分人士忧心，当企业/HRD 人员过度注重 ISO 制式流程与窗体文件处理时，反而忽略了弹性和人性考虑，将和 ISD 模式一样落入同样的窠臼。

267

ISO 是国际标准，而中国台湾地区的劳委会职业训练局为强化对教育训练机构管理及企业训练单位的办训意愿与能力，特就训练的规划、设计、执行、查核、成果评估等阶段拟订训练质量系统（Taiwan Train Quali System，TTQS），以确保训练流程的可靠性与正确性，并期望协助企业提升教育训练质量且能与 ISO 10015 接轨。不过，吸引一般企业引进并通过 TTQS 评核的最大诱因，应是可获得政府教育训练补助（包括内外训）。吸引教育训练机构通过 TTQS 评核的诱因除证明自己是"优秀教育训练机构"外，就是可承办职训局补助的训练方案（如产业人才投资方案、充电加值计划或立即充电计划等），获得开拓财务资源的机会，这或许是企业与相关机构接受 TTQS 认证的最大诱因！

10.4 评鉴"训练评鉴"

评鉴是系统化地搜集与分析资料，并给予适当评价的程序，但只要有评价就可能影响利益相关人的权益。因此，大学院校或学术声望的评鉴中认为"排名不公"的院校同声质疑"评鉴不公"（影响师生面子、教育部补助、毕业生出路等权益），而被降等的餐厅（声名、生意均受损）也质疑《米其林指南》或 Gault – Millau 对餐厅的评鉴项目、程序、标准与评鉴员的资格，正如收到超速罚单的驾驶质疑警方仪器的准确性。要化解利益相关人的质疑，唯有建立一套公平客观的评鉴机制，且在评鉴之前先让关心的人检视评鉴机制的公平与准确性、呈现评鉴员的资历与训练，以确保工具（评鉴机制）和操作员（评鉴员）的正当性，建立利益相关人对评鉴的基本信心。

美国教育评鉴标准联合委员会（The Joint Committee on Standards for Educational Evaluation）参考美国心理学会的"教育与心理测验标准"（Standards for Education and Psychological Tests，于 1974 年发表），并于 1981 年发表共 30 项标准的"教育评鉴标准"，委员会则将评鉴标准区分为评鉴的实用性（utility）、可行性（feasibility）、正当/合法性（propriety）

与正确性（accuracy）四大层面[38]。不过，1981 年版的"教育评鉴标准"并未获得其协会会员的认同与支持，其原因可能是当时有 12 个团体会员参与标准制定、29 人实质参与起草、19 名高阶干部列名顾问，而除有 6 名专案人员外，另有 3 名顾问、6 名助理和 16 名学生助理从旁协助，这是典型的"人多口杂"、"三个和尚没水喝"[38]！为能解决上述困扰并给予评鉴员更明确的引导，一些专业协会决定采取双重路线。

10.4.1　设定课程评鉴标准

美国国家标准协会（American National Standards Institute，ANSI）与教育评鉴标准联合委员会于 1994 年共同发表课程评鉴标准（program evaluation standards），其中包括[7],[39],[89]：

（1）评鉴的实用性（utility）：用于检视评鉴是否满足"评鉴定作人"的信息需求，又包括：

1）确认利益相关人（stakeholder identification）：即应确认参与评鉴（如参训者与其主管）或将受评鉴结果影响的人（如 HRD 专业人员与其主管），以免忽略他/她们的需求。

2）评鉴员专业信誉（evaluator credibility）：评鉴员的知能与经验足可胜任评鉴事务，其专业言行能获信赖，有助于利益相关人接受并认同评鉴结果。

3）评鉴数据的范围与选取（information scope and selection）：所搜集的评鉴应与训练课程密切相关，且能响应客户和利益相关人的利益与需求。

4）评鉴立场/价值观（values identification）：审慎表明评鉴员的观点、评鉴程序与理论基础，呈现分析评鉴数据的立论与价值观，协助阅读报告者顺利解读评鉴资料。

5）评鉴报告的清晰度（report clarity）：评鉴报告应说明"受评课程"相关细节，并详述评鉴的目的、情境、程序、发现与结果，使阅读者能掌握评鉴的始末与成果。

6）评鉴报告的适时性（report timeliness and dissemination）：重要发现和评鉴报告应适时送达客户和利益相关人，以满足他/她们获取知识和运用信息的需求。

7）评鉴的效应（evaluation impact）：评鉴的规划、进行与报告应致力于创造正面效应，吸引利益相关人持续关注后续的训练与评鉴相关议题。

（2）评鉴的可行性（feasibility）：用于检视评鉴是否实际可行、审慎、顺畅与适当使用经费，又包括：

1）具体可行的评鉴程序（practical procedures）：评鉴程序应具体可行，以降低资料搜集时不必要的干扰与阻碍。

2）注意组织政治生态（political viability）：应关注组织政治生态/权力结构、审慎维持与利益相关人间的适当距离，以获得各方的协助、顺利进行评鉴，并避免受到利益团体的误导。

3）评鉴的成本效益（cost effectiveness）：相对于所投注的资源，评鉴应能创造有价值的信息。

（3）评鉴的正当/合法性（propriety）：用于检视评鉴是否合乎法律与专业规范，并顾及所有利益相关人的权益，其中包括：

1）服务导向（service orientation）：评鉴应以"协助企业组织关心与有效地满足各类参训者需求"为目标。

2）正式合约（formal agreements）：评鉴员与委托人应将双方权利义务做成书面协议（特别注明评鉴员、受评课程、评鉴期间、评鉴方式、数据运用、报告模式等），并依约履行己方义务。

3）参与者的保障（rights of human subjects）：规划评鉴时应保护/保障提供信息者的基本权益和福祉。

4）基本尊重（human interactions）：评鉴员在互动过程中，应充分尊重信息提供者的个人尊严与价值观，不应有任何威胁或侮辱的言行。

5）完整且公正的评估（complete and fair assessment）：评鉴程序与范围应完整地涵盖受评课程，并公正地评估课程优势与缺失，以确保评鉴的公平与客观性。

6）知的权利（disclosure of findings）：应保障利益相关者参阅评鉴报告（含评鉴结果与相关的限制）的权利。

7）利益冲突的处理（conflict of interest）：评鉴员应公开且坦诚地处理相关人士间的利益冲突，以免危及评鉴程序与结果。

8）合法使用经费（fiscal responsibility）：评鉴经费的分配与使用应合乎法定/企业会计规范，以免危及评鉴的公正性与外界的观感。

270

（4）评鉴的正确性（accuracy）：用于检视评鉴是否呈现适当的信息以供分析"受评课程"的价值，又包括：

1）确认受评课程（program documentation）：详细记录受评课程的相关细节，避免弄错目标、闹笑话（部分医院在医师开刀前，会先在病患身上做记号，但还是有人出槌）。

2）课程情境分析（context analysis）：详细检视受评课程相关情境（包括人、事、地、物等），有助于了解受评课程的内外影响因素。

3）详述评鉴目的与程序（described purposes and procedures）：应于评鉴报告中详细说明评鉴目的与相关程序，以供参考与检视。

4）注明数据源（defensible information sources）：评鉴报告中应清楚交代数据源（无须列出受访者全名），以表明分析的依据以提供必要的深入探究。

5）数据的质量（reliable and valid information）：妥善规划、慎选与执行数据搜集流程，并验证数据内涵/细节（包括量化与质化资料），以提高数据的质量（可信度与正确度），强化评鉴结果的正确性。

6）结论的解释（justified conclusions）：评鉴报告中应详细说明所获结论的理由与所依据的资料，以供利益相关人参考。

7）公正的报告（impartial reporting）：准备报告的过程中，评鉴员应审慎排除外界的不当干预，以避免任何利益相关人的偏好或感受影响评鉴结果的公正性。

评鉴"训练评鉴"（meta‐evaluation）又称"后设评鉴"，即整个评鉴机制、流程与工具也应该依据相关标准的引导，除使评鉴结果能取信于人外，利益相关人也能检视评鉴本身的优缺点。其实，上述对于训练评鉴在实用性、可行性、正当性和正确性方面的规范，即是后设评鉴的标准！ANSI 所接受的标准即成为国家标准，因此"课程评鉴标准"也获得如美国评鉴协会（American Evaluation Association，AEA）等重量级专业团体的认同。

10.4.2　评鉴员准则

处理教育或训练评鉴的专业人员虽有一份评鉴标准可供参考，但部分评鉴员的言行和评鉴结果仍饱受批判。如 Newman 和 Brown[40]在对于评鉴规范（以联合委员会 1981 年版为本）的研究中指出，不论资浅或资深的评鉴员较重大的违失均为修改问题以符合资料分析、答应保密却无法保证做到、决策忽视与利益相关人先前的协商、未具备适当的知能与经验和评鉴报告避重就轻五项。Newman 和 Brown 亦指出评鉴员最常违反实用性和可行性的规范，程度较严重的则是违反正当性和正确性规范。因此，Shadish[41] 首先揭示了"评鉴员准则"（guiding principles for evaluators），强调评鉴员于评鉴过程中应遵守下列规范：

（1）系统性的探询（systematic inquiry）：对于评鉴议题与项目，评鉴员应提出完整的架构与方法，以期能获得正确且充分的数据。

（2）专业职能（competence）：评鉴员应具备 HRD 或教育方面的专业知能与评鉴经验，以提供高质量的评鉴成果；资浅的评鉴员可在资深者的引导下，逐渐培养其评鉴经验，以期日后能独当一面。

（3）诚信（integrity/honesty）：评鉴员在评鉴过程中举凡资料搜集与分析、和利益相关人的协商、费用的收取、研究数据的使用和任何的承诺，均应秉持诚信、维持专业信誉。

（4）尊重他人权益（respect for people）：评鉴员应尊重参训者与所有利益相关人的自尊、自我评价与基本权益的保障。

（5）维护公众利益（responsibilities for general and public welfare）：评鉴员应避免因进行评鉴而损及社会大众在信息获得、公平对等与民主精神等基本利益。

AEA 亦采纳 Shadish[41] 的建议，并将上述准则列为对 AEA 所有专业服务的正式规范[42]。此外，若将评鉴员视为"专业顾问"（professional consultant），则评鉴员应坚持的规范包括提交高质量的评鉴报告、能力确能胜任评鉴作业、诚实面对客户（拒绝不当要求或承认自己非万能）、适时回避/避免个人利益冲突、合理收费、依双方同意的计划进行评鉴、避免给予客户过度的期望和尊重资料/人的保密需求等[6]。

Blanchard 和 Peale[43] 则提供简单的"规范三问"，即当"合法吗？""对利益相关人公平吗？""若公开报告，自己觉得羞愧吗？"三个问题的答案都属"正面"时，则违反专业规范的机会不高；反之，则需承担可能的负面后果。

训练评鉴的结果对利益相关人会产生不等的利益或损失，若要"取信于人"则应先公布，并于评鉴过程中依循/坚持"评鉴标准"与"评鉴员准则"。在刮别人的胡子之前，也要先摸摸自己的下巴，免得自己更难堪！

▶▶ 10.5　训练/学习移转

会开车的人多数从驾校的课程正式学开车，通过测验、领取驾照，才能合法、安全地上路。但总有些人尝试多次才通过测验考取驾照，也有许多人即使考取驾照后仍"不敢"单独上路，而有更多人违反交通规则、发生大小车祸。从上例可了解，考生必须成功地将教练场所学"移转"到测验场、通过各项测验，才能考取驾照；驾驶则必须将交通规则、教练场所学、各种道路试驾经验顺利地"移转"为"安全驾驶能力"，才能安全上路。现代中年人亲子关系压力大，在父母与子女之间成为"三明治世代"，许多人参与"改善亲子关系课程"学习倾听与情绪调整，不仅要"听进"讲师建议、"学到"相关技能，还要能"移转"知能应用于维持融洽的亲子关系（包括被子女呛声还能忍住怒气）。

现代企业的经营与时间竞赛，强调迅速响应顾客需求，但也因环境变迁和知能更新的速率倍增，投资于 HRD 且落实训练/学习移转（员工要能快速上线、达服务标准），成为企业存活大事！检视教学设计系统和训练评鉴的内涵，均凸显了"训练目标→绩效目标"的概念，即"讲师教得好→学员学得扎实→学员学以致用→学员发挥绩效"的思维，但每个"箭头"之间均存有"训练移转"（training transference）这一必须跨越的障碍！Holton 和 Baldwin[44] 也以"移转间距"（transfer distance/gap）的概念，说明了"学习环境（知能学习）→工作情境（知能应用与绩效表现）"各环节的重心（参阅图 10-3）。如同太阳能电池制造商努力地提升能源转换效率，HRD 专业与企业也联手增进"训练→绩效"的移转率，提高对人力资源的投资报酬。

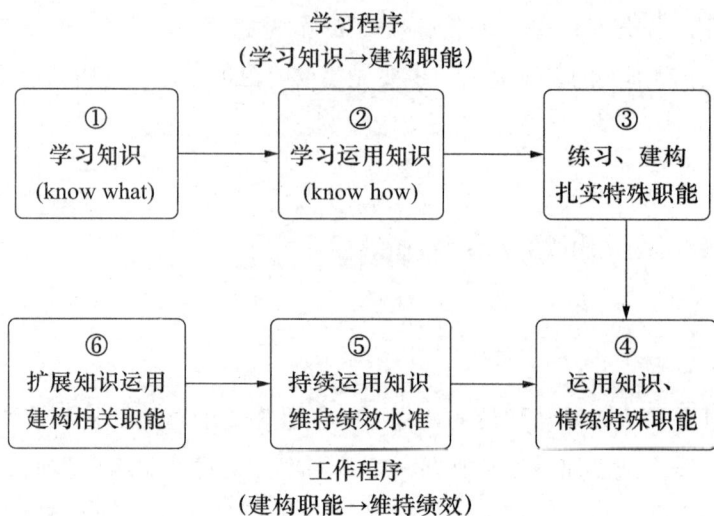

图 10 - 3　移转间距的模式[44]

10.5.1　训练/学习移转的类型

试想人的学习成果若无法累积与移转，旧有的知能与经验全无价值，每一天都要重新认识世界；人的努力将如希腊神话中的 Sisyphus 般每天把滚石推上山坡，却只能无奈地看着大石滚落回原点，无穷尽地做着虚工。因此，学习是人维持生存的重要功能，而累积与移转更是学习的基本要素，此两要素不仅能延伸学习的价值，而且有助于人妥适地面对新情境。从心理学和教育学的研究发现中，归纳出学习移转的类型包括[45],[46]：

（1）正向与负向移转（positive vs. negative transfer）：个人在一情况下的学习经验有助于增进在其他情况的学习成效或绩效时，称为正向移转（如学习会计有助于成本估算，钢琴的基本概念有助于其他乐器的学习等）；反之，当旧有的学习经验阻碍/削弱个人在其他情况的学习成效或绩效时，则称为负向移转（如临时从自排车改开手排车，踏板控制不顺；同时学习两种新语言时单字搞混等）。一般而言，有意义的教材和精心建构的学习程序较能增进个人的理解和记忆，故亦较能创造正向移转[47]。

（2）近距与远距移转（near vs. far transfer）：指新旧知能之间的差异，差异低时较容易产生近距移转（如开手排车→开自排车、泳技佳者→救生员等);当新旧知能差异较大(学习/训练间距大)时,个人需投入较多心力以创造远距移转(如新鲜人就任企业新职、学习第二专长以求顺利转业等)。

(3)垂直与水平移转(vertical vs. lateral transfer):当新知能的学习需以旧的/基础知能为基础时,即为垂直移转(如医科学生必须先修解剖学才能学习外科手术);而当新旧知识与技能间无"基础→进阶"的关系,但旧知识与技能可能影响新知识与技能的学习时,即为水平移转(不会游泳者可学会潜水,但已会游泳者能更快地学会潜水)。

(4)特殊与一般移转(specific vs. general transfer):当新知知与技能与旧知能有重叠时,即产生特殊移转(如退役飞官学习新机型的操作而顺利转任民航机驾驶);当新旧知识与技能并无重叠但旧知识与技能可增进新知能的学习时,即产生一般移转(如英文能力佳者,参与全英语教学的企管课程时,其学习成效可能较高)。一般而言,特殊移转的情况较普遍[48],而其概念也相近于近距移转。

(5)简单与复杂移转(simple vs. complex transfer):当个人能轻易地运用所学知识与技能或习获新知识与技能,即属于简单移转(如父亲为新生婴儿泡牛奶、喂奶、换尿布等);但当个人需耗费相当心力熟练所学知识与技能,方能有效发挥时,即属于复杂移转(如研究生的论文写作/独立研究,参加机器人足球比赛,从实习医生到住院医师等)。

(6)自动与有意移转(automatic vs. mindful transfer):当个人遭遇与学习情境极为类似的新情境,且能自然地运用所学知识与技能时,即属于自动移转(如餐饮学校优秀毕业生或受名厨严格教导者能自然地做出好料理);而当个人需投入相当心力、控制其意识和智能方能有效运用所学时,即属于有意移转(如企业水平调职者、中年转业者等)。

对 HRD 专业而言,除致力于联结新旧知识与技能、工作与训练情境以创造移转的契机外,更需要企业的诸多配合,以产生有效的正向、近距、特殊、简单或自动移转,使训练高效率地转化为绩效(注:训练移转和学习移转常被视为同义词)。

10.5.2 训练/学习移转相关理论

想要提升太阳能电池或汽油引擎的能源转换率,必须从"光→电转换理论"或"燃烧理论"着手，要增进训练/学习移转效果，自然也需要检视相关学习移转理论，特别是在心理学、教育和训练等方面的理论。

10.5.2.1　形式陶冶/训练取向（formal/mental discipline approach）

形式陶冶/训练取向源于 Aristotle（亚里士多得）且盛行于 19 ~ 20 世纪初期的官能心理学，视人脑如肌肉，强调借由训练，可增进个人在理解、推理、感知和实做方面的能力，因此通过心智锻炼、增强心智官能后，可提升个人的"一般移转"[49]。此理论的接受度虽高，但当实验成为研究人类学习的主流方法后，多数心理学家认为"心智锻炼"不见得能创造一般移转，形式陶冶理论也逐渐被舍弃。

10.5.2.2　早期行为理论取向（behavioral approach）

早期行为理论取向以联结论（associationism；强调两事件或思绪的心理联结）为主，批判形式陶冶，又可分为：

（1）相同要素论（identical elements）：Thorndike 认为当"先前与移转后事物存在相同的要素"时，才能创造（特殊）移转。Thorndike 亦指出研读特别科目/主题的价值不在于心智锻炼，而是个人在学习过程中所习获的信息和理念、培养的习惯和心态，协助个人未来运用于相同的情境（产生特殊移转）[45]。

（2）刺激—反应相似论（similarity of stimuli – responses）：基于 Thorndike 的理论，行为心理学论者认为"先前与移转情境刺激—反应的关联影响移转结果"，而归纳自研究的"移转原理"（principle of transfer）则指[50]：

1）当先后情境的刺激—反应相似时，会产生极大的正向移转。

2）当先后情境的刺激不同但反应相似时，会产生部分的正向移转。

3）当先后情境的刺激相似但反应不同时，会产生负向移转。

4）当先后情境的刺激与反应都不同时，将不会产生移转。

但 Cox[51] 认为人并非被动的学习个体，且上述的"刺激—反应模式"并无法圆满解释个体的认知发展和激励/增强的效应，而行为论"移转原理"的局限也提供认知理论的切入点。

10.5.2.3　认知理论取向（cognitive approach）

认知论者认为移转是由内在的认知程序所造成的动态且复杂的现象，而其中涵盖如概念性知识（conceptual/knowing – that knowledge）、程序性知识（procedure/knowing – how knowledge）、策略性知识（strategic/know-ing-why knowledge）和内隐性（tacit/personal knowledge）知识的综合运用[46]。个人运用既有知能面对新情境已是一种"移转"，而个体必须通过各种认知程序（如省思、归纳或推论等）成功整合新旧知能以妥善处理新情境中的状况，这除了是新的学习外，更是一种学习移转[52]。认知取向的理论又包括[46]：

（1）一般论（generalization approach）：一般论者认为"一种情境中的复杂/特殊关系或能适用于另一情境"，而对此关系的"理解"（under-standing）将可移转/应用于不等的情境，且有助于降低知能运用错误或失败[53]。但一般论者也强调"有意义的学习"（meaningful learning，包括内涵与过程）才能加深学员的理解，提升移转的成效[54]。

（2）完形论（gestalt theory）：以一般论为发展基础，完形论者认为移转的契机在于个人能识别不同情境间的共同点或共通原则，并适当地将知能运用于所遭遇的情境/状况[51]。完形论者也强调教学方法和学习者诸多个人特质（如智能、行为模式等）对学习移转的影响。

（3）信息处理观（information processing perspective）：此观点以计算机"输入→处理→输出"的运作方式，解析人脑思维与问题解决的模式。而从认知论的角度而言，移转与信息存取程序密切相关，即个人必须能顺利且迅速地从记忆区中抓取既有的知能，方能有效地运用知能、面对不同的情境[55]。信息处理观较能解释 Thorndike 的相同要素论，但解释较复杂的移转仍有缺陷，而 Singley 和 Anderson[56] 强调"单纯地抓取既有知能"常不足以有效适应新情境，依据情境和特殊条件适当地调整或转换既有知能（这也是重要学习移转），可能是更重要的关键。

（4）基模论（schema theory）：基模是个体和环境互动时所吸收的信息知识，且随个体年龄增长而改变，即基模是个体的知能、价值观和心智模式的总和。当个体遭遇新情境时，会先对照既有基模，若能联结基模与新情境、运用既有知能，即产生学习移转、创新基模。因此，个体对新情境的感知、如何统整、抓取和处理基模知能（借用信息处理观）与联结情境—基模的关系，决定了移转的成败。基模论强调协助学员获得正确的思考模式、找出新情境和既有知能的联结关系，将有助于提升移转成效。

（5）牧者/引导者论（good shepherd theory）：牧者论者认为除非有能

277

人高手的引导，移转不可能凭空出现！因此，若个体能在适当的机制下，接受引导熟练知识与技能运用、思考知识与技能与情境的关联，将较易获得高移转成效。

（6）认知学徒论（cognitive apprenticeships theory）：此理论将传统的技艺学徒模式融入认知发展，强调资浅的学徒在专家师傅的调教之下，通过形塑（modeling）→教导（coaching）→发展（scaffolding）→淡出（fading）→独自探索（exploration）的过程，能逐渐移转、扩充知能，最后终能独当一面[57]。

（7）未来准备论（preparation for future learning）：Bransford 和 Schwartz[52]认为个体的准备越充分，他/她们的学习移转成效（时间缩短，够有效解决问题与学习新知能）将越高。因此，个体可在学习新知能之前应发问、深入理解将学习的主题，以建构较清晰的学习目标，而讲师应均衡地提供特殊案例（强调相同要素）和一般通则，以创造有效的移转。

10.5.2.4　情境理论取向（contextual approach）

部分认知论者认为多数的学习均与情境密切相关［情境学习（situated learning）］，故新旧情境差异过大时，将不利于学习移转[58]。不过，许多人常将知识与技能应用于不同情境，而单凭情境学习理论无法准确预测是否会产生移转[59]；尽管遭受上述批判，情境学习理论仍获众多支持，认为学习情境应尽量贴近真实的应用情境。

（1）移转矩阵（transfer matrix）：Newstrom[60]针对训练师与 Kotter[61]针对高阶主管的研究发现，缺乏工作激励、工作环境的干扰和组织观望性的文化三项因素严重阻碍组织中的训练移转。而 Broad 和 Newstrom[62]除发现组织和管理者阻碍训练移转外，也认为成员本身应承担学习和移转的大部分责任，故建议在时间序列（训练之前、中、后）和关键角色（管理者、训练师和学员）所构成的"九宫格"中列出各人在各时间点应尽的职责，以排除阻碍、增进训练移转。Broad 和 Newstrom 也提醒当成员在工作过度积压、同事要求恢复旧行为、个人或组织压力、自信心不足与欠缺管理阶层支持的情况下，均可能使已移转的行为恢复至训练前的状态。

（2）社会专技模式（social - technical model）：Lave 和 Wenger[63]认为个体学习与工作时都不是处于孤立的情境，而是借由参与非正式学习群体逐渐建立人际关系、扩张知能的深度与广度。Analoui[64]则强调除学习之外，移转的焦点应扩大至发挥知能的社会—文化情境，其中成员的人际关系技能、学习经验、期望、能力和组织诸多的情境因素均会影响移转成效。

（3）工作场域学习（workplace learning）：此观点其实涵盖相当多的足以影响学习移转的工作场域/组织因素，如直属主管的支持[62]、社会—文化因素[64]、组织中的社会支持[65]、训练场所[66]、积极/继续学习的文化[67]、成员参训重叠度[68]与训练移转文化[69]等。McGraw[64]则特别强调学员返回组织后常遭遇"太空归来效应"（学员成长但工作场域却没变）、"宿醉效应"（学员觉得无聊、缺乏适当的刺激）与"孤儿寡母效应"（欠缺任何协助与支持），说明因工作场域/组织欠缺适当搭配致使学习移转成效低落的状况。

（4）关联取向（associated approach）：此类取向累积了不少的研究成果，如 Mosel[70]认为"非支持性组织文化"阻碍训练移转，特别是当欠缺直属主管支持、知能练习与运用和管理阶层的引导之时；Mosel 的研究遭到近 20 年的忽视后，后世研究者才开始发现组织对训练移转确实有其影响力。Byham 等[71]则认为训练师（让学员确实学到知识与技能）、学员（有信心运用新知识与技能）与管理者（奖励新知识与技能的运用）三者必须各尽其职，才能创造训练移转成效。而整理许多研究文献可知，最早提出整合模式者当属 Baldwin 和 Ford[72]的训练"投入—产出—移转"模式（参阅图 10-4），之后 Ford 和 Weissbein[73]、Cheng 和 Ho[74]也采取类似的研究方法以扩充 Baldwin 和 Ford 基本模式的内涵。

Mbawo[75]于归纳文献后认为学员特质、组织气氛、训练设计、学员学习类型/偏好与讲师的教学策略/协助模式均能影响训练移转。而在一系列与 HRD 专业人员的访谈之后，Mbawo 发现训练前（如主管与学员面谈、学员期望分析与训练需求分析）、训练中（如采体验学习法、自愿参训、学习契约等）与结训后（如给予学员各类回馈、结合行动方案等）的各环节均密切影响移转成效。Feldstein 和 Boothman[76]的长期研究发现，学员、课程设计与工作场域间的密切关联足以影响移转成效，Noe 和 Colquitt[77]则发现学员和组织（管理者）的特质与动机对训练和移转成效均有相当影响（参阅图 10-5）。其实，参训者的努力一直是研究的重点之一，因此参训者的相关特质如一般能力[78]、人格特质与动机[77]、自我效能[75]、自我评

279

训练投入

参训者特质
· 一般与专业能力
· 人格特质
· 学习/参训动机

训练/课程设计
· 结合学习原理
· 教材/学习序列
· 工作与课程内涵之
 关联

工作环境
· 上司/同事支持
 文化
· 知能使用机会或
 限制

训练/成果产出
· 习获之知能
· 所学知能之维持

移转状况
· 知能→工作之类化
· 工作知能之维持

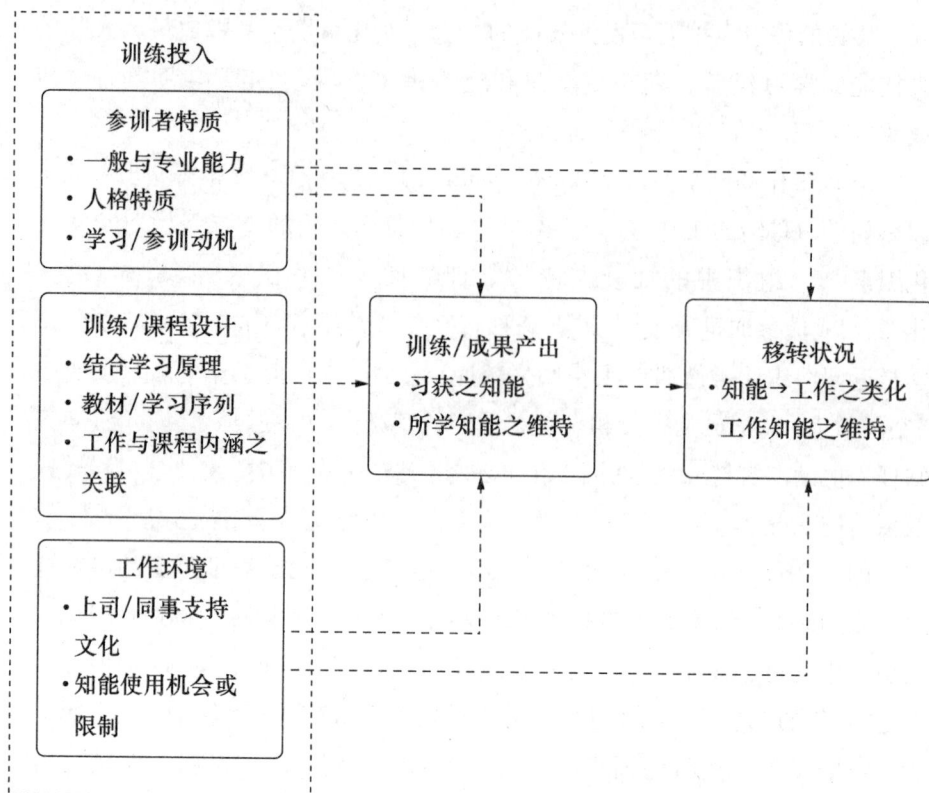

图 10 - 4　Baldwin 和 Ford 的训练移转模式[72]

价[79]、冒险意识与能力[80]及内控型[81]（internal locus of control，相信应对自我的命运与前途负责）均能左右训练移转成效。

10.5.2.5　一般移转理论（general theory of transfer）

由于学习本身即涵盖"引发思维与行为转变"的认知/理解程序，故 Haskell[82]将学习视为一种特殊的移转，且将学习移转定义为"个人将旧学习经验应用于新的学习经验，且将应用于类似情境或新情境"。目前固然已有许多关于学习移转的研究，但 Haskell 发现虽已确认移转是学习的重要内涵，但仍发生了许多"不求移转却产生自然移转"或"致力追求移转却无成效"的矛盾现象。因此，Haskell 期望汇整一些广为接受的教育/教学原则，以有益于建构一般移转体系/理论，其中包括习获和移转领域相关的基本知能、习获和移转领域的外的知能、理解移转的本质与运作模式、理解移转的历史与相关理论、激发移转的动机、协助学员了解和强化移转、

个人层面	组织层面

可训练性
- 认知能力
- 基本能力

参训前自我效能

训练相关性

参训动机

学习成果
- 认知成果
- 情意成果
- 动机成果

训练移转

工作绩效

工作—职涯态度
- 工作参与
- 组织承诺
- 职涯探索

个人特质
- 谨慎勤奋
- 目标导向
- 焦虑感

年龄

工作环境
- 气氛
- 表现机会
- 组织公正性
- 个人—团队情境

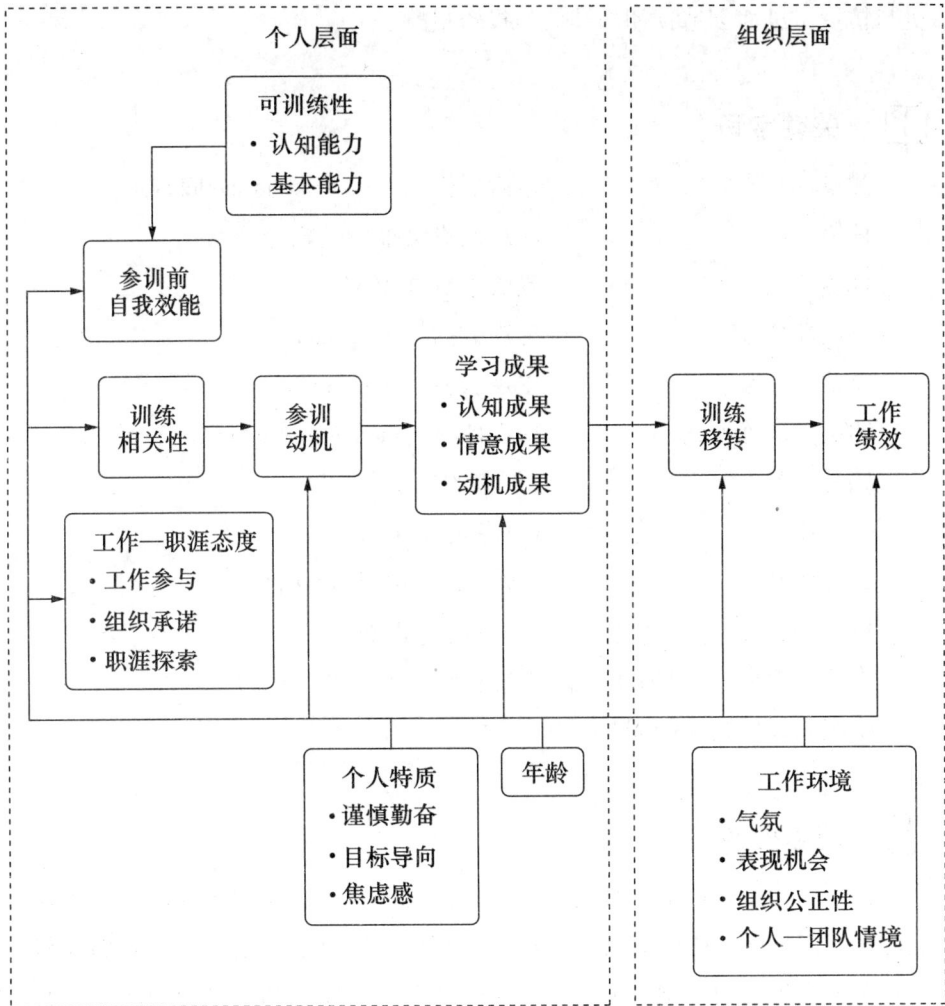

图 10 - 5　Noe 和 Colquitt 的训练移转模式[77]

建构移转的风气和支持体系、了解欲移转领域的理论基础、妥善安排练习机会、给予熟练与酝酿移转的时间、向擅长训练移转的专家学习等。上述原则虽能较有效地创造学习移转，但 Haskell 也了解仍需仰赖更多的研究，方能完全揭开移转的秘密、建构一个完整的移转理论。

分析上述的移转理论与相关模式，可发现训练要创造积极效应（training for impacts）光凭训练师的努力是不够的，必须结合学员个人的训前准备与投入，以及训后组织端的支持与支持，方能营造有利于训练移转的契机与情境，进而创造预期的绩效与投资报酬。

关键字词

测量	六阶层模式（six – strata model）
评鉴	五层次投资报酬模式
训练评鉴	投资报酬（ROI）
形成性评鉴	客观数据（hard data）
总结性评鉴	主观资料（soft data）
四层次训练评鉴	后设评鉴（meta – evaluation）
感受评鉴	（评鉴的）实用性
学习评鉴	（评鉴的）可行性
行为评鉴	（评鉴的）正当/合法性
成效评鉴	（评鉴的）正确性
训练评价模式（TVE）	训练移转
组织元素模式（OEM）	

观念提要

教育训练是企业组织对成员的重要投资，故从企业的角度而言，实施训练评鉴以了解训练的成效是极其自然的事。但由于评鉴结果将对部分利益相关者产生负面影响，再加上一些似是而非的迷思和工具面的问题，致使不少 HRD 从业人员对训练评鉴产生排斥感。目前在 HRD 界最广受应用的当属 Kirkpatrick 的"感受、学习、行为、成效"四层次模式，许多新的模式基本上并未超出 Kirkpatrick 模式的范围。Phillips 的 ROI 模式主要在于估算训练成本和经济效益，以弥补相关模式的缺憾。后设评鉴的目的主要在于检视"训练评鉴"的实用性、可行性、正当/合法性和正确性，以令利益相关人信服。

从绩效的角度而言，将训练所学移转、应用至日常工作，是非常重要的延伸。因此，在设计训练课程时，即应考虑学习和移转的成效，并协助企业处理影响学员应用训练所学的相关因素。较受重视的训练移转理论包括行为理论、认知理论、情境理论和一般移转理论，对许多企业组织而言，低移转率的训练也是低价值的训练。

基础测试

1. 训练评鉴的目的是什么？训练评鉴又能创造哪些效益？

2. 常见的训练评鉴迷思和隐忧有哪些？

3. 训练评鉴有哪些基本的类型？最常被采用的 Kirkpatrick 四层次模式涵盖哪些重要项目？

4. Phillips 的 ROI 模式的主要目的是什么？涵盖哪些重要的主观与客观资料？

5. 为何要进行后设评鉴？后设评鉴所强调的主要内涵有哪些层面？

6. HRD 从业人员和企业为何要关注训练移转的议题？重要的训练移转理论有哪些？这些理论各强调哪些重点？

进阶思考

1. 你曾经填写过训练评鉴的问卷吗？你对于训练评鉴的看法如何？

2. Kirkpatrick 四层次模式也饱受批判，你认为这些批判有道理吗？为什么？

3. 你认为对 Phillips 的 ROI 模式的可行性为何？为什么？

4. 你认为有必要实施后设评鉴吗？为什么？

第11章 HRD 实务管理

11.1 管理 HRD 功能——总体面

11.2 管理 HRD 功能——实务面

11.3 企业大学

　　因美国次贷危机，继而引发雷曼兄弟（Lehman Brothers Holdings Inc.）破产、华尔街金融机构告急、美国三大汽车业者到华盛顿要求纾困、日本丰田汽车 71 年间首度亏损，金融海啸在 2008 年第四季度重创全球经济，以外销导向为主的中国台湾地区经济亦是哀鸿遍野。众多企业为降低成本，纷纷祭出减薪、无薪假、大量裁员等手段，以换得喘息空间，但"承受"无薪假的劳工却蒙受重大的经济损失，每月所得低于最低工资（17280 元），也看不到无薪假的终点。"你放了（无薪假）吗?"、"上工了吗?"成为朋友间的问候语，"财源（裁员）滚滚"则变为道喜时的禁忌。

　　劳委会为减轻企业和近 20 万休无薪假劳工的经济压力[23]，推出"充电加值计划"[24]并期望通过在职训练同时满足"充电"和"薪资补贴"的目标。劳委会预计投入近 160 亿元的政策虽获得劳资双方共同肯定，仍有少数质疑的声音，特别是训练需求和道德风险（为领补贴而上课）两部分。暂时不谈政策背后的内涵，而关注于参训劳工"每小时补贴 100 元"、"每月最高 100 小时"、"最多 6 个月 600 小时"等数据时，对于过去"员工每年平均训练时数 20 小时"的企业[25]而言，无疑是"曝出天量"，而如何申请、妥善执行"充电加值计划"、满足受训劳工的训练需求，则成为对 HRD 专业人员训练实务管理的重大考验。

284

11.1　管理 HRD 功能——总体面

不论企业类型与规模如何，为确保能顺利运作、达成目标，企业必须有效管理内外部的资源与功能，如针对财务、生产、行销、信息、人力资源与顾客关系等的管理。即使近年来管理的概念推陈出新，管理的主要内涵仍不出规划（planning）、整合（organizing）、导引（leading）和管控（controlling）等范畴，我们也可以上述概念为本，学习管理 HRD 功能。

11.1.1　规划 HRD 功能

"规划"是指在行动（action）之前，确认行动的目的和目标，并决定行动的最佳内涵和程序，以确保行动的完成与价值。对企业而言，HRD 最基本的定位是"在组织总体策略之下创造最大的价值/贡献"[1]，其功能则是满足组织和成员的学习需求，并通过建构优质人力资本以维系组织竞争优势、创造组织绩效与价值。因此，规划 HRD 功能时 HRD 主管必须（参阅图 11 - 1）：

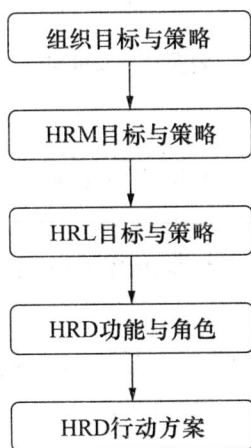

```
组织目标与策略
     ↓
HRM目标与策略
     ↓
HRL目标与策略
     ↓
HRD功能与角色
     ↓
HRD行动方案
```

图 11 - 1　规划 HRD 功能的重要程序

（1）明确了解企业组织的目标与策略，确认 HRD 与企业目标的关联，以设定 HRD 的目标和达成目标的策略。此部分的重点在于确立 HRD 的目标和努力可转化为组织动能、提升各部门/管理功能的综效。

（2）在 HRD 的目标和相关策略之下，确立 HRD/学习功能的适当角色（包括策略支持者、绩效提升者、职能建构/知识管理者、竞争优势布建者、顾客关系策略伙伴和学习领导者等，请参阅第 1 章第 1.3 节）。此部分的重点在于避免 HRD 角色的冲突、降低 HRD 专业人员和组织成员的困扰。

（3）在 HRD 的目标、策略和角色之下，确立各类 HRD 的行动方案（包括信息告知、知能学习、心态调整、绩效提升和策略配合等，请参阅第 1 章第 1.3 节）。此部分的重点是使 HRD 的行动转化为成员和组织的动能，达成 HRD 和企业目标。HRD 功能的规划常以"年度"为基准，再细分至"季"，规划的成果则成为"整合 HRD 功能"的依据。

11.1.2 整合 HRD 功能

"整合"是搜罗各种资源并配置于相关行动，使各类行动方向一致、发挥最大效能。对 HRD 主管而言，资源的整合包括（参阅图 11 - 2）：

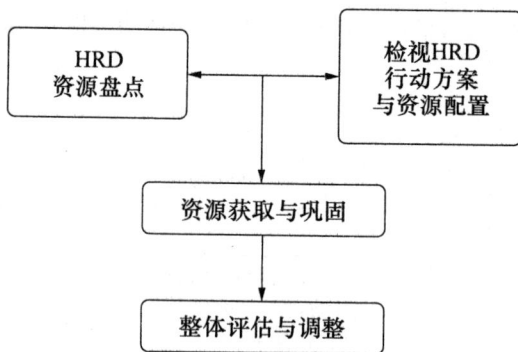

图 11 - 2 整合 HRD 功能的重要程序

（1）资源盘点：确认组织内外部与 HRD 相关的重要资源，主要包括经费、人力（含讲师/人脉）、训练教材、服务/协助等。

1）列出资源清单：依资源的类别与来源分别列出列表（或从旧列表再扩充），作为盘点的基础。

2）检视与评价现有资源：依据所列清单，逐项检视该资源的现况（包括来源、正确性、数量、相关限制等），并给予评价（包括重要性、稀少性、取得难易等），作为推展 HRD 行动的重要参考。

（2）检视 HRD 行动方案与资源分配：每一项 HRD 行动方案应有"企划书"，详列目标、负责人、时程和任务、参与部门/人员和必要资源等重要内容，再比对资源清单、确认资源分配的适当性/可行性，从而顺利达成 HRD 行动。故此部分应以"HRD 规划的结果"为本，依各 HRD 行动的重要性与需求配置必要的资源，并列出相关资源的细节（目前有无、数量、何时需使用等），以避免各部门间行动的冲突和资源的错置。

（3）资源获取与巩固：组织几乎永远处于资源短缺的状况，故 HRD 部门自其他部门、外部组织争取必要资源也是很平常的任务！相关资源可通过申请/争取、购买、租用、交换、无偿借用、合作/共享等方式而取得，以支持各项 HRD 行动。

（4）整体评估与调整：即以宏观（组织整体）和微观（HRD 部门和单一 HRD 行动）的角度，评估行动和资源整合的状况，作为推动 HRD 功能、及时调整行动/资源、协调内外部团体的参考。HRD 行动和资源的整合，除有助于达成 HRD 部门的目标之外，也可避免部门行动和争取资源的冲突（如整合 HRD 与绩效考核、升迁、轮调、接班人制度等功能），提高 HRD 部门的被接受度与价值。

11.1.3　导引 HRD 功能

"导引"是指辅导和激励组织成员，以达成组织目标，就 HRD 主管而言，面对不同的组织成员，其导引的内涵亦不同：

（1）一般成员：为 HRD 服务的主要接受者，HRD 主管/人员应协助他/她们了解个人（知能）的学习需求、培养学习兴趣和习惯、鼓励参与学习和应用所学知能、规划个人学习方案、鼓励分享学习心得和学习成果等，以深植 HRD 的效能。

（2）部门主管：为 HRD 服务的使用者，HRD 主管应协助部门主管们了解 HRD 的贡献和价值、协助了解和规划部门特殊学习方案、鼓励参与主管学习方案/分享学习心得、鼓励担任内部讲师等，以落实 HRD 方案、提升部门配合度。

（3）高阶主管：为 HRD 服务的重要支持者，HRD 主管应协助高级主管了解 HRD 服务与企业策略/目标的关联、提供相关案例、提供主管和成员学习心得/成果、邀请担任内部讲师等，以争取高级主管的支持。

（4）HRD 专业人员：为提供 HRD 服务的主要团队，HRD 主管应强调内部营销概念和服务精神、从成员的学习成果建立成就感、不吝于给予实质和心理的奖励、定期安排 HRD 专业人员的学习课程等，使 HRD 专业人员增进服务的动能。HRD 功能的导引主要协助组织成员排除对学习的疑惑、解决学习困扰、感受学习的乐趣/重要性、分享学习成果，以培养终身学习的习惯和动力。

11.1.4　管控 HRD 功能

"管控"是指督导成员/部门行动与绩效，以确保部门和组织目标的达成，而管控 HRD 功能的目的则在于达成 HRD 部门的使命与企业策略。整体而言，HRD 功能管控以"企业策略配合—达成度"、"学习风气与文化"、"HRD 架构与体系"、"HRD 职能发挥度"为主要内涵，若从微观的角度而论，则是涵盖人、资源、信息和训练/作业流程等细节。第 11.2 节对于管控 HRD 功能有更深入的说明。

HRD 是组织重要的学习功能/资源，而 HRD 功能的发挥除耗费组织有限资源外，也负有支持其他功能、达成组织目标的使命。唯有凭借扎实、有效的管理作为，HRD 才能发挥出其效能，创造竞争优势与价值。

▶▶ 11.2　管理 HRD 功能——实务面

HRD 的本质是"学习"，不同的组织依其需求赋予 HRD 不同的形貌。从整体的组织架构/功能而言，HRD 是 HRM（人力资源管理）的一部分（参阅图 1 - 1），因此，由 HRM 部门中的单位负责教育训练事宜。此外，当组织规模较为庞大/复杂或 CEO 较重视时，可能会设立单独/层级较高的训练部门，不过，在中国台湾地区较常见的是将 HRD 部门/功能置于"管理"、"人资"或"总务"部门中，由少数的专业人员或一般人员兼办负责 HRD 事务。以下将从实务面介绍 HRD 的管理措施。

11.2.1　HRD 权责机制

指组织中 HRD 职权的结构模式，通常分为中央集权和地方分权两类：

（1）中央集权式 HRD（centralized HRD）：由 HR 部门主导策略与资源分配，分支机构或其他部门则依规划实施训练，其优点为较能反映经营策略、掌控整体需求、有效运用资源、控制训练质量等，缺点则为人员过度集中、对训练需求反应较慢等。一般而言，当企业强调中央控管、景气较差/资源紧缩、HRD 专业人员有限或较不注重顾客互动及时性时，常倾向于采用中央集权式 HRD。

（2）地方分权式 HRD（decentralized HRD）：HR 部门仅制定重大策略、目标与大原则，实际规划、资源运用与训练实施则由交由分支机构或其他部门处理，其优点为能迅速反映训练需求、讲师有较高的成就感、满足分支机构的自治感等，缺点则为训练资源耗费较高、训练缺乏一致性、质量波动较大、不易应付突增的训练需求等。通常当企业强调自主/盈亏自负、资源丰富、HRD 专业人员众多或重视与客户的互动质量时，较常采用地方分权式 HRD。

11.2.2　HRD 经费编列模式

HRD 功能与方案的执行需要经费，而其经费的来源则影响定位、运作空间与成果。编列 HRD 经费的目的在于事先规划、协调、工作分配和有效资源运用，而常见的模式包括预算中心制（budget item center）、成本中心制（cost center）、平衡中心制（break - even center）与利润中心制（profit center）四类。

（1）预算中心制：HR 主管编列预算、企业支应，专门用于办理 HRD 活动，企业各部门人员均可免费参与，此亦为最常见的财务运作模式。预算中心制的优点为经费稳定、运作常态化、可鼓励各部门派员参与，但 HR 部门以制造学习人次/课程数量为重点、不易感受各部门真正的学习需求、经济不景气时常优先遭删减经费等为潜在缺失。

（2）成本中心制：以"内部营销"的概念着眼，HR 主管仅编列少数预算以支付人事费用和初期活动，使能于年度开始时顺利运作，大部分的 HRD 经费则编列于各部门预算之中（分摊），可视为预算中心制的改良版。各部门（或第三方）人员参与企业内部 HRD 活动后，再将部分经费拨付给 HR 部门；即 HRD 活动必须尽量满足各部门的需求，以获得整年度必要的运作经费。不过，各部门可自由决定"采购"企业内外部的训练课程，HR 部门需与外部机构竞争，若竞争失利，HRD 功能可能遭裁撤。成本中心制的优点在于能确认各部门需求并提供所需的训练服务、更关注成本的控制（不消化预算）、促使部门主管了解成员训练需求（以编列适当预算）等，但 HRD 功能可能过于保守、缺乏改革的动力（怕争取不到经费）与经费负担不平衡（常采购内部训练的部门负担较重）等则为潜在缺失。

（3）平衡中心制：其概念与运作方式和成本中心制相近，不过更强调市场机制，即 HRD 部门要满足能自给自足、依课程被接受度收费与年终收支平衡等基本要求[2]。平衡中心制可视为成本中心制的改良版，但最大的限制为"无法创造利润"。

（4）利润中心制：利润中心制约源于 20 世纪 60 年代，最早实施者为杜邦企业（Du Pont），继之而起的包括洛克希德（Lockheed）、全录（Xerox）、西屋（Westinghouse）、AT&T 等大企业的 HRD 部门。利润中心制的概念、优缺点与成本中心制近似，经营得法的 HRD 平衡中心常有转化为利润中心的趋势，而其收入来源约以专业咨询、训练课程、教材/媒体和行政管理为主[3]，但利润中心制将服务对象自企业内部扩展至企业外部，并负有争取利润的使命。但当过度强调利润时，可能促使 HRD 部门倾向于满足外部顾客的需求，而忽略了内部声音，造成部门隔阂与争议。

11.2.3 HRD 常态体系

一般企业组织多以成员位阶与专业职能需求为基础，并结合升迁、轮调和接班计划等员工职业生涯管理体系，将 HRD 课程整合为阶层别训练（hierarchical training）与专业/职能别训练（professional training）两大区块（参阅图 11 - 3）：

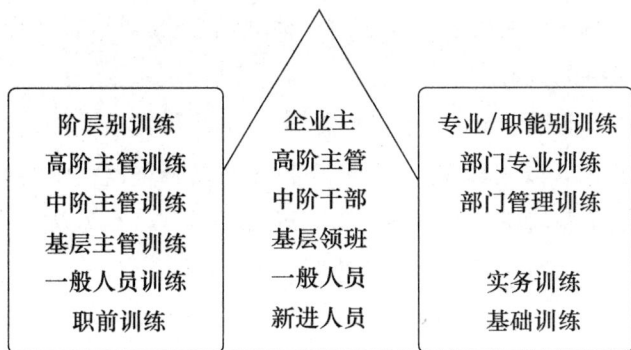

图 11 – 3　HRD 课程简要架构体系

（1）阶层别训练：主要在于协助新进人员融入新环境、强化基层人员的一般能力、提升各管理阶层的管理知能素质，使其能适应一般管理事务的需求。

（2）专业/职能别训练：主要在于配合专业分工、强化各阶层人员处理专门业务方面的专业知能，如财务、营销、生产管理等，发挥各部门的专长。

11.2.4　HRD 单位/部门的管理

不论组织规模大小、员工人数多寡、处于哪类产业，或是大而壮/小而美、独立/附属的 HRD 单位/部门都面对"做出成绩"的严酷挑战，而常被视为支持/服务/幕僚性质的 HRD 功能，其"成绩认定"却被操在其他成员/主管/客户（服务接受者）之手。因此，HRD 单位的营运心态至少应以服务业为师、结合营销理念、确保产品与服务品质、注重成本效益，才有机会获得（内部）顾客的认同。

11.2.4.1　以服务业为师

服务业的高产值和高比例就业人口是已开发经济体系的共同特色，而经济成长/所得增加也促成服务项目/类型的翻新和对服务品质的要求。相对于制造业（其实服务业的精神也早已融入制造业），服务业的重要特质包括[4],[5]：

（1）无形性（intangible）：在接受服务之前，消费者无法感觉或体验服务，因此服务内涵、过程和质量的呈现是吸引消费者的关键。如在学员未实际参与训练或应用所学知能之前，他/她们通常难以描述训练的内容、过程或评价训练的效益。

（2）不可分割性（inseparability）：服务的提供与接受同时存在于一个特殊时空（不论虚拟或真实），顾客与服务者在服务过程中均无法被抽离而维持一定的服务质量。如训练过程中涵盖"教与学"双方，任何一方未能善尽责任时，学习成效将有严重落差。

（3）差异性（variability）：服务效果的变动深受人和时空因素的影响，如服务者与顾客特质（如人数、性别、容貌、服装、语气、情绪、心境等）、时间（如早晚、长短、季节等）、空间舒适度（通风、照明、温度、噪音等）、服务过程（如复杂度、压力、配合度等）均能在一瞬间转变顾客对服务的评价。如训练课程中讲师、学员、教材、媒体、教室和行政支持等因素，均能造成不等的学习差异。

（4）易逝性（perishability）：因受需求和时空因素的影响，服务难以储存、不确定性高，但"易逝性"也凸显了及时/实时服务的真正价值。一般成人学习者多依据其需求参与训练，但若因时间、地点或课程内涵不对称而未能如愿参训，将错失最佳学习和应用的时机。

HRD主管要抱持"主厨"的服务心态，体察客户需求（绩效与学习）、开出适当菜单（课程）、寻求最佳食材（教材）、雇用最好助手（专业讲师）、佐以纯熟烹调技术和火候（课程实施）、配合舒适空间/餐具/外场服务（教室和行政支持），才能创造真正的食客满意。

11.2.4.2　结合营销理念

营销的重点在于"沟通与推广"，而其最终目标是"满足顾客需求和创造企业利润"，就HRD单位而言，即吸引成员参与学习、让主管们了解/支持学习服务、使HRD成为利润创造机制的一部分。因此，HRD主管要亲自拜访/征询其他主管，设立咨询团体（advisory group），于正式会议中提出营运计划，通过内部通讯/电邮/布告栏发布HRD相关讯息、心得分享、课程简介/预览（previews）等做法，提升HRD单位的能见度和成员/主管参与度。此外，HRD单位亦可积极结合内外部学习社群（learning community）的力量，推动非正式学习的潮流、激励成员参与学习的习惯。

11.2.4.3　确保产品与服务质量

凭借三寸不烂之舌或能吸引消费者购买产品，但若欠缺好产品和扎实的售后服务，很快就会坏事传千里、遭受消费者唾弃（想想网络和部落格的力量）；HRD 单位若未能提供满足成员需求的课程和服务，主管宝座也坐不久了！为确保 HRD 服务的质量，HRD 主管可努力的部分包括[6]：

（1）搜集课程与服务的必要资料：任何企划案应先搜集组织成员、主管、同业或其他企业的数据，以避免不合需求或闭门造车的误失。

（2）善用企划书与项目管理概念：课程/服务的开发至实施可善用企划管理概念，内容应叙明企划案的重要性（需求）、主要工作项目（含标准与时程）、负责/支持人员、重要资源（人员、金钱、器材或设施等），并依据企划书执行、控管。

（3）设定课程/服务的开发准则：开发准则的好处在于结合企划书时，能让（高阶）主管们更清楚你的想法、较愿意支持"具体"计划，提高企划的成功率。完整的开发准则应注明需求（特别是对组织的价值）、对象（列出参与人员的基本特质）、学习/绩效目标、特殊的标准/限制与参考数据等。

（4）管控课程设计程序：不论是自行开发、委外客制（customized）还是现有课程，均可从需求分析、教学目标、教材内容、教学方法与程序等层面加以检视，以确保课程质量；此部分亦可参考第 7 ~ 9 章。

（5）善用内外部资源：可善用内部成员/主管、外部同业/顾问（如企业教育训练网络或 HR 联谊会）组成咨询小组，提升课程/服务的周延性。

（6）测试后再正式实施：测试提供验收和修正的机会，以避免大规模实施时才发现成效不彰、内容和程序错置、支持落后的窘况（回顾消费券的发放作业），削弱对 HRD 单位的信心。

11.2.4.4　注重成本效益

HRD 单位的营运也要有企业经营的概念，特别是成本和效益的控管，以免入不敷出或绩效不彰；有关训练课程的成本效益分析，请参阅第 10 章第 10.3 节。

11.2.5　稽核 HRD 功能

相较于其他国家的政府架构，中国台湾地区的监察院属于较特殊的机构，而监察院下设审计部（Ministry of Audit）并以"严密审核财务收支，督促落实开源节流措施"、"加强考核政府施政绩效，提升施政效率及质量"、"加强稽察各机关采购案件，强化采购监督机制"、"加强考核重大公共建设计划执行及完工效益"与"促请政府健全财务监督制度，有效提升政府治理功能"等为审计业务的执行重点[26]。其实，审计的使命功能并不因国有或民营机构而有差异。

HRD 功能的稽核基本上是来自 HR 稽核（HR audit）的概念，期望通过稽核以达成与提升 HR 策略目标、确保 HR 目标契合组织整体策略、节约资源、增进训练投资报酬、达成组织多元目标与避免法律诉讼等，而 HR 稽核的类别主要包括合法/适法性（legal compliance）、行政管理、HR 数据系统、劳资关系、福利措施等[7]。HRD 是企业组织对于成员的重要投资之一，为确保适当的投资报酬，需确认 HRD 功能合乎组织策略和利益、HRD 功能发挥良好与相关资源的正当使用；HRD 亦需通过适当的稽核以确保其正当性与适当性。

Rao[2]认为可通过访谈、观察和问卷等方式进行稽核数据的搜集，而 HRD 稽核的主轴和细节包括：

（1）HRD 目标与策略：这是 HRD 稽核的起点，稽核者应以组织目标和策略为基准检视 HRD 的使命、目标与策略，以确保 HRD 功能遵循、支持组织目标和策略的达成。

（2）HRD 管理文化：如开放（openness）、团队合作（collaboration）、信任（truth & trustworthiness）、真诚（authenticity）、诚信（integrity）、自动自发（autonomy）、面对问题（confrontation）、实验/创新（experimentation/innovation）等文化特质的深度与广度。

（3）HRD 架构：如 HRD 人员的配置与专职程度、HRD 单位的层级、HRD 主管的位阶与职能等特质。

（4）HRD 系统：包括训练、绩效管理体系（规划、考核、分析、咨询等）、激励制度、工作轮调、职涯管理体系等 HR 与非 HR 系统之间的关系与搭配。

（5）HRD 专业职能：HRD 专业人员的背景、训练、进修、绩效考核等。

此外，训练/HRD 实务方面的稽核还包括：

（1）年度/个别训练计划完成度：此部分的稽核主要反映规划与执行能力的落差，相关重点包括开办课程总数、参训总人次、员工平均受训时数/参与课程数、达成目标的课程数。

（2）整体 HRD/个别训练经费处理：主要针对经费的规划与执行落差，相关重点包括总预算数、总执行经费、经费执行比率、经费科目与额度、不正常支出状况等。

（3）学员需求/抱怨处理：主要针对是否实施部门/成员训练需求调查、需求调查后的处理状况、训练评鉴（至少涵盖课程/讲师/行政支持满意度等）结果、学员抱怨和处理等。HRD 稽核的目的不在于"找麻烦"，而是发现与解决问题，并确保 HRD 功能正常运作、有利于组织目标的达成、创造更高的学习价值。

HRD 知识库

人力创新奖

人类是一个经常需要回馈以确认现行状况和目标之间关系的有趣动物。操作制约作用告诉我们通过"增强物"能激励动物出现特殊行为，而期望（认知）理论则呈现"努力＝期望×价值"的关系，结合起来，我们就可了解组织为何常提供奖励/诱因以诱发成员创造高绩效的动机和努力。因此，不论你是否需要，我们的身边充斥着无数的"奖"！中国台湾地区演艺界有金马奖、金钟奖、金曲奖，职棒有银棒奖、金手套奖，教育界有师铎奖、幼铎奖、金铎奖等。每一个专业领域都设有奖项以鼓励从业人员的优秀表现，而中国台湾地区的教育训练界也有"国家人力创新奖"（National HRD InnoPrize），以激励企业/机构和专业人员的投入。

中国台湾地区劳委会职训局为表彰具有人力培训创新或实绩的标杆单位或个人，以促进企业及社会大众对人力资源发展经验的了解与学习，自 2005 年起开始举办"人力创新奖"选拔表扬活动。其中，团体奖包括事业与专业机构两部分，个人奖部分则有较多的变动，如 2005 年时分为创新人员奖、创新经理人奖、力行标杆奖（重视人才培训的企业雇主）与特殊贡献奖（专家学者）四类，2006 年与 2007 时则未颁发创新人员奖，2008 年时改为标杆领导人奖和 A＋经理人奖二类。人力创新奖可说是中国台湾地区教育训练领域最主要的奖项。

在美国，专业会员人数最多的美国训练协会（ASTD）自 2003 年开始为企业组织设置 ASTD BEST 奖项，以表扬各型组织由高层支持营造学习文化、全面性地培育人才的努力（Building talent, Enterprise – wide, Supported by the organization's leaders, fostering a Thorough learning culture）。个人奖项方面，则包括 ASTD 会员贡献奖、标杆企业奖（Champion of Workplace Learning and Performance Award）、论文奖（Dissertation Award）、特殊贡献奖（Distinguished Contribution Award）、终身成就奖（Lifetime Achievement Award）与卓越实务奖（Excellence Practices Award）等。

美国另一著名的实务期刊 Training Magazine 则设置 Training Top 100、Training Top 125、Training Top 10 Hall of Fame，以表扬企业组织在提升人力资本方面的努力。而在 HRD 的研究方面，美国 HRD 学会（Academy of Human Resource Development）自 1993 年开始推出 HRD 学术名人堂（HRD Scholar Hall of Fame Award）以表扬如 Channing R. Dooley（"二战"时在训练理论和实务的贡献，参阅第 1 章）、Malcolm S. Knowles（成人学习理论，参阅第 6 章）、Lillian M. Gilbreth（人性观的管理）、Kurt Lewin（变革理论）、Burrhus F. Skinner（编序教学与教学机，参阅第 6、9 章）、Donald E. Super（职业生涯发展理论）、Robert M. Gagné（学习条件论与教学设计）、Garry S. Becker（人力资本论）、Leonard Nadler（HRD 定义与基础理论，参阅第 1 章）、John Clemans Flanagan（关键事件分析）、Richard A. Swanson 与 Gary N. McLean（HRD 相关理论）等学者的贡献。

有许多致力训练与 HRD 领域的、朋友虽然没有机会获得国内外奖项的表扬，但对 HRD 专业人员而言，看到接受服务同仁/学员的成长和优秀表现就是最大的肯定。

11.3 企业大学

2008 年 6 月初（当全球经济未遭金融海啸轰击时）鸿海董事长郭台铭表示为培养该集团新世代（40 岁左右）的接班人，将成立"鸿海大学"并邀请中国台湾地区大学副校长汤明哲负责[27]。2008 年 8 月初，郭台铭与高阶主管捐出市值近 160 亿元的鸿海股票，启动"薪传计划"[28]，并通过"鸿海大学"培养关键性人才。郭台铭的举动除了维持以往的引人注目的大手笔投资外，"鸿海大学"的名称也吸引了众人目光，但"鸿海大学"并非"可授予正式学位"的院校，而是鸿海的人才训练所。不过，企业大学（corporate university，CU）也成为当时台湾企业界讨论一时的议题。

11.3.1　企业大学的起源与背景

工业社会发展的轨迹除反映经济体系、企业结构和人力培训的变迁之外，也呈现近代企业大学的发展背景。在美国经济从农业转向工业的初期，许多企业即发现正式教育体系无法供应足量、具备适当技能的人力，19 世纪中叶时，部分企业开设"企业学院"（corporate college）以解决人力荒的现象[8]。20 世纪初期时，美国更多企业强烈感受到技术劳工供应不足的困境，部分大企业开始设立厂场学校（corporate school）自行训练大量年轻基层技术劳工，此风潮也引发一系列的技术训练和日后的工业/职业教育。

20 世纪 50 年代时，大型企业管理者（如 Disney、McDonald's、Motorola 等）再度发现毕业于一般教育体系的员工多数欠缺该企业所需要的特质，只好于企业内开设特殊的训练课程以调整员工的知能和心态[9]。80 年代时，少数企业大学从单纯的提供训练服务转为授予专业学位[10]，部分企业大学则选择传统大学合作，以获得师资、教材的协助，提供更好的学习服务[11]。由于传统大学的形象与印象深入人心，企业大学的出现迅速掳获大众的注意力，也对于创设"大学"的企业给予特别的评价。

传统上，大学是一个思考和学习的场所，有围墙、图书馆、教室建筑与校园，并授予各类的学位。但企业大学是一个"过程"（process）的概念，企业的经营伙伴（包括各层级的员工、顾客与供货商等）共同参与一系列的学习经验/体验，以提升工作绩效、增进企业的影响力[3]。因此，企业大学常由高阶主管负责筹设，通过企业策略的导引、高水平学习服务的提供，以创造更高的学习综效[12]。奇异电子（General Electric）于 1955 年在纽约成立"奇异管理发展学院"（General Electric Management Development Institute），引进哈佛商学院的师资/课程/教材，教导员工共同探讨公司本质与重要议题，学习管理实务与重要技能[13]。该学院除是全球第一所企业大学外，也反映了企业策略和企业大学使命之间的联结，而企业大学的概念也自北美逐渐扩散到欧洲、亚洲和全球。

11.3.2 企业大学的类型与取向

企业大学发展到现在，从课程的本质约可粗略分为单纯"训练"、"训练＋管理发展"、"课程可抵免大学学分"与"可授予学位"四大层级，而第三、四阶层通常采用与一般大学合作的模式[14]。中国台湾地区较早期的明志科大（旧明志工专）、大同大学（旧大同工学院），与近来的元智大学、义守大学，其背后均有大企业的支持，除是立案的教育机构外，也是企业集团的一部分，亦负有提供企业成员学习服务的任务。此外，Phillips[3]则认为在不同的外部驱动力之下，企业大学呈现各多元的形貌。

（1）增添教育训练功能的"光环"：冠上企业大学的"名号"，对内较易获得主管们的支持，对外也能凸显该企业重视员工训练的"形象"。HRD部门的架构和服务或许"换汤不换药"，但至少有提振人员士气的价值。

（2）统整企业/集团HRD功能：通过新设立、高位阶的企业大学，以统整分权式HRD的功能，使HRD功能更系统化、一致性更高、服务与支持更有效率。

（3）扩充HRD服务与功能：主要是通过与外部教育机构的合作，提供具有学分认证效力的课程，呈现"企业＋大学"的合作关系。中国台湾地区部分大企业邀请知名大学到厂开设学分班，许多大学也主动寻求和企业合作，到企业、科学园区开设各类大学和研究所层级的学分班，并以日后正式就读时抵免学分为号召。

（4）强化/保存企业自豪的理念或文化：创办人或CEO认为该企业成功的关键是"特殊的经营理念/哲学"，为使所有员工了解、专注、传承此关键理念，故设立企业大学以强力推动。例如美国的Disney University（Walt Disney World设立于每一个主题乐园的员工训练中心，确保服务质量和风格，亦开放给外界人士参与）、Hamburger University（McDonald's Corporation 1961年设立于芝加哥郊区，聘用19位全职讲师，每年约训练5000

名学员）；中国台湾地区的大同公司已故董事长林挺生先生也曾长期在其所创立的大同工学院，向管理干部与学生讲授企业经营管理理念。

（5）聚合提升企业的动力：部分企业借由创设企业大学强化顾客与供应商关系、提升成员和部门的竞争力，以创造高业绩和利润。如创设 Land Rover University（LRU；路华大学，位于马里兰州）的目的在于联结顾客对于越野车辆的热情，并确保员工和供货商的全力支持，创造销售佳绩。

（6）引领企业变革：当旧典范已不适用，而企业需要凝聚重整/改革的动力时，以新创设的企业大学为启动和带领企业变革的引擎[15]。如 Tennessee Valley Authority（TVA；田纳西河谷管理局）为全美最大电力公司，为成为全球电力服务的领导者，创设 TVA University（位于田纳西州之 Knoxville）以训练公司 16000 名员工成为具有弹性、机智、能配合公司经营策略的大军；Amoco 石油公司的 Amoco Learning Center 每隔一年或一年半即征调 3500～4000 位高级管理者至中心研讨如何适应未来。

（7）迈向学习型组织：部分企业企图以学习取代训练，故设立企业大学，并通过规划，将学习融入企业文化与日常工作流程，期望能转化为学习型组织。如 Bank of Montreal 认为"学习"是该银行成为北美金融重镇的竞争利器，故成立 Bank of Montreal Learning Institute（位于加拿大 Ontario 之 Scarborough）负责提供 35000 名员工的学习服务，以整备企业的学习力和竞争力。

（8）开创未来：通过高阶主管的全力支持，设立企业大学成为企业未来发展的主力，并借由质疑、探索、挑战企业现况等学习活动，找出未来的企业经营模式；Fresina[15]认为，Motorola University 即属于开创未来的企业大学。此外，多数企业大学被赋予的使命是"培育企业领导人/中高阶干部"（此也是郭台铭的目标）[16,17]，因此，企业领导人更愿意投入资源、采用新思维办理企业大学，甚至主动担任讲师亲自教导主管们[17],[18]。Meister[19]分析 50 所著名且成功的企业大学，发现多具有联结企业策略需求与学习，视企业大学为过程而非场所，设计整合成员、情境与职能的课程，服务对象包括成员、供货商和客户，勇于尝试新的学习和激励模式，采用多元的教学模式，鼓励领导者支持并参与学习，采全球化观点开发学习服务，设立评鉴体系，将企业大学融入竞争优势等共同成功要件。因此，企业大学应是一个具弹性的整合性架构（参阅图 11 - 4），且将实验、创意的精神融入课程之中（参阅图 11 - 5），以提升员工的眼界和绩效。

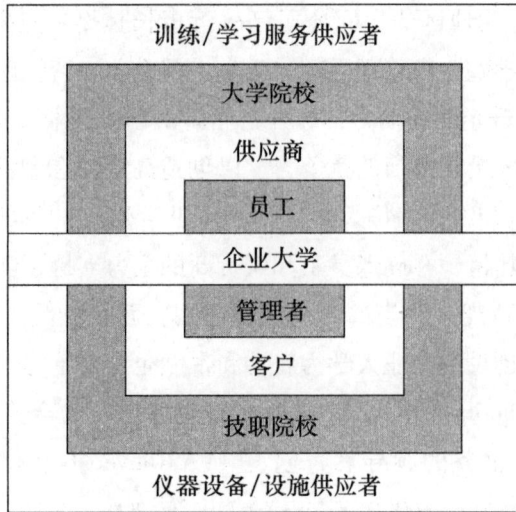

图 11 - 4　企业大学整合性架构[3]

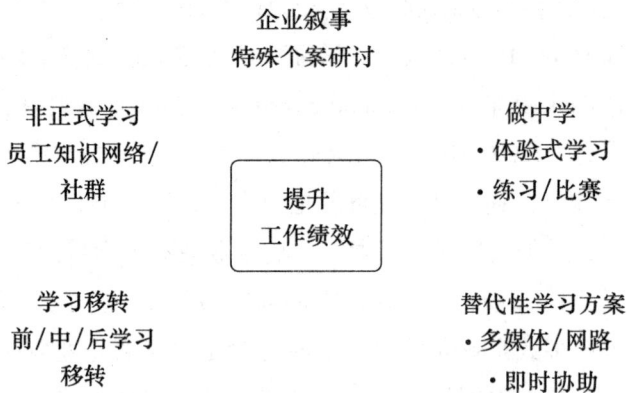

图 11 - 5　企业大学多元化学习体系[19]

11.3.3　企业大学

不论从训练部门转型为企业大学，还是自无到有重新创设，均需赋予企业大学新使命，因此 Meister[20] 建设了一系列的程序作为筹设企业大学的重要基石（参见图 11 - 6）。

300

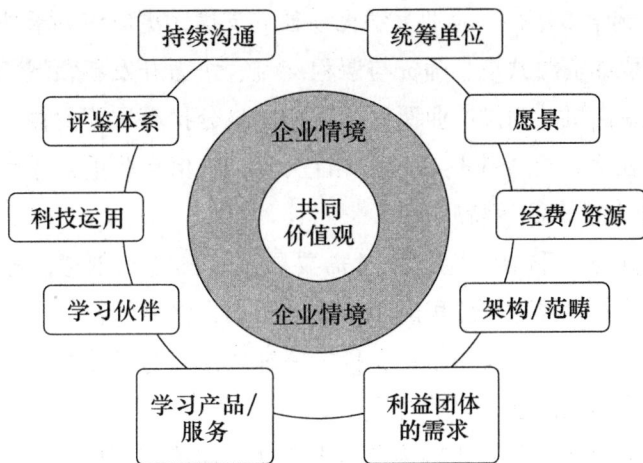

图 11-6　建构企业大学的重要基石

（1）设置统筹单位：企业高层强力且具体的支持，是企业大学成功的关键！因此企业常由 CEO 或资深董事委员会统筹、执行下列各项作为，确保企业大学的运作。

（2）愿景：这是统筹单位的第一件任务，通过委员会的共同智慧提出企业大学清晰、可行的愿景，并能反映企业的愿景和使命。

（3）规则经费/资源：Meister 公司（Corporate University Xchange）于 1988 年的调查发现，企业大学年度经费约为员工薪资总额的 2.6%。而为避免排除部门或 HR 的经费，统筹单位必须规范并有效掌握经费来源（额外拨款或部门提拨），以确保企业大学的长期合作，以免规模缩水、业务断炊，反遭讥笑。

（4）设定范畴：统筹单位综合考虑企业策略、企业大学的愿景/使命和经费后，必须设定企业大学的营运理念、服务对象（成员）与项目（课程）、与训练部门的分工等基本范畴，明确区分河水与井水（dos and don's）。

（5）确认利益相关人与其需求：企业大学的筹设与运作可能影响企业内部成员/部门、顾客与供货商等的权益（参阅图 11-4），统筹单位必须评估企业大学对这些利益相关人的需求和正负面影响，以降低阻力、增进多方支持、创造多赢契机。

（6）开发学习产品与服务：到此阶段，统筹单位必须开发专业课程、拿出相关的学习服务、满足学习需求，这也是企业大学最具体、最明显的活动。专业的学习活动与服务除凸显企业大学的"存在"之外，也是相关人员检视企业大学运作成效的重要指标。

（7）慎选学习伙伴：企业大学无须独立支撑，更应该寻求外界的学习伙伴，以争取如资源共享、师资与课程交流、协力开发新领域、获得认证课程、开发新商机、创设产业课程标准和风险分担等重要效益。不过学习伙伴在精不在多，至少应具备理念相近、互惠/相互尊重、弹性互动、愿意平等投入/共享资源等特质。

（8）善用学习科技：企业大学需要展现企图心和创意，避免传统窠臼。因此，将新科技融入课程内涵与教学活动，除显示企业大学的决心之外，也让学员认识到科技的力量、科技精进的速度与科技的价值，网络与视讯科技也成为现代企业大学的重要支柱[21],[22]。

（9）设置评鉴机制：正因为背负重要使命与诸多期望，企业大学也免不了要接受评鉴，但评鉴时应跳脱"传统训练评鉴"与"量化为主"的思考，除应搜集整体（如企业文化的转变）、个体（如个别成员学习事件与心态）资料外，亦应搜集质化（如感受/感想、故事/逸闻等）和量化（如测验表现、认证状况、工作发挥等）资料。

（10）持续沟通与倡导：其实从想成立企业大学开始，就必须不断与各级成员、利益相关人沟通，解释如"企业大学是什么"、"为何要成立企业大学"、"企业大学和训练单位有何不同"、"企业大学提供哪些学习服务"、"谁可进入企业大学"、"企业大学提供认证或学位"等问题。而企业大学在运作和调整的过程中，也必须持续和利益相关人沟通以破除阻碍、凝聚共识、获得最大的支持。

教育是"百年树人"的工作，而面对企业大学时也应该以较长期的眼光、有耐心的观点评估此"对人力资源的长期投资"，检视企业大学"毕业生"职业生涯途径、担任领导要职的比例、重要成就/战功、能否激励其他成员的努力与对企业/产业的重大影响等。急于展现企业大学的绩效，极可能使企业大学流于训练，反而忘了更高远的企业愿景、策略目标和培育人才视野/胸襟/创意的使命！

关键字词

规划	阶层别训练
整合	专业/职能别训练
导引	（服务的）无形性

管控	（服务的）不可分割性
中央集权式 HRD	（服务的）差异性
地方分权式 HRD	（服务的）易逝性
预算中心制	HRD 稽核（HRD audit）
成本中心制	企业大学
利润中心制	

观念提要

从管理的角度而言，HRD 实务管理的重点在于依据企业策略和目标规划 HRD 的目标与功能、整合内外部相关资源与行动、辅导和激励成员、确保 HRD 功能的发挥。在实务方面，HRD 则应注意权责架构、经费编列、服务提供、部门管理和稽核等功能的发挥，特别是要强调"服务"的精神。

企业大学则是 HRD 单位的另一形态，设立的目的除反映企业策略的需求之外，也响应 HRD 部门位阶不够高、功能过于自限、形象定型等传统的包袱。但企业大学的设立除提供新的学习服务之外，也刺激 HRD 部门自我改造、创造更高的价值。

基础测试

1. HRD 实务在管理层面上需要关注哪四大功能？每个管理功能的重点又是什么？

2. HRD 实务在权责架构和经费编列方面有哪些类型？各类型的特点是什么？

3. 服务业有哪些重要的特质？HRD 为什么要"以服务业为师"？

4. 针对 HRD 功能进行稽核之目的是什么？稽核的重点又是什么？

5. 企业组织设立"企业大学"之目的是什么？

进阶思考

1. HRD 经费编列的模式对于其功能的发挥具有什么影响？

2. 以"服务业为师"，真能提升 HRD 部门的质量与形象吗？

3. 企业大学的设立，对于企业形象或学习功能较有何贡献？

第四篇　HRD 水晶球

YouTube、Facebook 与 Twitter 应是近年来最能结合网络科技的特色和人们社交需求的公司，这几家公司创办人的共同特色是年轻、认为学位不太重要，但抓得住（年轻）人们的需求和科技发展趋势。看清趋势是拟定策略和行动方案的基础，否则乱枪打鸟、胡乱烧钱只是便宜了众多的乡民和虎视眈眈的创投秃鹰。

中国台湾地区部分媒体喜欢将 John Naisbitt（约翰奈斯比，著有《大趋势》Megatrends）、Alvin Toffler（艾文托弗勒，著有《第三波》The Third Wave）、大前研一（著有《M 型社会》《OFF 学》）称为"趋势专家／大师"，而在混乱的时代能指点迷津的专家／大师都将受到推崇。因此，即使股神巴菲特（Warren Buffett）亦深受金融海啸的冲击，仍有人愿意花 168 万美元与他共进牛排餐，请教投资哲学、指点迷津。拥有一颗能透视未来的水晶球应是许多人的梦想，期望能趋吉避凶、福禄寿喜也是人之常情，但水晶球难寻，我们也只能观察趋势在迷蒙、多变的情境中找出一条道路。

笔者没有"HRD 水晶球"，仅能整理专家的看法和预测供读者参考，而不论我们对未来存有憧憬还是不安，不变的是"未来是奠基于我们当前的努力"。谨与所有 HRD 的从业朋友共勉之！

第 12 章　HRD 趋势 I
——质变与量变

12.1　HRD 策略化

12.2　HRD 课责化

12.3　HRD 弹性化——外包

12.4　HRD 全球化（跨文化学习）

人是相当有趣的动物，状况好时会居安思危、未雨绸缪，状况差时（如 2008 年的金融海啸）则急着评估"触底了吗?"一般人面对极大不确定性时，直觉想做的就是"抓住趋势"，国人寻求算命，外国人则找水晶球（crystal ball；看到未来）。只有极少数有能力者可开创趋势（如 Apple 的 Steven Jobs、Google 的 Larry Page 与 Sergey Brin），多数人仅能辨识重大趋势"顺势而为"，但唯有掌握趋势之后，才能规划出策略蓝图与行动方案，拼出一条活路。

我们的环境存在许多变数，但只有一堆变量不见得能形成潮流/趋势，"重大变量"通常在其他变量的交会、天时地利之下［各种驱力（drives）］，逐渐从"小波动→小碎浪→大浪→海啸"；正如专家所言，资本主义、个人主义、人性贪婪、金融制度过度开放等均是造成金融海啸的要因。我们无法对抗趋势，唯一适应策略就是观察/了解趋势、调整自我、顺着趋势浪头而行（参阅图 12 - 1）。笔者整合部分重大 HRD 趋势，期望能为读者们找到 HRD/学习的浪头，悠游于职场与学习的领域。

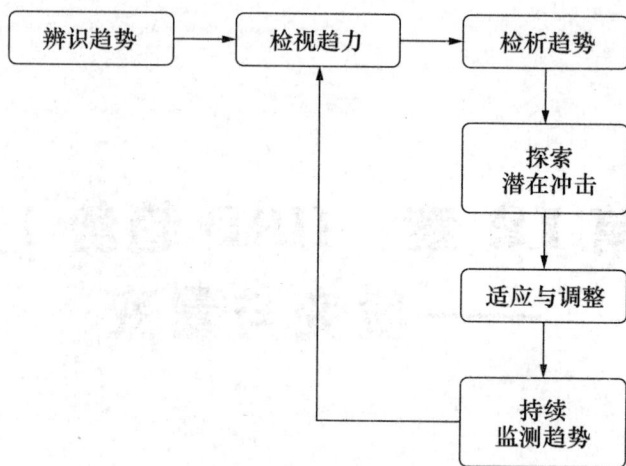

图 12 – 1　观察趋势的流程[12]

12.1　HRD 策略化

在竞争的过程中，Berne[1]认为对 CEO 必须随时/反复省思"我们是什么样的企业?""我们将变成什么样的企业?"和"我们应该变成什么样的企业?"等问题，以能适应环境的变化，寻获竞争利基。van der Sijde[2]则将 Berne 的问题延伸为"CEO 需随时检视企业当前/未来/最佳的策略性定位是什么?"亦即企业的态度取决于所其拟定的策略，以及落实策略的执行力。牛津简明辞典（Concise Oxford Dictionary）解释 strategy（策略）为"战争的学艺"（the art of war）、"战役期间的军队管理"（the management of an army in a campaign）或"调动部队使居于有利态势"（moving troops into favorable positions），点出策略在战争/竞争中的角色与重要性。

整合上述的解释和策略规划流程（参阅图 12 – 2），"策略"隐含着更深入的内涵：

（1）人在策略中的主导地位：从愿景规划、内外环境分析至策略构思/执行/评鉴的循环中，人都是扮演主导的角色，亦即策略是人从"发想→

308

实现"的整体作为！

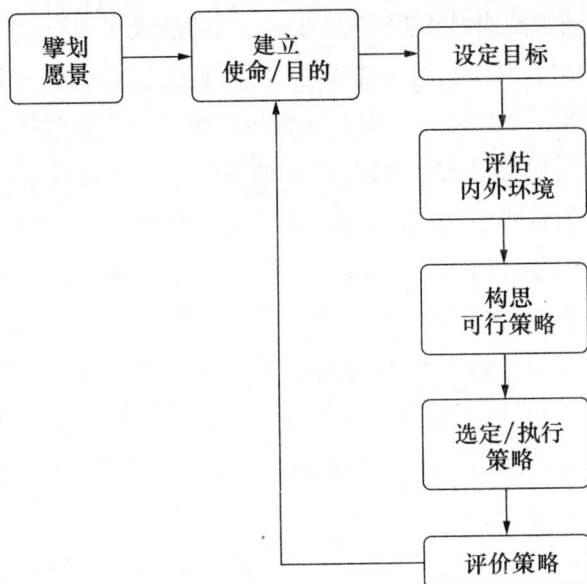

图 12 - 2　策略规划的流程[12]

（2）"关键资源的运用"是策略的重要项目：在过去的战争中，军队的数量和素质是对阵胜负的关键，"平日养兵、战时用兵"即是战力的培养、管理和运用，掌握与善用关键资源亦是策略胜出的要件。

（3）策略的目的在于创造竞争优势：孙子兵法中的"不战而屈人之兵"是征战最高心法，将部队布藏于有利位置、阻断对手气势和布局、创造契机与优势，终而获胜是策略的目的与价值。未能创造优势的策略是浪费，更可能将胜利拱手让人。

（4）规划和执行策略的"涵养"是可学习的：策略是"学艺"，指通过"学习"可掌握策略的基本步骤/内涵，但要精通策略则除个人天分外，更需不断地思考、尝试、磨炼、检讨，经过数千棋局的锻炼，才能像围棋大师那样"信手拈来都是好棋"。

因此，观察企业组织"HRD 策略化"（HRD strategization）的趋势，可考虑检视下列指标：

（1）人在组织的地位与重要性：即若人是企业重要的资源，企业的策略必会审慎考虑人才获取、管理与运用，以发挥人的效益。更精准地说，企业必会更细致地划分其人力、制定不同的人才策略与管理措施，以创造不等的价值。反之，若天然或财务资源更重要时，企业策略的重点也将随之转向。

（2）学习对人和组织的关键效益：此指标是建立在"人和知识与技能是重要竞争资源"的基础上，即（知识与技能）学习是创造价值的重要工具，因此企业将学习融入竞争和 HRM 的策略中，学习成为保存、发挥和延续竞争优势的必要手段。如专业知能训练、职前讲习、储备干部的培育或凝聚成员共识/价值观等。此时，企业高层会重视学习成效，训练评鉴和稽核则成为落实 HRD 策略的重要工具。

（3）学习是个策略性工具：即其重点不在于学习（如知能成长或共识形成），而是作为奖励、惩罚、绑住员工或创造企业形象等的工具，是为达成某个策略而"祭出"的利器或戒具。此时，HRD 的重点在于提供学习机会，学习活动与学习无关。

企业几乎永远处在"人才饥渴"的状态，优秀的管理者更是稀少。因此，被誉为"当今最具影响力顾问之一"的 Ram Charan[3]认为，不应该让"不善领导"的员工担任管理职务，建议建立"领导人才库"（约 25 岁、第一份职务即展现领导潜力和天赋者）、开发一系列有计划的学徒制加以培育（上司担任导师与教练、扎实锻炼）、提供职涯天梯（career fast‐track，避免扼杀将才），将各阶层领导人才的开发、评量和管理视为企业重要策略，才能在庞杂的人才矿砂中精准而有效地淘炼出 CEO。

以代工为主要目标的中国台湾地区企业，在微薄利润的引导之下，多数只看短不看长，人才培育极少被列入经营策略，资源分配时亦不受重视。但在企业迈入半百，规模和营业额晋升为中大型企业时，才发现人才战力严重不足、阻碍发展契机。美商宏智国际顾问公司（DDI）针对中国台湾地区 638 名企业主管进行调查，发现将近 75% 的高阶主管最重视"提升/布局菁英人才"（高于全球调查的 71%）[51]；这除反映中国台湾地区企业的"痛处"外，也凸显经营策略不容再忽视人才培训对企业的重要性。

过去自我束缚的中国台湾地区企业开始积极大手笔地培育人才，如阿瘦皮鞋总经理罗荣越强调，正确的人才培育策略和做法，有效整合系统化的师徒制训练搭配强化的主管教导力，迅速而扎实地储备店长和副手，是该公司从区域型小鞋店冲到大连锁企业的关键[4]。渣打银行的国际储备干

310

部制度（International Graduate，IG）则是精选顶尖名校毕业生、资历浅、观念/行为未定型的高潜力新血，给予包括实务训练、职务轮调、高阶主管特别助理等两年扎实培训，并由高阶主管担任职业生涯导师，集中资源培养高潜力菁英，巩固因资深员工退休和组织大调整的人才断层[5]。友达光电由副总经理负责"人力资源总处"，从 2000 年开始启动部门主管轮调制度，扩大主管们的视野、强化通盘的产业历练，并于 2008 年 5 月时一次调动超过 200 位主管[6]。此外，友达光电亦于 2008 年 10 月提出"关键人才 250 计划"，要培养 250 名经理级以上的人才；友达的人才逆势投资更显示出其在太阳能和 LED 新事业全球化布局的策略和决心[52]。

　　在这个制度和价值崩解、重整的时代，企业的盛衰系乎于所拥有的人才，但企业仅延揽精英还不够，更要有策略、有系统地教导、培育人才，让将才吸引、培养更多的将才。忽视/欠缺 HRD 策略的企业终究会付出惨痛代价。

▶▶ 12.2　HRD 课责化

12.2.1　HRD 课责与绩效

　　这是一个讲求"权责相符"的时代，"权"的发挥动用许多资源，而"责"的承担即是要呈现对应的成果，组织亦是如此看待 HRD 功能。Nadler[7]认为，企业组织实施 HRD 的主要目的为"组织整体绩效的提升，或员工个人成长"，其中更隐含"绩效是 HRD 最终目标"的假设。因此，在竞争压力、讲求资源运用效率、全方位解决方案（total solution）思维、追求卓越的努力中，不论 HRD 是企业策略的一环，或被当作策略性的工具加以使用，绩效仍是被用以检视 HRD 成果的指标。

　　在近代的发展过程中，绩效被视为 HRD 专业的核心要务之一[8]，改善绩效也几乎被奉为是 HRD 的重要使命[9]，生产力的提升则被当作观察指标[10]，国际绩效改善协会（International Society for Performance Improvement，ISPI）则以人力绩效科技（human performance technology，HPT）为重要理论基础，宣扬"绩效是可预测且可调控"的概念[11]。事实上，绩效改善理论（参阅第 6 章第 6.1.4 节）和绩效需求分析模式（参阅第 7 章第 7.2 节）的出现，也反映了 HRD 绩效导向的内涵（performance‐oriented，即通过 HRD 确实解决学习落差，以提升绩效）。因此，HRD 单位"单纯学习→提升绩效"的立场也反映了在如学习服务有明确对象、课程联结组织需求、评析绩效与问题根源、配合采用非学习方案、课程焦注于工作绩效与组织效应、训练与利益相关人的充分沟通、创造训练/绩效移转的情境、强调工作间的合作和咨商、向外采购必要服务、建立与关键主管/成员的伙伴关系、定期实施评鉴与成本效益分析、凸显追求绩效的企图心等的各种作为[12]。当然，HRD 部门的名称和结构也随之进行必要的调整（参阅图 12－3）（应该不会消灭 HRD 单位吧）。

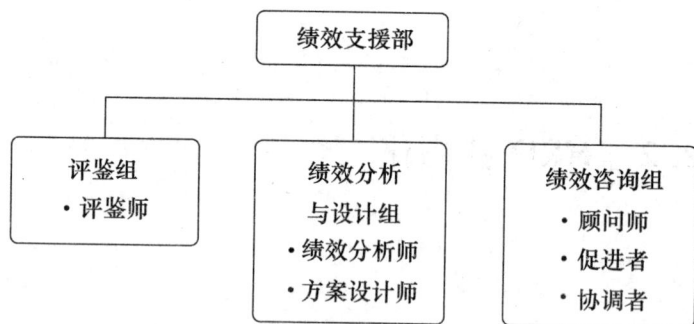

图 12－3　绩效支持部门架构[12]

传统上，财务表现是绩效的重要指标，但对 HRD 而言，以财务为单一的绩效指标不恰当，不过从平衡计分卡的角度切入也许能提供更完整的思维。

12.2.2　HRD 课责与平衡计分卡

Kaplan 和 Norton 于 1992 年首次介绍平衡计分卡（balanced scorecard，BSC）的概念[13]，并于 1993 年详细说明 Rockwater、Apple Computer 与 Advanced Micro Device（AMD）三家公司实施 BSC 的经验，以推广这一新的

绩效考核制度[14]；Kaplan和Norton于1996年，更将BSC转化为策略管理的工具[15]。Kaplan和Norton认为"没有一个单一指标能完整呈现企业的绩效"，因此协助管理者跳脱从"纯财务观点"检视企业的绩效，并加上顾客、内部流程和学习与成长等"平衡地"督促企业发展。但这并不表示"财务绩效不重要"，而是Kaplan和Norton认为当一个企业能改善"非财务面"的营运时，财务指标也会向上提升。以下是将HRD部门视为"内部企业"，并借用BSC的概念，期望找出能适当呈现HRD绩效的指标（参阅图12-4）。

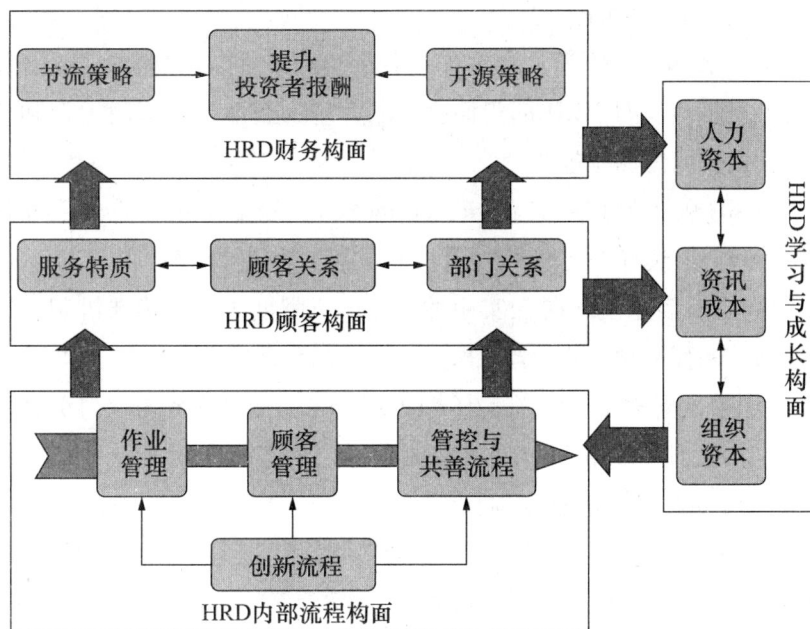

图12-4 平衡计分卡各构面的关系[47]

（1）内部流程构面：原为"我们必须具备哪些优势方能创造顾客价值、满足顾客需求？"即服务提供商（HRD部门）的自省，是创造顾客满意和财务满意的基础，其中包括：

1）作业管理流程（operational management）：为提供学习服务的核心流程，亦即能创造满足各类顾客需求且扎实、有效的课程和服务的流程，主要为"需求分析→设计→开发→实施→评鉴"的每一部分均有作业流程规范，以确保每一流程的完整性与成品的质量。

2）顾客管理流程（customer management）：为"满足顾客需求"和"提供学习服务"的联结，主要内涵包括学员数据库的建立与更新、定期进行需求分析/发布课程讯息、协助建立学习社群/分享学习心得等。

3）管控与共善流程（regulatory and social processes）：即相关作业流程的稽核制度，以及对学员、主管和学习社群在企业内部公共事务议题方面（如环保、节能和组织公民行为等）的响应/回馈。

4）创新流程（innovation processes）：即针对上述各类流程进行精简化、信息化或加值化的作为。

（2）顾客构面：原为"顾客如何看待我们?"即对"服务接受者高价值服务"的回应。对 HRD 部门而言，顾客应为企业、各部门主管和参训学员，而此构面内涵应包括：

1）HRD 服务的特质（service attributes）：涵盖价格、质量、可获性（accessibility）、选择性与功能性等，相关指针包括课程单价（每小时）、学员训中/训后满意度、课程实用性、工作贡献度、学员筛选机制、参训等候时间、课程与时段的选择、服务客制化的程度等。

2）HRD 与顾客的互动关系（relationship）：涵盖服务与伙伴关系，相关指标包括定时主动联系、提供客制化学习服务、实时支持/协助服务、学员抱怨/申诉处理、满意度调查等。

3）HRD 部门的形象（image）：即品牌的概念，相关指标包括 HRD 部门知名度、学员对 HRD 部门认同度、优先选择度等。

（3）财务构面：原为"如何对股东有所交代?"即对"投资者长期投资的回馈"，就 HRD 部门而言，投资者应为企业、各部门主管和参训学员，此构面内涵包括：

1）节流策略（productivity strategy）：即降低投资者的"投入"（企业经费与参训费用），又分为：

①改善成本结构：包括部门成本结构分析、单一训练/服务成本结构分析、作业流程成本分析、固定与变动成本分析、精实变动成本的努力（如省水、省电、降低非必要开支）、引进公共/社会学习资源等。

②提升资产使用效率：包括教室/会议室使用率分析、鼓励设施与设

备的共享、设施变动成本分摊/使用者付费等。

2）开源策略（growth strategy）：即提升投资者的"收益"（如提升绩效、加薪或升迁），又分为：

①增添获益机会：包括企业因投资训练而提高竞单能力（如纬创因实施 e - learning 而获 Xbox 订单）、个人接受训练而达升迁门槛/获重要工作派任机会/获客户重视等。

②提升顾客价值：包括企业因投资训练而提升企业形象、吸引优秀员工、增进员工掌握顾客品味的能力，个人获得升迁、优渥薪酬等。

（4）学习与成长构面：原为"我们能维持不断变革与改善的能力？"即对"服务提供商"未来能持续提供高质量服务的期许和准备。就 HRD 部门而言，此构面包括：

1）HRD 部门的人力资本：即提升 HRD 部门的素质与能量，包括提供 HRD 专业人员学习机会、增进专业职能，以能开设新课程、提供新服务、创新流程，或积极引进优秀 HRD 人员、加入新思维、展现新服务形态等。

2）HRD 部门的信息资本：即提升 HRD 部门的决策能力，包括掌握组织中长期策略、建构成员职能数据库（含一般、专业、管理知能数据与绩效表现）、建构课程数据库（需求分析、教学目标、测验、教材、讲师人选、学员满意度等）、外部公民营学习服务机构资料等。

3）HRD 部门的组织资本（organization capital）：组织资本为一个组织统整各类资本、满足顾客需求的综合能力，其中包括营运、投资和创新能力（innovation capabilities）[16]。营运能力指学习服务/课程执行与管理力、资源管理力（如设备、设施、讲师等）与行销力等；投资能力指新服务/课程开发力、HRD 人员专业训练、成本/效益分析力等；创新能力指新服务/课程设计力、HRD 部门应变力（如本身调整、向外学习等）、学习社群建构力与营运力、信息与知识管理力等。

将原为企业设计的 BSC 转用于 HRD 部门，在"财务构面"可能造成部分困扰，但至少可以协助 HRD 部门以经营角度关注"成本与效益"议题，促使 HRD 部门营运更精实（lean operation）、更有贡献。

12.2.3　分担学习/训练责任

在传统的组织架构/分工上，学习/训练功能是归属于 HR/HRD 部门的

315

责任，但事实上，个别成员、直属主管、高阶主管和 HRD 人员均各自承担部分责任，部分企业已刻意明确规范、积极协助各类利益相关人善尽"学习责任"[12]（参阅图 12-5）。

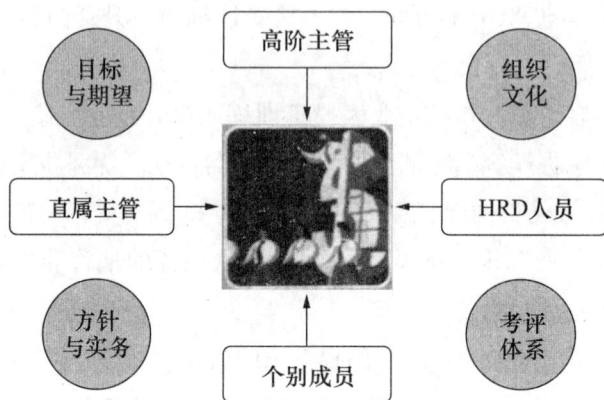

图 12-5　学习利益相关人的关系[12]

（1）个别成员：组织中的个别成员除被要求参与某些或一定时数的训练课程之外（如公务人员学习护照每年最低学习时数为对 30 小时），很少承担其他学习的责任，特别是所学知能的运用与学习成果的呈现。部分组织开始要求参训成员全心投入训练课程（不只是盖学习章、累积时数）、将绩效考核结果和部门/组织目标列为重要训练需求、开放心胸展现学习新知能/事物的热忱、全程努力参与训练、应用学习成果于工作上、提供学习和应用上的正负面看法、协助辨认与排除应用新知能的障碍等。

（2）直属主管：基本上，直属主管应最了解所辖成员、推荐成员参与适当训练、协助/督导成员发挥训练所学、提升成员与部门绩效。因此，直属主管应共同参与为提升部门绩效所开设的训练、参训前与成员讨论训后的学习和绩效成果、追踪成员参训成果、训后提供诱因鼓励成员运用所学知能、配合训后相关活动的进行、预先辨认与排除成员应用新知能的障碍等。此外，部分企业也在升迁制度中嵌入培育基层与中阶主管接班人的责任，如中钢"规定"部门主管提出升迁申请时，必须同时提交继任者名单与相关证明数据，唯有继任者获接受时，其升迁申请方列入考虑。直属主管平时即需发掘与培育优秀部属（分担原为对 HRD 部门的责任），才能换取升迁的入场券。

（3）高阶主管：企业高阶主管的职责在于营造学习文化、资助/训练学习体系、导引组织整体学习目标与动能。因此，高阶主管除担任 HRD 主管职务外，应协助制定 HRD 的使命/目标和策略、筹措必要经费/资源、支持成员于工作时间参训、积极参与并鼓励其他高阶主管参与 HRD 活动、凝聚高阶主管们对 HRD 的支持、争取 HRD 在组织中的能见度、推动课程评鉴制度、追求正向的训练成本效益、成为组织中自我发展/学习的典范、建构与 HRD 人员/主管的顺畅沟通管道等。

（4）HRD 人员：责任分摊并未改变 HRD 专业人员的基本职责，他/她们仍是 HRD 功能的主力，且需负成败责任。HRD 人员仍需负责绩效与训练需求分析、确保训练成果符合企业目标、主动排除训练与应用的落差、沟通并避免各类学习责任的冲突/确保学习综效等重要任务。

学习责任分摊凸显学习是全员责任、增进绩效仍是学习要务或 HRD 角色调整的趋势，但也反映出学习不必然是 HRD 专责领域、学习与绩效间的复杂关系和高阶主管是关键角色等讯息。学习责任分摊虽促使 HRD 人员更专注于训练专业、提升服务的视野，但若沟通协调不佳、欠缺统整能力，反而可能危及 HRD 部门的存在，甚至于遭外包化；HRD 人员要学习营销（了解顾客需求）和项目管理（功能统整）的知能，发挥学习责任分摊相乘效果。

▶▶ 12.3　HRD 弹性化——外包

"变"是这个时代的特色，而在信息科技的推波助澜之下，企业经营思维和实务从质变跳跃到量变的速度更是惊人。为适应竞争环境的剧变，除审慎观察趋势外，企业必须创造弹性，特别是心态和行动的弹性。心态的弹性让企业成员勇于面对变革和挑战、愿意创新/走出传统窠臼，行动的弹性则强迫企业舍弃包袱、选择必要的核心资本（人、知能、业务等），成为思想和身法灵活的弹性组织（flexible organization）。其中，外包不仅是弹性竞争思维下的产物，也是引爆虚拟工厂、破坏性创新（destructive innovation）、山寨与正规军等诸多趋势的催化剂。

外包（outsourcing）或委外（contracting out）通常指企业释放出非核心的营运/功能/工作/产品，并转由具备专精知能的个人/企业完成。许多知名管理学者长期观察外包的发展，也承认外包对企业的重要性，如 Peter Drucker 认为"外包是美国成长最快速的产业"，而 Tom Peters 则表示"企业应只做最擅长的业务，其余全数外包"，James Quinn 更强调"任何企业追求创新时，不可能单凭一己之力胜过竞争对手或潜在对手"[16]。简言之，外包即是"借力使力"（如大陆山寨手机厂商借重联发科的芯片），创造竞争利基。

12.3.1 HRD 外包的原因

在成长的过程中，因员工人数增加、业务扩张，管理者开始力有未逮，企业组织管理制度复杂化，各类作业流程逐渐出现僵化、效率低落的现象，随之引发员工脱序行为、产品瑕疵、顾客抱怨等影响竞争力的"症状"。企业当然有不同的措施以解决侵蚀竞争力的病因，而外包常是选择方案之一。一般企业实行外包的原因多为降低成本、强化质量、提升企业核心业务、运用多元成本结构、运用附加的技术/专业与增进营收等[16],[17]。

一般而言，不易看到 HRD 的成果、HRD 与组织策略脱节、训练课程不符绩效需求、成本偏高、学习服务不完整、欠缺特殊 HRD 专长、内部关系不顺与整体形象不佳等状况，是 HRD 部门常遭受的批判[12]，而高阶主管"看不到" HRD 所创造的价值也促使 HRD 成为外包的目标之一。因此，期望增进 HRD 运作效率、弥补 HRD 人员的不足、引进外部最新专业、降低营运成本、强化 HRD 成效[18],[19],[20]、节省时间、增进弹性和更能聚焦于企业策略[21]等，均为企业尝试 HRD 外包的动机。Bassi 等[22]的研究指出企业将 HRD 外包的倾向不低（比较其他管理功能），但不同时期的外包则呈现特殊的考虑（参阅表 12-1）。因此，当现代企业想同时维持精实策略（降低成本）、获取实时的第一流 HRD 专业服务时，将 HRD 外包给优秀厂商是符合策略、弹性、时效、经济效益的逻辑性方案，而持续扩张的训练/学习产业似乎也印证了 HRD 外包的趋势[53]（参阅图 12 - 6）。

表 12 - 1　HRD 外包各时期的重点[49]

重点/年代 细项	内部资源运用 20 世纪 70 年代	委外 20 世纪 80 年代	综合性资源运用 20 世纪 90 年代
企业动机	强化内部专业职能 增进服务能量	财务考虑	策略考虑
服务厂商数	少	稍多	许多专业训练 服务厂商
厂商评价标准	无	契约达成度	企业绩效

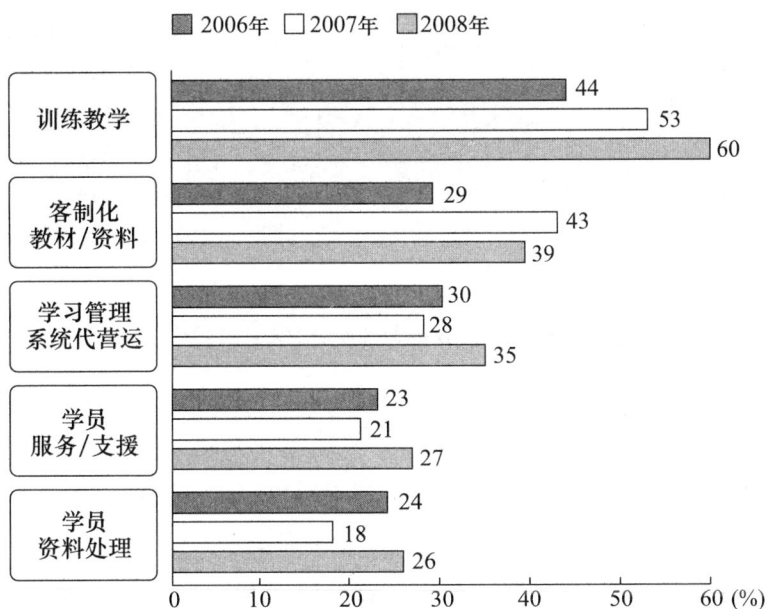

图 12 - 6　2006 ~ 2008 年美国企业 HRD 外包概况[48]

12.3.2　HRD 外包的决策与实施流程

企业任何功能的外包都牵涉组织架构、人力结构、资源分配和竞争策

319

略的调整，最怕人云亦云、未详细评估就跟着做[23]。依据决策流程而行（参阅图 12 - 7），主管们至少能了解为何要外包（why）、什么要外包（what）、如何实施外包（how）、管控外包成效等重要议题。

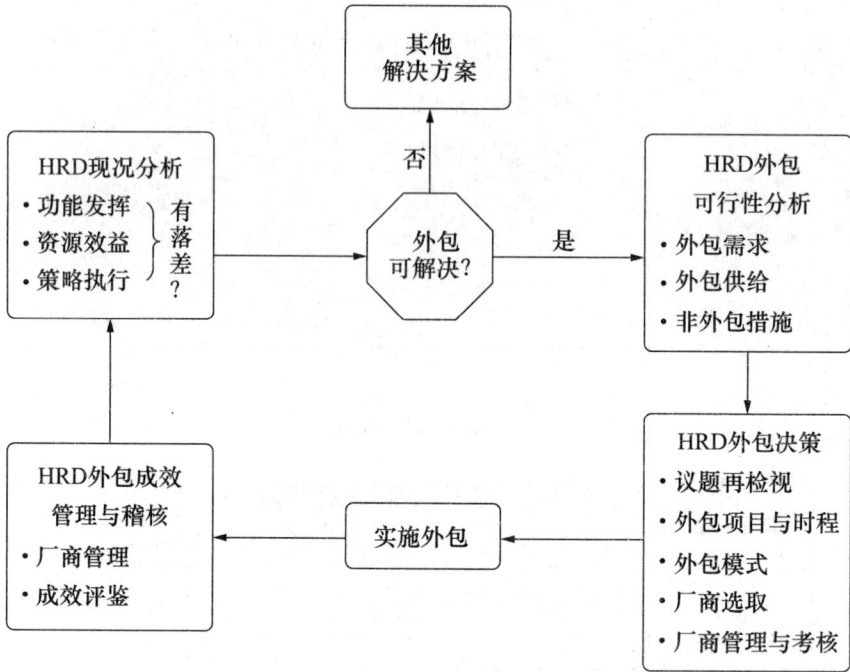

图 12 - 7　HRD 外包的决策与实施流程

12.3.2.1　分析 HRD 现况

即了解目前 HRD 功能、资源运用和策略执行度与预期目标之间的落差（由 HRD 部门负责），作为采用外包的基本指标：

（1）HRD 功能发挥：检视绩效改善、职涯发展、在职训练、外派协训、咨商辅导、新人引领、文化形塑和接班计划等（参阅第 1 章第 1.3 节）HRD 功能的发挥是否达预期目标，并找出达成或落后目标的原因。

（2）策略执行：检视需通过/搭配 HRD 功能的策略的执行成效（如营销训练、大规模训练或高阶主管训练等），特别针对搭配结果出现落差的部分，找出造成落差的原因。

（3）资源运用：检视 HRD 部门与组织/部门在执行 HRD 层面的资源

类别（如专人、经费等）、分配状态、使用特性/趋势，特别是 HRD 功能执行不理想者资源运用状况，并分析资源运用不当所造成的影响。

（4）信息汇整：整合上述现况的状态、未达目标的可能原因，或再提升目标的期望，作为下一个阶段的基础信息。

12.3.2.2 评估 HRD 外包可行性

即针对 HRD 现况落差的各种原因，寻求适当的解决方案，其中的重点当然是外包能否突破落差原因的限制、创造更高的价值，以及分析"非外包"的解决方案，以作为外包决策的重要依据（由 HRD 部门负责）。

（1）HRD 外包可行性分析：主要在于了解外包需求与供应的对称性：

1）分析 HRD 外包的需求：分析哪些 HRD 活动/功能可通过外包而获得更高的价值，相关需求通常包括绩效/训练需求分析、训练/服务设计与开发、训练/服务的提供、HRD 活动/功能的评鉴、咨商顾问、HRD 行政业务与支持等[20]。分析重点除外包需求之外，亦应涵盖各需求的数量、迫切性、预期成本和效益等项目。

2）分析 HRD 外包服务的供给：即了解目前是否有厂商能满足 HRD 的需求，并搜集外包厂商的服务专业、声望/口碑、相关报价等信息，以供进一步分析比较。

（2）非外包方案可行性分析：主要在于了解可通过哪些"非外包措施"以解决 HRD 功能落差的状况，分析内容应涵盖非外包方案的对象（需求）、预期成本和效益等项目。常见的非外包方案包括调整 HRD 策略和架构、自外增聘专业人员强化 HRD 能量（insourcing）、企业 HRD 策略联盟（共享资源）、增拨经费、强化 HRD 稽核等。

HRD 部门完成"HRD 外包可行性"之后，亦需针对下列"HRD 外包决策"的 1、2、3 项，提供完整的数据（完整的 HRD 外包企划书），以确保决策的质量。

12.3.2.3 HRD 外包决策

即依据"HRD 外包可行性"的分析结果，决定将外包的 HRD 功能/活动，重要决策内涵包括[24]：

（1）再检视重要议题：首先要考虑"训练必须外包？"与"训练的特殊性将排除外包？"两个问题，其余则为[20]：

1）策略部分：如"组织文化会影响 HRD 外包决策？""从组织整体观

点将 HRD 外包合理吗?""外包厂商对整体组织将造成哪些冲击?""HRD 外包将影响企业策略管理吗?""何时开始将 HRD 外包?""HRD 外包的幅度/比例和深度为何?""有多少时间进行必要的准备/调整?"等问题。

2）对象（受影响者）：如"HRD 外包主要对象为何?"、"外包对象在组织的分布状态为何?""HRD 外包的极大和最低需求为何?"等问题。

3）成本与效益：如"HRD 维持现况和外包的成本各为何?""外包的成本有何限制?""投资回收期为多久?""预期 HRD 外包整体价值为何?"等问题。

4）人员与资源：如"目前 HRD 部门的服务能量为何?""同时维持 HRD 自有功能与外包体系的能力为何?""HRD 外包后人员的调整策略为何?""有质优且稳定的 HRD 外包厂商?"等问题。

（2）HRD 外包项目与时程：当决定"实行 HRD 外包"后，亦需确认在不等时程外包的 HRD 活动/功能（参阅第 12.3.2.2 节中的分析 HRD 外包之需求），使之有适当的准备与调适空间，以平顺推动 HRD 外包决策。

（3）HRD 外包模式：指 HRD 部门依据企业需求决定与厂商的合作关系，常见的合作模式包括[12]、[25]：

1）"顾客—供货商"关系（customer – supplier relationship）：类似于"承揽关系"，即厂商（承揽人）的责任在于被动地满足 HRD 主管（定做人）所开出的要求；在此（单向）关系之下双方通常不会深入探讨合作内涵与相关议题，外包成效和未来的发展易受限。

2）"客户—顾问"关系（client – consultant relationship）：厂商以 HRD 主管的要求为基础，主动深入了解企业的需求、提供不同的建议，给予整体的解决方案；厂商关注于企业的需求（非要求）与发展双向合作关系。

3）伙伴关系（partnership relationship）：伙伴关系的基础在于共同合作、满足双方的营运和策略需求，互为对方创造绩效/价值。伙伴关系并非一蹴而就，通常由良好的"客户—顾问"关系发展而成。

（4）HRD 外包厂商选取：外包厂商的服务能力决定 HRD 外包决策的成败，因此，HRD 部门应负责选取外包厂商的所有事宜[26]：

1）先期作业：准备书面数据详述企业组织对 HRD 外包项目的需求、目标与评核机制（让外包厂商与企业有共同认知）和制定厂商甄选标准（如厂商专长、资历/经验、规模、体质/财务状况、过去合作对象、顾客服务体系、服务费用等）。

2）实际甄选：除依据上述的"厂商甄选标准"外，HRD 部门应邀请高级/部门主管组成"甄选委员会"，并于甄选过程中考虑厂商如"确认训练需求"、"落实训练目标"、"于时限内提供学习服务"、"协助成员运用训练所学"、"训练评鉴机制"、"紧急/特殊应变措施"的专业职能[27]。

（5）HRD 外包厂商管理与考核机制：HRD 活动/功能虽转由厂商承接，但 HRD 部门仍承担所有成败责任与后果，因此，HRD 部门需规划管理和考核机制，以确保外包项目的正常运作、达成预期成效。

HRD 知识库

漫画与学习

1940 年四个小孩在寻找丢失的狗时，无意间发现绘制于 20000 年前的史前洞窟壁画，描绘的题材主要以野牛、马与鹿等动物为主，这即是法国南部的拉斯哥（Lascaux）洞窟壁画，而西班牙北部的阿尔塔米拉（Altamira）洞穴壁画则是最著名、绘制于 15000 年前的人类的作品。可见图画是人类共同、重要的沟通媒介之一，也与学习有着密切的关系。美国海军曾以漫画取代部分文字教材训练功能性文盲的新兵，我们购买各类产品所附的操作说明书几乎都有附图说明，电玩游戏的攻略必有图画的解说，而无数的计算机软件操作手册则充满大量的画面。图画的加入让现代的学习资料更生动、丰富。

于 2008 年 9 月如愿当上日本首相的麻生太郎，曾公开表示他极喜欢看漫画（平均每周 20 本），且认为看漫画是决策者掌握社会脉动的最佳办法之一。而日本媒体虽挪揄麻生是"漫画脑袋"，嘲笑麻生的语文能力还不如中学生，但漫画确实是日本相当重要的文化产业之一，中国台湾地区也翻译/引进了许多日本相当受欢迎的各类漫画，吸引各年龄层、无数的漫画迷。作者也喜欢美日漫画和卡通（当然没有麻生太郎那么严重），而除享受欣赏漫画外，也会职业性地察觉漫画家所要表达的特殊意涵，以下即为笔者个人对于部分漫画的"学习"心得。

千叶彻弥的《好小子》是许多四年级生喜欢的漫画之一，描述一名因父亲迷于寻宝、疏于教导、生活于野外的小男生（林峰），在重回学校、练习剑道、参与比赛过程中的有趣故事。林峰从小失学、不善与人互动，但运动天分一流，而在接触剑道的过程中充分发挥观察对手习性（有点像令狐冲）、攻击对手弱点、融入对手绝招的学习力，发挥坚忍韧性，获得比赛胜利、自我肯定和众人的肯定。弘兼宪史则以他在松下电器宣传课任职三年的宝贵经验为基础，描绘出企业基层干部工作状况、对工作的坚持、客户间的互动与高级主管间尔虞我诈的《课长岛耕作》，而引起广大上班族的共鸣；弘兼宪史后又擢升岛耕作，陆续推出《部长岛耕作》和《取缔役岛耕作》，依然广受欢迎。《岛耕作》系列的漫画在故事中忠实呈现日本的企业文化和管理思维，更曾经被日本政府当作礼物送给外宾，协助外国人了解日本的管理文化。

堀田由美的《棋灵王》（画者小火田番健、监修为梅泽由香里棋士四段）则是描述一名冤死的日本古代围棋高手（藤原佐为）附身小学生（进藤光）学习围棋的故事，故事中叙述藤原佐为追求神乎其技、进藤光与塔矢亮的竞争和成长外，也描绘了围棋职业棋士的培育和挑战、坚持与堕落、人性的弱点和光辉。《棋灵王》也在故事中介绍围棋的术语和典故，更掀起风潮吸引许多小朋友研习围棋，让日本围棋界大为欣喜。富坚义博的《猎人》描绘两名因参与猎人试验而结为好友的小孩（小杰与奇犽）之间的故事，他们在猎人试验中经历各种困境和人心险恶、在天空竞技塔修炼念力和战斗技能、在贪婪之岛参加集卡游戏和战斗。而当拼凑出完整故事情节后，却发现几乎是小杰与奇犽成长和学习的过程，而贪婪之岛更是小杰的父亲（金富力士）为训练儿子所开发的游戏。

岸本齐史的《火影忍者》除描述忍者间的战斗故事外，重点是一群年轻忍者（漩涡鸣人、春野樱、宇智波佐助等人）学习忍术、团队合作、参与任务甚至相互对抗的故事。故事内容或许荒诞，但每个年轻忍者对自己"忍道"的学习与坚持、朋友之间的道义与关怀等，均能感动时下的年轻人追求"自己的路"。曾有家长要求子女少看漫画、不要受到漫画影响，反被回呛"大人的世界才是糟糕，根本比不上漫画世界中忍者的团队合作和友谊关怀"，真是一语中的！

而近来火热的葡萄酒漫画《神之水滴》（作者亚树直、绘者冲本秀）描述知名的葡萄酒评论家（神丰多香）在遗嘱中安排亲生儿子（神）与私生子

（远峰一青）通过寻找他所选出的"12 门徒"（12 瓶葡萄酒）与世界上最出色的葡萄酒"神之"过程，决定谁可以获得遗产。其实，神丰多香对每一个"门徒"（葡萄酒）都设定了一个"学习目的"，通过找寻"12 门徒"的过程，引导兄弟两人不断地开发潜能、体验人生，最后成为"葡萄酒之神"！有趣的是在每一集漫画中均提供许多真实的葡萄酒知识（如葡萄酒原料、产地、酒庄、酒名、如何品酒等），更在故事结束后再提供专业的葡萄酒信息，增进读者对葡萄酒的认识，而部分酒商也会在营销时特别注明"该瓶酒曾出现在《神之》某一集"，以吸引顾客的注意力和购买意愿。

上述的简介除泄露"简建忠爱看漫画的秘密"外，更凸显无须拘泥于一定的学习模式（特别是影音世代的年轻人），通过轻松、非正式、潜隐式的学习方法和历程，或许我们会更有学习意愿，也能学得更多、更扎实！

12.3.2.4　实施 HRD 外包

成功的外包基于企业和外包厂商良好的合作关系，因此，签约后、正式实施之前 HRD 主管应要求厂商办理说明会，向高级主管说明未来的实施计划、流程、主要负责人与预期成效，以建立明确的共识和合作关系。此外，HRD 主管亦应与厂商确认双方的合作关系、角色、责任、管理和冲突处理机制，以发展互重、互惠、长期的伙伴关系。

12.3.2.5　管理与稽核 HRD 外包成效

（1）管理 HRD 外包厂商：管理的重点在于确保厂商能根据合约内容，提供时效、数量、质量均达标准的服务。HRD 部门需派专人负责与特定外包厂商沟通、实际参与训练课程、搜集成员参训和知能运用满意度，适时提供必要协助或提醒厂商进行必要调整。

（2）考核特定 HRD 外包厂商：考核的重点在于特定外包效益的认定，HRD 主管需确认特定外包项目的策略/目标/绩效的一致性、厂商是否依约提供服务、学习服务所创造的绩效/价值等，并找出外包效益未达标准的原因（参阅第 7 章第 7.2 节）。考核资料可作为特定项目维持/结束特定外包、维持/更换外包厂商的参考。

（3）检讨 HRD 外包整体成效：分析的重点在于探讨所有 HRD 外包项

目的整体效益，HRD 主管需确认所有外包项目之间策略/目标的一致性、外包部分与内部执行业务间的搭配、整体外包学习服务所创造的价值等，并找出整体外包效益未达标准的原因。分析资料可作为调整 HRD 外包策略、调整特定外包项目，甚至是调整企业整体外包策略的重要参考。

外包的确带给企业不同的竞争优势，HRD 外包亦是如此。但外包有"两刃效应"（处理不当会伤及自己），HRD 主管固然要关注外包是否有助于企业/HRD 策略的达成与提升绩效，但也要适当"驾驭"外包、呈现 HRD 部门的贡献和价值，否则可能连整个 HRD 部门都被外包！

12.4 HRD 全球化（跨文化学习）

科学家早就证实"地球是圆的"，这也是"常识"。但 Thomas Friedman[28] 则以类似反讽的口号告诉我们"世界是平的"，并从柏林围墙的倒塌、网景浏览器（Netscape）的兴衰、机器间的沟通（workflow software）、原始码开放（uploading）、外包、外移（offshoring）、供应链重整、内包（insourcing）、信息搜寻和个人数字产品等趋势，呈现旧世界时间与空间大幅压缩、企业与工作剧烈震荡、人际关系也重新定义的景象，这本描述 21 世纪初全球化过程的书也迅速成为"全球畅销书"（global bestseller）！不过，2008 年第三季逐渐引爆的金融海啸重创"高度资本主义化"和"高度全球化"国家的经济体系，2009 年 4 月从墨西哥扩散全球的 N1H1 新流感（Swine flu），均让世人饱尝了全球化的苦果，反思全球化的必要性。但全球化的趋势已成，各国家/地区的联动关系日益紧密，"反全球化"的呼声难以撼动这一巨大的风潮。

在人类文明的发展历程中，可发现许多跨文化（母文化→异文化）的活动，而天灾地变、战争、宣扬宗教和商业（经济利益）则是跨文化活动的主因；路上/海上丝路、哥伦布发现美洲新大陆、麦哲伦环球航行均含有强烈的商业色彩，这也是今日全球化的重要历程。自由贸易是全球化极重要的一环，1947 年 4 月由 25 个国家于日内瓦（Geneva）成立关税暨贸易总协议（The General Agreement on Tariffs and Trade，GATT），以消除贸易障碍、化解会员国纷争、和平规范世界贸易。GATT 经几度扩张，在 1991 年的乌拉圭会谈中决议成立世界贸易组织（World Trade Organization，WTO），且于 1996 年后完全取代 GATT。

WTO 的会员国有权力进入其他会员国的市场，但也必须开放自己的市场给其他会员国，市场开放的结果只是"表面的"公平开放，却导致有实力的已开发国家、大企业纵横全球市场，落后国家无力反击、致力于抗拒的局面。但即使是不公平的竞争，企业也没有选择，只有加入争夺全球市场的战局，而降低劳动成本、牺牲环保，再加上信息/网络科技的渗透力，中小型企业也取得了相当的跨国竞争力。除少数极具独占力的企业之外，企业经营已从"顾客只能选择我生产的产品"（卖家思维）转化为"依循顾客的需求进行生产"（买家思维），因此，跨国竞争就从了解其他国家的语言文化、社经体系、顾客的需求做起，即跨文化学习（cross – cultural learning）。

12.4.1　跨文化冲击

文化（culture）是种外显和潜在的机制，使个人能成功适应特定的环境[29],[30]，简单而言，文化是一种特定族群生活、待人处世的态度和法则。文化的内涵极多，但至少可归纳为自我概念、沟通和语言、服饰与外表、饮食习惯、时间观念、人际关系与身体距离、行为规范和价值观、宗教信仰、思考与学习、职业观念与制度等要项[31],[32]。文化由"人"所创造，人通过文化找到自己的定位、心理归属与行为规范的准则，而人也在文化无形的制约之下展现其言行，久而久之即形成习惯（habit）。人是习惯的动物，习惯让我们不经思考就能实时反应，但当处在一个全新/未准备（与习惯有重大落差）的情境时，我们常会感觉不舒服，甚至不知所措。

当你到印度的大城市考察会发现，办公大楼一街之隔就是贫民窟、大街上动物与人车争道、只喝瓶装矿泉水（怕水土不服）。文化或生活差异不见得要出国，常居中国台湾地区南部者难以忍受阴冷的台北、常居台北者则难以忍受其他地区交通的不便、传统产业就业者不易了解高科技业的工作形态、资深员工难忍七年级生的工作态度等。因此，当个人在经历一种全新或不同文化，在面对、探索和学习新文化的诸多线索与期望时，常发现以往的经验无法顺利解释所遭遇的现象，继而产生心理压力、焦虑和不舒服的生理反应，此即"跨文化冲击"（cultural shock）[33],[34]。

Redden[35]认为，跨文化冲击是基于对不同文化的无知或误解而产生的心理迷惑，Dunn[36]发现约有30%的企业外派人员因无法适应异文化环境而需提早返国，和平组织也有近60%的志工因适应问题而在任务结束前离开[37]，许多留学生也因未能成功适应新环境、失败而归[38]。每个人在跨文化的过程中（母文化→异文化或异文化→母文化），几乎都会感受到不同程度的冲击（参阅图12-8），跨文化冲击只是个人面对奇异或意外情境的一种事实[30]，焦虑和压力则是文化调适过程中的正常产物。为协助成员了解文化差异，体会与接受不同文化背景和形态的事实，企业自20世纪80年代开始通过跨文化训练推动"多元文化"（cultural diversity）的理念，强化成员对多元文化的敏感度、容忍度与接受度[39],[40]。

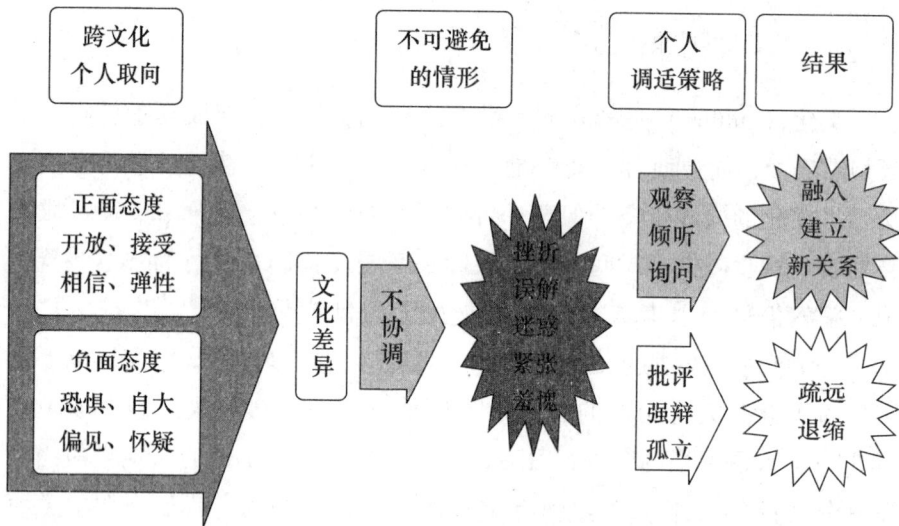

图12-8　跨文化认知取向、调适策略与结果[50]

12.4.2　跨文化学习/训练

企业的跨国竞争依涉入的层次可从单纯国际贸易（进出口）转变为间

接/直接投资，基于跨国经营的需要，需派遣人员常驻海外工作。1980 年之前仅有少数企业重视全球市场和跨文化训练，而当母国市场日趋饱和、亟思向外发展时，才发现跨文化训练的重要性。今天，跨国工作经验不仅是人才培育的一环，也是晋升高阶主管的入场券，故企业需建立完整的外派流程（参阅图 12 - 9），审慎甄选、训练外派人员，协助他/她们获得跨文化工作知能，以顺利完成任务并留住人才[30]。

（1）跨文化进入阶段：此阶段的重点为挑选与储备外派人员，并给予语言与文化训练：

1）挑选外派人员：外派人员的特质常能决定适应情况与任务成败，故企业倾向于挑选年轻（适应力高、学习力与活动力强）、未婚男性（无家累、安全考虑）、有外派意愿、具外派国语文能力者为储备人员[41]，并依需求给予适当训练。

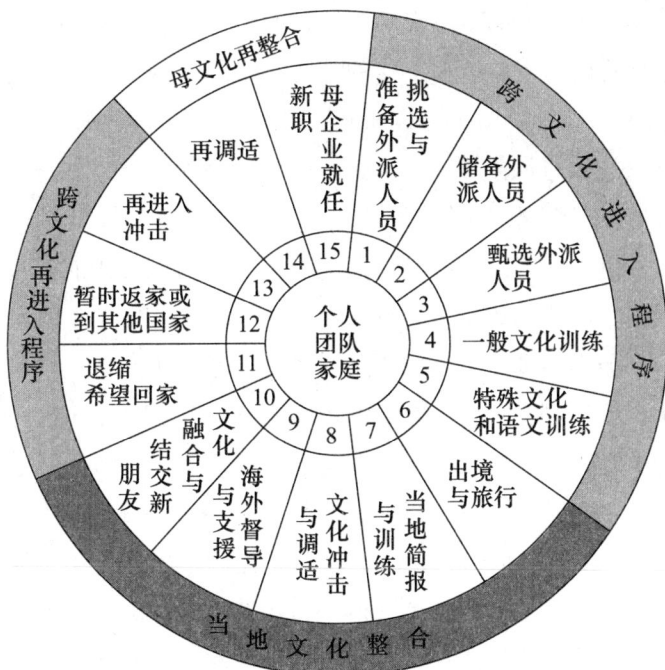

图 12 - 9　企业外派流程[30]

2）语言/文化训练：一般语言训练部分在协助人员具备日常的沟通能

力，而特殊语言训练则以专业领域或方言为主，一般文化训练着重于日常生活与工作，特殊文化训练则针对特别的族群或任务。语言和文化训练使外派人员有能力进行沟通、了解当地的风俗民情、享受生活、独力执行任务，也是传统跨文化训练的核心。

（2）当地文化整合阶段：此阶段的重点为协助外派人员调整期望落差、适应新文化：

1）调整期望落差：对资浅的外派人员而言，在旅程中、与外派国海关人员的互动、前往住宿地时的实际见闻、当地人不友善的态度或不熟悉的口音，都可能动摇其信心。特别是当遭遇超出预期范围或未曾演练的情况时，将产生强烈的跨文化冲击，引发负面情绪和紧绷的生理反应。有能力的外派人员或在当地同事的协助之下，应能很快地调整心态与期望，找到在新文化中的立足点。

2）适应新文化：外派人员应要尝试当地新事物、参与当地活动、和当地人互动、走入当地的常态生活、验证并调整自己的文化认知，试图以当地人的思维看待周遭生活和工作的事件，方能有助于了解、适应和融入新文化（When in Rome, be a Roman），顺利执行外派任务。

（3）跨文化再进入阶段：初期适应不良的外派人员，在身心的冲击之下，很正常地将产生退缩、想家的情绪，但若能克服跨文化冲击将顺利融入当地文化。但严重适应不良者，则可能暂时返回母文化或邻近国家，等进一步的调整之后再接受外派任务。比较特殊的是在欧洲（国家超多）或中国（省份、城市超多）的外派人员，需要经常进出看似一样但却有细微差异的文化，短时间之内也可能饱受文化冲击、产生厌烦心态。

（4）母文化再整合阶段：不论时间长短，多数的外派人员于完成任务之后均返回母企业任职（亦是返回母文化）。一般人常认为返回"熟悉的"母文化将无适应问题，但这只是表象，跨文化冲击仍发生于重返母文化的过程中，外派人员仍需要企业提供相关的协助。自6个月以上的外派任务返回后，外派人员常发现企业的人事和文化的改变，任务时间越长改变越重大，以往熟悉的人事物已变得陌生，过去的职位和工作地点也遭他人"占据"，若企业未能事先、及时处理，外派人员极易产生遭遗弃的感觉，甚至离职、到其他企业重新开始。中国台湾地区许多企业也发现需要积极建构"回任"制度、协助长期外派人员再适应母文化，以留住优秀的人才。协助外派人员顺利重返母文化的重要性绝不亚于外派前的各种努力！

外派任务的执行固然是传统跨文化训练的要务，但在全球化、多元文化的风潮之下，协助所有成员具备敏锐的文化觉识（cultural awareness）亦是高级主管应有的认知。中国台湾地区最早期由原住民居住，历经客家/闽南族群自大陆迁入、荷兰人入侵/统治、郑成功驱逐荷兰人/短暂治理、清朝纳入版图、马关条约割让予日本统治 50 年、"二战"后回归"中华民国"、1949 年国民政府迁台/移入百万外省族群、"冷战"期间美军协防、1960 年开启出口经济、1992 年正式引进外劳，近年来，除外籍劳工类别与人数频增外，更移入许多来自中国大陆与东南亚国家的外籍配偶。不论过去的历史、近来的生活与工作环境，中国台湾地区真是个存在丰富、多元文化背景的"咱的土地"！因此企业组织不论是在内外的经营环境、本籍与外籍员工管理各层面，均应该协助所有成员破除陈腐、错误的文化偏见，培养更全面、敏锐、健康的文化觉悟，以争取内部和全球市场。

Hofstede[42] 利用 IBM 全球员工（53 个国家）的问卷数据进行一个经典的分析，萃取出国家文化中存在的个人与集体主义（individualism vs. collectivism，人们看待自己的角色）、规避不确定性（uncertainty avoidance，对模糊状况的容忍度）、权力距离（power distance，对阶层或威权的尊重）、男性阳刚 vs. 女性阴柔（femininity vs. masculinity，阳刚 vs. 阴柔，性别，角色的定位）和短期 vs. 长程取向（short - term vs. long - tern orientation，追求速效或慢功）五大层面。Hofstede 的研究指出当管理者带领来自异文化的属下，互动过程中忽略"主管—下属"或"下属—下属"层面的差异时，将造成主管与下属之间的重大冲突、挫折。

Inglehart[43] 曾以"宁静革命"（silent revolution）描述近代各国家社会于经历工业化之后，不同世代之间的价值观趋向于缓慢但类似方向的改变，而 Inglehart[44]、Inglehart 和 Baker[45] 多年针对世界价值观（world value survey）的研究，发现传统 vs. 世俗—理性（traditional vs. secular - rational，传统强调对长上和威权的服从、男性的主导地位）和生存 vs. 自我表达（survival vs. self - expression，生存强调经济或人身安全、自我表达则重视主观的权益或生活质量）两大层面在世代间存有差异。简单地说，即是四、五年级主管和六、七年级的部属互看不顺眼，而当六、七年级生担任主管，四、五年级为部属时，误解与冲突可能更激烈。

地区、宗教、性别、世代和社会阶层等因素在不同文化和情境中均存在相当微妙的差异，未及深入了解即贸然互动，必造成重大挫折（如印度某一省份摇头表"是"、点头表"否"；我们和美国人竖起大拇指表"称赞"、在许多中东国家却表"挑战"，难怪美国大兵长期不解为何中东战士屡屡向他们挑战）。因此，（跨）文化觉识训练（cultural awareness training）对外派任务与跨文化/国员工管理的成败具有重大的影响。基本上，当规划与实施（跨）文化觉识训练时，HRD 部门应关注的层面包括[30]：

（1）文化觉识训练内涵：涵盖认知/知识（cognitive，如异文化的地理位置、风俗、价值观、政治体制等）、自我觉识（awareness，强调对异文化敏锐的感觉与调适力）、行为（behavioral，强调对异文化一般与特殊行为的理解与体验）、互动（interaction，强调对异文化更深入的了解、和访客适当应对）、人际关系（relationship system，强调跨文化关系的建立与维持）、语言（language studies，学习英文或其他语言）、跨文化沟通（cross - cultural communication，如口语和肢体语言的适当表达）与比对/冲突（contrast/confrontation，强调辨识文化间的差异、适当的冲突处理法则等）。

（2）文化觉识训练之时机：基本上，越早、循序渐进地实施文化觉识训练，成员较易拥有健全、厚实的文化觉识力，日后的效益也越高。但当牵涉外派任务时，最好能在 3 个月前完成语言训练、1 周前熟悉一般和特殊异文化相关信息，结合已有的文化觉识力，增进外派任务的成功率。

（3）文化觉识训练的地点：最佳训练地点当然是移师当地、实地感受异文化、练习语言/沟通/实际应对，但时间、资源的负担相当大，仅适合少数成员。不过，现在的信息和媒体相对丰富、成熟，只要有好讲师、好课程/教材，在母文化当地仍可习获相当的文化觉识力。

（4）文化觉识训练的方法：文化觉识训练的方法相当多元，常见者如：

1）自我学习（self - learning）：自学是很传统且有效的学习方法，再加上目前有许多的文化或旅游的书面/影音数据存在于图书馆、网站或博客，只要有明确的对象（目标文化）和给予内容选择上的协助，自学也能创造不错的成效。

2）同化者训练（culture assimilator）：这是由 Fiedler 等[46]所开发用以协助学员体会异文化中的基本概念、态度、角色期望、风俗和价值观的编序教学课程（参阅第 9 章第 9.3 节），通过一系列资料呈现、问答和回馈，协助学员了解在特殊情境之下表现应有的行为/抱持适当的心态，并逐渐发展出贴近异文化的思维模式。

3）模拟：针对目标文化设计各种不同的情境，协助学员通过活动参与了解和熟悉决策过程的细节、互动的机制与规范，并感受到因不同决策所引发的后果。模拟的优点在于可创造一个安全/有趣的情境，协助学员通过实际演练（参阅第 9 章第 9.2 节），掌握跨文化互动和决策的技能。

4）自我冲突：即拍摄不同的情境跨文化模拟的过程，由学员观看录影、记录重要的言语/行为/决策、再进行讨论，以协助学员发展较敏锐的觉识力和对异文化的同理心。讲师设计课程时，也可规划学员在模拟或自我冲突的情节中角色扮演，应更有助于强化学员的感受。

5）个案研究：借由研读、分析、讨论真实/改写的跨文化管理个案，再加上讲师的引导以培养学员多元化思考、效益分析和探索/解决问题的能力，丰富学员的眼界与决策思维（参阅第 9 章第 9.2 节）。

6）行动学习：再多的训练都比不上实际经验，因此，担任较不重要的角色并实际参与外派经验，可让学员整合与验证语言和文化觉识训练的成果，从中感受实际的冲击、体会互动和冲突解决的过程，绝对能使学员快速地成长。

具备世界观和多元文化素养是身为"世界公民"的基础，也是企业优秀成员极重要的竞争要素！若每个成员都能敏锐地从呼吸（文化）中觉识温度、气氛与价值观的变化，组织必然能正确判断各类文化顾客的需求、乐意接受的营销模式、建构最佳跨文化团队，将竞争力发挥到极致。

关键字词

HRD 策略化	全球化
策略	外移（offshoring）
HRD 课责化	内包（insourcing）
平衡计分卡（BSC）	文化
HRD 弹性化	跨文化学习

333

外包（outsourcing）　　　跨文化冲击

委外（contracting out）　　（跨）文化觉识训练

观念提要

企业组织必须时时观察外界环境的趋势变化，调整内部作为以维持一定的竞争优势，HRD 部门也要探查外界和组织内部趋势的细微变化，以提供最佳的服务。就 HRD 而言，目前观察到包括策略化（细密构思下的作为、配合企业策略）、课责化（权责相符、创造价值）、弹性化（外包、善用内外资源）、全球化（跨文化学习）等重要趋势。值得注意的是，每个趋势并非独立事件，而是紧密相关的，唯有全面性地规划、适应，才能为企业和成员提供最佳的学习服务，创造学习的价值。

基础测试

1. "策略"有哪些重要的意涵？HRD 的策略化涵盖有哪些重要流程？

2. 对企业而言，HRD 有哪些重要的使命/责任？在学习责任的分担上，企业各阶层成员应承担哪些责任？

3. 造成 HRD 外包的主要原因有哪些？HRD 外包的决策涵盖哪些重要的流程？

4. 跨文化冲击的意涵是什么？一般企业海外派遣的过程是什么？在企业海外派遣方面，HRD 可提供哪些服务？

进阶思考

1. 你平常有观察趋势的习惯吗？观察哪些方面的趋势？

2. 你认为对企业策略的规划与执行，HRD 能创造哪些贡献？

3. 平衡计分卡原以企业为实施单位，你认为能适用于 HRD 部门吗？

4. HRD 跟随制造部门走向外包，你认为会危及 HRD 单位的生存吗？

第13章 HRD 趋势 Ⅱ——从 HRD 到学习型组织

13.1 从 HRD 到组织学习

13.2 HRD 专业职能

在人类的历史上，从未出现过一个信息/知识弹指可得（通过网际网络）、人们主动分享信息/知识（开放程序代码、博客）、企业免费提供信息/知识搜寻服务（Google、Wikipedia、YouTube 等）的社会！通过联结与传递，知识的质量和广度呈倍数增长，知识持有人所享有的价值虽不如以往，但知识为各产业创造的整体价值却不断攀升倍增，似乎可以看到 Fritz Machlup[1] 和 Peter Drucker[2],[3] 概念中"知识社会"（knowledge society）的雏形。知识社会和知识工作者（knowledge worker）的概念自然引领组织走向组织学习或学习型组织的道路，而在 20 世纪 90 年代之后虽有许多研究/著作不断地鼓动组织学习的风潮（如 Peter Senge 的《第五项修炼》等），严格地说，真正的学习型组织尚未出现。

虽然如此，从目前的发展趋势而论，学习型组织似乎是 HRD 和企业组织的努力方向，而在一个高度发展的学习型组织中，成员们仍无法自行满足诸多的学习需求，而组织也需要通过学习服务以达成策略目标。在新世代中 HRD 仍有充分的存在价值，HRD 或许将为其他的概念/功能所取代，但充分了解迈向学习型组织的过程，以及在新的学习型组织中应善尽的角色、发挥的功能，应是每一个 HRD 专业人员目前关心的议题。

13.1 从 HRD 到组织学习

Maslow[4]认为，人有寻求归属感、被认同的需求，此种归属感可能反映在种族/血缘、风俗/文化、土地或专长上。中国台湾地区一度盛行的"眷村"也是反映基于因缘（随国民政府迁台）、工作（多从事军职）、地区（接近服务营区）、语言（多操普通话、不懂闽南语）等因素而形成的特殊聚落/小区（community），也发展出其独特的眷村文化和认同感。个人因接受/执行工作而成为组织的一分子，对组织当有一份归属/认同感，此外，个别成员也因其所属部门和特殊专长而产生更独特的归属感（如作者是中正大学、劳工系、HRM 专业的一分子），即由于特殊的归属感，让个人主动地寻求、加入社群（community）[25]，此种行为除满足个人的归属需求外，也促进社群的发展与精进。

13.1.1 实践社群

Lave 和 Wenger[5]在研究学徒制时，从生手被引进特殊技艺团体、学习专业知能、成长、精进，至促成该团体的存续的过程中，提出"实践社群"（community of practice，CoP）的概念，之后此概念即被热烈地用于检视知识管理，特别是个人之间知识分享的现象与类型。Wenger 基于人是社会动物、知识是判断事物的可贵质能、学习/理解是参与重要事物的追寻、赋予义理（meaning）是学习的目标等假设，认为"人通过社会参与而学习"的"学习社会论"（social theory of learning）是实践社群的基础，因此，个人成为社群的积极参与者，并定位和其所参与社群的关系[6]。故 Wegner 将实践社群定义为"共同关注某议题或热衷于所从事的工作/活动的一群人，并通过成员之间的持续互动提升工作/活动的境界"，社群成员则在长期的互动中协力发展出一套异于其他团体的共同知能[26]；Davenport 和 Prusak[7]则强调社群常是非正式的自发性团体，成员间相互沟通、分享知识，并借特定活动维系共同的兴趣、议题和热诚。

社群成员通常借由非正式的对话与讨论维系社群的活动力，而新成员在一般与资深成员主动的引领之下，逐渐习获沟通和社群专业知能，继而成为社群的中间分子[5],[8]。Wenger 等[9]指出成员抛出问题、共同思考/动手解决问题、再与成员们交流解决方案的"实践"（practice）是凝聚社群成员的关键要素；Klein 等[10]认为，成员的对话与讨论涉及知识的分享/传递，而实践则是知识的验证与创造。此外，Boland 和 Tenkasi[11]认为，知识密集的企业常由多个特殊专业社群所构成，并强调这些社群发展和强化其专业领域、推广专业知能的企图心。

Wenger 等[9]认为非正式的实践社群虽不能取代正式组织中的团队，但联结散布/独立的专家、关注与诊断跨团队疆界的企业难题、分析与提升不平衡的绩效表现和整合相近知识领域的各种活动等，则是实践社群对企业的重要贡献。Wenger 等也认为，实践社群的积极运作，对企业和社群本身都具有重要的价值[9]（参阅表 13 - 1），故应以学习为核心、知识为杠杆，聚合实践社群和企业的力量（参阅图 13 - 1），创造更蓬勃的组织学习动能。

表 13 - 1　实践社群对组织与成员的价值[9]

	短期贡献	中长期贡献
对组织之价值	提升组织绩效/成果 ● 解决问题的平台 ● 迅速响应疑难、问题 ● 降低时间与财务成本 ● 提升决策质量 ● 多元角度探讨问题 ● 协调与整合跨部门效能 ● 推动策略的重要资源 ● 确保质量的提升 ● 获社群支持探索高风险议题	发展组织能耐 ● 提升策略执行之能力 ● 提升顾客信心 ● 有助于留住优秀人才 ● 有能力进行知识开发 ● 成为产业标杆的"论坛" ● 创造知识伙伴/联盟 ● 探索非核心知能 ● 提升预测科技发展的能力 ● 布局新商机的能力

	短期贡献	中长期贡献
对成员 之价值	• 提升工作经验 • 顺利面对挑战 • 有机会接触其他专业人士 • 对原组织团队更有贡献 • 提升面对问题的信心 • 提升同事间的工作乐趣 • 有意义的参与并强化归属感	促进专业发展 • 扩展专业知能的平台 • 获得最新专业讯息的管道 • 提升专业领域的声誉 • 增进就业力和市场价值 • 强烈的专业认同感

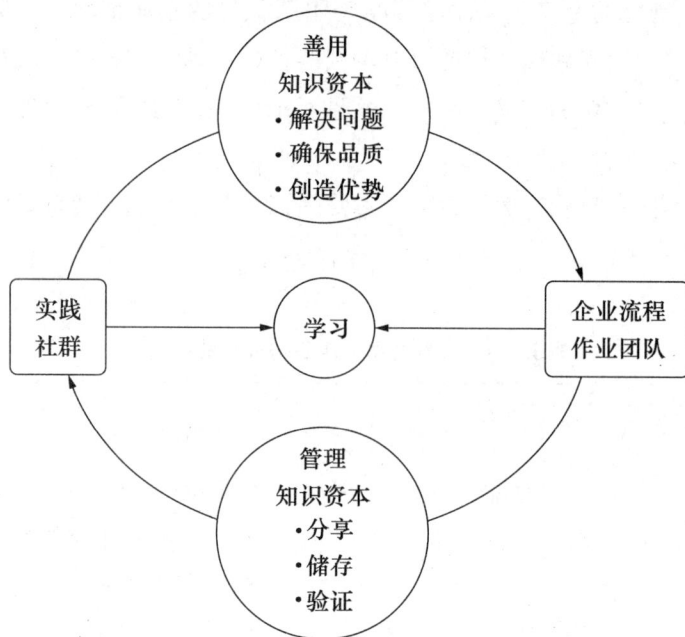

图 13-1　多重成员学习循环[9]

综合上述实践社群的特质，作者认为实践社群是学习型组织的缩影，企业组织进化为学习型组织之前，组织内部必须存在多个成熟的专业实践社群，而且所有成员亦须是某社群的积极成员。也就是说，当所有成员习惯于自发地创造、验证与分享知识时，学习型组织自是水到渠成。因此，HRD 部门现阶段的核心任务应是积极宣扬实践社群的概念，并协助成员建构其所发想的实践社群，而 Wenger 等也提出七大原则，以协助建构具有主见、特质和动能的实践社群[9]：

（1）协助社群自然演化：HRD 部门最初的重点在于以"已存在的个人网络"为起点，协助社群自然的发展、演化，特别是协助规划议题、活动与联系网络，引发观望者（potential members）和社群成员对谈/互动的动机，吸引他/她们继续接触、参与社群的活动。

（2）引进与社群外部的对谈管道：社群的运作有赖成员的共同知识与经验，而通常只有核心与资深成员能体会相关议题的重要性、知悉关键成员的身份和网络、分享重要信息/知识、引领社群的发展。但由于核心/资深成员可能过度专注于社群内部事务，反而常需要其他社群通过对话提醒社群影响力的发挥、跨社群关系的开拓，甚至跨组织社群的联结。

（3）鼓励多元层次的参与：个人加入社群的理由不一，可能是社群所创造的价值、提供的人际网络或提升知能的机会，但社群的长存则需要各类成员的参与。

1）核心成员（core member）：他/她们通常是社群的创建者，多扮演着引导社群方向、规划/办理活动、维系成员投入等角色；核心成员人数占总成员人数的 10% ~ 15% 或更少。

2）活跃成员（active member）：他/她们通常定期出席社群活动、参与对话，但参与次数与强度低于核心成员；核心成员人数占总成员人数的 15% ~ 20%。

3）外围成员（peripheral member）：他/她们可能因个人因素（如时间、知能或兴趣）较少参与社群活动和对话，但常在一旁观看核心与活跃成员的互动。外围成员对社群的投入看似偏低，但他/她们也能撷取有益的知能或观点、进行个别成员间的对话。换言之，外围成员能有不少的学习收获，也可能更投入、转为活跃成员，亦是社群经营的重要对象。

吸引各类成员的参与是社群经营的重要原则，特别是营造"欢迎来坐/聊聊"的气氛，再引领渐进式的自由对话、参与。强制参与只会引起成员的反感，反而破坏社群的凝聚力。

（4）建构公开与个别对话的空间：成员间的对话与互动是社群活力的来源，而社群的核心则是成员之间的关系网络，因此，许多社群设置公开的论坛/聊天室、研讨会，让所有成员能交换心得、听取建议、发掘新知能，而公开的活动同时满足社群成员心理（团体仪式）和实质（实际交流）的需求。社群公开的对话以网络为主，但个别互动则可采用 E - mail、电话、博客等方式进行，而公开的活动亦能通过个别互动发挥更大的动员力量；社群公开与个别的领域不仅没有冲突，且是相辅相成的。

（5）聚焦于价值/效益：社群的互动属于自愿性参与，成员常需投入个人资源（如时间、金钱）以维持社群的运作，因此，社群的参与也反映成员的动机和所追求的效益。社群成立初期时，成员的直接效益常常是信息的获取、问题的解析与解决，但社群所显现的价值常不明显，不过随着社群的发展，其核心价值也将随之调整、明确化。社群的核心成员应筹划议题、办理活动，以促成成员间的对话、提升互动频率和质量，并让社群的价值在对话中逐渐浮现、成形。

（6）结合例行与特殊活动：社群应该是一个让成员没有额外心理负担的空间，成员能自由提供意见而不受连累，能听取建议但无须实施。而活跃的社群应办理例行性的活动或讨论，以维系稳定的成员互动关系，亦应筹划特殊活动，以引发成员探索特殊议题的兴趣、挑战他/她们冒险（但不危险）的精神。

（7）设计社群的运作节奏：运作节奏反映社群的生命力，例行与特殊活动则构成运作节奏的主体。例行活动就如我们日常生活的作息，自在而稳定，而特殊活动则如度假或旅游，让生活有变化、激发创意；适当的运作节奏让成员习惯于平日的对话和互动，又能期待新鲜的刺激，强化成员的参与动机。

HRD 部门可将组织内部社群的运作视为"学习型组织的实验"，现阶段的重点应是鼓励成员参与社群、享受社群的效益、熟悉新的互动模式，并期望成员能逐渐将参与社群的经验转化为积极的互动心态和学习知能，为"进化"到组织学习铺路。

13.1.2 从实践社群到组织学习

我们通常认为学习型组织需呈现"组织学习"的特质（有关组织学习和学习型组织的概念不再赘述，请参阅第 4 章），但要让熟悉实践社群的组织转化为学习型组织仍有许多障碍需克服。Brown 和 Duguid[12]认为，实践社群具有动态（fluid/dynamic，内涵、价值和成员经常变动）和潜藏—

突现（emergent，非刻意设计或创造）的特质，且存在于组织所规范的工作和职责的夹缝中，故他们被称为"隙缝实践社群"（interstitial communities of practice）。社群成员相互学习、应用知识，将知识回馈至整个社群外，也共同形塑社群的风格和价值，这种共同创造（cocreation）的动力和对话正是学习型组织的核心[13]。因此 Kofman 和 Senge[14] 也认为需要"实践领域"（practice fields）以带动组织学习。

不过，即使组织存在成功的实践社群，并不保证能顺利演化为学习型组织，发展为学习型组织之前仍需克服许多障碍[13]：

（1）无力改变旧有心智模式：心智模式（mental model）是个人据以解析周遭环境事物的深层思维架构（包括认知、价值观和情感等），但组织变革过程中许多成员却无法习获如批判性思考（critical thinking）、情节建构（scenario building）等转换心智模式的重要能力，以致无法适应学习型组织。

（2）习得无助感（learned helplessness）：即成员在经历各种挫败的过程中，发觉他/她们不管如何努力总无法获得好结果，以致产生消极、放弃（努力）的心态和行为。当组织成员无法从工作或训练中逐渐重建自信心时，自然产生学习型组织不会成功、拒绝投入的心态。

（3）视界狭隘（tunnel vision）：指成员短视、只见树不见林，欠缺整体/宏观的思维。中级以下成员无机会站立于高处看清整体形势，很自然地无法培养高远的视界，但当高阶主管疏于分享策略背后的全面思维，又未能提供系统思考（system thinking）的训练时，自无法协助成员养成前瞻、整体思考的能力和习惯。

（4）无效的学习（truncated learning）：即因执行不力、目标不明或资源不足等原因，致使训练中断、未落实，久而久之让成员丧失了学习热诚、不再相信组织和 HRD 部门、拒绝参训/学习，甚至发展成错误/失败的学习文化。多数成员只会将"学习型组织"当作口号，拒绝再次"受害"。

（5）充满轻蔑和疑惧的文化：相互尊重和一定程度的工作保障，是组织激励员工努力投入的基本条件。但许多主管言行不一、看不起基层员工，表面上鼓励创新，私底下却认为成员没有能力，或创新失败时却要成员担负责任。轻蔑和疑惧的组织文化只会造成自私自利、上下交欺的成

341

员，不可能有任何创新和进步。

（6）根深蒂固的官僚习气（entrenched bureaucracy）：学习型组织是个精实、富弹性、活动力十足的机构，但僵化的官僚习气绑住成员的思维和动力，久而久之就会造成"习得无助感"，规划变革时即弥漫失败主义，努力实践之前就已经被自己打败了。

（7）弹性劳动力：组织引进大量的弹性劳动力（如部分工时、兼职人员、派遣劳工等）以创造弹性组织（flexible organization），但许多企业认为弹性劳动力是可以给低薪资、差福利、取代性高、随时弃置的劳工。企业除不愿意在他/她们身上投资教育训练外，和正职员工的差别待遇更造成一批流动力高、向心力低的成员，在此恶性循环之下，不可能成为高自发性的学习型组织。企业组织需善待弹性劳动力，提供合理的薪资、工作保障和学习机会，让所有成员愿意主动地参与、成为学习型组织的一分子。

针对上述的障碍，HRD 部门可努力的方向如下：

（1）与学习相关的努力：全面提供训练课程（如批判性思考、系统思考等），以调整所有成员的知能与思维，并注重经验分享、互助和训练移转，以实际行动和成果打破习得无助感/无效学习的恶性循环。

（2）与管理相关的努力：由 HRM 主管配合高级主管检讨组织的文化、工作气氛和人力运用策略，并通过绩效管理引导成员的工作思维/行为更贴近主动、积极、自发的特质，逐渐转化为工作习惯、落实学习型组织内涵。

组织和所有物种一样，面对变幻莫测的未来"没有拒绝演化和进化的权力"，变革/适应环境或败亡是仅有的选择，学习型组织或许不是最完美的，但极可能是组织演化过程中"较好"的状态。很多人可能会怀疑在学习型组织中，没有 HRD 部门/功能生存的空间，笔者则持相反的看法。在学习型组织中，组织本身尚有需要通过 HRD 推动/执行的策略，而单独的实践社群、社群之间的运作也不可能如理论般完善，HRD 在整体组织和实践社群间的"隙缝"中仍有存在的空间。HRD 专业人员要先厘清并专注于"组织该做且不适合交给实践社群"、"实践社群可做但组织做更好"，才能获得高阶主管、成员和社群的支持，扮演好学习型组织"后援部队"的角色。

342

HRD 知识库

HRD 专业社群

"会员"是现代社会最泛滥的名词之一，每个人几乎免不了是大卖场、百货公司、拍卖/团购网或某公司/产品的会员，共同/需求兴趣则是吸引和凝聚会员的接合剂，cosplay 角色和 HRD 专业人员亦是如此。劳委会职训局曾创设"企业训练联络网"，作为 HRD 从业人员之间、职训局与从业人员之间的联系平台/交流园地；近来或因职训局强力推动 TTQS，企训网虽已盛况不复，不过仍是信息交流的重要管道。此外，各地区 HR 人员多会组成"联谊会"，相互交换心得、专业信息与工作机会。

美国 ASTD 在其网站设置会员中心（member center），中心之下设知识中心，其下再设学习网络/小区（learning network/communities），小区平台中又设顾问（con‑sulting）、数位学习（e‑learning）、评鉴与投资报酬（evaluation and ROI）、全球领导者（global leader）、跨国训练（international）、变革与领导（OD and leadership）、绩效改善（performance improvement）和基本训练纲要（training fundamentals）八个论坛（discussion boards）。而就如同许多网站一般，只有已注册社群会员可以发文与回应，但非会员仍可以阅读讨论内容。

另一专业实务期刊 Training 则设有 Training Magazine Network，除一般讨论和活动信息的公告之外，另设教学设计（instructional design）、跨国训练、评鉴与投资报酬、情境学习（scenario‑based learning）四大特殊议题分社群，进入分社群之后可与任何社群成员联系，而每一分社群均有专人进驻，辅助社群成员的互动。美国 HRD 学会（AHRD）网站亦设有"委员会与社群"专区（people & communities），社群部分则有特殊议题群（special interest groups）、卓越课程网络（program excellence network）与布告栏（bulletin boards）三部分。

上述的网络社群除满足 HRD 专业/从业人员几乎无界线联系外，他/她们多数也是地区性的会员，更可通过定期的聚会发展出更密切的互动、合作关系与凝聚力，建构更浓厚的专业情谊和绵密网络，也促成了更兴旺、更好的 HRD 专业领域。

数据来源：

1. http：//www. astd. org/membership/MemberCenter/2009/6/26.

2. http：//www. astd. org/content/research/doYourOwn/doYourOwn. htm2009/6/26.

3. http：//www. astd. org/communities/networks/2009/6/26.

4. http：//www. trainingmagnetwork. com/main/home2009/6/26.

5. http：//www. ahrd. org/displaycommon. cfm? an =42009/6/26.

13.2　HRD 专业职能

这是一个讲求专业的时代，过去中国台湾地区的保险公司喜欢找婆婆、妈妈担任业务员，现在她们必须先持有证照，才能从事相关业务[27]；想开个便当店对抗景气，先要考上餐饮技术士；获得"丧礼服务"技术士证照后的礼仪师，不仅较受家属尊重，其薪资也较传统的殡葬服务人员高出 30%；想娱乐大众、成为街头艺人，也必须通过审议、获得许可证[28]；想以照顾小朋友为副业，打发时间、贴补家用，也需要保姆职前训练 80 小时期满，取得结训证书，再参加"保姆人员技术士技能检定"以取得证照[29]。这是一个专业挂帅的时代，而未来连担任厕所清洗工也需要证照[30]。

不过，中国台湾地区的学习体系也存在许多迷思，如曾经在美国住过几年，就可以教授英文课程；各县市聘请许多英美外籍人士到小学教英文，他/她们却从未接受过教学相关训练；高中及以下的教师需修习教育学分、通过检验，以确保教学质量，但大学教授仅有学位与论文审查，似乎书读多、读久了，也会是称职的教师。在我们的社会中同时存在"需正式/严格认证"和"无标准/似是而非"的专业诉求！而在 HRD 发展的过程中，特别是"经验/实务领先研究"的时期，也开始对 HRD 专业领域的范围、相关领域应有何产出、专业人员应具备哪些专业职能等问题产生兴趣，吸引许多实务与学术界人士纷纷投入 HRD 专业职能的研究。

13.2.1　早期（1980 年之前）HRD 专业职能研究

1980 年之前的研究通常和研究者对于 HRD 或 Training 的定义有密切关系[15]，如：

（1）公务委员会训练局（Civil Service Commission's Bureau of Training）：1976 年时由 Joanne Jorz 领导的团队以 Nadler 早期对于 HRD 的定义为主，探讨政府机构中职涯咨商师（career counselor）、顾问师（consultant）、教学专家（learning specialist）、课程管理者（program manager）、训练行政管理者（training administrator）等职务的定义、内涵与相关培训课程[16]。

（2）美国训练发展协会（ASTD）：1978 年时由 Patrick Pinto 等针对 ASTD 会员进行调查，列出 13 项主要专业活动[17]。

（3）安大略训练发展协会（Ontario Society for Training and Development）：1979 年时由 John Kenny[18] 领导的研究探讨以讲师（instructor）、课程设计师（designer）、主管（manager）和顾问师四大功能和所涉及的 12 项主要活动。

（4）其他研究：如由美国人事行政管理协会（American Society for Personnel Administrators）检视训练发展专业认证课程（training and development accreditation program）中的从业人员、顾问师、教育人员和研究人员四领域的工作内涵；教育沟通与科技协会（Association for Educational Communications and Technology）则针对课程开发人员进行研究。

这些规模和涵盖范围较小的研究成果不能满足众多人的需求，拥有最多专业会员的 ASTD 在引领 HRD 专业发展的使命之下，筹划进行较大规模与范围的研究。

13.2.2　1983 年 ASTD 的研究

1981 年时 ASTD 的董事会全票通过，支持 ASTD 下设的全国专业发展委员（National Professional Development Committee，NPDC）所提出的由 Patricia McLagan 主导的"界定训练发展领域"计划。NPDC 基于当时企业界对 HRD 呈现强烈且异于以往的需求、越来越多的 HRD 专业人员在组织中拥有影响力、过去的研究未能区分职能和任务（task）以及过去研究的用词不一致/易混淆等因素，期望为 HRD 领域制定相关标准，故提出这一大规模的整合性研究[15]。McLagan[19]认为"职能模式"（competency models）是"呈现执行一专业工作所需关键能耐的决策性工具"，因此这个研究必须探讨如"应如何定义职能模式"、"职能模式有哪些重要内涵"、"HRD职能模式能创造哪些效益"、"建构职能模式需要那些信息"、"应考虑哪些人/职务的信息"、"如何推广HRD职能模式"等重要议题。

研究职能模式的重要流程为确认专业角色→确认环境影响因素→确认各角色的产出（outputs）→确认各项职能与角色的关系→分析重要职能间的关系→列出相对应的专业行为［行为定锚（behavioral anchor）］，而研究的重要成果除人力资源轮（human resource wheel，参阅图13－2）外，还包括[20]：

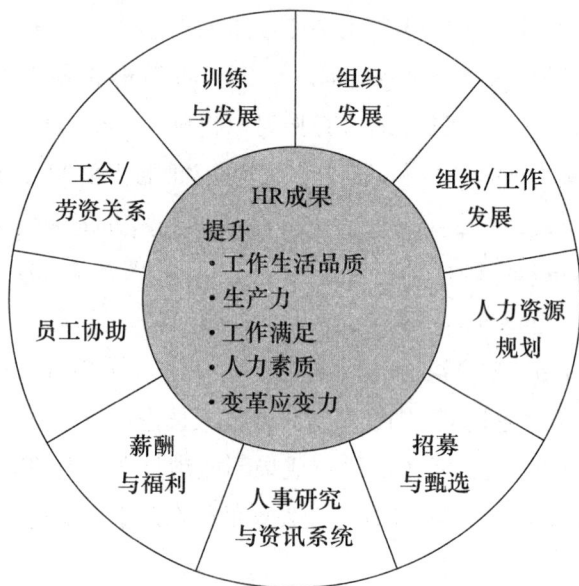

图13－2　人力资源轮20HR成果

（1）定义训练与发展（T&D）的内涵：将训练与发展定义为"确认、评析与规划学习活动以协助个人获得执行目前或未来工作所需要的职能"。

（2）极可能影响T&D领域的重要因素：涵盖横跨科技、组织、教育体系、学习理论、社会（生活形态与价值观）、经济和政府/政治七大层面34项重大影响因素。

（3）T&D 的专业角色：共包括五大群、15 项专业角色：

1）界面/整合群（interface cluster）：包括团体辅导（group facilitator）、个别发展咨商（individual development counselor）、讲师（instructor）、营销（marketer）和变革引领（transfer anent）等角色。

2）概念发展群（concept development cluster）：包括教材编写（instructional writer）、课程设计（program designer）和理论研究（theoretician）等角色。

3）研究群（research cluster）：包括评鉴（evaluator）、需求分析（needs analyst）和工作分析（task analyst）等角色。

4）领导群（leadership cluster）：包括 T&D 管理（T&D manager）、策略规划（strategist）等角色。

5）支援群（supportive cluster）：包括课程行政管理（program administrator）和媒体制作（media specialist）。

（4）T&D 的重要产出：预计未来 5 年内 HRD 专业角色 102 项重要产出。

（5）T&D 的重要专业职能：这也是整个研究的核心成果，包括成人学习（adult learning understanding）、运用媒体（audio/visual skills）、职涯发展（career development knowledge）、职能研究（competency identification skill）、计算机（computer competency）、成本效益分析（cost－benefit analysis skill）、咨商（counseling skill）、资料分析（data reduction skill）、授权（delegation skill）、资源运用（facilities skill）、回馈（feedback skill）、未来预测（futuring skill）、团队辅导（group process skill）、产业运作（industry understanding）、多元智能（intellectual versatility）、数据搜寻（library skill）、模式建构（model building skill）、协商谈判（negotiation skill）、目标设定（objectives preparation skill）、组织行为（organizational behavior understanding）、组织运作（organization understanding）、人事/HR 事务（personnel/HR field understanding）、简报（presentation skill）、提问（questioning skill）、数据管理（records management skill）、人际关系（relationship versatilities）、研究（research skill）、T&D 事务（T&D field understanding）、T&D 技能（T&D techniques understanding）和写作（writing skill）等 31 项重要职能。

（6）T&D 专业角色的重要内涵（role profile）：针对上述每一个专业角色提供包括定义、关键产出（critical outputs）、关键职能（critical competencies）和评价（comment）等重要信息。

ASTD 这个参与人数超过千人、耗时超过一年半的大型研究让 T&D 专业人员和企业主管得以"全面地"了解 HR 领域的专业内涵，而研究成果不仅进一步规范了 T&D 的工作标准与成果，也吸引更多人才进入 HRD 领域、直接提升当时 HRD 产业的水平！

13.2.3　1989 年 ASTD 的研究

在许多 T&D 从业人员的想法中，ASTD 在 1983 年的专业职能研究应能使用一段相当长的时间。不过 20 世纪 80 年代是个迅速变迁的时代，不论是经营环境、企业组织本身、劳动力结构还是 T&D 实务内容均有重大的质变，因此 ASTD 通过授权 McLagan 再度针对 HRD 专业实务、角色和关键职能进行研究。McLagan[21] 以 HRD 领域的 74 项重要工作产出为探讨重点，重要成果除新人力资源轮之外（参阅图 13 - 3），亦涵盖：

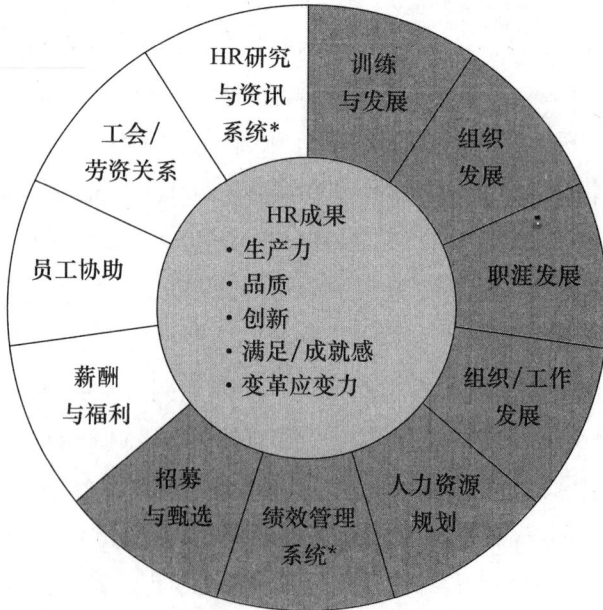

图 13 - 3　1989 年人力资源轮 20HR 成果

注：＊新专业领域；与 HRD 密切相关之领域。

（1）专业角色：包括行政支持（administrator）、评鉴（evaluator）、HRD 主管（HRD manager）、教材/媒体开发（HRD materials developer）、个人职涯咨商（individual career – development advisor）、讲师/辅导者（instructor/facilitator）、营销（marketer）、需求分析（needs analyst）、引领组织变革（organization change agent）、课程设计（program designer）和研究者（researcher）11 类 HRD 专业角色。

（2）HRD 专业职能：包括专业技能（technical competencies）、企业认知（business competencies）、人际沟通（interpersonal competencies）和一般智能（intellectual competencies）四大类共 35 项职能（参阅表 13 –2）。

表 13 –2　ASTD 1989 年的 HRD 专业职能[21]

专业技能	企业认知	人际沟通	一般智能
• 成人学习 • 职涯发展理论与技巧 • 职能研究 • 计算机运用 • 电子数字系统应用* • 资源运用 • 目标设定 • 绩效观察与分析* • 训练相关主题 • T&D 理论与技巧 • 研究	• 企业运作/认知 • 成本效益分析 • 授权 • 企业运作/认知 • 组织行为 • 组织发展理论与技巧* • 组织运作* • 项目管理 • 数据管理	• 教导* • 回馈 • 团队辅导 • 协商谈判 • 简报 • 提问 • 关系建构 • 写作	• 资料分析 • 资料搜寻 • 多元智能 • 模式建构 • 观察* • 趋势观察与愿景规划

注：*1989 年新列职能。

（3）HRD 专业规范（HRD ethics）：这是此次研究最特殊的部分，期望通过对实务行为的规范，提升 HRD 专业服务质量与地位。所列出的规范包括尊重客户的隐私/保密协议、拒绝客户不合理的要求、尊重知识产权、平衡企业和个别员工的权益、确保客户的参与权和所有权、尽量避免利益冲突、避免个人偏见、尊重个别差异、给予客户正确且合宜的协助、注意客户企业或员工的反弹、合理收费和审慎发挥专业影响力等。

ASTD 二次专业职能研究的范围或相近,新职能的数量也许不多,但反映企业竞争环境和 HRD 专业服务的变迁,也凸显 HRD 专业领域要跟上新时代的企图心!而在相隔七年之后(1996),McLagan[22] 以"迎向未来挑战"的观点列出 HR 策略顾问(HR strategic advisor)、HR 体系设计与发展者(HR systems designer and developer)、组织变革顾问(organization change consultant)、组织设计顾问(organization design consultant)、学习/训练课程专家(learning program specialist)、讲师辅导者、个别职涯发展顾问(individual development and career consultant)、绩效顾问(performance consultant)和研究者九项新专业角色。

相当有趣的是,1997 年时 McLagan[23] 又提出具整合性的"人 – HR 实务轮"(the people – HR practice wheel,参阅图 13 –4)[31],提醒 HRD 专业人员除要时时体察时代环境的变迁外,也要同时致力于人力资本的开发与管理,以协助企业创造更高的(经济)价值。此外,在全球化的时代中,HRD 专业人员也需要特殊的跨文化知能[24]:

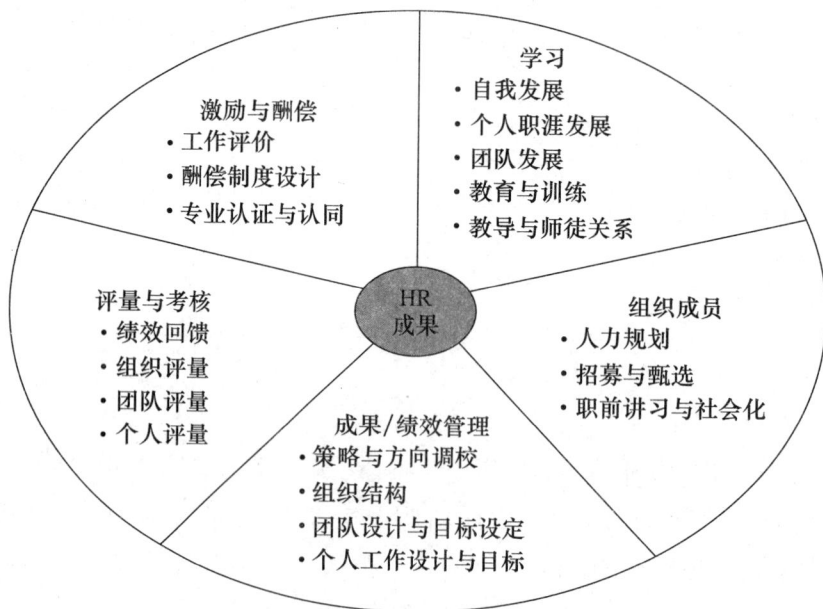

图 13 –4　人 – HR 实务轮 23HR

（1）知识面：包括母国文化、异国文化、异国语文、异国企业文化与全球视野等。

（2）技能面：跨文化弹性、沟通、创意和自我学习管理等。

（3）态度面：尊重异国文化和价值观、企图心与坚持、对模糊情境的容忍和幽默感等。

HRD 职能研究的目的并非强调"每一位 HRD 人员都需具备所有的专业职能"（事实上也不可能），而是在讲求专业、迅速变迁的时代中，提醒 HRD 人员必须从自身做起、时时学习/精进，让自己有能力提供企业所需的专业服务，方不负"学习专业"之名。

📖 **关键字词**

组织学习　　　　　得无助感（learned helplessness）

学习型组织　　　　无效的学习（truncated learning）

社群（community）　HRD 专业职能

实践社群（CoP）　　HRD 专业规范（HRD ethics）

📖 **观念提要**

企业组织和物种一样，均适应外界环境而演化，期望能进化为一个更有学习能力、竞争优势的有机体，而 HRD 的使命则是协助组织顺利进化。许多研究发现，实践社群似乎是当前企业进化为学习型组织的中继站，而协助成员投入、熟悉社群的运作、排除相关障碍，则是 HRD 部门的职责。

组织在进化，协助成员学习的 HRD 专业人员也要跟上时代，特别是在一个讲求专业的时代，HRD 从业人员更要以身作则，以专精的职能提供优质的学习服务。从 ASTD 数次的研究中，可以看出 HR 专业领域和职能的转变，特别是专业规范的产生，均促使 HRD 走向更成熟的专业，提供与时俱进的学习服务。

📖 **基础测试**

1. 一般的社群有哪些特质？实践社群又有哪些特质？

2. 有哪些重要的原则或做法，可在组织中协助成员建立实践社群？

3. 企业组织迈向学习型组织之前，仍将遭遇哪些障碍？有哪些措施能排除上述的障碍？

4. 当前的 HR 领域涵盖哪些重要的范围？哪些重要的专业角色？每个专业角色应具备哪些职能？

进阶思考

1. 你曾经/目前是某社群的成员吗？哪一类的社群？你的体验如何？

2. 你曾经/目前是"实践社群"的成员吗？加入的原因为何？你的体验如何？

3. 你目前/未来从事哪些 HR 专业工作？你具备充分的专业职能？你如何学习所拥有的专业职能？

各章注释

第 1 章

[1] Bennett, C. A. History of Manual and Industrial Education Up to 1870. Peoria, IL: Manual Arts Press, 1926.

[2] Morre, E. C. The Story of Instruction: The Beginnings. New York: Mac Millan, 1936.

[3] Barlow, M. L. History of Industrial Education in the United States. Peoria, IL: Bennett, 1967.

[4] Davis, E. G. Education in industry: A Historical Overview. Education Canada, 1978, 18 (2), 40 – 46.

[5] Seybolt, R. F. Apprenticeship and Apprenticeship Education in Colonial New England and New York: Columbia University, Teachers College, 1927.

[6] Swanson, R. A. Origins of contemporary human resource development. Advances in Developing Human Resources, 2001, 3 (2), 119 – 126.

[7] Black, G. Trends in Management Development and Education: an Economic Study. White Plains, NY: Knowledge Industry Publications, 1979.

[8] 简建忠. 人力资源管理: 以合作观点创造价值. 台北县: 前程文化事业有限公司, 2006.

[9] Wren, D. A. The Evolution of Management Thought (2nd Ed.). New York: Wiley, 1979.

［10］Swanson, R. A. , & Holton, III, E. F. Foundations of Human Resource Development. San Francisco, CA: Berrett – Koehler Publishers, Inc. , 2001.

［11］Romiszowski, A. J. Trends in corporate training and development. In M. Mulder, A. J. Romiszowski, and P. C. van der Sijde（Eds. ）, Strategic human resource development（pp. 7 – 47）. Amsterdan/Lisse, Netherland: Swets & Zeitlinger B. V, 1990.

［12］简建忠. 人力资源发展. 台北市: 五南图书出版公司, 1995.

［13］Rackham, N. , & Morgan, T. Behaviour analysis in training. London, UK: McGraw – Hill, 1977.

［14］Burke, W. W. Organization development: Principles and practices. Boston, MA: Little, Brown and Company, 1982.

［15］French, W. L. , & Bell, C. H. Jr. Organization development（4th Ed. ）. Englewood Cliffs, NJ: Prentice – Hall Inc, 1990.

［16］Stolovitch, H. D. Performance technology: An introduction. NSPI Journal, 1982, 21（3）, 16 – 19.

［17］Weinberger, L. A. Commonly held theories of human resource development. Human Resource Development International, 1998, 1（1）, 75 – 93.

［18］Nadler, L. Developing Human Resources. Houston, TX: Gulf Publishing Company, 1970.

［19］Craig, R.（Ed. ）. Training and Development Handbook（2nd Ed. ）. New York: McGraw – Hill, 1976.

［20］Jones, J. E. The organizational universe. In J. E. Jones and J. W. Pfeiffer（Eds. ）, The 1981 Annual: Developing human resources（pp. 155 – 164）. San Diego, CA: University Associates, 1981.

［21］McLagan, P. Model for Excellence. Alexandria, VA: ASTD Press, 1983.

［22］Chalofsky, N. , & Lincoln, C. Up the HRD Ladder. Reading, MA: Addison – Wesley, 1983.

［23］Nadler, L. Human resource development: The perspective of business and industry. Columbus, OH: ERIC Clearinghouse on Adult, Career, and

Vocational Education, 1983.

[24] Nadler, L., & Wiggs, G. D. Managing Human Resource Development. San Francisco, CA: Jossey – Bass, 1986.

[25] Swanson, R. A. Human Resource Development Definition. St. Paul, MN: Training and Development Research Center, 1987.

[26] Smith, R. Human Resource Development: An Overview. Washington, D. C. : Office of Educational Research and Improvement, 1988.

[27] McLagan, P. Models for HRD Practice. Alexandria, VA: American Society for Training and Development, 1989.

[28] Watkins, K. Business and industry. In S. Merriam and P. Cunningham (Eds.), Handbook of adult and continuing education (pp. 422 – 435). San Francisco, CA: Jossey – Bass, 1989.

[29] Gilley, J. W. , & Eggland, S. A. Principles of Human Resource Development. Reading, MA: Addison – Wesley Publishing Company, Inc. , 1989.

[30] Nadler, L. , & Nadler, Z. Developing human resources: Concepts and a model (3rd Ed.). San Francisco, CA: Jossey – Bass, 1990.

[31] Smith, D. The dictionary for human resource development. Alexandria, VA: ASTD Press, 1991.

[32] Chalofsky, N. A Unifying Definition for the Human Resource Development Profession. Human Resource Development Quarterly, 1992, 3 (2), 175 – 182.

[33] Marquardt, M. J. , & Engel, D. W. Global Human Resource Development. Upper Saddle River, NJ: Prentice Hall, 1993.

[34] Marsick, V. E & Watkins, K. E. The learning organization: An integrative vision for human resource development. Human Resource Development Quarterly, 1994, 5 (4), 353 – 360.

[35] Swanson, R. A. Human Resource Development: Performance is the key. Human Resource Development Quarterly, 1995, 6 (2), 207 – 213.

[36] Gilley, J. W. , & Maychnich, A. Organizational Learning, Performance, and Change: An Introduction to Strategic Human Resource Development. Cambridge, MA: Perseus Publishing, 2000.

［37］Fombrun, C. J. , Tichy, N. M. , & Devanna, M. A. Strategic Human Resource Management. New York: John Wiley & Sons, 1984.

［38］http://www. epochtimes. com/b5/4/6/19/n573298. htm 12/28/2004.

［39］http://www. cheers. com. tw/special/001101/top - 1. htm 12/28/2004.

［40］http://www. cheers. com. tw/special/001101/top - 2. htm 12/28/2004.

本章第 1.1 节部分数据系参考 Swanson, R. A. , & Holton, III, E. F. Foundations of Human Resource Development. San Francisco, CA: Berrett - Koehler Publishers, Inc, 2001, 27 - 62.

第 2 章

［1］Burke, T. , Genn - Bash, A. , & Haines, B. Competition in Theory and Practice (Revised Ed.). New York: Routledge, 1991.

［2］Lorenz, K. On Aggression. New York: Harcourt, Brace & World, 1966.

［3］Wilson, S. O. Sociobiology, the New Synthesis. Cambridge, MA: Belknap Press, 1975.

［4］Wernerfelt, B. A Resource - based View of the Firm. Strategic Management Journal, 1984, 5 (2), 171 - 180.

［5］Prahalad, C. K. , & Hamel, G. The Core Competence of the Corporation. Harvard Business Review, 1990, 68 (3), 79 - 91.

［6］Wernerfelt, B. A Resource - based View of the Firm. Strategic Management Journal, 1993, 16 (3), 171 - 174.

［7］Barney, J. B. Form Resources and Sustained Competitive Advantage. Journal of Management, 1991, 17 (1), 99 - 120.

［8］Porter, M. The contributions of industrial organization to strategic management. Academy of Management Review, 1981, 6 (4), 609 - 620.

［9］Daft, R. Organization Theory and Design. New York: West, 1983.

［10］Dierickx, I. , & Cool, K. Asset stock accumulation and sustainability of competitive advantage. Management Science, 1989, 35 (12), 1504 – 1511.

[11] Hambrick, D. Top management team: Key to strategic success. California Management Review, 1987, 30 (1), 88 – 108.

[12] Barney, J. B. Organizational culture: Can it be a source of sustained competitive advantage? Academy of Management Review, 1986, 11 (3), 656 – 665.

[13] Porter, M. Competitive strategy. New York: Free Press, 1980.

[14] Klein, B., Leffler, K. The role of price in guaranteeing quality. Journal of Political Ecomony, 1981, 89, 615 – 641.

[15] Grant, R. M. The Resource – Based Theory of Competitive Advantage: Implications for Strategy Formulation. California Management Review, 1991, 33 (3), 114 – 135.

[16] Grant, R. M. Contemporary Strategy Analysis (5th Ed.). Malden, MA: Blackwell Publishing, 2005.

[17] Snow, C. C., & Hrebiniak, L. G. Strategy, Distinctive Competence, and Organizational Performance. Administrative Science Quarterly, 1980, 25 (2), 317 – 336.

[18] Lippman, S. A., & Rumelt, R. P. Uncertain Imitability: An Analysis of Interfirm Differences in Efficiency under Competition. Bell Journal of Economics, 1982, 13 (2), 418 – 438.

[19] Bogaret, I., Martens, R., & Van Cauwenbergh, A. Strategy as a Situational Puzzle: The Fit of Components. In G. Hammel and A. Heene (Eds.) Competence – Based Competition (pp. 57 – 74). West Sussex, England: John Wiley & Sons Ltd., 1994.

[20] Hall, R. The strategic analysis of intangible resources. Strategic Management Journal, 1992, 13 (2), 135 – 144.

[21] Dierickx, I., & Cool, K. Competitive advantate. INSEAD, Working Paper No. 88/07, 1988.

[22] Bogner, W. C., & Thomas, H. Core Competence and Competitive Advantae: A Model and Illustrative Evidence from the Pharmaceutical Industry. In G. Hammel and A. Heene (Eds.) Competence – Based Competition (pp. 111 –

357

144). West Sussex, England: John Wiley & Sons Ltd. , 1994.

[23] Senge, P. Building learning organization. Journal for Quality and Participation, 1992, 15 (2), 30 – 38.

第 3 章

[1] Lin, N. Building a Network Theory of Social Capital. Connections, 1999, 22 (1), 28 – 51.

[2] Lin, N. Social Capital: A Theory of Social Structure and Action. Cambridge, UK: Cambridge University Press, 2001.

[3] Smith, A. The Wealth of Nations. New York: Modern Library, 1937.

[4] Mincer, J. On – the – job training: Costs, returns and some implications. Journal of Political Economy, 1962, 70 (5), 5079.

[5] Becker, G. S. Nobel lecture: The economic way of looking at behavior. Journal of Political Economy, 1993, 101 (3), 385 – 409.

[6] Krueger, A. O. Factor endowments and per capita income differences among countries. The Economic Journal, 1968, 78, 641 – 659.

[7] Schultz, T. W. Education and economic growth. In N. B. Henry (Ed.), Social Forces Influencing American Education (pp. 72 – 79). Chicago, IL: University of Chicago Press, 1961.

[8] Becker, G. S. Human Capital: A Theoretical and Empirical Analysis with Special Reference to Education. New York: Columbia University Press, 1964.

[9] Hendricks, L. How important is human capital for development? Evidence from immigrant earnings. American Economic Review, 2002, 92 (1), 198 – 219.

[10] Engelbrecht, H. Human capital and economic growth: cross – section evidence for OECD countries. Economic Record, 2003, 79 (1), 40 – 51.

[11] Edvinsson, L. , & Malone, M. Intellectual Capital: Realizing Your Company's True Value by Finding Its Hidden Roots. New York: Harper Business, 1997.

[12] Denison, E. F. The sources of economic growth in the United States.

New York: National Bureau of Economic Research, 1962.

[13] Romer, P. M. Human capital and growth: theory and evidence. Carnegie – Rochester Conference Series on Public Policy, 1990, 32, 251 – 286.

[14] Fitz – enz, J. The ROI of Human Capital: Measuring the Economic Value of Employee Performance. New York: American Management Association, 2000.

[15] 简建忠, 人力资源管理: 以合作观点创造价值. 台北县: 前程文化公司, 2006.

[16] Gilley, J. W. , & Maychnich, A. Organizational Learning, Performance, and Change: An Introduction to Strategic Human Resource Development. Cambridge, MA: Perseus Publishing, 2000.

[17] Ericsson, K. A. , & Charness, N. Expert performance: its structure and acquisition. American Psychologist, 1994, 49 (3), 725 – 747.

[18] Taylor, I. A. A retrospective view of creativity investigation. In I. A. Taylor, & J. W. Getzels (Eds.), Perspectives in creativity (pp. 1 – 36). Chicago, IL: Aldine Publishing, 1975.

[19] De Groot, A. Thought and choice in chess (2nd Ed.). Hague, Netherlands: Mouton De Gruyter, 1978.

[20] Simon, H. A. , & Chase, W. G. Skill in chess. American Scientist, 1973, 61 (4), 394 – 403.

[21] Newell, A. , & Simon, H. A. Human problem solving. Englewood Cliffs, NJ: Prentice Hall, 1972.

[22] Gobet, F. , & Simon, H. A. Expert chess memory: revisiting the chunking hypothesis. Memory, 1998, 6 (3), 225 – 255.

[23] Ericsson, K. A. , & Kintsch, W. Long – term working memory. Psychological Review, 1995, 102 (2), 211 – 245.

[24] Ericsson, K. A. , Krampe, R. T. , & Tesch – Romer, C. The role of deliberate practice in the acquisition of expert performance. Psychological Review, 1993, 100 (3), 363 – 406.

[25] Ericsson, K. A. The development of elite performance and deliberate practice: an update from the perspective of the expert – performance approach. In

J. Starkes, & K. A. Ericsson (Eds.), Expert performance in sport: Recent advance in research on sport expertise (pp. 49 –81). Champaign, IL: Human Kinetics, 2003.

[26] Ward, P., Hodges, N. J., Williams, A. M., & Starkes, J. L. Deliberate practice and expert performance: defining the path to excellence. In A. M. Williams, & N. J. Hodges (Eds.), Skill acquisition in sport: Research, theory and practice (pp. 231 –258). London, UK: Routledge, 2004.

[27] Ericsson, K. A. Attaining excellence through deliberate practice: insights from the study of expert performance. In M. Ferrari (Ed.), The pursuit of excellence in education (pp. 21 –55). Mahwah, NJ: Erlbaum, 2002.

[28] Ericsson, K. A. Recent advances in expertise research: A commentary on the contributions to the special issue. Applied Cognitive Psychology, 2005, 19 (2), 233 –241.

[29] Dreyfus, H. L. What computers can't do: The limits of artificial intelligence (Revised Ed.). New York: Harper & Row, 1979.

[30] Dreyfus, H. L., Dreyfus, S. E. Mind over machine: The power of human intuition and expertise in the era of the computer. New York: The Free Press, 1986. (with Athanasiou, T.)

[31] Dreyfus, S. E. The Five –Stage Model of Adult Skill Acquisition Bulletin of Science, Technology & Society, 2004, 24 (3), 177 –181.

[32] Benner, P. From novice to expert. American Journal of Nursing, 1982, 82 (3), 402 –407.

[33] Benner, P. Using the Dreyfus model of skill acquisition to describe and interpret skill acquisition and clinical judgment in nursing practice and education. Bulletin of Science, Technology & Society, 2004, 24 (3), 188 –199.

[34] Spalding, N. The skill acquisition of two newly qualified occupational therapists. The British Journal of Occupational Therapy, 2000, 63 (8), 389 –395.

[35] Batalden, P., Leach, D., Swing, S., Dreyfus, H., & Dreyfus, S. General Competencies and Accreditation In Graduate Medical Education. Health Affairs, 2002, 21 (5), 103 –111.

[36] Bereitner, C. , & Scardamalia, M. Surpassing ourselves. Chicago, IL: Open Court, 1993.

[37] Ericsson, K. A. , Smith, J. (Eds.). Toward a general theory of expertise. Cambridge, MA: Cambridge University Press, 1991.

[38] Tan, S. K. S. The elements of expertise. Journal of Physical Education, Recreation & Dance, 1997, 68 (2), 30 – 33.

[39] Siedentop, D. , & Eldar, E. Expertise, experience, and effectiveness. Journal of Teaching in Physical Education, 1989, 8 (3), 254 – 260.

[40] Shanteau, J. Competence in experts: The role of task characteristics. Organizational Behavior and Human Decision Processes, 1992, 53 (2), 252 – 266.

[41] Chase, W. G. , & Simon, H. A. Perception in chess. Cognitive Psychology, 1973, 4, 55 – 81.

[42] Leinhardt, G. , & Greeno, J. G. The cognitive skill of teaching. Journal of Educational Psychology, 1986, 78 (2), 7579.

[43] Cooke, N. J. Modeling human expertise in expert systems. In R. Hoffman (Ed.), The Psychology of expertise (pp. 29 – 60). New York: Springer – Verlag, 1992.

[44] Voss, J. F. , & Post, A. On the solving of ill – structured problems. In M. T. H. Chi, R. Glaser, and M. J. Farr (Eds.), The nature of expertise (pp. 261 – 285). Hillsdale, NJ: Erlbaum, 1988.

[45] Bloom, B. Automaticity: The hands and feet of genius. Educational Leadership, 1986, 43 (5), 70 – 77.

[46] Glaser, R. , & Chi, M. T. H. Overview. In M. T. H. Chi, R. Glaser, and M. J. Farr (Eds.), The nature of expertise (pp. xv – xxviii). Hillsdale, NJ: Erlbaum, 1988.

[47] Prietula, M. J. , & Simon, H. A. The experts in your midset. Harvard Business Review, 1989, 67 (1), 120 – 124.

[48] Chi, M. T. H. , Glaser, R. , & Rees, E. Exerptise in problem solving. In R. J. Sternberg (Ed.), Advances in Psychology of Human Intelligence (pp. 7 – 75). Hillsdale, NJ: Erlbaum, 1982.

［49］ http：//en. wikipedia. org/wiki/Capital _ （economics） 2006 -10 - 11.

［50］ http：//www. investorwords. com/694/capital. html 2006/10/11.

［51］ Sir Francis Galton （1822 - 1911） 出生于英国伯明翰（Birmingham），其研究范围涵盖气象学、心理学、人类学、社会学、教育和指纹学，但最著名的是在遗传和智能方面的研究。他认为人类的素质可以经过合乎科学地控制生殖过程获得有效地改善，而他第一本重要著作为对1869年出版的 Hereditary Genius （遗传天赋），主张精神特性就和身体的特性一样都是来自遗传。

第 4 章

［1］ Jackson, J. H. , & Morgan, C. P. Organization Theory：A macro perspective for management （2nd Ed. ）. Englewood Cliffs, NJ：Prentice - Hall, 1982.

［2］ Weick, K. The social psychology of organizing. Reading, MA：Addison - Wesley, 1969.

［3］ Stinchcombe, A. L. Social structure and organizations. In J. G. March （Ed. ）, Handbook of Organizations （pp. 142 - 93）. Chicago, IL：Rand McNally, 1965.

［4］ Galbraith, J. K. The new industrial state. Boston, MA：Houghton Mifflin, 1971.

［5］ Greiner, L. E. Evolution and revolution as organizations grow. Harvard Business Review, 1972, 50 （4）, 37 - 46.

［6］ Greiner, L. E. , & Schein, V. E. Power and organization development：mobilizing power to implement change. Reading, MA：Addison - Wesley, 1988.

［7］ Burke, W. W. Organization development：Principles and practice. Boston, MA：Little, Brown and Company, 1982.

［8］ Yeung, A. K. , Ulrich, D. O. , Nason, S. W. , & Von Glinow, M. A. Organizational learning capability. New York：Oxford University Press, 1999.

［9］Argyris, C. , & Schon, D. Organizational Learning: A theory of action perspective. Reading MA: Addison – Wesley, 1978.

［10］Levitt, B. , March, J. G. Organizational learning. Annual Review of Sociology, 1988, 14 (1), 319 – 340.

［11］Miles, R. H. , & Randolph, W. A. Influence of organizational learning styles on early development. In J. H. Kimberly and R. H. Miles and Associates (Eds.), The organizational life cycle (pp. 44 – 82). San Francisco, CA: Jossey – Bass, 1980.

［12］Hedberg, R. How organizations learn and unlearn. In P. C. Nystrom and W. H. Starbuck (Eds.), Handbook of Organizational Design (pp. 8 – 27). London, UK: Oxford University Press, 1981.

［13］Schwandt, D. R. , & Marquardt, M. J. Organization learning: From work – class theories to global best practices. New York: St. Lucie Press, 2000.

［14］Senge, P. M. The fifth discipline: the art and practice of the learning organization (1st Ed.). New York: Doubleday/Currency, 1990.

［15］March, J. G. , & Simon, H. A. Organization. New York: Wiley, 1958.

［16］Marquardt, M. J. Building the learning organization: Mastering the 5 elements for corporate learning. Palo Alto, CA: Davies – Black Publishing, Inc. , 2002.

［17］Watkins, K. E. , & Marsick, V. J. Sculpting the Learning Organization: Lessons in the Art and Science of Systemic Change. San Francisco, CA: Jossey – Bass Publishers, 1993.

［18］Swanson, R. , & Arnold, D. The purpose of human resource development is to improve organizational performance. In R. W. Rowden (Ed.), Workplace learning: Debating five critical questions of theory and practice (pp. 13 – 20). San Francisco, CA: Jossey – Bass, 1996.

［19］Blackler, F. , Crump, N. , & McDonald, S. Organizational learning and organizational forgetting: Lessons from a high technology company. In M. Easterby – Smith, J. Burgoyne, and L. Araujo (Eds.), Organizational learning and the learning organization: Development in theory and practice (pp. 194 – 216). Thousand Oaks, CA: Sage, 1999.

[20] Huber, G. P. Organizational learning: The contributing processes and the literatures. Organization Science, 1991, 2 (1), 88 – 115.

[21] Sitkin, S. B. Learning through failure: The strategy of small losses. Research in Organizational Behavior, 1992, 14 (2), 231 – 266.

[22] Dutton, J. M., & Freedman, R. D. External environment and internal strategies: Calculating, experimenting, and imitating in organization. In R. Lamb and P. Shrivastava (Eds.), Advances in strategic management, Vol. 3 (pp. 39 – 67). Greenwich, CT: JAI Press, 1985.

[23] Nonaka, I., & Takeuchi, H. The knowledge – creating company. New York: Oxford University Press, 1995.

[24] Ulrich, D., & Greenfield, H. The transformation of training and development to development and learning. American Journal of Management Development, 1995, 1 (2), 11 – 22.

[25] Abrahamson, E. Managerial fads and fashions: The diffusion and rejection of innovations. Academy of Management Review, 1991, 16 (3), 586 – 612.

[26] March, J. G., & Olsen, J. P. The Uncertainty of the Past: Organizational Learning Under Ambiguity. European Journal of Political Research, 1975, 3 (2), 147 – 171.

[27] Argyris, C. Double – loop learning in organizations. Harvard Business Review, 1977, 55 (5), 115 – 125.

[28] Shrivastava, P. A typology of organizational learning systems. Journal of Management Studies, 1983, 20 (1), 7 – 28.

[29] Sandine, B. Communication and the learning organization. Paper presented at the 82nd Annual Meeting of the Speech Communication Association, San Diego, CA, 1996.

[30] Kim, D. The link between individual and organizational learning. Sloan Management Review, 1993, 35 (1), 37 – 50.

[31] Senge, P, M., Kleiner, A., Roberts, C., Ross, R., Roth, G., & Smith, B. The dance of change: the challenges of sustaining momentum in learning organizations. New York: Doubleday/Currency, 1999.

[32] http：//home. educities. edu. tw/good21125/10 – 4. htm 8/18/2007.

第 5 章

[1] OECD. The Knowledge – based Economy. Paris, France：OECD, 1996.

[2] Kuznets, S. Modern economic growth：rate, structure, and spread. New Heaven, CT：Yale University Press, Ltd. , 1966.

[3] Drucker, P. F. The future of industrial man. London, UK：New American Library, 1965.

[4] Polanyi, M. Personal knowledge：Towards a post – critical philosophy. New York：Harper Torchbooks, 1962.

[5] O' Dell, C. , & Grayson, C. J. , Jr. If only we knew what we know. New York：The Free Press, 1998.

[6] Alavi, M. , & Leidner, D. Review of knowledge management and knowledge management systems：Conceptual foundations and research issues. MIS Quarterly, 2001, 25（1）, 107 – 136.

[7] Schultze, U. Investigating the contradictions in knowledge management. In T. J. Larsen, L. Levine, and J. I. De Gross（Eds. ）, Information systems：Current issues and future changes（pp. 155 – 174）. Laxenberg, Austria：IFIP, 1999.

[8] Purser, R. E. , & W. A. Pasmore. Organizing for Learning, In W. A. Pasmore and R. W. Woodman（Eds. ）, Research in Organizational Change and Development（pp. 37 – 114）. London, UK：JAI Press Inc. , 1992.

[9] Davenport, T. H. , & Prusak, L. Working knowledge：how organizations manage what they know. Boston, MA：Harvard Business School Press, 1998.

[10] Boisot, M. H. Knowledge assets：securing competitive advantage in the information economy. New York：Oxford University Press, 1999.

[11] Wiggins, B. Effective document management：Unlock corporate knowledge. Hampshire, England：Gower Publishing Ltd. , 2000.

[12] Wiig, K. Introducing knowledge management into the enterprise. In

J. Liebowitz （Ed.）, Knowledge Management Handbook （pp. 3 – 1 – 3 – 45）. Boca Raton, FL: CRC Press, 1999.

［13］ Nozick, R. Philosophical Explanations. Cambridge, MA: Harvard University Press, 1981.

［14］ Dalkir, K. Knowledge management in theory and practice. Boston, MA: Elsevier/Butterworth Heinemann, 2005.

［15］ Newell, S., Robertson, M., Scarbrough, H., & Swan, J. Managing knowledge work. New York: Palgrave, 2002.

［16］ Singley, M., & Anderson, J. The transfer of cognitive skill. Cambridge, MA: Harvard Press, 1989.

［17］ Kogut, B., & Zander, U. Knowledge of the firm, combinative capabilities and the replication of technology. Organization Science, 1992, 3 （3）, 383 – 397.

［18］ Holsapple, C. W. Knowledge and its attributes. In C. W. Holsapple （Ed.）, Handbook on knowledge management 1: Knowledge matters （pp. 165 – 188）. Heidelbert, Germany: Springer – Verlag Berlin, 2003.

［19］ Bonczek, R., Holsapple, C., & Whinston, A. Foundation of decision support systems. New York: Academic Press, 1981.

［20］ Ryle, G. The concept of mind. Chicago, IL: University of Chicago Press, 1984.

［21］ Zack, M. Managing codified knowledge. Sloan Management Review, 1999, 40 （4）, 45 – 58.

［22］ Scheffler, I. Conditions of Knowledge: An introduction to epistemology and education. Chicago, IL: Scott, Foresman & Company, 1965.

［23］ Beccrra – Fernandez, I., Gonzalez, A., & Sabherwal, R. Knowledge management: Challenges, solutions, and technologies. Upper Saddle River, NJ: Pearson Prentice Hall, 2004.

［24］ Nonaka, I. A dynamic theory of organizational knowledge creation. Organization Science, 1994, 5 （1）, 14 – 37.

［25］ Teece, D. J. The market for know – how and the efficient international transfer of technology. Annals of the American Association of Political and Social Sciences, 1981, 458, 81 – 96.

[26] Nonaka, I. The knowledge creating company. Harvard Business Review, 1991, 69 (6), 96 – 104.

[27] Jensen, M. C. , & Meckling, W. H. Specific and general knowledge and organizational structure. In P. S. Myers (Ed.), Knowledge management and organizational design (pp. 17 – 38). Boston, MA: Butterworth – Heinemann, 1996.

[28] van der Spek, R. , Spijkervet, A. Knowledge management: Dealing intelligently with knowledge. In J. Liebowitz and L. Wilcox (Eds.), Knowledge Management and Its Integrative Elements (pp. 31 – 58). Boca Raton, FL: CRC Press, 1997.

[29] Machlup, F. The branches of learning. Princeton, NJ: Princeton University Press, 1982.

[30] Holsapple, C. W. , & Whinston, A. Decision support systems: A knowledge – based approach. St. Paul, MN: West, 1996.

[31] Eckhardt, W. Limits to knowledge. Science Communication, 1981, 3 (1), 61 – 81.

[32] Wiig, K. Knowledge management foundations. Arlington, TX: Schema Press, 1993.

[33] Drucker, P. F. The social age of transformation. The Atlantic Monthly, 1994, 274 (5), 53 – 80.

[34] Barclay, R. O. , & Murray, P. C. What is knowledge management? http: //www. providersedge. com/docs/km_ articles/What_ Is_ Knowledge_ Management. pdf 10/19/2007, 1997.

[35] Nickols, F. KM overview: Context. http: //home. att. net/ ~ discon/KM/KM_ Overview_ Context. htm 1021 2007, 2000.

[36] Tohmatsu, D. T. The E – business tidal wave: Perspectives on business in cyberspace. www. solveinteractive. com/kc/eBusTidalWave. pdf 1022/ 2007, 1999.

[37] APQC. Knowledge management: Consortium benchmarking study. Houston, TX: American Productivity and Quality Center, 1996.

367

［38］Petrides, L. A. , & Nodine, T. R. Knowledge management in education: Defining the landscape. Half Moon Bay, CA: Institute for the Study of Knowledge Management in Education. http: //iskme. path. net/kmeducation. pdf 1023 2007, 2003.

［39］Snowden, D. Complex acts of knowing: paradox and descriptive self – awareness. Journal of Knowledge Management, 2002, 6 (2), 100 – 111.

［40］Gorelick, C. , Milton, N. , & April, K. Performance through learning: Knowledge management in practice. Boston, MA: Elsevier Butterworth – Heinemann, 2004.

［41］Nonaka, I. , & Takeuchi, H. The knowledge – creating company. London, UK: Oxford University Press, 1995.

［42］Leibowitz, J. , Rubenstein – Montano, B. , McCaw, D. , Buchwalter, J. , & Browning, C. The knowledge audit. Knowledge and Process Management, 2000, 7 (1), 3 – 10.

［43］Burnett, S. , Illingworth, L. , & Webster, L. Knowledge auditing and mapping: A pragmatic approach. Knowledge and Process Management, 2004, 11 (1), 25 – 37.

［44］Schwikkard, D. B. , du Toit, A. S. A. Analysing knowledge requirement: a case study. Aslib Proceedings, 2004, 56 (2), 104 – 111.

［45］Knapp, E. Know – how's not easy: How to keep knowledge management from flickering out. Computerworld, 1997, 3 (3), 1 – 10.

［46］Eppler, M. J. Making knowledge visible through knowledge maps: Concetpts, elements, cases. In C. W. Holsapple (Ed.), Handbook on knowledge management 1: Knowledge matters (pp. 189 – 205). Heidelbert, Germany: Springer – Verlag Berlin, 2003.

［47］Selman, B, & Kautz, H. Knowledge compilation and theory approximation. Journal of the ACM, 1996, 43 (2), 193 – 224.

［48］Darwiche, A. , & Marquis, P. A knowledge compilation map. Journal of Artificial Intelligence Research, 2002, 17, 229 – 264.

［49］Linn, M. C. The Knowledge Integration Perspective on Learning and Instruction. In R. Sawyer (Ed.), The Cambridge Handbook of the Learning Sciences (pp. 243 – 264). Cambridge, MA. Cambridge University Press, 2006.

[50] Appleyard, M. How does knowledge flow? Interfirm patterns in the semi-conductor industry. Strategic Management Journal, 1996, 17 (10), 137 – 154.

[51] Szulanski, G. Exploring internal stickiness: Impediments of the transfer of best practice within the firm. Strategic Management Journal, 1996, 17 (10), 45 – 62.

[52] von Hippel, E. Sources of innovation. New York: Oxford University Press, 1998.

[53] Charkavarthy, B., McEvily, S., Doz, Y., & Rau, D. Knowledge management and competitive advantage. In M. Easterby – Smith, M. and M. A. Lyles (Eds.), The Blackwell handbook of organizational learning and knowledge management (pp. 305 – 323). Malden, MA: Blackwell Publishing, 2003.

[54] Gray, P., & Tehrani, S. Technologies for disseminating knowledge. In C. W. Holsapple (Ed.), Handbook on knowledge management 2: Knowledge directions (pp. 109 – 127). Heidelbert, Germany: Springer – Verlag Berlin, 2003.

[55] Carlile, P. R. A pragmatic view of knowledge and boundaries: Bonndary objects in new product development. Organization Science, 2002, 13 (4), 442 – 455.

[56] Darrah, C. N. Workplace training, workplace learning. Human Organization, 1995, 54 (1), 31 – 41.

[57] von Krogh, G. Knowledge sharing and the communal resource. In M. Easterby – Smith, M. and M. A. Lyles (Eds.), The Blackwell handbook of organizational learning and knowledge management (pp. 372 – 392). Malden, MA: Blackwell Publishing, 2003.

[58] Malafsky, G. P. Technology for acquiring and sharing knowledge assets. In C. W. Holsapple (Ed.), Handbook on knowledge management 2: Knowledge directions (pp. 85 – 107). Heidelbert, Germany: Springer – Verlag Berlin, 2003.

[59] Leibowitz, J., & Chen, Y. Knowledge sharing proficiencies: The key to knowledge management. In C. W. Holsapple (Ed.), Handbook on knowl-

edge management 1: Knowledge matters (pp. 409 – 424). Heidelbert, Germany: Springer – Verlag Berlin, 2003.

[60] Fineman, F. Social identity and organizational learning. In M. Easterby – Smith, M. and M. A. Lyles (Eds.), The Blackwell handbook of organizational learning and knowledge management (pp. 557 – 574). Malden, MA: Blackwell Publishing, 2003.

[61] Hayes, N., & Walsham, G. Knowledge sharing and ICTs: A relational perspective. In M. Easterby – Smith, M. and M. A. Lyles (Eds.), The Blackwell handbook of organizational learning and knowledge management (pp. 5477). Malden, MA: Blackwell Publishing, 2003.

[62] Alavi, M., & Tiwana, A. Knowledge management: The information technology dimension. In M. Easterby – Smith, M. and M. A. Lyles (Eds.), The Blackwell handbook of organizational learning and knowledge management (pp. 104 – 121). Malden, MA: Blackwell Publishing, 2003.

[63] Meyer, M. & Zack, M. The design and implementation of information products. Sloan Management Review, 1996, 37 (3), 43 – 59.

[64] Bukowitz, W. R., & Williams, R. L. The knowledge management fieldbook. London, UK: Prentice Hall, 1999.

[65] Grieves, J., & Redman, T. Living in the shadow of OD: HRD and the search for identity. Human Resource Development International, 1999, 2 (2), 81 – 102.

[66] Weinberger, L. A. Commonly held theories of human resource development. Human Resource Development International, 1998, 1 (1), 75 – 93.

[67] Gourlay, S. Knowledge management and HRD. Human Resource Development International, 4 (1), 27 – 46. http://dx. doi. org/10. 1080/13678 860121778 1120 2007, 2001.

[68] Watt, P. Knowing it all. Internet, 1997, 14 (33), 17 – 18.

[69] Stewart, T. A. Is this job really necessary?. Fortune, 1998, 137 (1), 154 – 155.

[70] Duffy, D. Knowledge champions: What does it take to be a successful CKO? CIO, 1998, 12 (4), 66 – 71.

370

［71］ Guns, B. The Chief Knowledge Officer's Role: Challenges and competencies. Journal of Knowledge Management, 1997, 1 (4), 315 – 319.

［72］ Earl, M. J. , & Scott, I. A. What is a chief knowledge officer? Sloan Management Review, 1998, 40 (2), 29 – 38.

［73］ McKeen, J. D. , & Staples, D. S. Knowledge managers: Who they are and what they do. In C. W. Holsapple (Ed.), Handbook on knowledge management 2: Knowledge directions (pp. 21 – 41). Heidelbert, Germany: Springer – Verlag Berlin, 2003.

［74］ Bennet, A. , & Neilson, R. The leader of knowledge initiatives: Qualifications, roles, and responsibility. In C. W. Holsapple (Ed.), Handbook on knowledge management 1: Knowledge matters (pp. 523 – 538). Heidelbert, Germany: Springer – Verlag Berlin, 2003.

［75］ Amidon, D. M. , & Macnamara, D. The 7C's of knowledge leadership: Innovating our future. In C. W. Holsapple (Ed.), Handbook on knowledge management 1: Knowledge matters (pp. 539 – 551). Heidelbert, Germany: Springer – Verlag Berlin, 2003.

［76］ Ruth, S. , Shaw, N. C. , & Frizzell, V. Knowledge management education: An overview of program of instruction. In C. W. Holsapple (Ed.), Handbook on knowledge management 2: Knowledge directions (pp. 109 – 127). Heidelbert, Germany: Springer – Verlag Berlin, 2003.

［77］ 撰写本章第 5.1 节时, 正值 2007 年 MLB 季后赛, 故多以"棒球相关"知识为例。

［78］ http: //www. atmt. org. tw/html/modules/news/article. php? storyid = 38 1025 2007.

［79］ http: //news. taiwannet. com. tw/newsdata/showdetail1. php? ID = 977 1125 2007.

［80］ 原文为 "thick skinned" 略有 "厚脸皮" 之意涵, 但作者认为 "受挫力" 较接近 Bennet & Neilson 的原意。

第 6 章

［1］ Torraco, R. J. Theory building research methods. In R. A. Swanson and

E. F. Holton（Eds.），Human Resource Development Handbook（pp. 114 – 137）. San Francisco，CA：Berrett – Koehler，1997.

［2］Nadler，L. Human resource development：The perspective of business and industry. Columbus，OH：ERIC Clearinghouse on Adult，Career，and Vocational Education，1983.

［3］Torraco，R. J. Economics – Human capital theory and human resource development. Special contribution to R. A. Swanson and W. F. Holton，III. Foundations of human resource development（pp. 106 – 114）. San Francisco，CA：Berrett – Hoheler Publishers，Inc，2001.

［4］Becker，G. S. Human capital：A theoretical and empirical analysis with special reference to education（3rd Ed. ）. Chicago，IL：University of Chicago Press，1993.

［5］Wright，P. M. ，McMahan，G. C. ，& McWilliams A. Human resources and sustained competitive advantage. International Journal of Human Resource Management，1994，5（2），301 – 326.

［6］Levinthal，D. A survey of agency models of organizations. Journal of Economic Behavior and Organization，1988，9（2），153 – 185.

［7］Lazear，E. P. Personnel economics. Cambridge，MA：MIT Press，1995.

［8］Swanson，R. A. Assessing the financial benefits of human resource development. Cambridge，MA：Perseus，2001a.

［9］Phillips，J. J. ，& Stone，R. D. How to measure training results：A practical guide to tracking the six key indicators. New York：McGraw – Hill，2002.

［10］Passmore，D. L. Ways of seeing：Disciplinary bases of research in HRD. In R. Swanson and E. Holton（Eds. ），Human resource development research handbook：Linking research and practice（pp. 199 – 214）. San Francisco，CA：Berrett – Koehler，1997.

［11］Swanson，R. A. Analysis for improving performance：Tools for diagnosing organizations and documenting workplace expertise. San Francisco，CA：Berrett – Koehler，1994.

［12］Swanson，R. A. The discipline of human resource development. Spe-

372

cial contribution to R. A. Swanson and W. F. Holton, III. Foundations of human resource development (pp. 88 – 100). San Francisco, CA: Berrett – Hoheler Publishers, Inc. , 2001b.

[13] Hergenhahn, B. R. , & Olson, M. H. An introduction to theories of learning (4th Ed.). Englewood Cliffs, NJ: Prentice Hall, 1993.

[14] Holton III, E. F. Psychology and the discipline of HRD – Contributions and limitations. Special contribution to R. A. Swanson and W. F. Holton, III. Foundations of human resource development (pp. 100 – 106). San Francisco, CA: Berrett – Hoheler Publishers, Inc. , 2001.

[15] Tolman, E. C. Purposive behavior in animals and men. New York: Naiburg, 1932.

[16] Bugental, J. F. TThe Third force in psychology. Journal of Humanistic Psychology, 1964, 4 (1), 19 – 25.

[17] Knowles, M. S. , Holton, E. F. , & Swanson, R. A. The adult learner: The definitive classic in adult education and human resource development (6th Ed.). Burlington, MA: Elservier, 2005.

[18] Wiggins, J. A. , Wiggins, B. B. , & Vander Zanden, J. Social psychology (5th Ed.). New York: McGraw – Hill, 1994.

[19] Cummings, T. G. , & Worley, C. G. Organization development and change (7th Ed.). Cincinnati, OH: Southwestern College Publishing, 1997.

[20] Gradous, D. B. (Ed.). Systems theory applied to human resource development. Alexandira, VA: ASTD Press, 1989.

[21] Ruona, W. E. System theory as a foundation for HRD. Special contribution to R. A. Swanson and W. F. Holton, III. Foundations of human resource development (pp. 114 – 124). San Francisco, CA: Berrett – Hoheler Publishers, Inc, 2001.

[22] von Bertalanffy, L. General system theory: Foundations, development, applications. New York: George Braziller, 1968.

[23] Gleick, J. Chaos: Making a new science. New York: Penguin, 1987.

[24] Negoita, C. V. (Ed.). Cybernetics and applied systems. New York:

Dekker, 1992.

[25] Harold, J. M. Can there be a unified theory of complex adaptive systems? In J. M. Harold and J. L. Singer (Eds.), The Mind, the brain, and complex adaptive systems (pp. 45 – 50). Reading, MA: Addison – Wesley, 1995.

[26] Dooley, K. A complex adaptive systems model of organization change. Nonlinear Dynamics, Psychology, & Life Science, 1997, 1 (1), 69 –97.

[27] Rummler, G. A. , & Brache, A. G. Improving performance: How to management the white space on the organization chart (2nd Ed.). San Francisco, CA: Jossey – Bass, 1995.

[28] Gilbert, T. F. Human competence: engineering worthy performance. New York: McGraw – Hill, 1978.

[29] Rummler, G. A. , & Brache, A. G. The system view of human performance. Training, 1988, 25 (9), 45 –53.

[30] Nadler, D. A. , & Gerstein, M. S. Designing high – performance work systems: Organizing people, work, technology, and information. In D. A. Nadler, M. S. Gerstein, R. B. Show and Associates (Eds.), Organizational architecture: Designs for changing organizations (pp. 110 – 132). San Francisco, CA: Jossey – Bass, 1992.

[31] Jacobs, R. L. Human performance technology: A systems – based field for the training and development profession. Columbus, OH: ERIC Clearinghouse on Adult, Career, and Vocational Education, The National Center for Research in Vocational Education, The Ohio State University (ERIC # ED 290 936), 1987.

[32] Weinberger, L. A. Commonly held theories of human resource development. Human Resource Development International, 1998, 1 (1), 75 –93.

[33] Ormrod, J. E. Human learning. Upper Saddle River, NJ: Prentice Hall, 1999.

[34] Bandura, A. Social foundations of thoughts and action: A social cognitive theory. Englewood Cliffs, NJ: Prentice Hall, 1986.

[35] Bandura, A. Social learning theory. Englewood Cliffs, NJ: Prentice

Hall, 1977.

[36] Rosenthal, T. L., & Zimmerman, B. J. Social learning and cognition. New York: Academic Press, 1978.

[37] Bandura, A. Human agency in social cognitive theory. American Psychologist, 1989, 44 (9), 1175 – 1184.

[38] Phillips, D. A., & Zimmerman, M. The developmental course of perceived competence and incompetence among competent children. In R. J. Sternberg & J. Kolligian, Jr. (Eds.), Competence considered (pp. 41 – 66). New Haven, CT: Yale University Press, 1990.

[39] Schunk, D. H. Social cognitive theory and self – regulated learning. In B. J. Zimmerman and D. H. Schunk (Eds.), Self – regulated learning and academic achievement: Theory, research, and practice (pp. 125 – 151). Mahwah, NJ: Lawrence Erlbaum Associates, 2001.

[40] Shaffer, D. R. Social and personality development (2nd Ed.). Pacific Grove, CA: Brooks/Cole, 1988.

[41] Harris, K. R. Self – monitoring of attentional behavior versus self – monitoring of productivity: Effects of on – task behavior and academic response rate among learning disable children. Journal of Applied Behavior Analysis, 1986, 19 (4), 417 – 423.

[42] Stevenson, H. C., & Fantuzzo, J. W. The generality and social validity of a competency – based self – control training intervention for underachieving students. Journal of Applied Behavior Analysis, 1986, 19 (3), 508 – 523.

[43] Neisser, U. Cognivite psychology. New York: Appleton – Century – Crofts, 1967.

[44] Calfee, R. C. Cognitive psychology and educational practice. In D. C. Berliner (Ed.), Review of research in education, Vol. 9 (pp. 3 – 72). Washington, D. C.: American Educational Research Association, 1981.

[45] Henle, M. Rediscorvering Gestalt psychology. In S. Koch and D. E. Leary (Eds.), A Century of Psychology as Science (pp. 100 – 120). New York: McGraw – Hill, 1985.

[46] Bahrick, H. P., Bahrick, L. E., Bahrick, A. S., Bahrick,

375

P. E. Maintenance of foreign language vocabulary and the spacing effect. Psycho-
logical Science, 1993, 4 (5), 655 – 664.

[47] Paivio, A. Imagery and verbal processes. New York: Oxford Univer-
sity Press, 1971.

[48] Clark, J. M. , & Paivio, A. Dual coding theory and education. Ed-
ucational Psychology Review, 1991, 3 (3), 253 – 278.

[49] Merriam, S. B. , Caffarella, R. S. , & Baumgartner, L. M. Learn-
ing in adulthood: A comprehensive guide (3rd Ed.). San Francisco, CA:
John Wiley & Sons, Inc. , 2007.

[50] Sahakian, W. S. Introduction to the psychology of learning (2nd
Ed.). Itasca, IL: Peacock, 1984.

[51] Maslow, A. H. Motivation and personality (2nd Ed.). New York:
Harper & Row, 1970.

[52] Rogers, C. R. Freedom to learn for the 80s. Columbus, OH: Mer-
rill, 1983.

[53] Buhler, C. Basic Theoretical Concepts of Humanistic Psychology. A-
merican Psychologist, 1971, 26, 378 – 386.

[54] Driver, R. Constructivist approaches in science teaching. In
L. P. Steffe and J. Gale (Eds.), Constructivism in education (pp. 385 – 400).
Hillsdale, NJ: Lawrence Erlbaum Associates, 1995.

[55] Spivey, N. N. The constructivist metaphor: Reading, writing, and
the marking of meaning. San Diego, CA: Academic Press, 1997.

[56] Driver, R. , Asoko, H. , Leach, J. , Mortimer, E. , & Scott,
P. Constructing scientific knowledge in the classroom. Educational Researcher,
1994, 23 (7), 5 – 12.

[57] Vygotsky, L. S. Mind in society: The development of higher psycho-
logical processes. Cambridge, MA: Harvard University Press, 1978.

[58] Kolb, D. A. Experiential learning: experience as the source of learn-
ing and development. Englewood Cliffs, NJ: Prentice – Hall, 1984.

[59] Kolb, D. , & Fry, R. Toward an applied theory of experiential
learning. In C. Cooper (Ed.), Theory of group processes (pp. 33 – 57). Lon-

don, UK: John Wiley, 1975.

[60] Kegan, R. What "form" transforms? A constructive – developmental perspective on transformational learning. In J. Mezirow & Associates (Eds.), Learning as transformation: Critical perspectives on a theory in progress (pp. 3570). San Francisco, CA: Jossey – Bass, 2000.

[61] Mezirow, J. Learning to think like an adult: Core concepts of transformation theory. In J. Mezirow & Associates, Learning as transformation: Critical perspectives on a theory in progress (pp. 3 – 33). San Francisco, CA: Jossey – Bass, 2000.

[62] Brookfield, S. Developing critical thinkers. San Francisco, CA: Jossey – Bass, 1987.

[63] Grabov, V. The many facets of transformative learning theory and practice. In P. Cranto (Ed.), Transformative learning in action: Insights from practice. New directions for adult and continuing education, No. 74 (pp. 89 – 96). San Francisco, CA: Jossey – Bass, 1997.

[64] Dirkx, J. Transformative learning theory in the practice of adult education: An overview. PAACE Journal of Lifelong Learning, 1998, 7, 1 – 14.

[65] Daloz, L. A. Mentor: Guiding the journey of adult learners (2nd Ed.). San Francisco, CA: Jossey – Bass, 1999.

[66] Daloz, L. A. Effective teaching and mentoring: Realizing the transformational power of adult learning experiences. San Francisco, CA: Jossey – Bass, 1986.

[67] Boyd, R. D. Personal transformations in small groups: A jungian perspective. New York: Routledge, 1991.

[68] Boyd, R. D., & Myers, J. G. Transformative education. International Journal of Lifelong Education, 1988, 7 (4), 261 – 284.

[69] McLaren, P. Paulo Freire's pedagogy of possibility. In S. F. Steiner, H. M. Krank, P. McLaren, and R. E. Bahruth (Eds.), Freirean pedagogy, praxis, and possibilities: Projects for the new millennium, Vol. 19, Critical Education Practice (pp. 1 – 22). New York: Falmer Press, 2000.

[70] Freire, P. Pedagogy of the oppressed (30th Anniversary Ed.).

377

(translated by Ramos M. B.) New York: Continuum, 2000.

[71] Mezirow, J. Transformation theory of adult learning. In M. R. Welton (Ed.), In defense of the lifeworld (pp. 39 – 70). New York: State University of New York Press, 1995.

[72] Houle, C. O. The inquiring mind. Madison, WI: University of Wisconsin Press, 1961.

[73] Tough, A. The adult's learning projects. Toronto, Canada: Ontario Institute for Studies in Education, 1979.

[74] Knowles, M. S. The adult learner: A neglected species. Houston, TX: Gulf Publishing, 1973.

[75] Knowles, M. S. Androgogy, not pedagogy! Adult Leadership, 1968, 16 (10), 350 –352, 386.

[76] Knowles, M. S. The modern practice of adult education: From pedagogy to andragogy (2nd Ed.). New York: Cambridge Books, 1980.

[77] Knowles, M. S. Design for adult learning. Alexandria, VA: American Society for Training and Development, 1995.

[78] Jonassen, D. H. , & Grabowski, B. L. Handbook of individual differences, learning, and instruction. Hillsdale, NJ: Lawrence Erlbaum Associates, 1993.

[79] Rogers, C. R. Freedom to learn: A view of what education might become. Columbus, OH: Charles Merrill, 1969.

[80] Houle, C. O. The design of education. New York: San Francisco, CA: Jossey – Bass, 1972.

[81] Bruner, J. The act of discovery. Harvard Educational Review, 1961, 31 (2), 21 –32.

[82] Brookfield, S. Understanding and facilitating adult learning. San Francisco, CA: Jossey – Bass, 1986.

[83] Davenport, J. , & Davenport, J. A chronology and analysis of the andragogy debate. Adult Education Quarterly, 1985, 35 (3), 152 –159.

[84] Hartree. A. Malcolm Knowles' theory of andragogy: A Critique. International Journal of Lifelong Education, 1984, 3 (3), 203 –210.

［85］Knowles, M. S. The marking of an adult educator: An autobiographical journey. San Francisco, CA: Jossey - Bass, 1989.

［86］Grace, A. P. Taking a critical pose: Andragogy - missing links, mission values. International Journal of Lifelong Education, 1996, 15 (5), 382 - 392.

［87］Jarvis, P. Adult learning in the social context. London, UK: Croom Helm, 1987.

［88］Sandlin, J. Andragogy and its discontents: An analysis of andragogy from three critical perspectives. PAACE Journal of Lifelong Learning, 2005, 14, 25 - 42.

［89］Kessels, J. W. M. , & Poell, R. F. Addragogy and social capital theory: The implications for human resource development. Advances in Developing Human Resources, 2004, 6 (2), 146 - 157.

［90］St. Clair, R. Andragogy revisited: Theory for the 21st century? Myths and realities. No. 19. Columbus, OH: ERIC Clearinghouse on Adult, Career and Vocational Education. (ERIC # ED 468 612), 2002.

［91］McClusky, H. Y. The course of the adult life span. In W. C. Hallenbeck (Ed.), Psychology of Adults (pp. 10 - 19). Washington, D. C. : Adult Education Association, 1963.

［92］McClusky, H. Y. An approach to a differential psychology of the adult potential. In S. M. Grabowski (Ed.), Adult learning and instruction (pp. 80 - 95) . Syracuse, NY: ERIC Clearinghouse on Adult Education. (ERIC# 045 867), 1970.

［93］McClusky, H. Y. Education for aging: The scope of the field and perspectives for the future. In S. Grabowski & W. D. Mason (Eds.), Learning for aging (pp. 324 - 355). Washington, D. C. : Adult Education Association of the USA, 1974.

［94］Schlossberg, N. K. Counseling adults in transition. New York: Springer, 1984.

［95］Londoner, C. A. The theory of margin as an HRD problem - solving tool for coping with life stresses. In L. Mathis & K. Mizer (Eds.), Proceedings of Quest for Quality: National research conference on human resource development (pp. 117 – 126). College Station, TX: Texas A&M University, 1993.

［96］Hanpachern, C. , Morgan, G. A. , & Griego, O. V. An extension of the theory of margin: A framework for assessing readiness for the change. Human Resource Development Quarterly, 1998, 9 (4), 339 – 350.

［97］Illeris, K. Three dimensions of learning. Leicester, UK: NIACE, 2002.

［98］Illeris, K. Transformative learning in the perspective of a comprehensive learning theory. Journal of Transformative Education, 2004, 2 (2), 79 – 89.

［99］Jarvis, P. Toward a comprehensive theory of human learning. New York: Routledge/Falmer Press, 2006.

［100］Jarvis, P. Adult education and lifelong learning: Theory and practice (3rd Ed.). New York: Routledge/Falmer Press, 2004.

［101］http: //www. nwlink. com/ ~ donclark/hrd/history/kolb. html 0131 2008

［102］http: //www. infed. org/biblio/b – explrn. htm 0131 2008.

［103］http: //www3. nl. edu/academics/cas/ace/resources/Documents/FreireIssues. cfm 0211 2008.

［104］Andragogy 溯源之部分主要节录自 Knowles, M. S. , Holton, E. F. , & Swanson, R. A. The adult learner: The definitive classic in adult education and human resource development (6th Ed.). Burlington, MA: Elservier, 2005, 58 – 60.

［105］http: //media. wiley. com/product _ data/excerpt/32/04701815/0470 181532. pdf 0221 2008.

第 7 章

［1］Reiser, R. A. A history of instructional design and technology: Part II A history of instructional design. Educational Technology Research and Development, 2001, 49 (2), 57 – 67.

［2］Miller, V. A. The history of training. In R. L. Craig (Ed.), Training and development handbook (3rd Ed.)(pp. 3 – 18). New York: McGraw – Hill Book Company, 1987.

[3] Dick, W. A history of instructional design and its impact on educational psychology. In J. A. Glover and R. R. Ronning (Eds.), Historical foundations of educational psychology (pp. 183 – 192). New York: Plenum, 1987.

[4] Skinner, B. F. The science of learning and the art of teaching. Harvard Educational Review, 1954, 24 (2), 86 – 97.

[5] Skinner, B. F. Teaching machines. Science, 1958, 128 (3300), 969 – 977.

[6] Heinich, R. Technology and the management of instruction, Monograph No. 4. Washington, D. C. : Association for Educational Communications and Technology, 1970.

[7] Gagné, R. M. The conditions of learning. New York: Holt, Rinehart and Winston, 1965.

[8] Tyler, R. W. Educational benchmarks in retrospect: Educational change since 1915. Viewpoints, 1975, 51 (2), 11 – 31.

[9] Borich, G. D. A state of the art assessment of educational evaluation. Austin, TX: University of Taxes. (ERIC No. 187 717), 1980.

[10] Bloom, B. S. (Ed.), Engelhart, M. D., Furst, E. J., Hill, W. H., & Krathwohl, D. R. Taxonomy of education objectives: The classification of educational goals. Handbook I: Cognitive domain. New York: Longman, 1956.

[11] Krathwohl, D. R., Bloom, B. S., & Masia, B. B. Taxonomy of education objectives: The classification of educational goals. Handbook II: Affective domain. New York: David McKay Company, Inc. , 1964.

[12] Mager, R. F. Preparing Objectives for Programmed Instruction. Belmont, CA: Fearon, 1962.

[13] Glaser, R. Instructional technology and the measurement of learning outcomes: Some questions. American Psychologist, 1963, 18 (8), 519 – 521.

[14] Scriven, M. The methodology of evaluation. In R. W. Tyler, R. M. Gagné, and M. Scriven (Eds.), Perspectives of curriculum evaluation (pp. 39 – 83). Chicago, IL: Rand McNally, 1967.

[15] Markle, S. M. Empirical testing of programs. In P. C. Lange (Ed.), Programmed instruction: The sixty – sixth yearbook of the National Society for

the study of education, Part II (pp. 104 – 140). Chicago, IL: University of Chicago Press, 1967.

[16] Miles, G. D. Evaluating four years of ID experience. Journal of Instructional Development, 1983, 6 (2), 9 – 14.

[17] Gustafson, K., & Bratton, B. Instructional improvement centers in higher education: A status report. Journal of Instructional Development, 1984, 7 (2), 2 – 7.

[18] Redfield, D. D., & Dick, W. An alumni – practitioner review of doctoral competencies in instructional systems. Journal of Instructional Development, 1984, 7 (1), 10 – 13.

[19] Andrews, D. H., & Goodson, L. A. A comparative analysis of models instructional design. Journal of Instructional Development, 1980, 3 (4), 2 – 16.

[20] Banathy, B. H. Instructional systems design. In R. M. Gagné (Ed.), Instructional technology: Foundations (pp. 85 – 112). Hillsdale, NJ: Lawrence Erlbaum Associates, 1987.

[21] Gustafson, K., & Branch, R. M. What is instructional design? In R. A. Reiser and J. V. Dempsey (Eds.), Trends and issues in instructional design and technology (pp. 16 – 25). Upper Saddle River, NJ: Merrill Prentice Hall, 2002.

[22] Reiser, R. A. What field did you say you were in? Defining and naming our field. In R. A. Reiser and J. V. Dempsey (Eds.), Trends and issues in instructional design and technology (pp. 3 – 15). Upper Saddle River, NJ: Merrill Prentice Hall, 2002.

[23] Rosenberg, M. J. The ABCs of ISD. Training and Development Journal, 1982, 36 (9), 44 – 50.

[24] Gagné, R. M., Briggs, L. J., & Wager, W. W. Principles of instructional design (4th Ed.). New York: Harcourt Brace Janovich College Publishers, 1992.

[25] Rothwell, W. J., & Kazanas, H. C. Mastering the instructional design process: A systematic approach. San Francisco, CA: Jossey – Bass Pub-

lishers, 1992.

[26] Desimone, A. L., Werner, J. M., & Harris, D. M. Human resource development (3rd Ed.). Orlando, FL: Harcourt College Publishers, 2002.

[27] Dick, W., Carey, L., & Carey, J. O. The systematic design of instruction (6th Ed.). Boston, MA: Pearson/Allyn and Bacon, 2005.

[28] Kirkpartick, D. L. Techniques for evaluating training programs. In D. L. Kirkpatrick (Ed.), Evaluating training programs (pp. 1 – 17). Madison, WI: American Society for Training and Development, 1975.

[29] Kirkpartick, D. L. Evaluation. In R. L. Craig (Ed.), Training and development handbook (3rd Ed.) (pp. 301319). New York: McGraw – Hill Book Company, 1987.

[30] Gordon, J., & Zemke, R. The attack on ISD. Training, 2000, 37 (4), 42 – 53.

[31] Nickols, F. W. Concerning performance and performance standards: An opinion. NSPI Journal, 1977, 16 (1), 14 – 17.

[32] Swanson, R. A. The Foundations of Performance Improvement and Implications for Practice. In R. J. Torraco (Ed.), Performance Improvement Theory and Practice (pp. 1 – 25). San Francisco, CA: Berrett – Koehler, 1999.

[33] Ryle, G. The concept of mind. London, UK: Hutchison, 1949.

[34] Gilbert, T. F. Levels and structure of performance analysis. Morristown, NJ: Prasix Corporation, 1974.

[35] Stolovitch, H. D., & Keeps, E. J. What is human performance technology? In H. D. Stolovitch & E. J. Keeps (Eds.), Handbook of human performance technology: Improving individual and organizational performance worldwide (2nd Ed.)(pp. 3 – 23). San Francisco, CA: Jossey – Bass, 1999.

[36] Kaplan, R. S., & Norton, D. P. The balanced scorecard – Measures that drive performance. Harvard Business Review, 1992, 70 (1), 71 – 79.

[37] Kaplan, R. S., & Norton, D. P. The balanced scorecard: translating strategy into action. Boston, MA: Harvard Business School Press, 1996.

［38］Gilbert, T. F. Human Competence: Engineering Worthy Performance (Tributed Ed.). Washington, D. C.: ISPI, 1996.

［39］Mager, R. F., & Pipe, P. Analyzing performance problems or 'You Really Oughta Wanna.' (1st Ed.). Belmont, CA: Fearon Publisher, 1970.

［40］Harless, J. H. An ounce of analysis is worth a pound of objectives. Newnan, GA: Harless Performance Guild, 1975.

［41］Harless, J. H. Front – End Analysis. Training, 1988, 25（7）, 43 –45.

［42］Gilley, J. W., & Maychnich, A. Organizational Learning, Performance, and Change: An Introduction to Strategic Human Resource Development. Cambridge, MA: Perseus Publishing, 2000.

［43］简建忠. 绩效需求评析. 台北市: 五南图书出版公司, 1994.

［44］Rothwell, W. J. The ASTD Models for Human Performance Improvement: Roles, Competencies, and Outputs. Alexandria, VA: American Society for Training and Development, 1996.

［45］Swanson, R. A., Gradous, D. Performance at work. New York: John Wiley & Sons, 1986.

［46］Newstrom, J. W., & Lilyquist, J. M. Selecting needs analysis methods. Training and Development Journal, 1979, 33（10）, 52 –56.

［47］http: //udn. com/NEWS/FINANCE/FIN11/4239066. shtml 3/1/2008.

［48］http: //mag. udn. com/mag/campus/storypage. jsp? f_ ART_ ID = 113227 3/3/2008.

第 8 章

［1］Mager, R. Goal analysis. Belmont, CA: Fearon – Pitman, 1972.

［2］Rothwell, W. J., & Kazanas, H. C. Mastering the instructional design process: A systematic approach. San Francisco, CA: Jossey – Bass Publishers, 1992.

［3］Bloom, B. S. （Ed.）, Engelhart, M. D., Furst, E. J., Hill, W. H., & Krathwohl, D. R. Taxonomy of education objectives: The classifica-

384

tion of educational goals. Handbook I: Cognitive domain. New York: Longman, 1956.

［4］Mager, R. F. Preparing Objectives for Programmed Instruction. Belmont, CA: Fearon, 1962.

［5］Dick, W. , Carey, L. , & Carey, J. O. The systematic design of instruction (6th Ed.). Boston, MA : Pearson/Allyn and Bacon, 2005.

［6］Steiss, A. W. Strategic Management and Organizational Decision Making. Lexington, MA: D. C. Heath, 1985.

［7］Gagné, R. M. , & Briggs, L. J. Principle of instruction (2nd Ed.). Troy, MO: Holt, Rinehart & Winston, 1979.

［8］Jonassen, D. H. , Grabinger, R. S. , & Harris, D. C. Analyzing and selecting instructional strategies and tactics. Performance Improvement Quartely, 1990, 3 (2), 29 – 47.

［9］Romiszowski, A. J. Designing instructional systems: Decision making in course planning and curriculum design. New York: Nichols, 1981.

［10］Laird, D. Approaches to Training and Development (3rd ed.). New York: Perseus Books Group, LLC, 2003.

［11］Sredl, H. , & Rothwell, W. The American Society for Training and Development reference guide to professional training roles and competencies, Vol. 2. Amherst, MA: Human Resource Development Press, 1987.

［12］Reiser, R. A. , & Gagné, R. M. Selecting media for instruction. Englewood Cliffs, NJ: Educational Technology, 1983.

［13］Clark, R. Reconsidering research on learning from media. Review of Educational Research, 1983, 53 (4), 445 – 459.

［14］Russell, T. L. The "no significant difference" phenomenon as reported in reports, summaries, and papers. Raleigh, NC: North Carolina State University Office of Instructional Telecommunications, 1993.

［15］Russell, T. L. The "no significant difference" phenomenon: A comparative research annotated bibliography on technology for distance education. Raleigh, NC: North Carolina State University Office of Instructional Telecommunications, 1999.

［16］Moss, G. The corporate trainer's quick reference. Homewood, IL: Business One Irwin, 1993.

［17］Erickson, R. C. , & Wentling, T. L. Measuring student growth. Urbana, IL: Griffon Press, 1976.

［18］Flagg, B. N. Formative evaluation for educational technologies. Hillsdale, NJ: Lawrence Erlbaum Associates Publishers, 1990.

［19］简建忠. 人力资源发展. 台北：五南图书出版公司，1995.

［20］简建忠. 人力资源管理：以合作观点创造价值. 台北县：前程文化公司，2006.

［21］http：//funp. com/t132153#p = 132153 0325 2008.

［22］作者在宾州州立大学求学时知悉此定义，目前来源已不可考，特向读者致歉！

［23］http：//edweb. sdsu. edu/courses/edtec540/objectives/Difference. html 0327 2008.

第 9 章

［1］Brown, J. S. , & Thomas, D. The gamer disposition. Harvard Business Review, 86 (2), 28, 2008.

［2］Reeves, B. , Malone, T. W. , & O' Driscoll, T. Leadership's online labs. Harvard Business Review, 2008, 86 (5), 58 – 66.

［3］Blanchard, P. N. , & Thacker, J. W. Effective Training: Systems, strategies, and Practices (3rd Ed.). Upper Saddle River, NJ: Pearson Prentice Hall, 2007.

［4］Hequet, M. Games that teach. Training, 1995, 32 (7), 53 – 58.

［5］Weinstein, M. Winning games. Training, 2007, 44 (4), 16 – 20.

［6］Dolezalek, H. Pretending to learn. Training, 2003, 40 (7), 20 – 26.

［7］Trapp, M. Simulator training submarine crews. Naval Forces, 2000, 21 (3), 64 – 66.

［8］Ruley, J. D. Proficiency, simulators & fun. Plane and Pilot, 2007, 43 (10), 52 – 56.

［9］Hauland, G. Measuring individual and team situation awareness during planning tasks in training of en route air traffic control. The International Journal of Aviation Psychology, 2008, 18 (3), 290 – 304.

[10] Foss, B. Trucking's use of driver training simulators rises. Transport Topics, 2006, 3677, 28 – 29.

[11] Casatelli, C. Simulators key to nuclear plant training. Computerworld, 1991, 25 (17), 116.

[12] Blankinship, S. Simulator enhances startup/operator training for Pacificorp. Power Engineering, 2005, 109 (7), 7, 16.

[13] Johnson, E. Surgical Simulators and Simulated Surgeons: Reconstituting Medical Practice and Practitioners in Simulations. Social Studies of Science, 2007, 37 (4), 585 – 608.

[14] Slack, K. Training for the real thing. Training & Development, 1993, 47 (5), 79 – 89.

[15] Gill, R. W. The in – tray (in – basket) exercise as a measure of management potential. Journal of Occupational Psychology, 1979, 52 (3), 185 – 197.

[16] Argyris, C. Some limitations of the case method: Experiences in a management development program. Academy of Management Review, 1980, 5 (2), 291 – 298.

[17] Pigors, P., & Pigors, F. The case method. In R. L. Craig (Ed.), Training and development handbook: A guide to human resource development (pp. 414 – 429). New York: McGraw – Hill, 1987.

[18] Stake, R. E. The art of case study research. Thousand Oaks, CA: Sage, 1995.

[19] van Ments, M. The effective use of role – play: A handbook for teachers and trainers (Revised Ed.). New York: Kogan Page, 1994.

[20] Aldrich, C. Learning by doing: A comprehensive guide to simulations, computer games, and pedagogy in e – learning and other educational experiences. San Francisco, CA: Pfeiffer, 2005.

[21] Salopek, J. J. Stop playing games. Training & Development, 1999, 53 (2), 28 – 38.

［22］Thiagarajan, S. Ask Thiagi. Thiagi Game Letter, 1998, 1 (4), 6.

［23］Kirk, J. J. Trainers' use of games: Some preliminary explorations. Simulation & Gaming, 1997, 28 (1), 88 - 97.

［24］Kirk, J. J. Playing games productively. Training, 1997, 51 (8), 11.

［25］Doyle, E. C. Games 101. Training & Development, 2001, 55 (2), 16 - 17.

［26］Feldman, D. C. Career coaching: What HR professionals and managers need to know. Human Resource Planning, 2001, 24 (2), 26 - 35.

［27］Thach, E. 14 ways to groom executives. Training, 1998, 35 (8), 52 - 55.

［28］Bolch, M. Proactive coaching. Training, 2001, 38 (5), 58 - 66.

［29］Crosby, F. J. The developing literature on developmental relationships. In A. J. Murrel, F. J. Crosby and R. J. Ely (Eds.), Mentoring dilemmas: Developmental relationships within multicultural organizations (pp. 3 - 20). London, UK: Lawrence Erlbaum, 1999.

［30］Swap, W. , Leonard, D. , Shields, M. , & Abrams, L. Using mentoring and storytelling to transfer knowledge in the workplace. Journal of Management Information Systems, 2001, 18 (1), 95 - 124.

［31］Levinson, D. J. , Darrow, C. N. , Klein, E. B. , Levinson, M. H. , & McKee, B. The seasons of a Man's life. New York: Ballantine Books, 1979.

［32］Hunt, D. M. , & Michael, C. Mentorship: A career training and development tool. The Academy of Management Review, 1983, 8 (3), 475 - 485.

［33］Kram, K. E. Mentoring at work. Boston, MA: University Press of America, 1988.

［34］Flynn, G. Interaction has its attraction. Personnel Journal, 1995, 74 (7), 27 - 28.

［35］Skinner, B. F. The science of learning and the art of teaching. Harvard Education Review, 1954, 24 (2), 86 - 97.

［36］Ormrod, J. E. Human learning. Upper Saddle River, NJ: Prentice Hall, 1999.

［37］ Crowder, N. A., Martin, G. Trigonometry. Garden City, NY: Doubleday, 1961.

［38］ Lepper, M. R., & Gurtner, J. Children and computer. Approaching the twenty – first century. American Psychologist, 1989, 44 (2), 170 – 178.

［39］ Tudor, R. M. Isolating the effects of active responding in computer – based instruction. Journal of Applied Behavior Analysis, 1995, 28 (3), 343 – 344.

［40］ O' Hara – Devereaux, & Johansen, R. Global work: Bridging distance, culture, and time. San Francisco, CA: Jossey – Bass, 1994.

［41］ Chute, A. G., Thompson, M. M., & Hancock, B. W. The McGraw – Hill handbook of distance learning. New York: The McGraw – Hill, 1999.

［42］ Dolezalek, H. Training magazine's 23rd annual comprehensive analysis of employer – sponsored training in the United States. Training, 2004, 41 (10), 20 – 36.

［43］ Somonson, M., Smaldino, S., Albright, M., & Zvacek, S. Teaching and learning at a distance: Foundations of distance education. Upper Saddle River, NJ: Pearson Education, Inc, 2006.

［44］ Brown, B. M. Digital classroom: Some myths about developing new educational programs using the Internet. Syllabus, 1998, 26 (5), 56 – 59.

［45］ http://www. thiagi. com/pfp/IE4H/march2006. html 0928 2008.

［46］ http://hamptonroads. com/2008/06/navy – simulator – ship – mishap – doesnt – spoil – whole – day 2008/9/7.

［47］ http://www. naval – technology. com/contractors/simulators/stn/2008/9/7.

［48］ http://www. theconsultants. co. za/Excercises/InBasket. htm 2008/9/28.

［49］ http://www. apprenticeschool. com/ 2008/10/8.

［50］ CAI 或称为计算机化教学 （computer – based instruction, CBI），与计算机化训练 CBT，三者其实均为编序教学融合计算机的产物。

［51］ http://en. wikipedia. org/wiki/E – mail 2008/12/3.

［52］ www. menon. org/Benchmarking/TheCorporateeLearningMarketBrusse ls1106. ppt 2008/12/31.

［53］http：//www. researchandmarkets. com/reportinfo. asp？report_id = 349703&t = d&cat_ id = 2008/12/31.

［54］http：//www. ion. uillinois. edu/resources/tutorials/pedagogy/StudentProfile. asp 2008/12/31.

［55］Zemsky, R. , & Massy. Thwarted innovation：What happened to e - learning and why. http：//www. irhe. upenn. edu/Docs/Jun2004/ThwartedInnovation. pdf 2008/12/31, 2004.

第 10 章

［1］Erickson, R. C. , & Wentling, T. L. Measuring student growth. Urbana, IL：Griffon Press, 1976.

［2］Goldstein, I. L. Training in organization：Needs assessment, development, and evaluation (2nd Ed.). Monterey, CA：Brooks/Cole, 1986.

［3］Phillips, J. J. Handbook of training evaluation and measurement methods (3rd Ed.). Woburn, MA：Butterworth - Heinemann, 1997.

［4］Phillips, J. J. Handbook of training evaluation and measurement methods. Houston, TX：Gulf Publishing Company, 1983.

［5］Shelton, S. , & Alliger, G. Who's afraid of level 4 evaluation？Training & Development Journal, 1993, 47 (6), 43 - 46.

［6］Phillips, J. J. , Phillips, P. P. , & Hodges, T. K. Make training evaluation work. Alexandria, VA：ASTD Press, 2004.

［7］简建忠. 训练评鉴. 台北市：五南图书出版公司, 1994.

［8］Grove, D. A. , & Ostroff, C. Program evaluation. In K. N. Wexley (Ed.), Developing human resources (pp. 185 - 220). Washington, D. C. ：BNA Books, 1990.

［9］Campbell, J. P. Training design for performance improvement. In J. P. Campbell and R. J. Campbell (Eds.), Productivity in Organization (pp. 177 - 216). San Francisco, CA：Jossey - Bass, 1988.

［10］Goldstein, I. L. Training in organization：Needs assessment, development, and evaluation (3rd Ed.). Pacific Grove, CA：Brooks/Cole Publishing Company, 1993.

［11］Olivas, L., & Inman, T. What concerns today's trainers? Training & Development Journal, 1983, 37 (7), 62, 64.

［12］Hellebrandt, J., & Russell, J. Confirmative evaluation of instructional materials and learners. Performance & Instruction, 1993, 32 (6), 22 –27.

［13］Misanchuk, E. R. Descriptors of evaluations in instructional development: Beyond the formative – summative distinction. Journal of Instructional Development, 1978, 2 (1), 15 –19.

［14］Kirkpatrick, D. L. Techniques for evaluating training programs Part 1: Reaction. In D. L. Kirkpatrick (Ed.), Evaluating training (pp. 1 – 5). Madison, WI: American Society for Training and Development, 1975a.

［15］Kirkpatrick, D. L. Techniques for evaluating training programs Part 2: Learning. In D. L. Kirkpatrick (Ed.), Evaluating training (pp. 6 – 9). Madison, WI: American Society for Training and Development, 1975b.

［16］Kirkpatrick, D. L. Techniques for evaluating training programs Part 3: Behavior. In D. L. Kirkpatrick (Ed.), Evaluating training (pp. 10 – 13). Madison, WI: American Society for Training and Development, 1975c.

［17］Kirkpatrick, D. L. Techniques for evaluating training programs Part 4: Results. In D. L. Kirkpatrick (Ed.), Evaluating training (pp. 14 – 17). Madison, WI: American Society for Training and Development, 1975d.

［18］Kirkpatrick, D. L. Evaluation. In R. L. Craig (Ed.), Training & development handbook (3rd Ed.)(pp. 301 – 319). New York: McGraw – Hill Book Company, 1987.

［19］Katz, R. L. Human relations skills can be sharpened. Harvard Business Review, 1956, 34 (4), 61 –72.

［20］Tamkin, P., Yarnall, J., & Kerrin, M. Kirkpatrick and beyond: A review of training evaluation. Brighton, UK: The Institute for Employment Studies, 2002.

［21］Alliger, G. M., & Janak, E. A. Kirkpatrick's levels of training criteria: Thirty years later. Personnel Psychology, 1989, 42 (2), 331 –342.

［22］Warr, P. B., Allan, C., & Bridi, K. Predicting three levels of training outcome. Journal of Occupational and Organizational Psychology, 1999, 72 (3), 351 - 375.

[23] Lee, S. H. , & Pershing, J. A. Evaluation of corporate training programs: Perspectives and issues for further research. Performance Improvement Quarterly, 2000, 13 (3), 244 - 260.

[24] Holton, E. F. The flawed four - level evaluation model. Human Resource Development Quarterly, 1996, 7 (1), 5 - 21.

[25] Kraiger, K. , & Jung, K. M. Linking training objectives to evaluation criteria. In M. A. Quinones and A. Ehrenstein (Eds.), Training for a rapidly changing workplace (pp. 151 - 175). Washington, D. C. : American Psychological Association, 1997.

[26] Warr, P. B. , Bird, M. , Rackham, N. The evaluation of management training. London, UK: Gower Press, 1970.

[27] Hamblin, A. C. Evaluation and control of training. London, UK: McGraw, 1974.

[28] Fitz - enz, J. Yes, you can weigh training's value. Training, 1994, 31 (7), 54 - 58.

[29] Kaufman, R. , & Keller, J. M. Levels of evaluation: Beyond Kirkpatrick. Human Resource Development Quarterly, 1994, 5 (4), 371 - 380.

[30] Kaufman, R. , Keller, J. M. , & Watkins, R. What works and what doesn't: Evaluation beyond Kirkpatrick. Performance and Instruction, 1995, 35 (2), 8 - 12.

[31] Molenda, M. , Pershing, J. , & Reigeluth, C. Designing instructional systems. In R. Craig (Ed.) The ASTD training and development handbook: A guide to human resource development (4th Ed.) (pp. 266 - 293). New York: McGraw Hill, 1996.

[32] Phillips, J. J. ROI: The search for best practices. Training & Development, 1996, 50 (2), 42 - 47.

[33] Kearns, P. , Miller, T. Measuring the impact of training and development on the bottom line. London, UK: Pitman Publishing, 1997.

[34] Newby, A. C. Training evaluation handbook. San Diego, CA:

392

Pfeiffer & Company, 1992.

［35］ Pulley, M. L. Navigating the evaluation rapids. Training and Development, 1994, 48 (9), 19 – 24.

［36］ Preskill, H. , Torres, R. T. Evaluative inquiry for learning in organization. Thousand Oaks, CA: Sage Publications, 1999.

［37］ 魏国萌. 企业内训练投资报酬评鉴模式初探. 国立中正大学劳工关系系硕士论文, 2006.

［38］ Fincher, C. The standards of evaluation. Research in Higher Education, 1981, 15 (1), 93 – 96.

［39］ Basarab, D. J. Sr. , & Root, D. K. The training evaluation process. Boston, MA: Kluwer Academic Publisher, 1992.

［40］ Newman, D. L. , Brown, R. D. Violations of evaluation standards: Frequency and seriousness of occurrence. Evaluation Review, 1992, 16 (3), 219 – 234.

［41］ Shadish, W. R. Guiding principles for evaluators: New directions for program evaluation. New York: John Wiley & Sons, 1995.

［42］ Russ – Eft, D. , & Preskill, H. Evaluation in organization: A systematic approach to enhancing learning, performance and change. Cambridge, MA: Perseus Publishing, 2001.

［43］ Blanchard, K. H. , & Peale, N, V. The power of ethical management. New York: Morrow, 1988.

［44］ Holton, W. F. III. , & Baldwin, T. T. Making transfer happen: An action perspective on learning transfer systems. In W. F. Holton, III and T. T. Baldwin (Eds.) Improving learning transfer in organizations (pp. 3 – 15). San Francisco, CA: Jossey – Bass, 2003.

［45］ Ormrod, J. E. Human learning. Upper Saddle River, NJ: Prentice Hall, 1999.

［46］ Leberman, S. , McDonald, L. , & Doyle, S. The transfer of learning: Participants' perspectives of adult education and training. Hampshire, England: Gower Publishing Ltd. , 2006.

［47］ Voss, J. F. Learning and transfer in subject – matter learning: A problem – solving model. International Journal of Educational Research, 1987, 11 (6), 607 – 622.

[48] Perkins, D. N. , & Salomon, G. Are cognitive skills context – bound? Educational Researcher, 1989, 18 (1), 16 – 25.

[49] Mayer, R. E. , & Wittrock, M. C. Problem – solving transfer. In R. Calfee & R. Berliner (Eds.), Handbook of educational psychology (pp. 47 – 62). New York: Macmillan, 1996.

[50] Ormrod, J. E. Educational psychology: Developing learners. Upper Saddle River, NJ: Prentice Hall, 1998.

[51] Cox, B. D. The rediscovery of the active learner in adaptive contexts: A developmental – historical analysis of transfer of training. Educational Psychologist, 1997, 32, 41 – 55.

[52] Bransford, J. D. , & Schwartz, D. Rethinking transfer: A simple proposal with multiple implication. In A. Iran – Nejad & P. D. Pearson (Eds.), Review of Research in Education (Vol. 24, pp. 61 – 100). Washington, D. C. : American Educational Research Association, 1999.

[53] Bower, G. H. , & Hilgard, E. R. Theory of Learning. Englewood Cliffs, NJ: Prentice Hall, 1981.

[54] Johnson, N. F. On the function of letters in word identification: Some data and a preliminary model. Journal of Verbal Learning and Verbal Behavior, 1975, 14 (11), 17 – 29.

[55] Cormier, S. M. The structural processes underlying transfer of training. In S. M. Cormier & J. D. Hagman (Eds.), Transfer of learning: Contemporary research and applications (pp. 151 – 181). San Diego, CA: Academic Press, 1987.

[56] Singley, M. K. , & Anderson, J. R. The transfer of cognitive skills. Cambridge, MA: Harvard University Press, 1989.

[57] Collins, A. , Brown, J. S. , & Newman, S. E. Cognitive apprenticeship: Teaching the craft of reading, writing and mathematics. In L. B. Resnick (Ed.), Knowing, learning and instruction: Essays in honor of Robert Glaser (pp. 453 – 494). Hillsdale, NJ: Erlbaum, 1989.

[58] Greeno, J., Collins, A., & Resnick, L. Cognition and learning. In D. Berliner & R. Calfee (Eds.), Handbook of educational psychology (pp. 15 – 46). New York: Macmillan, 1996.

[59] Anderson, J. R., Reder, L. M., & Simon, H. A. Situated learning versus cognitive perspectives: Form versus substance. Educational Researcher, 1997, 26 (1), 18 – 21.

[60] Newstrom, J. W. Leveraging management development through the management of transfer. Journal of Management Development, 1986, 5 (5), 33 – 45.

[61] Kotter, J. P. The leadership factor. New York: Free Press, 1988.

[62] Broad, M. L., & Newstrom, J. W. Transfer of training: Action – packed strategies to ensure high payoff from training investments. Reading, MA: Addison – Wesley, 1992.

[63] Lave, J., & Wenger, E. Situated learning: Legitimate peripheral participation. Cambridge, UK: Cambridge University Press, 1991.

[64] Analoui, F. Training and the Transfer of Learning. Aldershot, UK: Avebury Press, 1993.

[65] McGraw, P. Back from the mountain: Outdoor management development programs and how to ensure the transfer of skills to the workplace. Asia Pacific Journal of Human Resources, 1993, 31 (3), 52 – 61.

[66] Billet, S. Toward a Theory of Workplace Learning. Studies in Continuing Education, 1992, 14 (2), 143 – 55.

[67] Tracey, J. B., Tannenbaum, S. I., & Kavanagh, M. J. Applying trained skills on the job: The importance of the work environment. Journal of Applied Psychology, 1995, 80 (2), 239 – 252.

[68] Stuart, P. New directions in training individuals. Personnel Journal, 1992, 71 (9), 86 – 92.

[69] Boreham, N., & Morgan, C. A Socio – cultural analysis of organisational learning. Oxford Review of Education, 2004, 30 (3), 307 – 325.

[70] Mosel, J. D. Why training programs fail to carry over. Personnel, 1957, 34 (3), 56 – 64.

[71] Byham, W. C. , Adams, D. , & Kiggins, A. Transfer of modeling training to the job. Personnel Psychology, 1976, 29 (3), 345 – 349.

[72] Baldwin, T. T. , & Ford, J. K. Transfer of training: A review and directions for future research. Personnel Psychology, 1988, 41 (1), 63 – 105.

[73] Ford, J. K, & Weissbein, D. A. Transfer of training: An updated review and analysis. Performance Improvement Quarterly, 1997, 10 (2), 22 – 41.

[74] Cheng, E. W. L. , & Ho, D. C. K. Research note, a review of transfer of training studies in the past decade. Personnel Review, 2001, 30 (1), 102 – 118.

[75] Mbawo, E. Strategies for enhancing transfer of training in the workplace. Training and Management Development Methods, 1995, 9 (5), 29 – 44.

[76] Feldstein, H. D. , & Boothman, T. Success factors in technology training. In J. P. Jack and M. L. Broad (Eds.), transferring learning to the workplace (pp. 19 – 33). Alexandria, VA: ASTD, 1997.

[77] Noe, R. A. , & Colquitt, J. A. Planning for training impact: Principles of training effectiveness. In K. Kraiger (Ed.), Creating, implementing, and managing effective training and development: State – of – the – art lessons for practice (pp. 53 – 79). San Francisco, CA: Jossey – Bass, 2002.

[78] Bereiter, C. A dispositional view of transfer. In A. McKeough, J. Lupart, and A. Marini (Eds.), Teaching for transfer: Fostering generalization in learning (pp. 21 – 34). Mahwah, NJ: Lawrence Erlbaum Assoicates, 1995.

[79] Mink, O. G. , Owen, K. Q. , & Mink B. P. Developing high performance people – The art of coaching. Reading, MA: Addison – Wesley Publishing Company, 1993.

[80] Friedman, B. A. Six ways to make work at work. Training & Development Journal, 1990, 44 (2), 17 – 19.

[81] Haccoun, R. R. Transfer and retention: Let's do both and avoid dilemmas. Applied Psychology: An International Review, 1997, 46 (4), 340 – 344.

[82] Haskell, R. E. Transfer of learning: Cognition, instruction and reasoning. San Diego, CA: Academic Press, 2001.

［83］简建忠．人力资源管理：以合作观点创造价值．台北县：前程文化公司，2006，239.

［84］1998－06－03/联合晚报/03 版/话题新闻．

［85］1998－06－03/联合晚报/03 版/话题新闻．

［86］2003－10－20/联合晚报/3 版/话题新闻．

［87］2003－10－22/联合报/A10 版/教育．

［88］2003－10－24/联合晚报/5 版/话题新闻．

［89］http：//www. eval. org/EvaluationDocuments/progeval. html 0616 2008.

第 11 章

［1］Gilley, J. W. , & Maychnich, A. Organizational Learning, Performance, and Change：An Introduction to Strategic Human Resource Development. Cambridge, MA：Perseus Publishing, 2000.

［2］Rao, T. V. HRD audit：Evaluating the human resource function for business improvement. Thousand Oaks, CA：Sage Publications Inc. , 1999.

［3］Phillips, J. J. HRD trends worldwide：Shared solutions to compete in a global economy. Houston, TX：Gulf Publishing Company, 1999.

［4］Regan, W. J. The service revolution. Journal of Marketing, 1963, 27 (3), 57－62.

［5］Kolter, P. Marketing Management：Analysis, planning, implementation, and control (6th Ed.). Englewood Cliffs, NJ：Prentice－Hall, Inc. , 1988.

［6］McCoy, C. P. Managing a small HRD department：You can do more than you think. San Francisco, CA：Jossey－Bass Publishers, 1993.

［7］Anonymous. How HR audits improve HR's role. HRfocus, 2003, 80 (2), 14－15.

［8］Eurich, N. Corporate classroom：The learning business. Princeton, NJ：The Carnegie Foundation for the Advancement of Teaching, 1985.

［9］Wiggenhorn, W. Motorola U：When training becomes an education. Harvard Business Review, 1990, 68 (4), 71－83.

［10］Hawthorne, E. , Libby, P. , & Nash, N. The emergence of corporate colleges. Journal of Continuing Higher Education, 1983, 31 (2), 2 –9.

[11] Paton, R. & Taylor, S. Corporate universities: Between higher education the workplace. In G. Williams (Ed.), Enterprise in university: Evidence and Evaluation (pp. 1361 – 151). Buckingham, UK: Open University Press, 2002.

[12] Paton, R., Peters, G., Storey, J., & Taylor, S. Corporate universities as strategic learning initiatives. In R. Paton, G. Peters, J. Storey and S. Taylor (Eds.) Handbook of corporate university development: Managing strategic learning initiatives in public and private domains (pp. 5 – 16). Hants, England: Gower Publishing Company, 2005.

[13] Meister, J. C. Corporate quality university: Lessons in building a world – class workforce. New York: IRWIN. 14. Allen, 1994, M. Introduction: What is a corporate university, and why should an organization have one? In M. Allen (Ed.), The corporate university handbook: Design, managing and growing a successful program (pp. 1 – 12). New York: AMACOM, 2002.

[14] Fresina, A. J. Three prototypes of corporate universities. Corporate University Review, 1997, 5 (1), 18 –20.

[15] Galagan, P. Old school gets new role. T + D, 2006, 60 (11), 36 –39.

[16] Weinstein, M. Leadership leader. Training, 2008, 45 (2), 40 –46.

[17] Freifeld, L. CU there. Training, 2008, 45 (4), 48 –49.

[18] Meister, J. C. Corporate university: Lessons in building a world – class work force (Revised and Updated Ed.). New York: McGraw – Hill, 1998a.

[19] Meister, J. C. Ten steps to creating a corporate university. Training & Development, 1998b, 52 (11), 38 –43.

[20] Kaeter, M. Virtual cap and gown. Training, 2000, 37 (9), 114 – 122.

[21] Dolezalek, H. University 2. 0. Training, 2007, 44 (8), 22 –24.

[22] http://udn. com/NEWS/FINANCE/FIN2/4668625. shtml.

[23] http://udn. com/NEWS/NATIONAL/NATS1/4659422. shtm.

[24] "员工每年平均训练时数 20 小时"已是"高标",大多数企业

"员工每年平均训练时数"严重低于 20 小时。

［25］http：//www. audit. gov. tw/Boss/Default. aspx 2009/2/13.

［26］2008 - 06 - 03/联合报/A3 版.

［27］2008 - 08 - 08/联合晚报/A2 版.

［28］www. mcdonalds. com/corp/career/hamburger _ university. html -
2009/02/13.

第 12 章

［1］Berne, E. Managing the HRD function. In L. Nadler（Ed.）, The Handbook of human resource development（pp. 2. 1 - 2. 15）. New York：John Wiley & Sons, 1984.

［2］van der Sijde, P. C. Strategic management and human resource development. In M. Mulder, Romiszowski, A. J. , and P. C. van der Sijde（Eds.）, Strategic human resource development（pp. 11 - 14）. Amsterdam, Holland：Swets & Zeitlinger, 1990.

［3］Charan, R. Leaders at all levels：Deepening your talent pool to solve the succession crisis. New York：John Wiley & Sons, 2008.

［4］江逸之. 女总教头练兵严师出高徒. 天下杂志, 2009a, 415, 136 - 137.

［5］彭昱融. 菁英培训计划教导人才不 NG. 天下杂志, 2009, 415, 138 - 139.

［6］江逸之. 主管大风吹轮调练将才. 天下杂志, 2009b, 415, 140.

［7］Nadler, L. Human resource development：The perspective of business and industry. Columbus, OH：ERIC Clearinghouse on Adult, Career, and Vocational Education, 1983.

［8］Schaffer, S. P. A review of organizational and human performance frameworks. Performance Improvement Quarterly, 2000, 13（3）, 220 - 243.

［9］Rossett, A. , & Tobias, C. An empirical of the journey from training to performance. Performance Improvement Quarterly, 1999, 12（3）, 31 - 43.

［10］Okurowski, M. E. , & Clark, R. The use of level three evaluation data to assess the impact o technology training on work performance. Performance

Improvement Quarterly, 2001, 14 (1), 57 –76.

[11] Stolovitch, H. D. , & Keeps, E. J. What is human performance technology? In H. D. Stolovitch and E. J. Keeps (Eds.), Handbook of Human Performance Technology (pp. 1 – 13). San Francisco, CA: Jossey – Bass, Inc. , 1992.

[12] Phillips, J. J. HRD trends worldwide: Shared solutions to compete in a global economy. Houston, TX: Gulf Publishing Company, 1999.

[13] Kaplan, R. S. , & Norton, D. P. The balanced scorecard – measures that drive performance. Harvard Business Review, 1992, 70 (1), 71 –79.

[14] Kaplan, R. S. , & Norton, D. P. Putting the balanced scorecard to work. Harvard Business Review, 1993, 71 (5), 134 – 147.

[15] Kaplan, R. S. , & Norton, D. P. Using the balanced scorecard as a strategic management system. Harvard Business Review, 1996, 74 (1), 75 –85.

[16] Evenson, R. E. , & Westphal, L. E. Technological change and technological strategy. In J. Behrman and T. N. Srinivasan (Eds.), Handbook of development economics Vol. 3B (pp. 2209 – 2292). Amsterdam, Holand: Elsevier, 1995.

[17] Corbett, M. F. The Outsourcing Revolution: Why it makes sense and how to do it right. Chicago, IL: Dearborn Trade Publishing, 2004.

[18] Harris, P. 'Can Do' spirit invades training. T + D, 2006, 60 (6), 28 –32.

[19] Hequet, M. Can you outsource your brain? Training, 1994, 31 (12), 27 –30.

[20] Salopek, J. J. Outsourcing, insourcing and in – between sour- cing. Training & Development, 1998, 52 (7), 51 –56.

[21] Harkins, P. J. , Brown, S. M. , & Sullivan, R. Outsourcing and Human resources. Lexington, MA: LER Press, 1996.

[22] Bassi, L. J. , Cheney, S. , & Van Buren, M. E. Training industry trends. Training & Development, 1997, 51 (11), 4659.

[23] Johnson, G. To outsource or not to outsource…That is the question. Training, 2004, 41 (8), 26 –29.

400

［24］ Bellinger, A. Sourcing: in or out? Training Journal (November), 2004, 42 –46.

［25］ DeRose, G. , & McLaughlin, J. Outsourcing through partnerships. Training & Development, 1995, 49 (10), 51 –55.

［26. Harris, P. How to select an outsourcing supplier. T + D, 2005, 59 (10), 1 –6.

［27］ Leibler, S. N. , & Parkman, A. W. Outsourcing: How to make the right decisions. Corporate University Review, 1997, 5 (4), 46.

［28］ Friedman, T. L. The world is flat: A brief history of the twenty – first century. New York: Farrar, Straus and Giroux, 2004.

［29］ Triandis, H. C. Essentials of studying cultures. In Landis and R. W. Brislin (Eds.), Handbook of intercultural training, Vol. I. Issues in theory and design (pp. 82 – 117). New York: Pergam, 1983.

［30］ Harris, J. R. , & Moran, R. T. Managing cultural differences (3rd Ed.). Houston, TX: Gulf Publishing Company, 1991.

［31］ Triandis, H. C. Cultural training, cognitive complexity, and inter-personal attitudes. In R. W. Brislin, S. Bochner and W. J. Lonner (Eds.), Corss – cultural perspectives on learning (pp. 39 – 78). Beverly Hills, CA: Sage, 1975.

［32］ Knotts, R. Cross – cultural management: Transformations and adaptation. Business Horizons, 1989, 32 (1), 29 –33.

［33］ Barna, L. M. The stress factor in intercultural relations. In Landis and R. W. Brislin (Eds.), Handbook of intercultural training, Vol. II. Issues in training and methodology (pp. 19 –49). New York: Pergam, 1983.

［34］ Oberg, K. Cultural shock: Adjustment to new cultural environments. Practical Anthropology, 1960, 7, 177 –182.

［35］ Redden, W. Culture shock inventory manual. New Brunswick, Canada: Organizational Test Limited, 1975.

［36］ Dunn, F. H. The successful international executive: Critical characteristics for effect performance. New York: Transnational Information, Inc. , 1980.

［37］ Brien, M. , & David, K. H. International communication and the adjustment of the sojourner. Psychological Bulletin, 1971, 76 (3), 215 – 230.

[38] Pruitt, F. J. The adaptation of African students to American society. International Journal of Intercultural Relations, 1978, 2 (1), 90 – 118.

[39] Geber, B. Managing diversity. Training, 1990, 27 (7), 23 – 30.

[40] McLagan, P. A. Navigating the difference. Training & Devleopment, 1993, 47 (4), 29 – 33.

[41] Russell, P. W. Dimensions of overseas success in industry. Unpublished paper presented at SIETAR Conference, Phoenix Arizona, 1978.

[42] Hofstede, G. Cultures and organizations: Software of the mind. New York: McGraw – Hill Book Company, 1991.

[43] Inglehart, R. The silent revolution: Changing values and political styles among western publics. Princeton, NJ: Princeton University Press, 1977.

[44] Inglehart, R. Modernization and postmodernization: Cultural, economic, and political change in 43 societies. Princeton, NJ: Princeton University Press, 1997.

[45] Inglehart, R., Baker, W. E. Modernization, cultural change, and the persistence of traditional values. American Sociological Review, 2000, 65 (1), 19 – 51.

[46] Fiedler, F., Mitchell, T., & Triandis, A. The culture assimilator: An approach to cross – cultural training. Journal of Applied Psychology, 1971, 55 (2), 95 – 102.

[47] Kaplan, R. S., & Norton, D. P. Strategy maps: Converting intangible assets into tangible outcomes. Boston, MA: Harvard Business School Publishing Company, 2004.

[48] Anonymous. Gauges & drivers. Training, 2008, 45 (9), 16 – 34.

[49] Maul, J. P., & Krauss, J. D. Outsourcing in training and education. In R. L. Craig (Ed.), The training and development handbook (pp. 1008 – 1030). Alexandria, VA: American Society for Training and Development, 1995.

[50] Lee, C. Cross – cultural training: Don't leave home without it. Training, 1983, 20 (7), 20 – 25.

[51] http://www.ddiworld.com/thoughtleadership/globalleadershipfore-

[52] http：//udn. com/NEWS/FINANCE/FIN3/4568034. shtml 0331 2009/3/ 31.

[53] Anonymous. Gauges & drivers. Training, 2008, 45 (9), 16 – 34.

第 13 章

[1] Machlup, F. The production and distribution of knowledge in the United States. Princeton, NJ：Princeton University Press, 1962.

[2] Drucker, P. The age of discontinuity：Guidelines to our changing society. New York：Harper & Row, 1968.

[3] Drucker, P. Post – capitalist society. New York：Harper Business, 1993.

[4] Maslow, A. H. Motivation and personality (2nd Ed.). New York：Harper & Row, 1970.

[5] Lave, J. , & Wenger, E. Situated learning：Legitimate peripheral participation. Cambridge, UK：Cambridge University Press, 1991.

[6] Wenger, E. Communities of practice：Learning, meaning, and identify. Cambridge, UK：Cambridge University Press, 1998.

[7] Davenport, T. H. , & Prusak, L. Working knowledge：How organizations manage what they know. Boston, MA：Harvard Business School Press, 2000.

[8] Ward, J. & Peppard, J. Strategic planning for information systems (3rd Ed.). Chichester, UK：Wiley, 2002.

[9] Wenger, E. , McDermott, R. , & Snyder, W. M. Cultivating communities of practice：A guide to managing knowledge. Boston, MA：Harvard Business School Press, 2002.

[10] Klein, J. H. , Connell, N. A. D. , Meyer, E. Knowledge characteristics of communities of practice. Knowledge Management Research & Practice, 2005, 3 (2), 106 – 114.

[11] Boland, Jr. R. J. , & Tenkasi, V. Perspective making and perspective taking in communities of knowing. Organization Science, 1995, 6 (4),

350 – 372.

［12］ Brown, J. S. , & Duguid, P. Organizational learning and communities – of – practice: Toward a unified view of working, learning, and innovation. Organization Science, 1991, 2 (1), 40 – 57.

［13］ Marsick, V. J. , & Watkins, K. E. The learning organization: An integrative vision for HRD. Human Resource Development Quarterly, 1994, 5 (4), 353 – 360.

［14］ Kofman, F. , & Senge, P. Communities of commitment: The heart of learning organizations. Organizational Dynamic, 1993, 22 (2), 5 – 23.

［15］ McLagan, P. A. The ASTD training development competency study: A model building challenge. Training and Development Journal, 1982, 36 (5), 18 – 24.

［16］ Jorz, J. J. , & Richards, L. M. A curriculum plan to develop training professionals. Training and Development Journal, 1977, 31 (10), 22 – 25.

［17］ Pinto, P. , & Walker, J. A study of professional training and development roles and competencies. Madison, WI: ASTD, 1978.

［18］ Kenny, J. B. Competency analysis for trainers: A model for professionalism. Training and Development Journal, 1982, 36 (5), 142 – 148.

［19］ McLagan, P. A. Competency models. Training and Development Journal, 1980, 34 (12), 22 – 26.

［20］ McLagan, P. A. , & Bedrick, D. Models for excellence: The results of the ASTD training and development competency study. Training and Development Journal, 1983, 37 (6), 10 – 20.

［21］ McLagan, P. A. Models for HRD practice. Training and Development Journal, 1989, 43 (9), 49 – 59.

［22］ McLagan, P. A. Great ideas revisited. Training and Development Journal, 1996, 50 (1), 60 – 65.

［23］ McLagan, P. A. Competencies: The next generation. Training and Development Journal, 1997, 51 (5), 40 – 47.

［24］ Marquardt, M. J. , & Engel, D. W. HRD competencies for a shrinking world. Training and Development Journal, 1993, 47 (5), 59 – 65.

404

［25］过去对 community 多称为"小区"，强调地理位置的共同性，近来则打破空间的思维，将其扩展至心理、专业甚至是需求的共同性，"社群"遂成为常用的名词。对年轻的同学而言，社团、志工团、Cosplay 或在线游戏团体，都符合社群的概念。

［26］Wenger, E. Etienne Wenger on Communities of Practice: WWSF Model filling a void in professional development for teachers. www. winwinsf. org/newsletter/March05/ interviewCOP. htm 2009/5/22，2005.

［27］http：//www. ciaa. org. tw/Serves/Exam. asp 2009/5/27 3.

［28］http：//epaper. culture. gov. tw/0007/content31. html 2009/5/27.

［29］http：//100s. hypermart. net/exam. html 2009/5/27.

［30］http：//tw. news. yahoo. com/article/url/d/a/090530/78/1kd30. html 2009/5/30.

［31］McLagan（1997）的原文虽无 HR 之文字，但确有 HR 之意涵，故作者补加上 HR 的文字。